Tem como objectivo a publicação
de textos práticos e teóricos
sobre música: livros de referência, sobre
a história, e a estética da música.

CONVITE À MÚSICA

1. *Guia dos Estilos Musicais*, Douglas Moore
2. *Diálogo com Stockhausen*, Karlheinz Stockhausen e Mya Tannenbaum
3. *Estética Musical*, Carl Dahlhaus
4. *Breve Dicionário da Música*, Ricardo Allorto
5. *Pequena História da Música*, Norbert Dufourq
6. *Os Caminhos do Jazz*, Guido Boffi
7. *História da Música Clássica*, Guido Boffi
8. *Do Belo Musical*, Eduard Hanslick
9. *As Formas da Música*, André Hodeir
10. *A Linguagem Musical*, André Boucourechliev
11. *Guia da Ópera*, Rupert Christiansen
12. *Mozart. Vida, Temas e Obras*, Nicholas Kenyon

Mozart
Vida, Temas e Obras

Título original:
The Faber Pocket Guide to Mozart

© Nicholas Kenyon, 2005

Tradução: Alexandra Duarte / CEQO

Revisão: Luís Abel Ferreira

Capa de FBA

Depósito Legal n.º 278153/08

Paginação, impressão e acabamento:
GRÁFICA DE COIMBRA
para
EDIÇÕES 70, LDA.
Junho de 2008

ISBN: 978-972-44-1301-3

Direitos reservados para Portugal
por Edições 70

EDIÇÕES 70, Lda.
Rua Luciano Cordeiro, 123 – 1º Esqº - 1069-157 Lisboa / Portugal
Telefs.: 213190240 – Fax: 213190249
e-mail: geral@edicoes70.pt

www.edicoes70.pt

Esta obra está protegida pela lei. Não pode ser reproduzida,
no todo ou em parte, qualquer que seja o modo utilizado,
incluindo fotocópia e xerocópia, sem prévia autorização do Editor.
Qualquer transgressão à lei dos Direitos de Autor será passível
de procedimento judicial.

NICHOLAS KENYON

Mozart
Vida, Temas e Obras

Em memória de

ALEC HYATT KING (1911-1994)
ALAN TYSON (1926-2000)
STANLEY SADIE (1930-2005)

notáveis, inspiradores e generosos especialistas em Mozart

Introdução

Como todos sabemos, Mozart levava as coisas um pouco longe de mais.
Carl Friedrich Zelter, 1798

Será que conseguimos meter num livro prático tudo o que sabemos sobre Mozart? Talvez não tenha havido, na história da música ocidental, um compositor que tenha sido tão dissecado e mitificado, e acerca do qual se tenha escrito e fantasiado tanto. Uma busca no Google, efectuada um ano antes da celebração do 250.º aniversário do seu nascimento, mostrou cerca de 7 930 000 entradas sobre Mozart. Um sem fim de teorias sobre a vida, a morte, as relações ou os seus hábitos pessoais, já para não falar na música. O número de livros publicados sobre Mozart compete com os de Shakespeare, Jesus Cristo e Wagner (o compositor com o qual mais rivaliza). Mozart foi o tema da aclamada obra *Amadeus*, que já correu o mundo desde a sua estreia em Londres, em 1979, e cuja adaptação cinematográfica viria a tornar-se ainda mais conhecida (embora completamente transformada) nos anos 80, havendo reincorporado os mitos em redor do homem no âmago do entendimento da sua música. Foi, seguramente, em parte devido a *Amadeus* que Mozart, e não qualquer outro compositor clássico, figura no «Top 10» das figuras culturais do milénio publicado pela revista *Time*. Actualmente, o modo de escrita inteligente dos nossos telemóveis reconhece a palavra Mozart e não Beethoven ou Haydn. As suas composições ecoam como música ambiente nos elevadores, restaurantes ou centros comerciais. Enquanto esperamos por uma infinidade de tempo ao telefone para sermos atendidos por um *call centre*, a música que mais ouvimos deve ser a de Mozart. Mesmo que não saibamos nada sobre música clássica, já ouvimos falar em Mozart, ou já ouvimos a sua música.

Mas quando estamos prestes a rejeitar Mozart devido à exploração e exposição excessivas, surge o impacto súbito da música, absolutamente directa e comunicativa, mas também emocionalmente inapreensível; simples, mas também infinitamente complexa, havendo comovido os ouvintes durante mais de dois séculos, e oferecendo diferentes tonalidades às novas gerações. Por vezes, é possível descobrir uma variedade infinita de significados na música de Mozart, de tão aberta que é à interpretação e à opinião pessoal, e de tão variada nos estilos de actuação e nas técnicas que podemos adoptar na sua execução perante uma audiência contemporânea. Do mesmo modo, Mozart tornou-se agora uma marca comercial: com vista à comercialização dos supostos benefícios da música no pensamento espácio-temporal das crianças e adultos, o «Efeito Mozart» emerge como uma marca registada. E de muitos outros modos, «Mozart» tornou-se algo completamente diferente de Mozart: é uma criação dos nossos dias, feita à nossa imagem.

De forma alguma iremos alguma vez desenlear o homem e a música do mito – e nem devemos, pois é na força mítica da história de Mozart que sobrevive aquilo que nele é importante. É, aliás, com base nessas histórias que sobre ele se contam que articulámos aquilo em que queremos acreditar sobre os compositores, os génios, aqueles que morrem cedo, aqueles que criam algo que perdura. É por essa razão que as histórias são tão significativas, quer sejam completamente verdadeiras ou não.

No caso de Mozart, os mitos nasceram no momento da sua morte. A mulher, Constanze, é reflexo disso: diz-se que, no dia em que ele morreu, em 1791, terá ficado perturbada e ter-se-á aninhado na cama junto ao seu cadáver. Mas também há quem diga que terá escrito no álbum do marido as seguintes palavras: «Mozart – nunca sereis esquecido por mim ou pela Europa – agora também vós estais em paz – paz eterna!!... Oh! Possa eu juntar-me a vós para sempre». A data é 5 de Dezembro de 1791, o dia da morte de Mozart. No entanto, é mais provável que não tivesse sido essa a sua reacção mais imediata. Porventura, muito mais tarde, no seu novo papel de protectora da reputação do marido, terá considerado que aqueles seriam os sentimentos que *devia* ter exprimido no momento crucial. Com isto, porém, o vazio desesperado que a morte prematura de Mozart deixara e a incapacidade dos que o cercavam de lidar com o seu impressionante legado – e do qual as sagas infindáveis em volta do *Requiem* incompleto são apenas o mais conhecido exemplo – parecem ter-se tornado ainda mais pungentes.

Sobre a vida de Mozart, pode quase dizer-se que está demasiado documentada – centenas de cartas, diários, catálogos, artigos de jornal e muito mais, embora muitos destes não falem daquilo que verdadeiramente importa. Até que ponto podemos acreditar no enredo de confissões expressas nas cartas de Mozart, impressionantemente vívidas e turbulentas, e dos mais notáveis testemunhos pessoais que terão alguma vez sobrevivido a uma grande figura artística? Na literatura biográfica foram muitas vezes consideradas como apresentando a verdade nua e crua, mas prova-se, cada vez mais, que se fundamentam em determinadas alegações especiais, num deliberado escamotear de determinados aspectos, bem como em alguma dissimulação – qualidades que, obviamente, muito nos dizem sobre o compositor, mas que são mais evasivas do que nos querem fazer crer. O que nos surpreende nos testemunhos sobreviventes de Mozart, incluindo as histórias póstumas e as lendas, é o modo como tudo se revela de forma extremamente vívida. Os testemunhos pulsam com vida e sentimos uma grande proximidade em relação a eles, ainda que à distância de mais de dois séculos e de dois mundos culturais. Esta é uma das razões da permanente importância que Mozart tem para nós. Contudo, a intimidade que sentimos revela-se arriscada, já que muitas vezes tendemos a acreditar que ele partilhava do nosso modo de pensar, de sentir e de se comportar.

(É surpreendente como as imagens de Mozart, negativas e positivas, são resistentes. No início de 2005, a Biblioteca Estatal de Berlim desvendou o que se apregoava ser, para descrença de alguns, um retrato perdido de Mozart, pintado por Georg Edlinger, e que fora comprado em 1934 e esquecido desde então. Como o retrato não era uma representação exacta da imagem que dele guardamos, disse-se, na altura, que ilustrava um «Mozart meio grisalho e gordo, com grandes papos debaixo dos olhos», causados pela «vivência exuberante em Salzburgo, a sua cidade natal [*sic* – nesta época o compositor vivia em Viena], e que deambulava em busca de boa comida, muita bebida e de mulheres, o que poderá ter contribuído para a sua morte prematura...» Este artigo provocou uma resposta imediata de um leitor furioso no *Sunday Telegraph*: «Mozart foi um bom marido...Viveu junto da família, todos católicos praticantes. Tinha amigas e era namoradeiro, mas não há provas de que tenha sido infiel à esposa»).

Se quer ler sobre o que é absoluta e realmente verdade sobre Mozart, este livro poderá vir a ser uma desilusão, porque as histórias sobre o que lhe aconteceu desde a sua morte coloriram, irreparavelmente, uma narrativa simples. Mas no momento em que se assinala um quarto de milénio sobre o seu nascimento, o máximo que podemos fazer, dadas as infinitas possibilidades da sua música, é fornecer um cenário que nos ajude a ouvi-la e a interpretá-la, livres de ideias preconcebidas, e da forma como quisermos. Cada ouvinte terá uma reacção diferente, tal como cada músico a reinterpretará à sua maneira: aqui fica um guia sobre os espantosos resultados, e a partir do qual podemos criar o nosso próprio Mozart.

A enorme quantidade de trabalhos académicos sobre a vida e a música de Mozart que surgiu nos últimos anos ainda não levou, por completo, ao desenvolvimento de uma concepção que possa substituir o trabalho pioneiro dos biógrafos dos séculos XIX e XX. Foram tantas as peças do *puzzle* atiradas ao ar, que parece impossível, neste momento, escrever uma história coerente, orgânica, musical e pessoal sobre Mozart. Têm aparecido algumas biografias estimulantes que nos fazem pensar, a saber, de Wolfgang Hildesheimer, Volkmar Braunbehrens e Maynard Solomon. A *Nova Edição de Mozart*, por seu lado, traz uma riqueza de informação realmente nova e não só a respeito da música propriamente dita, mas também ao nível dos comentários críticos que inclui (como um académico ironicamente observou «escrita com o maior cuidado, lê-se com a mínima atenção»). Há também um maior e mais rico sentido de contexto por parte de críticos e historiadores, que estudam actualmente Mozart à luz dos seus contemporâneos e da sua esfera cultural.

A visão daqueles que estudaram a caligrafia de Mozart (Wolfgang Plath), os copistas (Cliff Eisen em Salzburgo, Dexter Edge em Viena), as edições (Gertrude Haberkamp), o papel utilizado (Alan Tyson), os rascunhos (Ulrich Konrad) e a atitude face à composição (Neal Zaslaw, Christoph Wolff e outros) viraram do avesso algumas ideias tradicionais. O modo como Mozart escrevia para solistas e *ensembles,* e para ocasiões especiais em diferentes teatros ou cortes, é reconhecido, cada vez mais, como uma influência decisiva no seu estilo. O *Catálogo Köchel* sobre a música de Mozart (ver *infra*) encontra-se actualmente a ser revisto.

Com toda esta actividade em progresso, o objectivo deste guia de bolso tem que ser muito modesto. Inspira-se num vasto leque de fontes publicadas e actualizadas para oferecer uma visão o mais abrangente possível: há um sem fim de biografias de Mozart e há muitos livros que discutem a sua música. Tentámos que este consiga apresentar um pouco de ambos. Estamos todos cientes de que há peças de Mozart que conhecemos e amamos, mas das quais queremos saber mais, ou, então, que não conhecemos mas achamos que vale a pena explorar. Actualmente, a música de Mozart está mais acessível do que nunca, por isso, este livro tenta analisá-la o mais possível. Não pretende ser um guia completo, ou uma investigação académica, mas espero que torne mais acessível um novo tipo de pensamento académico.

De modo algum se encontrará aqui todo e qualquer fragmento ou pequena obra que Mozart tenha escrito. O presente livro concentra-se antes nas obras que são habitualmente executadas, ouvidas nas salas de espectáculos, nos CD, ou na rádio. Para uma visão geral do seu trabalho, a fonte mais acessível, em papel e *online*, é a magistral lista elaborada por Cliff Eisen e Stanley Sadie (cuja morte em 2005 foi uma grande perda para os trabalhos de investigação sobre Mozart) na 2.ª edição de *The New Grove Dictionary of Music and Musicians*. A lista a ser publicada na *Cambridge Encyclopaedia of Mozart*, editada por Cliff Eisen e Simon Keefe, é uma actualização da primeira – estamos gratos aos editores por nos permitirem o seu uso.

Para a realização deste trabalho, tirámos partido de consultas a notas e ensaios escritos anteriormente. Agradecemos aos que nos confiaram esses trabalhos e nos deram a oportunidade de estudar a música de Mozart. Devido à estrutura bipartida deste livro, com uma secção dedicada à vida e outra à obra do compositor, há por vezes uma deliberada repetição de material. Os comentários críticos à própria música são, inevitavelmente, pessoais. Mais pessoais ainda são as gravações propostas, já que Mozart é um dos compositores mais gravados. Aquelas que aqui listámos, incluindo o grande êxito que foi a *Edição Completa de Mozart* da Philips, agora disponível em formato económico, são apenas algumas das nossas preferidas, escolhidas de um vasto leque de espectáculos que poderiam ter sido sugeridos. Estamos profundamente gratos a Wiebke Thormahlen pelas suas reflexões e sugestões estimulantes, a Cliff Eisen, a Jane Glover e a Neal Zaslaw por terem lido partes do livro e nos evitarem algumas incorrecções.

Amy Carruthers e a minha esposa, Ghislaine, leram as provas, mas os erros que persistirem são da nossa inteira responsabilidade, e ficaria grato se mos apontassem para uma maior correcção em edições futuras.

NOTAS SOBRE A NUMERAÇÃO

Um dos documentos mais impressionantes que chegou aos nossos dias sobre a vida de Mozart é o seu próprio catálogo temático, onde incluiu uma listagem de todas obras que concluíra até inícios de 1784. Este volume verdadeiramente emocionante encontra-se na Biblioteca Britânica, em Londres, e é Albi Rosenthal quem nos conta a comovente história de como foi comprado por um alfarrabista quando os Nazis cercaram a Áustria, e depois vendido de forma confusa ao coleccionador Stefan Zweig. O livro intitula-se *Catálogo das minhas obras desde Fevereiro de 1784 até – I –*. A data final foi deixada em aberto, mas os espaços em branco indicam claramente que contava em viver e compor até ao século XIX. Mozart completou a lista até Novembro de 1791. Após essa data, o volume contém apenas páginas e páginas de eloquentes pautas musicais soltas. Somos assim confrontados com a morte prematura de Mozart e com o modo como esperava continuar a trabalhar como compositor durante mais tempo. Não faz qualquer sentido dizer que a sua morte era inevitável, ou que o seu trabalho estava terminado.

Este catálogo compreende apenas uma pequena parte da carreira de Mozart enquanto compositor e não se apresenta, de forma alguma, como completo ou fiável. Há outras fontes: o primeiro catálogo de Leopold Mozart sobre a música do filho faz referência às suas primeiras publicações – o pai achava que estes primeiros volumes impressos, e não os manuscritos iniciais actualmente sobrevalorizados, eram, de facto, o seu grande feito. Temos, também, o manuscrito Breitkopf, datado de cerca de 1800. Não obstante ter sido destruído durante a Segunda Guerra Mundial, sobreviveram algumas cópias feitas para Jahn e Köchel, que incluíam os compassos de abertura de algumas obras, actualmente desaparecidas, e vários catálogos publicados durante a sua vida e após a sua morte. O próprio compositor datou muitos dos seus trabalhos, e os que chegaram aos dias de hoje são, de longe, a prova mais fiável que temos de quando uma obra terá sido concluída e estaria pronta para ser executada (e não, como enfatizaram os estudiosos, de quando teria sido iniciado o trabalho).

A cronologia pormenorizada da música de Mozart é um tema sinuoso que tem ocupado os estudiosos durante anos, estando ainda longe de ser resolvido. A base do trabalho de catalogação das obras de Mozart, no século XIX, foi admiravelmente realizada por Ludwig von Köchel, tendo sido publicada pela primeira vez em 1862. Alfred Einstein, musicólogo e especialista em Mozart, publicou uma 3.ª edição do catálogo Köchel em 1947. Porém, recor-

INTRODUÇÃO

rendo ao seu próprio instinto estilístico, o resultado obtido revela-se pouco fiável para os dias de hoje. Uma 6.ª edição de 1964 tem sido também amplamente usada, apesar de apresentar igualmente muitas dificuldades. Por conseguinte, a obra de Köchel tem sido frequentemente sujeita a revisões ao longo do tempo, seguindo o curso do desenvolvimento das investigações académicas, o que tem originado alguns problemas a nível das diferentes alternativas e numerações dos índices das obras relativamente à sequência cronológica original de Köchel. Esperemos que em *The New Köchel*, a ser publicado sob a tutela editorial do principal perito em Mozart americano, Neal Zaslaw, seja definida uma referência que vá ao encontro da nossa compreensão das obras de Mozart. Esta situação irá remeter para a numeração original sempre que possível. Antes disso, haverá uma nova *edição resumida*, de Köchel, em 2006, editada por Cliff Eisen e Ulrich Konrad.

Neste guia prático adoptámos os números e títulos mais frequentemente usados hoje em dia para espectáculos e gravações, tendo em conta a 1.ª edição de Köchel. Para obras que não fazem parte da 1.ª edição, será usada a numeração da 6.ª edição. (Deste modo, adverte-se para o facto de que nenhum número de Köchel poderá ser entendido como se referindo ao nosso actual conhecimento da data precisa em que uma obra de Mozart foi escrita. Os primeiros números de Köchel correspondem sobretudo às primeiras obras, sendo que os posteriores se referem especialmente aos últimos trabalhos – assumir algo mais do que isso seria imprudente). Há ainda a questão particular de obras que poderão ser da autoria de Mozart, mas cuja autenticidade não podemos, actualmente, comprovar. Consequentemente, optámos por omitir os casos de obras que foram raramente executadas, e assinalar com um ponto de interrogação aqueles outros que dizem respeito a obras possivelmente escutadas como peças de Mozart. Nas referências às obras, seguiu-se a convenção segundo a qual as obras estão em clave maior, a menos que sejam descritas de outro modo. Por exemplo, «Sinfonia n.º 41 em Dó» refere-se a dó maior, ao passo que a Sinfonia n.º 40 é descrita como sendo em «Sol Menor».

Muito para além de caber meramente num livro, a música de Mozart poderá preencher toda uma vida. Havendo diversas peças, e porque podemos querer algumas sugestões para começarmos a ouvi-las, classificámos, num primeiro impulso apaixonado, as obras em discussão, atribuindo-lhes um dado número de estrelas:

15

MOZART

****	o Mozart essencial: obras-primas incontornáveis sem as quais não podemos passar
***	peças maravilhosas, entre as melhores do género
**	um trabalho muito bom, no seu género
*	vale bem a pena explorar

NK
27 de Janeiro de 2005
249.º aniversário do nascimento de Mozart

Os «Dez Mais» de Mozart

A reconhecida imagem de Mozart é criada por um pequeno número das peças mais frequentemente ouvidas:

Ave verum corpus K618
Concerto para Clarinete em Lá K622
Eine kleine Nachtmusik K525
Exsultate jubilate K165
Abertura: *As Bodas de Fígaro* K492
Sonata para Piano em Dó K330
Concerto para Piano n.º 21 em Dó K 467
Requiem K626
«Rondo alla turca» da Sonata para Piano em Lá K331
Sinfonia n.º 40 em Sol Menor K550

…assim como por alguns excertos populares líricos e árias de *A Flauta Mágica*, *Don Giovanni* e de outras grandes óperas. É, no entanto, uma lista estranhamente limitada, em termos de alcance expressivo e da variedade técnica da sua obra.

O nosso Mozart de quatro estrelas

Os novos ouvintes começam aqui: estas são as obras de Mozart que aprendemos a estimar, cada vez mais, ao longo dos anos.

Adágio para Piano em Si Menor K540
A Flauta Mágica K620
Ária «*Nehmt meinen Dank*» K383
Ária «*Vorrei spiegarvi*» K418
As Bodas de Fígaro K492
Concerto para Clarinete em Lá K622
Concerto para Piano n.º 19 em Fá K459
Concerto para Piano n.º 20 em Ré Menor K466
Concerto para Piano n.º 21 em Dó K467
Concerto para Piano n.º 24 em Dó Menor K491
Concerto para Piano n.º 25 em Dó K503
Concerto para Piano n.º 27 em Si Bemol K595
Così fan Tutte K588
Divertimento em Mi Bemol para Trio de Cordas K563
Don Giovanni K527
Fantasia em Fá Menor para Órgão Mecânico K608
Idomeneo, Ré di Creta K366
Missa em Dó Menor K427

Quarteto de Cordas em Dó, das «Dissonâncias» K465
Quarteto de Piano em Sol Menor K478
Quinteto de Cordas n.º 2 em Dó K515
Quinteto de Cordas n.º 3 em Sol Menor K516
Quinteto para Piano e Sopros em Mi Bemol K452
Requiem em Ré Menor K626
Rondó para Piano em Lá Menor K511
Serenata em Dó Menor K388
Serenata em Si Bemol K361
Sinfonia Concertante em Mi Bemol para Violino e Viola K364
Sinfonia n.º 38 em Ré, «Praga» K504
Sinfonia n.º 39 em Mi Bemol K543
Sinfonia n.º 40 em Sol Menor K550
Sinfonia n.º 41 em Dó, «Júpiter» K551
Sonata para Dueto de Piano em Fá K497
Sonata para Piano n.º 8 em Lá Menor K310

Citações sobre Mozart

JOHANN ADOLF HASSE, 1771
Este rapaz fará com que todos nós sejamos esquecidos!

IMPERADOR JOSÉ II (atrib.), 1782
Demasiadas notas, meu caro Mozart.

ERNST LUDWIG GERBER, 1790
Devido à sua familiaridade precoce com a harmonia, este grande mestre tornou-se tão íntimo dela, que o ouvido inexperiente tem dificuldade em seguir as suas palavras. Mesmo os mais experientes têm que ouvir as suas peças uma e outra vez...

Journal des Luxus und der Moden, 1793
O talento de Mozart parece ser inato, contudo tende ao fingimento, ao bizarro, às passagens surpreendentes e paradoxais, tanto melódicas como harmoniosas, evitando uma fluência natural que o tornaria vulgar... A melodia é sobrecarregada com repetidas mudanças de harmonia e acompanhamentos, com pausas perturbantes, muitas vezes difíceis de recitar e recordar... um génio que seguiu um plano, no qual não se podem sancionar as modulações rudes, as imitações impróprias e os acompanhamentos confusos.

MOZART

GIUSEPPE SARTI, *c.* 1800 (pub. 1832)

O compositor, que não conheço e nem quero conhecer, é um tocador de teclado com um ouvido libertino; segue o falso sistema que divide a oitava em semitons... *de la musique pour faire boucher les oreilles* [música de fazer tapar os ouvidos].

KARL DITTERS VON DITTERSDORF, 1801

Nunca conheci outro compositor com tal riqueza de ideias. Desejaria que não fosse tão libertino com elas. Não dá tempo ao ouvinte para recuperar o fôlego; quando tentamos reflectir sobre uma ideia harmoniosa, logo de seguida outra aparece, mais proeminente, expulsando a primeira, e assim por diante até que, no fim, ficamos impossibilitados de reter qualquer destas belezas na memória.

FRANZ SCHUBERT, 1816

[Ao ouvir a abertura de *Fígaro*] É a mais bela abertura do mundo...mas claro que já não me lembrava de *A Flauta Mágica*.

Ficará para sempre, como um alegre dia de sol, até ao fim da minha vida. Ao longe, as notas encantadas da música de Mozart assombram-me delicadamente... Oh Mozart, eterno Mozart, quantas, oh quantas representações de uma vida mais bela e alegre trouxeste às nossas almas!

JOHN KEATS, 1818

Ela manteve-me acordado toda a noite, tal como o faria uma melodia de Mozart.

HANS GEORG NÄGELI, 1826

Era grande o seu génio, tal como grande era a sua fraqueza, no modo como criava efeitos através de contrastes... era destrutivo, sobretudo para ele próprio; como o impacto do contraste eterno é predominante, acabamos por desconsiderar a beleza da proporção das partes da obra de arte.

HECTOR BERLIOZ

Um dos crimes mais flagrantes da história da arte contra a paixão, a sensibilidade, o bom gosto e o bom senso... é difícil perdoar Mozart por esta vilania [«*Non mi dir*» de *Don Giovanni*] ... A beleza admirável dos seus quartetos e quintetos e algumas das sonatas; rendi-me a este génio celestial a quem, a partir desse momento, passei a venerar.

22

CITAÇÕES SOBRE MOZART

JOHANN WOLFGANG VON GOETHE, 1829

Um fenómeno como Mozart permanece inexplicável… uma força latente, criadora, que se mantém eficaz, de geração em geração, e não é provável que se extinga.

MUZIO CLEMENTI

Mozart atingiu e transpôs os limites da música, deixando para trás os velhos mestres, os actuais e a própria posteridade.

LUDWIG VAN BEETHOVEN

Não poderia compor óperas como *Don Giovanni* ou *Fígaro*, são repugnantes. Não poderia escolher tais temas; acho-os demasiado frívolos…

Sempre me considerei um dos maiores admiradores de Mozart e assim permanecerei até ao meu último suspiro.

FRIEDRICH NIETZSCHE

Mozart, uma alma delicada e cativante, mas muito século XVIII, mesmo quando se mostra sisudo.

STENDHAL

Mozart é como uma amante sempre austera e muitas vezes triste, mas cuja tristeza se transforma em encantamento, sempre à descoberta de novas fontes de amor.

ROBERT SCHUMANN

Ah, Mozart, Príncipe das Almas, nesse outro mundo fundado pela mais bela das crenças humanas… Não parece que as obras de Mozart se tornam mais puras de cada vez que as ouvimos?

ANDRÉ GIDE

De todos os músicos, Mozart é aquele que, na nossa época, nos levou mais além; ele apenas sussurra e o público nada mais ouve do que gritos.

ROSSINI, 1860

Escuto Beethoven duas vezes por semana, Haydn quatro, Mozart todos os dias… Mozart é sempre adorável. Teve a sorte de ir a Itália quando era ainda muito novo e numa época em que eles ainda sabiam cantar.

MOZART

TCHAIKOVSKY, 1878

É graças a Mozart que devoto a minha vida à música... Mozart é o auge da beleza na esfera musical. Ninguém, como ele, me fez chorar, vibrar de entusiasmo ou ter consciência da minha proximidade com aquilo que chamamos ideal.

WILLIAM MAKEPEACE THACKERAY, 1879

Um novo mundo de amor e beleza abateu-se sobre ela ao ouvir tais melodias divinas... como podia ficar indiferente a Mozart? As partes mais comoventes de *Don Juan* despertaram nela um entusiasmo tão estimulante que à noite, enquanto rezava, perguntar-se-ia se não seria perverso sentir tanto prazer como aquele que «*Vedrai carino*» e «*Batti batti*» lhe traziam ao seu pequeno e delicado seio?

Quando ela se envolve com o mundo, é como uma bela brisa de Mozart a abater-se sobre nós.

CHARLES GOUNOD, 1882

Oh Divino Mozart!... Os generosos céus deram-te tudo, graça e força, abundância e moderação, radiosa espontaneidade e ternura ardente no perfeito equilíbrio que constitui o poder irresistível da sedução, e fizeram-te um músico inexcedível – mais do que o primeiro – o único Mozart!

SIR HUBERT PARRY, 1890

Mozart não era, naturalmente, um sentimentalista ou um intelectual, e o resultado é que o aperfeiçoamento da sua variação não é impressionante, nem genuinamente interessante.

RICHARD WAGNER, pub. 1892-98

As mínimas eternamente recorrentes e tagarelas dão impressão de que estou a ouvir o barulho dos pratos e das porcelanas de um príncipe...

A genialidade prodigiosa elevou-o bem acima de todos os mestres de artes de qualquer país.

JOHANNES BRAHMS (correspondência para DVORÁK), 1896

Se não conseguimos compor com a beleza de Mozart, tentemos pelo menos compor com a sua pureza.

CITAÇÕES SOBRE MOZART

CAMILLE SAINT-SAËNS, 1899

Dêem a Mozart um conto de fadas e ele criará, sem esforço, uma obra-prima.

HANS VON BÜLOW

Mozart é um jovem com um futuro promissor.

SIR EDWARD ELGAR, 1905

Se olharmos para esta pequena e fraca orquestra [para a sinfonia em sol menor] tendo como referência uma partitura moderna, podemos questionar-nos como é possível que uma obra de arte tão grandiosa se tenha desenvolvido a partir de uma matéria-prima tão patética… É impossível não nos surpreendermos com uma selecção de instrumentos que originam uma diversidade e um contraste capazes de prender a nossa atenção durante trinta minutos.

FERRUCCIO BUSONI, 1906 (pub. 1921)

Isto é o que penso de Mozart: até ao momento é a mais perfeita manifestação de talento musical.

A sua vida breve e a sua fertilidade elevam a sua perfeição ao extremo.

A beleza despreocupada das suas obras irrita.

O seu sentido de forma é quase sobre-humano. Tal como uma obra-prima de escultura, a sua arte, vista de qualquer ângulo, é uma imagem perfeita…

Juntamente com o enigma, ele fornece a solução.

GEORGE BERNARD SHAW, 1921

Mozart foi o maior dos músicos. Ensinou-me a exprimir sentimentos profundos e, simultaneamente, a permanecer irreverente e cheio de vida.

HERMANN HESSE, 1927

… E dos recantos vazios do teatro ouvi os acordes da música, uma melodia bela e terrível: a música de *Don Giovanni,* que proclama a chegada do «convidado de pedra». Um horrendo e estridente som metálico voou pela casa fantasmagórica, vindo do outro mundo, dos imortais. «Mozart», pensei, e com a palavra evoquei a mais amada e louvada imagem que o meu íntimo encerrava…[*Steppenwolf* (Lobo das Estepes)]

CECIL GRAY, 1928

[Os concertos para piano são] voluntariosos e indiferentes na forma, cheios de belas reflexões, a que ele, raramente, se dá ao trabalho de desenvolver.

MOZART

ARNOLD SCHOENBERG

Com Mozart aprendi

1. Desigualdade na duração da frase;

2. Coordenação de personagens heterogéneas para formar uma unidade temática;

3. Afastamento da construção de números pares no tema e suas componentes;

4. A arte de formar ideias subsidiárias;

5. A arte de introdução e transição.

WANDA LANDOWSKA

As obras de Mozart podem ser fáceis de ouvir, mas são muito difíceis de interpretar. A mínima mancha de pó pode estragá-las. São claras, transparentes, prazenteiras como uma nascente, e não como aquelas poças de lama que parecem profundas apenas porque não se consegue chegar ao fundo.

RICHARD STRAUSS (atrib. por NORMAN DEL MAR)

Não consigo escrever sobre Mozart, apenas posso adorá-lo.

FREDERICK DELIUS

Se um homem me diz que gosta de Mozart, percebo logo que é um músico medíocre.

VIRGINIA WOOLF, 1917

Depois fomos ver o *Fígaro* no «Old Vic». É adorável deixar algo belo para rumar na direcção de uma outra beleza e é tão Romântico quanto inteligente – a perfeição da música e a justificação da ópera.

EDWARD MACDOWELL

As sonatas de Mozart são composições absolutamente indignas do autor de *A Flauta Mágica*, ou de qualquer compositor com pretensões a algo mais do que mediocridade. Estão escritas num estilo de virtuosidade de cravo berrante a que Liszt nunca desceu…

AARON COPLAND

Mozart secou a fonte de onde toda a música flui, expressando-se com espontaneidade e requinte, e com uma justiça de tirar o fôlego.

CITAÇÕES SOBRE MOZART

BENJAMIN BRITTEN

Toda a sua vida Mozart teve a inteligência de se deixar influenciar por grandes compositores; depois, assimilou essas influências e tornou-as parte da sua natureza.

GEORGE ANTHEIL

O «divertido» numa sinfonia de Mozart não é muito diferente da diversão de um jogo de basebol. No basebol, todos os jogadores seguem rigorosamente as regras…A perícia de Mozart foi tão soberba, tão absolutamente excelente, que os fãs de Mozart tiveram exactamente a mesma sensação que o público actual teria se o clube da sua cidade ganhasse, facilmente, o jogo de olhos fechados contra uma equipa visitante da primeira divisão.

GLENN GOULD

Mozart era um compositor mau, que morreu demasiado tarde e não demasiado cedo.

MARIA CALLAS

A maior parte da música de Mozart é aborrecida.

ARTHUR MILLER

Mozart foi a felicidade antes de esta ter sido definida.

LEONARD BERNSTEIN

Mozart é *toda* a música; não há nada na música que não possamos pedir e que ele não nos possa oferecer… banhado num brilho que só poderia ter vindo do século XVIII, daquela época de luz e iluminismo. É o resultado perfeito da era da razão – inteligente, objectivo, cortês, delicioso. E, no entanto, paira sobre todos o grande espírito de Mozart – o espírito da compaixão, amor universal e mesmo de sofrimento – um espírito que não tem idade, que pertence a todas as épocas. [*Infinite Variety of Music*]

VICTOR BORGE

Nos meus sonhos do paraíso, vejo sempre os grandes mestres reunidos numa grande sala onde todos moram. Só Mozart tem a sua própria suite.

Ver também *Mozart in Retrospect* de Alec Hyatt King, *Mozartiana* de Joseph Solman, *Viva Mozart* de George D. Snell.

Mozart 2006

Há muitos anos que mais de meio milhão de pessoas percorre anualmente as estreitas ruas de Salzburgo para visitar a casa de aspecto medieval onde nasceu Mozart, um terceiro andar na *Getreidegasse*. É o sítio certo para visitar, mesmo que só tenhamos lá ido para fazer compras ou para conhecer os cenários da *Música no Coração*. Se subirmos as escadas estreitas, passando pela simulada «cozinha de Mozart», até ao quarto que abriga cópias de partituras manuscritas e as primeiras edições impressas, podemos ver algumas relíquias impressionantes, como o seu pequeno violino de criança e a sua viola de adulto, assim como um pequeno cacho de cabelo que se supõe ter pertencido a Mozart (e que, generosamente, tem direito à classificação «?» no guia). Aqui, as vozes abafadas dos nossos guias turísticos adornam as histórias do talento do pequeno Mozart para tocar e compor e levantam-se questões tão disparatadas como qual terá sido o canto do quarto em que nascera. Aqui, está o clavicórdio com uma pequena etiqueta desbotada, manuscrita pela mulher no século XIX, explicando que terá sido naquele instrumento que o músico compusera *A Flauta Mágica* e outros trabalhos nos seus últimos anos de vida – «naquele instrumento ordeiro, para não perturbar a sua querida Constanze, que estava tão enferma». (Há também quem diga que terá composto a peça na casa de verão de madeira, que muito fora restaurada e reconstruída, e levada de Viena para Salzburgo, situando-se agora nas proximidades, nos jardins do Mozarteum – mas isso não importa). É também aqui,

MOZART

no quarto, que estão as bugigangas: a caixa de tabaco, a caixa de rapé, uma carteira, botões de um dos seus casacos e um estojo de madrepérola. Mas há muito menos itens musicais genuínos do que seria de esperar, sem dúvida devido às preocupações com a sua segurança e preservação. O que nos salta particularmente à vista é o modo como não há um único manuscrito genuíno de Mozart– todos estão actualmente guardados num cofre, do outro lado do rio.

Temos também algumas obras de arte de grande relevo, que falam através dos tempos: o retrato de Mozart com sete anos, de Lorenzoni, no seu reluzente traje formal, pendurado perto dos retratos da irmã, da mãe e do pai, e o maravilhoso retrato inacabado do compositor ao piano, da autoria de Joseph Lange, o qual, mais do que qualquer outra representação, nos aproxima do lado mais obscuro da intensa personalidade de Mozart. (Infelizmente está pendurado perto de algumas reproduções pavorosas e de impressões a laser de outros seus retratos.) O piano em que Mozart tocava, construído por Anton Walter, apesar de ter sido muito restaurado – o que nos permite ter um vislumbre de como a sua música poderia ter soado –, foi transferido para o outro lado do rio, para uma exposição mais segura, no novo museu dedicado a Mozart, embora exista aqui uma cópia, e András Schiff e outros tenham feito boas gravações no original. Cada vez mais, o que se conserva na casa onde nasceu – em caixas de madeira novas, cuidadosamente polidas – são cópias, fotocópias, impressões e fac-símiles, como se não importasse o facto de ninguém saber distingui-los dos originais.

A indústria de Mozart é uma metáfora para o tumulto e as contradições que envolvem o compositor no 250.º aniversário do seu nascimento, a saber, o rumor dissonante de argumentos e contra-argumentos, o contínuo esmiuçar de escândalos biográficos, a combinação de uma admiração genuína com uma exploração ingénua e, sobretudo, a desordem de factos comprovados, de hipóteses e de mitos com algum fundamento, por um lado, e uma ficção absurda, por outro. Tudo isto converge na criação da história do génio. O que a cidade de Salzburgo reconhece, em primeiro lugar, é que Mozart é um negócio lucrativo – calcula-se que mais de metade do rendimento da cidade provenha directamente da indústria de Mozart, graças aos turistas endinheirados.

É irónico, já que, durante muito tempo, Salzburgo apagara Mozart da sua história, e só em 1880, quase um século após a sua morte, se criou pela primeira vez um museu ligado ao seu local de nascimento. Até então, apenas se havia erigido uma estátua, em 1842. O *Mozarteum* comprou a propriedade em 1917 e as exposições sucederam-se e expandiram-se, sobretudo a partir de 1956 (incluíam esboços cénicos das óperas de Mozart, mais recentemente acompanhadas por breves excertos de vídeo e a recriação de um apartamento típico da classe média). Posteriormente, a indústria de Mozart apostou ainda mais forte no seu sucesso. Quando compramos uma caneca, um postal, licores ou velas com a imagem de Mozart na loja que existe no seu local de nascimento, estamos a ajudar a pagar o investimento na reconstrução de uma «nova» e impressionante casa de Mozart, a *Mozart Wohnhaus*, situada no outro lado do rio, na *Makartplatz*, onde a família viveu a partir de 1773. Antes de ser comprada por Leopold Mozart, era um salão onde se realizavam bailes. O *Mozarteum* havia começado a convertê-la em museu em finais dos anos trinta, mas acabaria por ser severamente bombardeada durante a guerra, em Outubro de 1944. Apenas duas divisórias ficaram intactas, junto às quais se construíra um detestável bloco que albergava um *stand* de vendas da Mercedes. A Fundação Mozart ficou endividada para conseguir angariar os 26,5 milhões de xelins (uma pechincha de um 1,3 milhões libras) necessários para comprar o referido bloco. Angariou, depois, mais alguns milhões de libras e dólares (ou mais provavelmente ienes) para o derrubar em 1994 e – graças à precisão dos Nazis em registar cada pormenor da residência de Mozart – construíram uma nova versão de todo o edifício. Temos, por isso, actualmente, em Salzburgo, uma nova e cintilante relíquia, que abriga um museu de audiovisuais e um depósito de alta segurança para os manuscritos, cartas e muito mais, o qual visa atrair os visitantes do outro lado do rio da velha cidade. Todas as características do turismo dos nossos dias estão presentes – o guia em áudio, as vitrinas de *design* moderno (feitas pelo mesmo artista que criou as capas de CD da edição Mozart da Philips) e a loja de recordações, equipada com tudo excepto as partituras de Mozart. Estão em falta algumas características originais, incluindo a sacada dos músicos no grande salão onde se realizavam os bailes nos tempos de Mozart. Tudo isto pode parecer um pouco exagerado, mas numa cidade com uma maior consciência cultural, como Viena, o local do apartamento onde Mozart falecera, em 1791, está assinalado por pouco mais do que uma planta num vaso, num canto de uma loja comercial. E é, também, a compensação da cidade de Salzburgo que, assim que Mozart partiu, em circunstâncias duvidosas, quase o apagou da sua história durante gerações.

Actualmente, Salzburgo está a investir fortemente em Mozart. O segundo teatro do *Festspielhaus* – mal amado tanto por artistas como pelo público – foi demolido, e um novo teatro, significativamente chamado «Haus für Mozart», prevê inauguração em 2006, se for possível angariar mais alguns milhões de euros [*nota:* foi de facto inaugurado a 26 de Julho desse ano, numa apresentação das *Bodas de Fígaro*, com direcção de Nicolas Harnoncourt]. Por outro lado, os donativos privados permitiram uma entrada em grande à renovada *University Hall*, onde Mozart actuara pela primeira vez quando tinha sete anos. Há até uma escultura vanguardista dedicada a Mozart perto do rio: uma cadeira de metal, incrivelmente alta, com a indicação «Sente-se na cadeira / Feche os olhos / Contemple». Salzburgo está a trazer Mozart de volta ao seu coração, como se nunca houvesse sido rejeitado.

É um risco, já que Mozart nem sempre foi, de modo algum, o compositor mais popular do mundo. Mas, pelo menos, é o que parece neste momento. E tudo aquilo que Mozart toca transforma-se em ouro ou, pelo menos, num chocolate Mozart. Parece que nunca nos fartamos dele, mesmo numa época de grandes transformações no mundo da música clássica. O Festival «Mostly Mozart» tem enchido salas de espectáculo ao longo dos anos em Nova Iorque, no Centro Lincoln, tal como, mais recentemente, a sua *spin-off* no Centro Barbican de Londres. Numa época de declínio na venda de CD, Mozart continua a ter sucesso, e há *sites* de onde é até possível fazer *downloads* de música de todo o tipo de espectáculos, desde que não estejam ao abrigo dos direitos de autor, incluindo versões electrónicas, sintetizadas, disponíveis em ficheiros MIDI. Na América, uma enorme indústria, «quase científica», baseou-se na associação (algo dúbia) entre Mozart (e música clássica) e capacidades mentais especiais, sendo essa associação comercializada sob a marca registada de «Efeito Mozart».

No entanto, no início do século XX na Grã-Bretanha, e para dar o exemplo de um momento na história em que a reputação de Mozart estava algo abalada, apenas figuras isoladas, como George Bernard Shaw, E. J. Dent ou Donald Tovey, saíram em defesa da grandeza suprema de Mozart. Alec Hyatt King descreveu Tovey como «um farol no nevoeiro que, então, cobria os estudos ingleses sobre Mozart».

O consenso académico era perturbador. Parry rejeitara, publicamente, um grande conjunto de variações como uma «mera rotação de notas». Sir William Hadow disse que as grandes óperas «não tinham uma história coerente, e nem sequer uma tentativa séria de ilusão dramática». Quando a *Royal Music Association* finalmente dedicou uma palestra completa a Mozart, em 1906 (apesar de, como observou o orador, uma vez ter «partilhado a atenção com Beethoven numa palestra sobre o tratamento do modelo Rondó») foi intitulada, e severa mas justamente criticada, «As primeiras tentativas de Mozart na Ópera».

Em meados de 1930, até Ernest Newman, mozartiano de renome, descrevia o modelo sinfónico de Mozart como «de uma pureza ligeiramente rudimentar» comparada com Sibelius, e, por isso, só um número relativamente pequeno de sinfonias era executado. Thomas Beecham era um defensor da ópera, mas numa época em que as seis óperas populares eram a base do repertório das casas de ópera, é fácil esquecer como é ainda recente o seu restabelecimento. É com crescente frequência que as primeiras óperas são agora relembradas, e o Festival de Salzburgo irá executá-las com grande ímpeto e ousadia no ano do aniversário de Mozart, em 2006.

A visão dos especialistas alemães, especialmente Alfred Heuss e Hermann Abert, que no início do século XX exploravam o lado obscuro do carácter e da música de Mozart com uma visão consideravelmente analítica, raramente foi reconhecida. (Heuss escreveu um importante artigo sobre «O elemento demoníaco nas obras de Mozart», em 1905.) É verdade que a obra britânica de referência, *Encyclopedia of Chamber Music*, de Cobbett, publicada em 1929, pediu a Abert um comentário a Mozart, mas o editor achou-o tão perturbadora que, apesar de a ter publicado, adicionou uma nota a repudiá-la! «O Dr. Abert descobre na sua música qualidades de uma intensidade trágica, silêncio macabro e até fúria demoníaca, e isto, penso, irá causar espanto a alguns dos nossos leitores… uma gravação de Mozart é um verdadeiro ninho de pássaros cantantes…» (uma opinião que iria atrair, em massa, os actuais negociantes dos CD de Mozart).

Por um lado, esta aproximação redutora à música de Mozart não devia causar qualquer surpresa: numa época em que a música se aperfeiçoava constantemente, tornando-se mais ampla e complexa, Mozart revelar-se-ia forçosamente como um mero precursor do Romantismo. Seria o compositor que abriu caminho a Beethoven, Brahms ou Wagner. Para Wagner, Mozart foi o mestre da melodia interminável, que compôs «impensadamente», sem reflectir. Tal como Schubert, Gounod ou Tchaikovsky adoraram Mozart, Wagner idolatrou-o pela sua inocência sobrenatural. A lenda da criança eterna que, como veremos, teve uma origem bizarra, estendera-se à música na percepção do século XIX: apesar de os conhecedores e os compositores, como Brahms, apreciarem a profundidade de Mozart, ele era visto, demasiadas vezes, como o criador de pequenas obras, ingénuas mas inspiradas, que abriam caminho para a «verdadeira» música.

Porém, a perspectiva dos escritores alemães sobre a música de Mozart, que recordam o modo como, logo após a sua morte, Goethe (que o caracterizou como «uma força criadora») e E.T.A. Hoffmann lhe reconheceram um «poder demoníaco», contrasta com esta visão redutora. Hoffmann analisara profundamente a música de Mozart e reescrevera *Don Giovanni* como um conto fantástico romântico, apresentando uma finalidade moral. Esta foi a tradição que Heuss e Abert procuraram reavivar na geração de Mahler e Schoenberg. Mas a vigorosa biografia de Abert sobre Mozart (uma revisão do trabalho pioneiro de Otto Jahn) nunca foi traduzida para inglês – excepto a publicação de William Glock sobre o fascinante capítulo de *Don Giovanni*. Deste modo, a visão de Abert não causou qualquer impacto em Inglaterra, e a noção de um Mozart austero, demoníaco, inspirado e mesmo neurótico nunca foi, aqui, totalmente compreendida.

Essa percepção foi também radicalmente diluída pela versão claramente burguesa e popular de Mozart (e disponível de imediato em inglês) que os Românticos ofereceram na generosa biografia de Alfred Einstein, de 1944. Retratava uma figura essencialmente afável e alegre, com fraquezas humanas, mas capaz de as superar – um retrato reconfortante mesmo entre as atribulações da guerra. Grande parte das reacções de Einstein à música é admirável e pormenorizada. Todavia, as conjecturas académicas sobre a cronologia da música de Mozart que formulou na sua 3.ª edição do Catálogo Köchel têm sido, desde então, largamente desacreditadas.

Contudo, a visão de um Mozart profundamente sentimental, tão predominante na literatura popular ao longo destes dois séculos, tem raízes bastante remotas, nomeadamente, nas primeiras décadas após a sua morte.

Em resultado de uma luta, que hoje nos parece notavelmente destítuida de qualquer sentido, para consolidar a respeitabilidade de Mozart como um génio intemporal, a sua biografia, que muito se adequa ao verdadeiro «espírito romântico», sofreu uma série de alterações. Para ir ao encontro das necessidades da época que o sucedeu, o compositor sem imaginação tornou-se o artista inspirado; o servil artesão tornou-se o criador de espírito livre, e apenas uma pequena parte da música foi preservada no repertório para satisfazer a ficção biográfica de que Mozart seria sempre uma criança. De onde terá surgido tudo isto?

De acordo com o seu primeiro biógrafo Niemetschek, Mozart terá exprimido palavras germinais, embora de veracidade duvidosa, no seu leito de morte: «Agora devo deixar a minha Arte, como que me libertando da escravatura da moda, como que quebrando os laços com os usurários, ganhando o privilégio de seguir as minhas próprias paixões e de compor de forma livre e independente aquilo que o meu coração murmura!» Isto resumia tudo aquilo que os Românticos postulavam para um compositor e que estava ausente em

Mozart. No âmbito do seu trabalho em Viena, passara grande parte do último ano de vida a compor duas óperas encomendadas e especificamente planeadas para circunstâncias muito diferentes, para além de algumas danças para uso imediato. Não podemos ter certeza se Mozart desejava realmente «compor livremente», e se esse era sequer um conceito que deveras entendia. O que é verdadeiramente evidente é que queria ser procurado e estimado – queria que lhe pedissem que compusesse por ser essa a vontade das pessoas e exibir o talento dos cantores e músicos tão bem quanto possível, tirando o maior proveito de qualquer circunstância de actuação com que fosse confrontado na prática. É também verdade que queria que o público se deleitasse com a sua música e lho demonstrasse, e que a sua música fosse melhor, mais sagaz, mais apaixonada e mais memorável do que a de qualquer outro compositor – provavelmente, acreditava piamente nisso, embora não haja qualquer evidência que corrobore a ideia de que Mozart, em consciência, possa ter escrito para ser lembrado na posteridade.

A imagem de Mozart enquanto respeitável burguês foi uma criação terrivelmente súbita dos finais de 1790, emergindo de uma necessidade comercial – o que parecerá irónico, perante quem acredite que a exploração de Mozart enquanto ícone terá ocorrido apenas na nossa era. Constanze, a viúva que Mozart deixara sem recursos financeiros, tinha apenas uma fonte de rendimento – a música e a reputação do marido: podia cantar as suas árias e vender as partituras. Encorajada pelo futuro segundo marido, o diplomata dinamarquês Georg Nissen, que escrevera a maioria das cartas por ela, negociara com editores, procurando tirar o máximo proveito destes bens. Breitkopf und Härtel, uma das editoras mais conhecidas da época, planeava publicar as *Oeuvres Complètes* da música de Mozart, assim como uma biografia do grande compositor. Mas alguns mitos sobre Mozart já se encontravam instituídos, graças à colectânea de informação biográfica reunida pelos seus adversários. De momento, poderá parecer irrelevante saber como estas ideias tomaram forma, mas dado que algumas delas teimam em aparecer nas biografias de Mozart mais populares, torna-se fundamental entender a sua origem para uma maior compreensão da história.

Houve duas tradições biográficas, nitidamente distintas, nos anos imediatamente posteriores à morte de Mozart. Uma teve origem na esposa Constanze, em Viena, e a outra com a irmã Nannerl, em Salzburgo. Constanze e Nannerl haviam-se afastado desde o casamento de Wolfgang e da morte de Leopold. Nannerl não visitava Viena desde a sua infância, e nunca lá regressou desde que Mozart se mudara. Na verdade, pouco sabia da vida do irmão em Viena. Por outro lado, Constanze também pouco sabia sobre a infância dourada de Mozart em Salzburgo. «Na biografia, disputa-se a posse», escreveu Maynard Solomon – e este caso evidencia-o bem.

A visão de Constanze reflecte-se na biografia de apoio a Mozart, escrita por Franz Xaver Niemetschek, seu amigo de Praga, publicada anonimamente em 1797 e reeditada, desta feita sob o seu nome, em 1798. Com base nos anos passados em Viena e Praga, relata muitas histórias sobre a boa índole de Mozart e do seu casamento feliz. Foi esta biografia que tornou conhecido o comentário de José II, «Demasiadas notas, meu caro Mozart!», e a resposta de Mozart: «Precisamente as necessárias, Vossa Majestade!» (Esta troca de palavras é floreada em favorecimento do compositor, deixando-se a ideia de que, afinal, o monarca «se sentia profundamente agradado com esta música nova e imensamente expressiva».) Encontramos, ainda, muitas lendas sobre o *Requiem*, incluindo a sua deixa imortalizada: «Eu não disse que estava a compor este *Requiem* para mim mesmo?», assim como o seu medo de estar a ser envenenado. Destaca-se também o sucesso de Mozart em Praga e na Boémia. Mas na obra de Niemetschek a ênfase recai sobretudo sobre o génio notável do compositor, que não fora devidamente recompensado com nomeações, nem com o sucesso financeiro que deveria ter tido, o que ajudara Constanze a justificar a sua pobreza após a morte do marido: não é difícil perceber um elemento puramente auto-justificativo na história de Constanze, confirmando a noção (perfeitamente verdadeira) de que, com a morte do marido, apenas lhe fora deixado um fardo financeiro, aliviado com as suas actuações e a venda de manuscritos. O discurso fúnebre de Niemetschek descreve Mozart à imagem do artista romântico e solitário do século XIX, que lutava pela sua sobrevivência. Não obstante, pesquisas mais recentes deixaram bem claro o quão bem sucedido fora Mozart durante grande parte dos seus anos em Viena.

A perspectiva adoptada por Nannerl é, porém, bastante mais obscura e complexa. O advogado e estudioso Friedrich Schlichtegroll fora o primeiro a escrever o obituário de Mozart. Compilara livros de obituários desde 1790 e escrevera o de Mozart na segunda parte da sua obra *Nekrolog auf das Jahr 1791,* publicado em Gotha, em 1793. Para o redigir, escrevera ao oficial de justiça em Salzburgo Albert von Mölk, pedindo informações. A família von Mölk era amiga da família Mozart e Nannerl havia tido, inclusivamente, um caso amoroso com um dos filhos da família. Por essa razão, von Mölk teve possibilidade de pedir a Nannerl, que ainda estava em Salzburgo, as informações necessárias. Respondera-lhe com longas histórias sobre os primeiros anos da vida de Mozart e as suas viagens, tendo para isso recorrido, sem dúvida, aos seus diários, tão pormenorizados, e às cartas escritas por Leopold. As recordações de Nannerl sobre o irmão são claras e positivas: «Ele nunca foi forçado a tocar nem a compor, pelo contrário, teve sempre que ser refreado, ou permaneceria sentado em frente ao piano e às suas composições noite e dia». Nannerl escrevera também ao amigo da família Johann Schachtner, pedindo-lhe que lhe contasse algumas histórias sobre a juventude de Mozart, as quais ele lhe fornecera alegremente, tendo sido acriticamente publicadas em muitas biografias. Contudo, a dado momento, Nannerl observa: «quanto à sua vida na idade adulta, deverá perguntar em Viena, já que não consigo encontrar nenhum assunto acerca do qual possa escrever detalhadamente». Alega, inclusivamente, não saber «quem era a sua esposa, quantos filhos tinham em comum, quantos ainda estariam vivos, etc.» Estava, claramente, a formar uma barreira e dizia não pretender ser uma autoridade quanto àquele período da vida de Mozart. Todavia, sem o seu consentimento (de acordo com investigações exaustivas de Bruce Cooper Clarke), os comentários de Nannerl foram complementados por von Mölk quando este último devolveu a resposta a Schlichtegroll.

Von Mölk adicionou um *post-scriptum* devastador que, sem dúvida, reflectia o sentimento de Salzburgo na época. Na primeira parte, descreve e elogia a própria Nannerl (o que deixa claro que o material suplementar não foi escrito pela mesma) e depois continua: «Não contando com a sua música, ele foi quase sempre uma criança, e assim permaneceu; esta é a principal característica do lado obscuro do seu carácter; sempre precisou dos cuidados de um pai, de uma mãe ou de outro protector; não sabia gerir os seus assuntos financeiros... [ele] casou com uma rapariga que não era indicada para ele, e contra a vontade do pai, originando o caos doméstico aquando da sua morte» Apesar da última parte (após as reticências) estar rabiscada, esta representação de Mozart começou a ganhar raízes, sem dúvida acicatada por rumores e bisbilhotices já existentes.

Schlichtegroll, que reunira material para o seu obituário a partir das mais variadas origens, não publicou, na verdade, o último comentário de Mölk, e foi simpático nas palavras sobre o casamento de Mozart com Constanze. Não obstante, manteve as observações sobre a incapacidade de Mozart para cuidar dos seus próprios assuntos, porque isso tinha sido sustentado por Nannerl. Escreveu «Em Viena casou com Constanze Weber, uma boa mãe para os dois filhos que tiveram em comum, e uma boa esposa, que procurou refreá-lo nos seus muitos excessos». Foi o suficiente para enfurecer Constanze, que mais tarde alegara ter comprado e destruído as seiscentas cópias do obituário da reedição de Graz de 1794, agora publicadas, separadamente, num único volume intitulado *Mozarts Leben*. (Apesar destas afirmações nunca terem sido contestadas, são algo estranhas, sobretudo porque algumas cópias chegaram aos dias de hoje.) As suas objecções podem ser vislumbradas numa cópia de Schlichtegroll que sobreviveu onde, sugestivamente, algumas linhas foram rasuradas (as secções que foram apagadas apresentam-se aqui em itálico): «Ele nunca aprendeu a disciplinar-se, não tinha tendência para a ordem, para o bom uso do dinheiro, *para a moderação e para a escolha prudente dos seus modos de vida*» (neste caso, é certamente surpreendente que se tenha mantido o início da frase). «Apesar de auferir um rendimento considerável, tendo em conta a sua *preponderante voluptuosidade e* desordem, deixou aos seus herdeiros nada mais do que a fama do seu nome».

Dizer-se de Mozart que não tinha vocação para lidar com dinheiro seria algo aceitável, sendo que isso ajudava Constanze a justificar o seu empobrecimento. Contudo, essa parecia ser a única crítica que permitia que se fizesse ao marido. Apenas uma linha ténue separa um excesso do outro: até Nannerl admitira que, quando apontado pelos defeitos, «só podia acusá-lo de um apenas … de ter um coração mole e de não saber lidar com dinheiro». Era por isso, dizia ela, que Leopold o vigiava constantemente, que a mãe ia a Paris com ele e que mais tarde enfrentara dificuldades financeiras. Porém, havia uma grande diferença entre admitir isso e sugerir que era igualmente excessivo nos seus modos de vida e na sua voluptuosidade, faltando-lhe moderação e controlo sobre si próprio! Nannerl nunca subscrevera estas opiniões, o que acabaria por levar, contrariamente ao que seria esperado, a rumores acerca de uma vida dissoluta e de envolvimento com outras mulheres, os quais, facilmente se percebe, tanto ela como Constanze pretendiam erradicar da sua imagem.

O jornalista especialista em música mais respeitável da altura, Johann Friedrich Rochlitz, sabia que os rumores não seriam totalmente verdadeiros, pois aos dezoito anos conhecera Mozart em Leipzig, em 1789, pelo que resolveu, por isso, dedicar-se à preservação da sua memória e do seu bom nome. Em 1798, Rochlitz publicou na revista *Allgemeine muskalische Zeitung*, da editora Breitkopf und Härtel, várias histórias sobre o grande compositor com o objectivo específico de desmentir «as historietas depreciativas, malévolas e repugnantes que ainda são contadas acerca de Mozart». Ele não pretendia, propriamente, escrever uma biografia, mas antes compilar episódios que corroborassem o seu ponto de vista acerca da rectidão de Mozart. Quer Rochlitz tenha ou não agido com o apoio de Constanze (que não forneceu os pormenores das histórias, já que algumas delas parecem ter sido completamente inventadas por Rochlitz), percebemos imediatamente que elas tiveram uma directa influência nas posteriores vendas da música de Mozart pelo mesmo editor. Sem embarcar numa biografia exaustiva, Rochlitz tentava construir uma imagem eminentemente cultural do grande compositor, de forma a permitir que as suas obras fossem compreendidas numa nova era – e teve, efectivamente, sucesso na concretização desse objectivo.

As historietas de Rochlitz são documentos notáveis do seu tempo, no formato de pequenos romances que se tornaram cada vez mais populares na Alemanha, e que geraram uma verdadeira indústria de ficção sobre Mozart no século seguinte. Eram, muitas vezes, retiradas da biografia de Niemetschek e, bastante elaboradas, baseavam-se sobretudo em rumores, tal como as histórias vis que visavam suplantar. Contudo, apesar de não ser possível comprovar a sua veracidade, isso não significa que não sejam importantes. Aqui encontramos Mozart, o homem descuidado e generoso, sem dinheiro apenas porque deu boas gorjetas aos comerciantes. Encontramos igualmente o Mozart que recusa uma oferta bastante lucrativa de um trabalho em Berlim, devido à sua devoção a José II, justificando-se mais uma vez por que continuou pobre. Vamos também encontrar o Mozart implacavelmente explorado por editores e artistas, mas sempre ignorando a sua malícia devido ao seu coração complacente. A imagem de um Mozart dissoluto e fora de controlo, ou mesmo de um Mozart mal organizado que não consegue tratar dos seus assuntos, é substituído por um Mozart espiritual, inocente, que está acima de qualquer questão trivial e mundana: é, de facto, uma imagem aliciante.

O facto de as historietas se basearem sobretudo em ficção não impediu que se firmassem e perdurassem, porque retratam o Mozart que o século XIX desejava. Além disso, algumas delas têm garantidamente algo de verdade, embora tenham sido sobejamente dramatizadas. Numa delas, Rochlitz conta que, certa vez, após estudar cuidadosamente as partes de um motete de Johann Sebastian Bach que ouvira em Leipzig, Mozart exclamara: «Aqui está algo com que podemos aprender!» Pode não ter sido exactamente assim (apesar de Rochlitz ter estado neste caso presente, havendo, também, uma cópia do motete manuscrita por Mozart), mas não deixa de chamar a atenção para uma fase importante em que Mozart se identifica e se deixa envolver profundamente com a música barroca, muito significativa para o processo criativo do autor. Outra história surge ilustrando os traços de generosidade no carácter de Mozart, podendo ter tido origem em recordações verdadeiras, pelo que será sensato não os rejeitar completamente.

Maynard Solomon sugeriu que «com o tempo, a viúva e a irmã de Mozart terão aceitado as biografias que uma e outra consentiram». A relação entre as duas fora sombria durante os anos em que ambas viveram em Salzburgo, após a morte do compositor. Embora o casal inglês Vincent e Mary Novello tenham referido que havia uma relação de harmonia entres as duas, estavam ambas muito distantes quando visitaram Salzburgo, havendo mantido contacto sobretudo através de Wolfgang, filho de Constanze. Quando Constanze chegou ao ponto de enterrar o segundo marido, Nissen, no jazigo da família Mozart e de ter mandado colocar o seu nome de forma proeminente na lápide, Nannerl amargamente alterou o seu testamento e apontou um outro local para seu túmulo. Ao considerar a biografia que Breitkopf planeava, Constanze apenas recomendou que «o trabalho de Niemetschek e a *parte boa* [de Schlichtegroll] deveria permitir elaborar uma biografia no seu todo». No seu testemunho, Nannerl afirma que quando finalmente leu a explicação de Niemetschek sobre as contendas de Mozart em Viena, emocionou-se profundamente: «despertou os meus sentimentos fraternais para com o meu querido irmão de forma tão intensa, que por vezes me desfazia em lágrimas». É um momento tocante: uma imagem biográfica de Mozart, onde foi pintado como um génio desprezado, comoveu até a própria irmã, porque documentava aquela parte da sua vida da qual ela fora totalmente excluída.

Deste modo, a imagem histórica, etérea e em constante mutação absorveu, também, as memórias daqueles que participaram na vida de Mozart, os mitos que queriam preservar como herança e as ambições de um «Mozart» que queriam ver no futuro. Georg Nissen, segundo marido de Constanze, seria o homem que iria reunir todo este material e transformá-lo numa biografia autorizada. Acumulara uma grande quantidade de informação de várias origens, incluindo cartas, biografias e obituários publicados, bem como as historietas de Rochlitz, mas parece ter sido derrotado pela sua própria grandiosa tarefa, não tendo sido capaz de categorizar o material numa sequência lógica. Constanze descreveu ao filho uma imagem do marido que qualquer escritor iria reconhecer, «sentado dia e noite, enterrado em pilhas de livros e jornais, entre os quais quase não se avistava». Trabalhara incansavelmente, mas não fora capaz de finalizar todo o trabalho antes de morrer. No entanto, Constanze necessitava desesperadamente de publicar e de vender o livro, por isso, numa atitude muito semelhante à que teve relativamente ao *Requiem* após a morte de Mozart, a obra foi rapidamente editada, ou talvez

MOZART 2006

apenas empacotada e remediada à pressa, por Johann Feuerstein, médico, mas pouco qualificado como biógrafo. O consenso geral é de que o resultado foi absolutamente desastroso. (Solomon observou que «É difícil acreditar na dimensão, aparentemente ilimitada, da incompetência de Nissen». Mas, no século XXI, tentar desenredar este livro e esclarecer a origem dos pedaços perdidos que o compõem pode até ser um exercício interessante.) Um dos usos mais criativos do material de Nissen e outras fontes referentes ao período inicial da vida do compositor emerge numa biografia em inglês – *The Life of Mozart*. Trata-se de um excelente livro de Edward Holmes, publicado em 1845, contrastando o mais possível com o de Nissen em termos de escrita e organização, e tendo sido reimpresso pela *Everyman's Library*.

Em meados do século XIX, a vida de Mozart já se tinha tornado, irrecuperavelmente, um romance. A ironia reside no facto de embora os escritores «científicos» de Mozart, os primeiros académicos positivistas, terem trabalhado arduamente para avaliar os «factos» sobre o compositor e, assim, rejeitar as histórias fabricadas por Rochlitz, terem sido, como seria inevitável, emocionalmente afectados pela sua intenção de apelar ao sentimentalismo. A maior biografia sobre Mozart, do classicista Otto Jahn, de meados de 1860, que é, de modo geral, biograficamente segura e musicalmente perceptível, marginalizou Rochlitz como «completamente falso» e dispensou Nissen como sendo «o suficiente para levar uma pessoa ao desespero absoluto... uma massa confusa e desproporcionada». Por outro lado, sancionou o livro de Edward Holmes como sendo, «sem dúvida, a biografia mais fiável e útil que poderia ser conseguida com o uso hábil do material geralmente disponível». Mas a visão admirável e objectiva de Jahn acerca de Mozart ainda está, essencialmente, dedicada à criação de uma imagem adequada, banhada numa penumbra de entusiasmo que honra os feitos do seu grande herói alemão: «enquanto contemplamos o grande músico com reverência e admiração, podemos permitir-nos igual compaixão e amor para com o homem de coração puro».

No século XX, os estudiosos que procuravam uma verdade corroborada classificaram Rochlitz de ficcional: as historietas, na sua forma original, só muito recentemente apareceram em inglês, com excelentes comentários de Maynard Solomon (*Mozart Studies*, editado por Cliff Eisen); e Otto Erich Deutsch não as inclui no seu magistral compêndio *Mozart: A Documentary Biography* que, no entanto, contém algum material semi-ficcional e registos que, embora fascinantes, não são fiáveis. A história mais emocionante dos últimos dias de Mozart é a comovente carta de Sophie Haibl, irmã de Constanze, que se lê como um pequeno romance. Esta carta (sem dúvida sincera) foi escrita em 1825, trinta e quatro anos após os acontecimentos que narra, e o seu testemunho pessoal baseia-se em publicações como a biografia de Niemetschek. Até a descrição do modo como a música que Mozart compunha em criança era apreciada, que Nannerl solicitou ao trompetista da corte Johann Andreas Schachtner («Perguntava-me, dez vezes por dia, se eu o adorava»), foi escrita em 1792, mais de trinta anos após os acontecimentos que descreve. Ambos os documentos foram especificamente delineados para fornecer informação útil às biografias do falecido génio. São testemunhos de uma dada concepção de Mozart, isto é, da convicção dos seus escritores – amplamente confirmada por factos, claro – de que ele era maior do que os comuns mortais. Mas, como facto biográfico, devemos reconhecer que poderão não ser muito fidedignos.

Seguindo a tendência que pretende extinguir o mito que marcou a segunda parte do século XX, investigações recentes mostraram alguns factos desanimadores que põem em causa a ideia de Mozart enquanto figura prodigiosa. Só quando Wolfgang Plath se debruçou sobre a caligrafia das partituras manuscritas é que nos demos conta, efectivamente, de quantos dos seus primeiros trabalhos tinham sido, na verdade, escritos (ou apenas corrigidos? ou editados? ou meio-compostos?) pelo seu pai Leopold. Muito se fala da admissão de Mozart na famosa Academia Filarmónica de Bolonha quando tinha catorze anos, mas os documentos que chegaram aos dias de hoje mostram que a peça musical que serviu de exame de admissão foi muito corrigida antes de ser aceite. Leopold Mozart estava tão decidido a demonstrar o génio do filho, que rapidamente o transformou num compositor digno de ser apresentado. Todavia, o estudioso americano Christoph Wolf questionou se Mozart teria sido tão bom compositor aos dezasseis anos quanto o fora Mendelssohn. No fundo, Mozart fora um autodidacta que se apoiara na música de terceiros, ainda que com uma habilidade brilhante e uma extrema rapidez. A apresentação que Leopold faz dos primeiros trabalhos do filho foi motivada, sobretudo, pelo seu desejo de engrandecer a carreira de Mozart, e toda a «ajuda» que lhe oferecera fora tão lógica quanto generosa. Mozart, no entanto, ultrapassou radicalmente as expectativas do pai e seguiu o seu próprio caminho como músico e como pessoa, o que acabaria por originar grandes tensões entre ambos.

As investigações também revelaram novos factos sobre o método de trabalho de Mozart. Depois de ter estudado o papel pautado utilizado pelo autor, Alan Tyson sugeriu, de modo bastante pertinente, que por vezes ele iniciava as peças para logo de seguida as interromper, até mesmo durante alguns anos. Só mais tarde as terminava, provavelmente pressionado pelos prazos ou pagamentos que iria receber. Muitos fragmentos prometedores continuam inacabados, certamente devido apenas à falta de oportunidade para serem executados. Não devemos rejeitar a hipótese de ter sofrido um bloqueio criativo, mas dada a fertilidade das suas ideias isso não parece muito provável. A rejeição imediata de composições de menos valor é um cenário mais plausível: Mozart deveria ser o seu mais feroz crítico, pois não tinha, literalmente, ninguém perto que compreendesse a sua música. Assim, começaria a compor, a brincar com as ideias, para depois decidir que não serviam e seguir para outro trabalho. As tentativas que Mozart fazia no decurso das suas composições são fascinantes, e algumas delas da melhor qualidade – muito poderia vir a ser trabalhado ainda. Não existem, nem de perto, tantos rascunhos como aqueles que conhecemos de Beethoven, mesmo partindo do princípio que terá deitado muitos fora. Porém, existem os suficientes para concluirmos que Mozart sempre escrevera peças inteiras apenas de cabeça. Neal Zaslaw sugere que o facto de Mozart guardar cuidadosamente tantos fragmentos significa que estavam prontos para serem utilizados ou trabalhados em alguma actuação futura. Através dos rascunhos, conseguimos imaginá-lo a trabalhar nas difíceis combinações contrapontísticas de alguns momentos, a esboçar ideias e sequências e a experimentar formas melodiosas. Sabemos que, efectivamente, executara peças em que tinha pensado, mas que não havia escrito, sobretudo como pianista. No entanto, os rascunhos mostram igualmente que os momentos cruciais tinham que ser preparados e trabalhados. Essa foi, certamente, a «longa e laboriosa labuta» a que Mozart se referiu na dedicatória de seis quartetos que fez a Haydn, um compositor com quem podia falar de igual para igual, numa relação de respeito mútuo.

Desfazer o mito de Mozart passa também pelas questões financeiras, tendo-se vindo demonstrar que o compositor ganhara provavelmente muito mais em Viena do que pensávamos, e que não era tão pobre quanto se queria fazer crer. Esta pesquisa é uma faca de dois gumes: se ele ganhou muito mais, o que aconteceu ao dinheiro? Sem dúvida que a vida de um professor e compositor independente em Viena custava a sustentar e havia poucos precedentes. Tinha que assistir a eventos sociais, vestir-se em conformidade e manter um certo nível de vida. O ensino não era seguro, apesar de já ter sido salientado que os acordos que fazia com os seus alunos mostravam um cariz comercial, já que se fazia contratar por um número mínimo de lições, recebendo sempre a totalidade do seu salário, «independentemente dos caprichos semanais das senhoras». Será que as famosas cartas em que Mozart pede dinheiro a Michel Puchberg sobreviveram apenas porque Puchberg decidiu guardá-las? E que dizer das novas e extraordinárias provas que surgiram apenas a partir de 1990, que indicam que, na altura da sua morte, Mozart estava a ser processado pelo seu benfeitor Príncipe Lichnowsky porque lhe devia dinheiro? Estas provas têm origem em documentos da corte em Viena, mas não há qualquer menção nas próprias cartas de Mozart ou no registo do seu espólio após a sua morte. O processo judicial de Lichnowsky surgiu misteriosamente, e pode mesmo ter sido esquecido após a sua morte, mas sugere que poderão também ter havido outras operações ou problemas financeiros acerca dos quais nada sabemos.

Nos anos que se seguiram ao hiperactivo bicentenário de Mozart, em 1991, os estudos sobre Mozart continuaram, à sombra das luzes da ribalta, a rever a nossa interpretação de questões importantes do seu trabalho. A interacção de Mozart com a cultura das cidades onde trabalhou e através das quais era comissionado, tem recebido grande atenção, não só no que se refere a forças de cooperação mas, também, às ideias locais, aos cantores solistas, ao estado do desenvolvimento da ópera, etc. Trata-se de um passo em frente num caminho mais benéfico do que a simples interacção entre biografia e composição, que era anteriormente o meio habitual para descrever a motivação de Mozart (o que coloca muitos problemas: por exemplo, se ele compôs pequenas, mas intensas, obras como reacção à morte da mãe, porque é que terminou *A Musical Joke* após a morte do pai?). E apesar de ser possível superarmos algumas ideias sobre Mozart impostas pelo século XIX, ainda nos encontramos muito ligados a conceitos desse século sobre os génios, sobre as suas ideias acerca da nobreza da música instrumental – veja-se aquilo em que a sinfonia se tornou após a morte de Mozart, por exemplo – e sobre a relação entre «o compositor» e «a obra», que é algo que Mozart dificilmente reconheceria. O que significava «uma obra» para Mozart? Era, certamente, algo muito fluido e flexível, muitas vezes mutável devido às circunstâncias da sua execução, passando de manuscrita para copiada e, por fim, para edição impressa.

Aqui coloca-se um problema peculiar, porque durante grande parte do século XX se entendeu que foi precisamente a segunda parte do século XVIII, quando Mozart trabalhou, que forneceu o modelo ideal do artista. Este era o momento em que o artista se tornava, aos poucos, um agente independente, uma força de crítica social e de mudança política. A partir daí emerge a suposição de que Mozart fora uma peça desse processo, e de que teria feito a adaptação do *Fígaro* de Beaumarchais porque queria ser um revolucionário, compondo as suas últimas três sinfonias não para serem executadas, mas porque queria mudar o mundo. Mozart trabalhou de acordo com as convenções do seu tempo, levando-as ao limite, mas a nossa interpretação desse limite irá depender de sabermos até que ponto queremos identificá-lo com as gerações que se seguiram e com aquelas de onde emergiu.

A percepção, no meio musical, acerca da música de Mozart durante o último meio século pode ser resumida numa única frase: subitamente, Mozart tornou-se sério. W.H. Auden escreveu em 1956:

> *Sabemos sobejamente que o Mozart de antigamente*
> *Era alegre, extravagante, doce, mas não eminente*
> *Um italiano vienense – ideia já longe do pensamento*
> *Desde que os críticos sabem sentir «estranhamento»:*
> *Hoje em dia, é entre os alemães que o classificam*
> *Um «Geist» cujas obras em «Angst» vivificam*
> *Nos festivais internacionais é incluído na lista*
> *Ao lado de qualquer habilidoso dodecafonista...*

Assim, pode dizer-se que desde 1956 goza de um estatuto ainda maior do que o dos dodecafonistas. Kenneth Clark, na sua séria televisiva *Civilization*, onde formulava as ideias iluministas predominantes relativamente a vários temas culturais, descreveu como costumava ver Mozart representado em «moldes de gesso horrendos que o faziam parecer o bobo do século XVIII. Comprei um desses bustos quando andava na escola, mas quando ouvi o Quinteto em Sol Menor, apercebi-me de que não poderia ter sido escrito pela suave figura branca que tinha em cima do consolo da lareira e deitei o busto no cesto dos papéis». No entanto, a imagem da figura de gesso sobrevive nos departamentos de *marketing* das editoras discográficas de todo o mundo, e outras histórias míticas fervilham durante algum tempo para depois eclodirem. Foi o que aconteceu em meados de 1980 com a notável peça *Amadeus* de Peter Shaffer, e depois com o filme, reescrito por Shaffer mas adaptado pelo realizador Milos Forman. Os mozartianos podem rejeitar tanto o filme como a peça por achá-los irrelevantes, mas na verdade são ambos fundamentais à nova geração para um melhor entendimento do compositor, sendo igualmente interessante ver a progressiva aceitação da relevância destas obras na recepção de Mozart no novo *Cambridge Companion to Mozart*.

Paradoxalmente, foi a seriedade com que agora encaramos a música de Mozart que tornou possíveis os violentos contrastes em *Amadeus*: a visão redutora de Schaffer, muito criticada, acerca da personalidade de Mozart, tornou-se o mecanismo dramático através do qual se chamou a atenção para o abismo entre a natureza escatológica da intriga (demasiado enfatizada) e a eloquência da música, cuja importância e poder Shaffer não minimiza, nem por um segundo. O Salieri de Shaffer declara: «Esta noite, numa estalagem qualquer da cidade, há um rapazola de riso estridente que, sem pousar o seu taco de bilhar, consegue escrever uns acordes ao acaso capazes de transformar os melhores que consegui compor em rabiscos sem vida». A mediocridade aceitável de Salieri é contraposta ao génio inaceitável de Mozart: um conceito dramático perspicaz, embora já utilizado no teatro por Pushkin, em 1830, relativamente ao mesmo assunto. Permite a Shaffer inspirar-se nas histórias e lendas sobre Mozart para provar o seu ponto de vista. Na peça, a música de Mozart foi soberbamente utilizada, ouvida em partes e distorcida (com a ajuda de outro compositor, Harrison Birtwistle), para recriar o seu impacto em Salieri. No filme, a música foi profunda e fatalmente alterada (com uma horrenda transgressão das normas como, por exemplo, quando se editaram em conjunto dois andamentos da Serenata em Si Bemol K361). E a comovente ficção central em *Amadeus* apresenta Salieri como a pessoa que, de facto, gostava da música de Mozart e que, como um compositor de segunda categoria, entendeu a sua qualidade suprema. Na vida real, Mozart seria provavelmente mais solitário: com quem podia ele discutir as subtilezas daquilo que criava, depois de ter cortado relações com o pai? Seguramente apenas com Joseph Haydn, um compositor de primeira classe por direito seu que, efectivamente, transpôs o espaço vital da genialidade de Mozart.

Apesar da actual época em que vivemos, em que a ideia de progresso musical entrou em colapso, e os ouvintes experimentam uma variedade musical cronológica e geograficamente cada vez maior, Mozart conseguiu chegar aos dias de hoje pelo seu próprio pé. Por quanto tempo? Poderia pensar-se que o auge da fama de Mozart teria sido o período entre os dois bicentenários de 1956 e 1991, quando uma imensa atenção foi dedicada ao seu trabalho. Mas ao aproximarmo-nos do 250.º aniversário, de 2006 a 2041, não parece haver sinal de que Mozart tenha perdido relevância entre os compositores clássicos. Com uma precisão invulgar, ainda se revela extremamente actual nos tempos agitados em que hoje vivemos: na nossa incerteza emocional, na nossa capacidade de entender, de modo efémero, a serenidade, sem nunca a alcançar. Para nós, um dos melhores resumos dos paradoxos de

Mozart é o ensaio profético de 1956, de Donald Mitchell: «O que surpreende, e por vezes confunde, é a sua síntese caprichosa... a sua ambiguidade essencial... Mozart parece assemelhar-se ao refúgio profundo do espírito humano, onde os opostos são idênticos». E em 1991, para H. C. Robbins Landon, o autor que fez mais que do que ninguém para apresentar a história de Mozart à nossa geração, o compositor tornou-se algo quase apocalíptico: «a melhor desculpa que alguma vez encontraremos para a sobrevivência da humanidade e talvez, afinal, ainda uma pequena esperança para a razão fundamental da nossa sobrevivência». A ideia principal da imagem em constante mudança de Mozart continua a iludir-nos. Mas a música continua a falar com uma força sem igual ao longo de mais de duzentos anos, e isso, podemos adivinhar, deveria agradar a um homem que entendia o valor supremo daquilo que estava a criar.

Mozart na poesia

Oh, onde está a justiça quando o dom sagrado,
Talento eterno, chega não como compensação
Pelo labor, devoção, oração, auto-sacrifício –
Mas fulgura antes dentro da caveira de um louco,
Um rufião ocioso? Oh Mozart, Mozart…
Não posso alterar o curso do destino –
Mas por ser eleito, devo detê-lo agora,
Ou será a ruína de todos nós,
Nós sacerdotes e acólitos da música,
Não apenas eu, de glória humilde…Que fortuna haveria
Se Mozart continuasse a viver para celebrar novos zénites?
A música será melhor? De modo algum…
PUSHKIN, *Mozart e Salieri*, 1830

Pouco antes que a língua ciciada possa formar
As palavras, as ondas de amor e harmonia
Combinam sussurrando, Mozart, ao vosso ouvido!
Ele escuta a cumplicidade mágica
Dos sons, procura corresponder nota a nota, e hesita,
Fascinado, para assinalar os tons avultados

MOZART

Que formam a tríade perfeita!
Beija mil vezes a face do pai
«Amas-me?» pergunta em cada ocasião
E caso o pai, zombando, diga «não»,
Lágrimas desgostosas cintilam nos seus olhos.
Mas ainda, no fim do longo dia, a criança fatigada
Insiste na música antes de ir para a cama.
LUDWIG RITTER VON KÖCHEL, de *Doze Canzonen*

Melhor – que Música! Pois eu – que a ouvi –
Estava habituado – aos Pássaros – outrora –
Era diferente – Era verdadeira tradução –
Das demais melopeias – que minora –

Não era comedido – como outra estrofe –
Ninguém a interpretava – uma segunda vez –
Mas o Compositor – perfeito Mozart –
Perece com ele – essa Harmonia sem Lucidez!
EMILY DICKINSON, *c.* 1862

A beleza da perfeição faz-me chorar
Num êxtase indefeso. Oh singular Mozart!
Príncipe de semblante doce e despreocupado…
ALFRED DOUGLAS, «Trio»
(em «*Ah, taci ingiusto core*» de *Don Giovanni*, 1897)

Não vindes assim; lírios brancos na primavera
Tristes olivais, ou pomba que segreda,
Falai-me com clareza da vossa vida e amores
E não horrores troantes e de chamas escarlates;
Vinhas ricas, doces lembranças me deixastes;
Um pássaro nocturno voando para o seu ninho
Fala-me de Alguém sem igual sossegado pouso;
E reconheço-vos no canto do pardal copioso…
OSCAR WILDE, «*Sonnet*», 1877
(depois de ouvir o «*Dies irae*», do *Requiem*)

Leva-me de novo rumo
Ao auge dos idos de Junho
Quando a norte por montanhas e prados voámos! –
Sim, com a mesma frescura, formosura, felicidade, pureza e liberdade
Com que o amor dá encanto à vida.

Leva-me de novo ao dia
Em que da areia daquela baía
A fúria do mar apoquentado apreciámos!
Sim, com esse ondular, oscilar, suspirar, empolar e acanhar
Com que o amor dá encanto à vida...
THOMAS HARDY, «*Lines to a movement in Mozart's e flat symphony*», 1898

...tudo o que é alegre, e jovem, e livre
Que sabe à aurora e ao gracejo das ondas;
A alvorada, o orvalho, o musgo fresco,
O sorriso inesperado, a oração inexpressiva,
A arte sem arte, a dignidade inata;
Dizeis tudo isto na passagem de uma brisa.
MAURICE BARING, «Mozart»

Ao supremo sovão, o arcebispo de Salzburgo
Permanente sordidez e perdição
Já que a vossa exaltada pestilência é demasiado mesquinha
Para me dar um salário decente...
EZRA POUND, Canto XXVI

...Essa bela recordação do passado,
O *divertimento*,
Esse gracioso sonho do futuro,
O concerto desvendado...
A neve cai.
Dá-se o acorde pungente.
Sede vós a voz,

Não tu. Sede vós, sede vós
A voz do medo irado,
A voz desta dor oprimida.

Sede vós esse som invernoso
Como se do intenso vento bramante,
Através do qual o sofrimento é liberto,
Liberado, absolvido
Numa aquietação sideral.

Poderemos regressar a Mozart.
Era jovem, e nós, nós somos velhos.
A neve cai
E as ruas e cheio de gritos.
Sentai-vos.
WALLACE STEVENS, «Mozart», 1935

A impressionante extensão da melodia
É como se nos perguntassem onde queremos ir
A Itália
Itália, a sua atmosfera
Não os italianos
mas com o Leão de São Marcos em cada lugar
E o arrojo e estardalhaço da «música Turca» no ar...
SACHEVERELL SITWELL, «*On the janissaries*», coro de *O Rapto do Serralho*

Sabendo pouco do futuro (e nem importa saber)
Podemos pelo menos seguramente antever,
Quer vivam pendurados no ar em estranhos cubos,
Quer casem em grupo ou se alimentem por tubos,
Que multidões, dentro de dois séculos, atropelar-se-ão
(Os penteados e as vestes absurdos e ridículos, ou não),
Mesmo que em desconhecidas divisas pagando,
Para ouvir Sarastro de suas barbas bradando,
Conhecedores atentos aprovarem se afinado
O fá em contralto da Rainha da Noite tocado...

Que digno, pois, celebrar o nascimento de alguém
Que mal algum desta pobre terra teve em si origem,
Foram inúmeras as obras-primas que nos deixou,
Com a prima do humor escatológico não se privou
Teve um funeral à chuva verdadeiramente miserável,
E não mais poderemos ver este músico memorável ...
W.H. AUDEN, «Metalogue to *The Magic Flute*», 1956
(ver também pág. 45)

A VIDA DE MOZART

Cronologia

São muitos os riscos que corremos ao tentar escrever algo fiável sobre a vida de Mozart. O vasto material que existe sobre a sua vida é uma fonte notável, sobretudo as extensas cartas da família Mozart. No entanto, tem que ser trabalhado com cuidado. No seu livro *The Mozart Family*, Ruth Halliwell revela a sua sensatez ao afirmar: «aceita-se geralmente a opinião de que o material, sendo já bastante conhecido, permite emitir um parecer rápido, fidedigno e claro sobre a personalidade das figuras a que diz respeito e sobre as relações no seio da família. Penso que esta ideia está realmente errada...». Ainda que muitas cartas tenham chegado aos nossos dias, muitas também se perderam, desapareceram, foram destruídas ou nem sequer foram guardadas, e algumas não estão manuscritas, sendo antes versões publicadas na biografia de Nissen. A tradução clássica de Emily Anderson, um feito notável para a época (actualizada por Stanley Sadie e Fiona Smart na 3.ª edição de 1985, aqui utilizada), é agora complementada com outras traduções que se debruçaram mais sobre a especificidade, um pouco excêntrica, da escrita de Mozart, como é sobretudo o caso de Robert Spaethling em *Mozart's Letters, Mozart's Life*.

Otto Erich Deutsch compilou várias referências contemporâneas e documentos autênticos para a obra *Mozart: A Documentary Biography*, complementada depois com *New Mozart's Documents* de Cliff Eisen. O registo que se segue é ousado mas, espero, não demasiado ornamentado.

1756

Mozart nasceu em Janeiro de 1756, sendo o sétimo filho de Leopold e Anna Maria Mozart, casados em 1747. O primeiro, segundo, terceiro, quinto e sexto filhos faleceram. A quarta criança, Maria Anna, conhecida como «Nannerl», nascera em Julho de 1751. A 26 de Janeiro, Leopold escrevia ao seu editor de Augsburg e contava que estava ocupado: «em parte devido às óperas na corte, em parte devido aos meus alunos e, em parte, devido a outros assuntos que me detêm». Um destes assuntos era o nascimento iminente de Johannes Chrysosto[mos] Wolfgang Theophilus, que nasceu às oito horas da noite, do dia 27 de Janeiro. Leopold escrevera: «a minha querida esposa deu à luz um rapaz; mas a placenta teve que ser retirada, por isso ficou muito enfraquecida. Agora, no entanto (graças a Deus), tanto a mãe como a criança estão bem». No mesmo ano, Leopold publicava com o seu editor Johan Jakob Lotter uma obra da qual, provavelmente, ainda se orgulhava mais: o seu *Violin School*, um método influente e bem estruturado para ensinar a tocar violino. Desde 13 de Novembro que Leopold era, oficialmente, professor de violino na *Kapellhaus*, em Salzburgo.

- A Grã-Bretanha declara guerra à França;
- William Pitt, o Velho, é nomeado secretário de Estado;
- O Buraco Negro de Calcutá: soldados britânicos morrem num massacre;
- Deflagra a Guerra dos Sete Anos;
- A Rússia assina o Tratado de Versalhes, juntamente com a França e a Áustria, contra a Prússia.

1757

Em Janeiro de 1757 Mozart fez um ano. O pai é descrito por Marpurg como *Hofkomponist* [compositor da corte] no seu registo sobre o universo musical em Salzburgo, mas não parece haver qualquer reconhecimento oficial. A informação de Marpurg parece ter vindo do próprio Leopold: indica que, institucionalmente, há 99 músicos mais três tocadores de órgão para ocasiões seculares e religiosas, que a maioria dos músicos é italiana (apesar de alguns serem alemães e austríacos), e que os quinze rapazes do coro precisavam de treinar em italiano. O relatório de Leopold revela simpatia por Johann Ernst Eberlin, pelos organistas Anton Cajetan Adlgasser e Franz Ignaz Lipp (que também era tenor), mas não pelo maestro substituto Giuseppe Lolli.

Leopold Mozart reportou a Marpurg que Eberlin «escreve com tal agilidade que muitas pessoas pensariam tratar-se de um conto de fadas, tendo em conta o modo como este audaz compositor traz qualquer composição à sala de música» – o que mostra que este tipo de louvores não se aplicava apenas ao jovem Wolfgang.

- Guerra dos Sete Anos: o Império Britânico declara guerra à Prússia;
- A França e o Império assinam o segundo Tratado de Versalhes;
- O exército britânico é derrotado em Hastenbeck e rende-se em Kloster Seven;
- Frederico II vence a batalha de Rossbach e Leuthen.

1758

Em Janeiro de 1758, Mozart fez dois anos. Leopold era, agora, segundo violinista na corte de Salzburgo e a notoriedade desta união alastrava. Nesta época, recorda Nannerl muito mais tarde, Wolfgang «passava muito tempo ao piano a tentar reconhecer terceiras, constantemente a bater nas teclas; notava--se a sua alegria quando lhe soavam bem».

- Os Russos saem vitoriosos na Prússia Oriental;
- Os Britânicos subsidiam o exército prussiano;
- Os Franceses saem derrotados em Crefeld;
- A Áustria derrota a Prússia em Hochkirch.

1759

Em Janeiro de 1759, Mozart fez três anos. Nannerl recebeu do pai, no oitavo dia do seu santo, um caderno de música intitulado «*Pour le clavecin*» que, em breve, teria outros usos, já que as capacidades do irmão se tornavam cada vez mais notórias. Este fascinante volume havia sido, originalmente, um tomo de 48 páginas de papel pautado em branco que, gradualmente, foi sendo preenchido com peças escritas por Leopold e pelo menos por mais dois músicos locais. Nos últimos anos algumas páginas foram dadas ou retiradas. Segundo a própria Nannerl, «o filho tinha três anos quando o pai começou a ensinar a filha de sete a tocar piano», actividade onde se revelava promissora.

- Os Prussianos são derrotados pelos Franceses, Russos e Austríacos;
- A Prússia rende-se em Maxen;
- Os Britânicos tomam o Quebeque;
- Morte de Handel;
- Expulsão dos Jesuítas de Portugal;
- Abre o Museu Britânico.

1760

Em Janeiro de 1760, Mozart fez quatro anos. Segundo as notas de Leopold, durante esse ano Mozart aprendeu a tocar oito minuetes do caderno de música de Nannerl, assim como um *Allegro* e um outro Minuete. Neste mesmo ano, o próprio Leopold publicara sonatas para teclado em Nuremberga. O trompetista da corte Johann Andreas Schachtner contou, mais tarde, uma comovente história sobre o pequeno Mozart. Dizia que estava a compor um concerto para teclado:

«A primeira parte está quase acabada. Pai: Mostra-me. Wolfg: ainda não está terminada. O pai tirou-lhe a composição das mãos e mostrou-me um borrão de notas, a maioria das quais escrita sobre manchas de tinta que ele tinha apagado… primeiro rimos, mas depois o pai começou a observar com mais atenção. E depois lágrimas, verdadeiras lágrimas de alegria e emoção rolaram-lhe pela face. Veja Sr. Schachtner, disse ele, veja como está tudo correctamente escrito, só que não pode ser usado. É tão difícil que ninguém o conseguirá executar. Wolfgangerl disse então: Por isso é que é um concerto, é preciso praticar até conseguir executá-lo».

Independentemente de como esta história possa ter sido abrilhantada nos 32 anos antes de ter sido escrita, ela parte de uma base verdadeira sobre a percepção individual do jovem Mozart.

- Morte de Jorge II; começa o reinado do seu neto Jorge III;
- Impostos nas colónias para financiar a guerra da Grã-Bretanha contra a França;
- Os Britânicos capturam Montreal;
- Os Russos ocupam e incendeiam Berlim.

CRONOLOGIA

1761

Em Janeiro de 1761, Mozart fez cinco anos. Leopold anotou no caderno de música de Nannerl, sob um *Scherzo* de Wagenseil, o seguinte: «Wolfgangerl aprendeu esta peça no dia 24 de Janeiro de 1761, três dias antes do seu quinto aniversário, entre as nove horas e as nove e trinta da noite» e continuava «Wolfgangerl aprendeu este Minuete e este Trio em meia hora, no dia 26 de Janeiro de 1761, um dia antes do seu quinto aniversário, cerca das nove e trinta da noite». A 4 de Fevereiro tinha aprendido uma marcha. No dia seis um *Scherzo* de Wagenseil. Entre Fevereiro e Março, «nos três meses seguintes ao seu quinto aniversário» conforme observa Leopold, escreveu as duas primeiras composições que viriam a ser gravadas, K1a e 1b. Mais tarde, Nannerl observou: «ele progrediu de tal modo que, com cinco anos, já compunha pequenas peças que tocava para o pai que, por sua vez, as escrevia». Leopold fazia as suas anotações no caderno de Nannerl (como será que isso a fazia sentir?). Sem dúvida, desde o primeiro momento Leopold guardou os trabalhos do filho com «uma organização minuciosa», conforme descreve Cliff Eisen. Wolfgang é ainda lembrado por ter participado como bailarino, a 1 de Setembro, no espectáculo do final do ano lectivo da Universidade na peça *Sigismundus Hungariae Rex*, na presença do arcebispo. Em Dezembro, compôs mais duas peças, um *Allegro* K1c e um Minuete K1d e, também, as mais famosas das primeiras peças, o Minuete em Sol e Minuete em Dó K1, preservados numa folha rasgada do caderno de música de Nannerl, agora no Museu *Carlino Augusteum* em Salzburgo.

- A França inicia negociações de paz com a Inglaterra;
- William Pitt demite-se;
- As tropas austríacas bloqueiam Frederico II.

1762

Em Janeiro de 1762, Mozart fez seis anos. Nesse ano, a família realizou a sua primeira viagem de digressão, tendo ido até Munique, onde conheceu o Príncipe-Eleitor Maximiliano José III. No *Trinity Inn*, em Linz, a 1 de Outubro, Mozart fez o que alguns dizem ser a sua primeira aparição pública. Em Viena foram recebidos pela Imperatriz Maria Teresa e pelo Imperador Francisco I. Wagenseil também estava presente e foi chamado para virar as páginas a Mozart (o pedido de Wolfgang é directo: «Onde está o Sr. Wagenseil? [...]

Ele entende»). Entre as muitas recordações destas viagens, há uma nota no diário contemporâneo do Conde Zinzendorf que parece fidedigna: «Depois, em Thuns, onde a pequena criança de Salzburgo e a sua irmã tocaram cravo. O pequeno toca maravilhosamente, é uma criança espirituosa, vivaça, encantadora... a Sra. de Gudenus, que toca muito bem cravo, deu-lhe um beijo e ele limpou a cara». As cartas de Leopold ao seu amigo Lorenz Hagenauer em Salzburgo descrevem as visitas em pormenor. Mozart ficara doente com escarlatina a 21 de Outubro e tivera de ficar de cama.

Em Janeiro, Wolfgang compôs o Minuete em fá K2, a 4 de Março, compôs o *Allegro* em Si Bemol K3, a 11 de Maio, o Minuete em Fá K4 e, em Julho, o Minuete em Fá K5. Todos foram originalmente escritos (pela mão de Leopold) nos cadernos de música de Nannerl, mas com o tempo as páginas foram retiradas.

É deste período a história contada por Schachtner sobre Mozart pedir se podia participar numa actuação, e tocar a parte do segundo violino, apesar de não ter tido lições de violino. Perante a recusa, «Wolfgang começou a chorar amargamente e virou costas com o seu pequeno violino. Pedi-lhes que o deixassem tocar comigo... Depressa me apercebi de como eu era supérfluo; calmamente, pus o meu violino no chão e olhei para o teu pai». O propósito destas histórias não era apenas recordar os feitos do pequeno Mozart, mas também as «lágrimas de alegria» que ele provocava no pai. Contudo, Daniel Heartz realça que a ideia de que o pequeno não saberia, de todo, tocar violino naquela época, é desafiada por Leopold na carta de 16 de Outubro, onde descreve como Wolfgang encantou os agentes aduaneiros em Viena a tocar um minuete no seu pequeno violino.

- A Grã-Bretanha declara guerra a Espanha e Nápoles;
- Aliança entre a Rússia e a Prússia;
- O Czar Pedro III é assassinado, sucedendo-lhe a sua consorte Catarina II;
- Paz entre a Suécia e a Prússia com o Tratado de Hamburgo;
- A Prússia derrota a Áustria em Burkersdorf e Freiburgo;
- Planos de paz entre França, Espanha e Grã-Bretanha;
- Tréguas entre a Prússia e o Império Britânico.

1763

Em Janeiro de 1763, Mozart fez sete anos. O seu pai fora nomeado maestro interino (*Kapellmeister*), após a morte do *Kapellmeister* Eberlin. Apesar

CRONOLOGIA

de ter esperança em suceder a Eberlin, o lugar fora atribuído a Lolli. Entretanto, as proezas do pequeno Mozart começavam a ser mais conhecidas e, a 19 de Maio, o *Augsburg Ischer Intelligenz-Zettel* escreve, citando uma carta que havia sido remetida por um habitante de Viena:

«Ficamos absolutamente espantados ao ver e ouvir um rapaz de seis anos a tocar piano; não está a brincar às sonatas, trios ou concertos, mas revela, pelo contrário, uma maturidade de adulto; improvisa durante horas, ora *cantabile*, ora com acordes, produzindo a melhor das ideias, segundo o gosto contemporâneo e ainda acompanha sinfonias, árias e recitativos nos grandes concertos. Digam-me, não ultrapassa a imaginação?»

A 28 de Fevereiro, para «surpresa de todos», Mozart tocou cravo e violino no concerto do aniversário do arcebispo.

A 9 de Junho começa a primeira das grandes digressões. Em Munique, Wolfgang tocou, de novo, para o príncipe-eleitor bávaro. Depois, a família visitou Ulm, Ludwigsburg e Bruchsal. E em Schwetzingen as crianças tocaram para o Eleitor-Palatino Carlos Teodoro. Em Frankfurt, deram quatro concertos e Goethe, na altura com 14 anos, estava entre o público. Pararam em Coblenz, Bona e Colónia e actuaram em Aix-la-Chapelle para a Princesa Amália da Prússia. Deram um concerto em Bruxelas para o governador-geral dos Países Baixos austríacos (cujo sucessor seria celebrado em Viena com *O Empresário*). Posteriormente, a família Mozart partiu para Paris, chegando a 18 de Novembro, seguindo para Versalhes no final de Dezembro.

- Fim da Guerra dos Sete Anos;
- Paz de Paris entre a Grã-Bretanha, França e Espanha;
- A Índia e o Novo Mundo são cedidos pela França à Grã-Bretanha;
- Paz de Hubertusburgo – a Prússia mantém a Silésia;
- Morre o rei da Polónia, Augusto III.

1764

Em Janeiro de 1764, Mozart fez oito anos. As suas primeiras sonatas para cravo e violino foram publicadas, Opus 1 em Fevereiro (K6 e 7) e Opus 2 em Abril (K8 e 9), sendo as primeiras obras musicais do filho no catálogo de Leopold. Escreveu orgulhoso: «A minha filha, apesar de ter apenas doze anos de idade, é uma das intérpretes mais talentosas da Europa e, em poucas palavras, o meu filho, agora com oito anos, sabe mais do que esperaríamos de um homem de 40». Havia momentos em que Leopold não era tão preciso com as idades dos filhos, tal como também não tinha sido totalmente sincero com os seus patronos acerca dos factos da sua vida.

O primeiro concerto em Paris foi a 9 de Março e o segundo a 9 de Abril. Enquanto esteve em Paris, Leopold recomendou o seu criado e cabeleireiro Sebastian Winter, o Fígaro do seu tempo, à princesa de Furstenberg. A 10 de Abril, deixaram Paris e partiram para Londres, passando por Calais e Dover, tendo enjoado no mar durante a viagem. Chegaram a 23 de Abril e ficaram no *White Bear Inn* em Piccadilly. Mais tarde, ficaram hospedados em casa de John Cousins em Cecil Court, perto de St. Martin's Lane (a rua onde, actualmente, se encontra a loja de música *Travis and Emery*). A 27, sexta-feira, foram recebidos pelo rei Jorge III e pela rainha Carlota na Casa de Buckingham, predecessora do palácio. Deram dois concertos em Maio no *Hickford's Music Room* na Brewer Street, Soho, nos dias 17 e 22. Houve um concerto na *Ranelagh House* que apresentou Mozart entre outros artistas: isto ter-lhe-á dado a possibilidade de ouvir pela primeira vez a música de Handel de *Acis und Galatea* e *Alexander's Feast*, duas obras que Mozart posteriormente reorquestrou para actuações em Viena.

Em Julho, Leopold ficou doente, e a família mudou-se para Chelsea em Agosto, hospedando-se na casa da família Randall em Five Fields Row, actualmente Ebury Street n.º 180 (renomeada Mozart Terrace numa cerimónia em 1991). Em Setembro, Leopold escreveu: «há por aqui uma espécie de doença nacional que se chama "constipação"... o melhor que as pessoas frágeis têm a fazer é deixar a Inglaterra». Enquanto esteve em Chelsea, Wolfgang passou algum tempo a preencher um caderno de anotações com esboços musicais, «di Wolfgango Mozart a Londra» – data provavelmente dos finais de 1764 e inícios de 1765 e é, sem dúvida, genuíno (o livro não apareceu antes do final do século XIX e a música foi publicada pela primeira vez em 1909). Esta é, provavelmente, a primeira peça que Wolfgang compõe sem sinais da intervenção de Leopold, e demonstra que a sua imaginação sem regras, se não mesmo caótica, começava a emergir.

Mais tarde, Nannerl recorda que Wolfgang também compôs a sua «primeira» sinfonia nesta altura, «incluindo todos os instrumentos da orquestra, sobretudo trompetes e tímpanos. Sentei-me ao seu lado para ir escrevendo. Enquanto compunha e eu copiava disse-me "lembra-me para dar à trompa algo útil para fazer"...». É uma imagem simpática, mas essa orquestração

CRONOLOGIA

não corresponde à Sinfonia n.º 1 K16, a única que sobreviveu de 1764. Talvez a memória se tenha confundido com a composição de uma sinfonia posterior, ou talvez a obra se tenha perdido.

- John Wilkes é expulso da Câmara dos Comuns por difamação, causando distúrbios em Londres;
- As colónias americanas sofrem impostos ao abrigo da *Lei do Açúcar*;
- Novo rei na Polónia;
- Jesuítas extintos em França.

1765

Em Janeiro de 1765, Mozart fez nove anos. As suas seis sonatas para cravo, violino e violoncelo Opus 3, K10 a 15, foram publicadas e dedicadas à Rainha Charlotte com uma efusiva dedicatória, supostamente escrita pelo próprio Wolfgang. A família Mozart deu um concerto no *Haymarket* a 21 de Fevereiro. «Todas as aberturas serão da autoria daqueles [*sic*] compositores notáveis, com apenas oito anos». As sinfonias K19 e K19a (a segunda apareceu apenas em 1981, em Munique) terão, possivelmente, sido ouvidas. Mas o evento não teve muita audiência. Em Abril, as crianças passaram a receber público em casa durante a semana, entre as doze e as quinze horas, excepto terças e sextas-feiras: qualquer um que houvesse comprado as sonatas, ou um bilhete para o seu concerto, podia ouvi-los tocar, ou «também apreciar a sua [de Mozart] surpreendente capacidade musical, pedindo-lhe que tocasse qualquer coisa no momento, ou qualquer música sem baixo, a qual escreveria de imediato, sem recorrer ao cravo». A 13 de Maio, houve outro concerto em Hickford, também «com todas as aberturas da autoria do pequeno rapaz».

No Verão, Mozart foi examinado pelo cientista Daines Barrington, sendo até hoje o relato mais fidedigno das capacidades do pequeno prodígio. Em Julho, a família Mozart visitou o Museu Britânico, ao qual dedicaram o manuscrito do motete *God is our refuge* K20, que Leopold ajudou a compor. A 24 de Julho, a família deixou Londres e passou a noite na Cantuária. Foram, depois, de Dover para Dunquerque, e daí para Lille em Agosto, Antuérpia em Setembro e depois Haia. Nannerl ficou doente em Setembro, com febre tifóide e problemas intestinais; recebeu os últimos sacramentos a 21 de Outubro, tendo, no entanto, recuperado. Em meados de Novembro, Wolfgang ficou também doente, embora com menos gravidade; ainda assim, esteve em perigo durante dois meses. Em Dezembro, compôs outra sinfonia, K22.

- É aprovada a *Lei do Selo,* que visa a cobrança de impostos nas Colónias Americanas; em Nova Iorque o Congresso contesta a lei;
- Morre o Imperador Francisco I;
- José II torna-se Imperador do Sacro Império Romano-Germânico, embora apenas como regente, com Maria Teresa na Boémia e na Hungria;
- Morre o delfim de França e Luís sucede (herdeiro do trono francês, será depois Luís XVI).

1766

Em Janeiro de 1766, Mozart fez dez anos. A febre tifóide levara-o quase à morte. Mas em vez de abrandar o ritmo de trabalho ou regressar a casa, Leopold seguiu em frente com um programa de concertos ambicioso, incluindo mais algumas composições de Mozart, a 22 e 29 de Janeiro, e depois a 26 de Fevereiro em Amesterdão. Em Março, Wolfgang escreveu o divertido *quodlibet Galimathias Musicum* K32, que parece ter feito parte das celebrações da investidura de Guilherme, Príncipe de Orange – a primeira de muitas ocasiões em que Mozart levou a sua música a celebrações régias, de um tipo ou de outro. No dia 8 de Maio, a família chegou a Bruxelas e depois, via Valenciennes, partiram para Paris, e daí para Marselha, regressando a Paris a 28 de Maio. A 12 de Junho terminou um *Kyrie*, talvez para ser tocado em igrejas locais. A 9 de Julho, a família partiu para Dijon; chegou a Lião no dia 26, onde deu um único concerto no Palácio de Cordeliers. A 20 de Agosto viajaram para Genebra e depois para Lausanne, onde deram dois concertos, a 15 e 18 de Setembro. Partiram para Berna e depois viajaram para Zurique, dando dois concertos no *Collegium Musicum* a 7 e 9 de Outubro. A 13 de Setembro foram de Zurique para Winterthur e Schaffausen, e daí para Donaueschingen. No dia 9 de Novembro, regressaram a Munique e tocaram novamente para o Príncipe-Eleitor Maximiliano José III. Wolfgang adoeceu, novamente, entre 12 e 21 de Novembro. Por fim, a 29 de Novembro regressaram a Salzburgo. O diário de um amigo local regista que, tendo ido ao seu encontro, pôde comprovar quantos presentes haviam recebido durante a viagem. No dia do seu regresso foi executada na catedral uma «sinfonia», ou talvez uma sonata sacra.

CRONOLOGIA

- A Lei do Selo é revogada, mas a Lei Declaratória confirma a capacidade britânica para cobrar impostos nas colónias;
- William Pitt como primeiro-ministro;
- Educação secular introduzida em Espanha;

1767

Em Janeiro de 1767, Mozart fez onze anos. Este foi um ano decisivo para Mozart como músico. Leopold estava, agora, ciente do potencial do filho enquanto compositor, e não apenas como intérprete de piano, decidindo, por isso, treiná-lo e conseguir-lhe comissões. Em Fevereiro, é encenada a *«Licenza»* de Wolfgang, uma ária de tributo, integrada no final de uma ópera, provavelmente a K70. Em Março, colaborou na composição de *Die Schuldigkeit der ersten Gebots* K35 (Primeira Parte; a música das restantes partes é da autoria de Michael Haydn e Adlgasser) e em Abril compôs a *Grabmusik* K42, para a Sexta-Feira Santa. Devido a esta peça (tal como aconteceu com outras peças iniciais escritas em Viena e Salzburgo), conta-se que Wolfgang fora trancado no quarto para a escrever: talvez a suspeita de que Leopold estava a ajudar o filho a um ponto insustentável tivesse que ser refutada. Em Maio, escreveu o seu primeiro ensaio operístico, mais tarde intitulado *Apollo et Hyacinthus*, com actuação entre os actos de uma peça da universidade. Em Junho e Julho, organizou os concertos (arranjos de sonatas) K37 e 39 a 41. Depois, em Setembro, Leopold levou o filho a Viena com a esperança de conseguir algumas comissões. Assistiram à ópera de Hasse *Partenope*, que admiraram. Mas, em Outubro, um surto de varíola varrera a cidade, por isso partiram para Brno e depois Olmutz, onde Mozart apanhou varíola, havendo ficado doente duas semanas. Regressaram a Brno, vindos de Olmutz, onde ficaram com o irmão do arcebispo de Salzburgo, dando um concerto a 30 de Dezembro. Um registo de diário indica: «foram acompanhados em vários instrumentos por habitantes de Brno [...] mas [Mozart] não podia suportar os trompetes, porque eram incapazes de tocar em perfeita sintonia». O maestro do coro municipal disse, contudo, que Mozart «ficou muito satisfeito com a nossa orquestra e nem queria acreditar que os meus companheiros o tinham acompanhado tão bem no primeiro ensaio!».

- Reunião pública de protesto em Boston contra novos impostos e boicote aos bens importados;

- Os Birmaneses invadem o Sião;
- A aliança russo-prussiana é alterada para apoiar a possível guerra contra a Turquia;
- Carlos III expulsa os Jesuítas de Espanha.

1768

Em Janeiro de 1768, Mozart fez doze anos. Leopold descreveu-o numa carta, de forma memorável, como «um milagre que Deus fez nascer em Salzburgo». Deixaram Brno, regressaram a Viena e foram, finalmente, recebidos por Maria Teresa e seu filho José II, a 19 de Janeiro entre as 14h30 e 16h30. O salário da corte que Leopold auferia ficara suspenso desde Março devido à sua ausência prolongada em Salzburgo. Actuaram para o príncipe Galitzin, embaixador russo em Viena, a 24 de Março. Aconselhado por José, Mozart escreveu *La finta semplice* K51, não a havendo, contudo, levado a cena. Leopold escreveu uma longa petição ao imperador, datada de 21 de Setembro, a queixar-se da impossibilidade de encenar a peça, o que dificilmente melhorou a sua posição. Entretanto, Wolfgang trabalha já na próxima obra: uma pequena ópera, *Bastien und Bastienne* K50, cuja actuação teria lugar na residência do Dr. Mesmer. Então, houve a possibilidade de escrever uma nova missa, a *Waisenhausmesse* K139 (e ainda um ofertório perdido e um concerto para trompete «dedicado a um rapaz» mencionado por Leopold), para a inauguração da capela de um orfanato em Viena, a que a imperatriz assistiu. Dizem que foi dirigido «com a maior precisão… provocou aplausos e admiração; e, além disso, Mozart também cantou nos motetes». Outras composições desta época incluem a Sinfonia K48, a Missa *Brevis* K49 e a canção «*An die Freude*» K53.

- John Wilkes é eleito para o parlamento;
- Nomeação do secretário de Estado para as Colónias;
- A assembleia de Massachusetts é dissolvida por recusar abrigar tropas e cobrar impostos;
- A Turquia declara guerra à Rússia.

1769

Em Janeiro de 1769, Mozart fez treze anos. No início do ano, a família partiu de Linz para Salzburgo, regressando a 5 de Janeiro. Por esta altura,

Mozart escrevia sinfonias e cassações para espectáculos ao ar livre, compondo também outra missa, K65, cantada a 5 de Fevereiro. Leopold pediu ao arcebispo o pagamento dos salários suspensos durante a sua viagem. Também tentou, de imediato, promover uma actuação em Salzburgo de *La finta semplice* – foi, inclusivamente, impresso um libreto, mas não há qualquer outro registo desse espectáculo.

Provavelmente neste ano, Mozart escreve uma primeira carta (aparentemente genuína) sem data, dirigida a uma rapariga não identificada, a zombar dos seus conhecimentos de latim e a pedir «uma resposta através de uma das criadas de Hagenauer» (dizem que, mais tarde, quando esta carta fora mostrada a Constanze Mozart para autenticação, ela, desdenhosamente, a terá atirado ao chão). No Outono, Mozart escreveu outra missa, K66, desta vez para celebrar a primeira missa do seu amigo Cajetan Hagenauer (filho do correspondente de Leopold), que teve lugar em São Pedro. Em Outubro, Mozart foi promovido a maestro-adjunto da orquestra da corte de Salzburgo. Em Dezembro, ele e o pai partiram de novo, desta vez para uma digressão em Itália, e chegaram a Verona.

- John Wilkes é eleito edil de Londres e expulso do parlamento;
- A Casa de Bourbon pede a extinção dos Jesuítas;
- A Grã-Bretanha decide manter o imposto sobre o chá;
- A assembleia da Virgínia é dissolvida por protestar contra julgamentos em Londres;
- A aliança russo-prussiana é renovada, a Rússia ocupa Bucareste.

1770

Em Janeiro de 1770, Mozart fez catorze anos. Perdeu a voz. Escreveu a sua primeira carta datada, das que chegaram aos nossos dias, a pedir a Nannerl para dizer à mãe que mandava milhões de beijos. Com o pai viajou por Itália, fazendo grande sucesso, ouvindo e absorvendo a música da ópera italiana. Consta que escreveu de memória o *Miserere,* de Allegri, (ou teria apenas memorizado as deixas do *castrato*? Na verdade, trata-se de um simples canto coral repetido várias vezes). Foi eleito para a conhecida Academia Filarmónica de Bolonha, e conseguiu a comissão pela qual ansiava: escrever uma grande *opera seria* italiana. *Mitridate* foi posta em cena pela primeira vez a 26 de Dezembro, e teve algum sucesso nas 22 actuações seguintes. Mozart também compôs sinfonias e árias. Era o início de um período de uma nova maturidade, quando a promessa se transforma em verdadeira realização. Agora está cada vez mais ciente da imensidão do mundo.

Em 1770, emergem novos valores artísticos no mundo: os nascimentos de Ludwig van Beethoven, William Wordsworth e Friedrich Hölderlin nesse ano marcam as origens da concepção de Romantismo que ajudariam a criar. Goldsmith escrevia; Gainsborough pintava. Os favoritos da cena musical eram Gluck em Viena, J.C. Bach em Londres, Piccinni e Sammartini em Itália. Na Inglaterra de 1770, a guerra com Espanha parecia possível devido ao ataque nas Maldivas, que a Grã-Bretanha tinha ocupado quatro anos antes. As viagens exploratórias continuavam em todo o mundo: o Capitão Cook chegou à Baía Botânica e James Bruce chegou à fonte do Nilo Azul. Era um tempo de descobertas com implicações revolucionárias.

- Lord North é eleito primeiro-ministro britânico;
- Massacre de Boston;
- Alguns impostos nas colónias são revogados, mantém-se, contudo, o imposto sobre o chá;
- O delfim casa com Maria Antonieta, irmã de José II;
- A frota russa derrota a marinha turca;
- O ministro dos Negócios Estrangeiros francês impede a guerra entre a Espanha e a Grã-Bretanha devido às Maldivas.

1771

Em Janeiro de 1771, Mozart fez quinze anos. Ainda se encontrava em viagem por Itália com o pai, mas os seus pensamentos, por vezes, recorda-vam-lhe o lar. Interessava-se cada vez mais pelo sexo oposto, e nas cartas que enviava à irmã, perto do final da viagem (habitualmente eram notas adicio-nadas no final das cartas de Leopold), mandava cumprimentos a várias rapa-rigas incógnitas que Nannerl saberia identificar. A outro amigo, um tal Johan-nes, dizia que devia ir em breve a Veneza e submeter-se ao *attaco*, ou seja, a apanhar palmadas no traseiro deitado no chão, de modo a tornar-se um ver-dadeiro veneziano. «Tentaram isso comigo – sete mulheres ao todo –, no entanto, não conseguiram humilhar-me». Wolfgang também leu *Mil e Uma Noites* em italiano e, mais ambicioso, *Télèmaque*, o romance escrito pelo pre-decessor de Rousseau, Fénélon. Disse ter apreciado estas obras e não há pro-vas de que os seus hábitos de leitura fossem muito mais abrangentes. Os

Mozart tinham viajado para Veneza, partindo de Milão, depois para Verona e de volta a Salzburgo, passando por uma Innsbruck muito fria. *La betulia liberata*, encomendada em Pádua, foi escrita no regresso a Salzburgo. Mas voltaram a Milão mais tarde, para os ensaios e actuações de *Ascanio in Alba*, regressando a Salzburgo no final do mesmo ano.

As capacidades musicais de Mozart eram agora questionadas. Numa nota à mãe, nesse ano, queixou-se: «hoje queria assistir a uma ópera de Hasse, mas como o papá não vai, eu também não posso ir». Depois, acrescenta galhofeiro: «por sorte conheço quase todas as árias de cor e assim posso ver e ouvir a ópera em casa, na minha cabeça». Música na sua cabeça: é uma pista para o talento que amadurecia por esta altura. A facilidade que tinha era fenomenal, talvez até perigosa. Mas devido à falta de oportunidade, muito do seu talento se mantinha oculto, apenas à espera que a comissão certa se apercebesse do seu potencial.

- Composição dos Quartetos *Sun* de Haydn;
- Publicação de *Odes* de Klopstock.
- A Espanha cede as ilhas Maldivas à Grã-Bretanha;
- A Rússia completa a conquista da Crimeia;
- A Áustria e a Rússia unem-se contra a Rússia.

1772

Em Janeiro de 1772, Mozart completou dezasseis anos. Estava mais confiante das suas capacidades, mais ansioso que nunca por concretizar o seu talento e por ter a aprovação que merecia. As suas cartas são enérgicas e exuberantes: numa carta dirigida à irmã escrevera as palavras de pernas para o ar linha sim, linha não. Havia poucas sombras. Mozart estava atento aos eventos internacionais, pelo menos quando a sua mãe, em Salzburgo, se preocupava com a sua segurança em Itália – «Não é verdade que haja uma guerra em Itália ou um cerco do castelo em Milão». Dificilmente estaria preocupado com a divisão de um terço da Polónia entre os seus vizinhos Áustria, Prússia e Rússia; esta disposição foi ratificada ao abrigo do Tratado de São Petersburgo, em Agosto, mas trouxe a desaprovação da Imperatriz Maria Teresa, que objectou à anexação mas permitiu à Áustria lucrar com isso.

Em Salzburgo corriam tempos de mudança. Após a morte de Schrattenbach, em Março, depois de muita discussão e inesperadamente, Hieronymus

Colloredo foi eleito Príncipe Arcebispo, e as consequências para os Mozart e as suas viagens foram consideráveis. Apesar de ser um produto do Iluminismo e ter uma veia musical, determinado a restaurar as finanças da corte, abundantemente gastas pelo seu antecessor, Colloredo revelou ser um senhor à antiga, que tratava os criados como propriedade e não como pessoas. Esperava que fizessem o serviço sem questionar e a emancipação gradual do músico que a família Mozart representava – de empregado a artista independente – não era algo que incentivasse.

Para a entronização do arcebispo, Mozart escreveu *Il sogno di Scipione*, um trabalho que tem sido o menos recordado de todas as suas peças de longa duração. Parece que a obra fora originalmente planeada para assinalar o 50.º aniversário da ordenação de Schrattenbach, em Janeiro de 1772, mas quando foi cancelado a seguir à sua morte, a obra foi revista e replaneada para dar as boas vindas ao novo arcebispo. Em Agosto, o novo arcebispo confirmou a nomeação de Mozart como *Konzertmeister* com um salário de cento e cinquenta florins. A nomeação foi um bem-vindo reconhecimento do seu talento, mas ambicionava manter Mozart demasiado perto: a vida tornava-se cada vez mais restringida sob a alçada do novo arcebispo. Contudo, em Outubro, Leopold e Wolfgang partiram de novo para Milão, onde a nova ópera *Lucio Silla* foi ensaiada e encenada pela primeira vez, a 26 de Dezembro. Apesar de o tenor ter de ser substituído por um cantor de igreja e de a actuação ter começado tarde, foi um sucesso.

- Segunda viagem de Cook à volta do mundo;
- Publicação de *Emilia Galloti* de Lessing;
- Primeira divisão da Polónia;
- Boston ameaça a Grã-Bretanha com a secessão;
- *Royal Marriage Act* para todos os descendentes de Jorge III;
- Gustavo III restabelece a monarquia na Suécia.

1773

Em Janeiro de 1773, Mozart fez dezassete anos. Foi o ano em que o papa suprimiu os Jesuítas, uma acção que teve repercussões directas na família Mozart, e foi assunto de acesos debates no seu círculo. Wolfgang estava prestes a ficar totalmente desalentado com o seu trabalho penoso em Salzburgo, e tentou mais uma vez, havendo mais uma vez falhado, entrar nos círculos

CRONOLOGIA

artísticos de Viena. Será que pairava a suspeita de que teria atingido o seu auge na transição de menino-prodígio para a maturidade? Um dos correspondentes de Charles Burney sugeriu que «se me for permitido julgar a música da sua autoria, pelo que oiço na orquestra, devo dizer que ele é mais um exemplo de um fruto colhido antes do tempo, sendo mais extraordinário do que excelente». Essa opinião, que Burney terá lamentado ter registado no seu volume de 1773, *The present state of music in Germany...*, é a primeira de entre várias outras semelhantes, emitidas por aqueles que achavam a originalidade de Mozart demasiado apimentada para o estômago.

Em Janeiro de 1773, Mozart escreveu um motete demonstrativo, *Exsultate jubilate*, para o *castrato* Venanzio Rauzzini que tinha triunfado na ópera *Lucio Silla*. Desde então, tornou-se um dos seus mais conhecidos trabalhos, demonstrando o toque seguro que parece ter adquirido, de repente, em vários géneros. Milão ainda celebrava Mozart, mas este não tinha trabalho. Leopold tentou adiar o regresso a Salzburgo. Tinha a desculpa do seu reumatismo incapacitante, mas também pensou que poderia haver a possibilidade de um encontro em Florença para Wolfgang.

Pouco depois de terem regressado a Salzburgo, Leopold planeou uma viagem a Viena. Como o novo arcebispo não se encontrava em Salzburgo, foram autorizados a partir. Mas a viagem não teve sucesso e Leopold ignorara a opinião expressa por Maria Teresa ao filho de que os Mozart não deveriam apregoar os filhos pela Europa. Fizeram muitos amigos e eram muito bem recebidos, em particular pelo Dr. Mesmer, que mais tarde ficou conhecido pelas suas curas através do magnetismo, e a quem Mozart dedicou tributos humorísticos em *Così fan tutte*. O director musical da corte, Florian Gassmann, estava cada vez mais doente e viria a falecer em Janeiro seguinte. Leopold insinuou que as pessoas achavam ser essa a razão por que os Mozart estavam em Viena, ou seja, para ficarem com o seu lugar – a este propósito escreveu: «loucos, em qualquer lado, não são nada mais do que loucos!». Entretanto, *La locandiera* de Salieri era encenada em Viena com sucesso, C.P.E. Bach dedicava seis sinfonias ao Barão von Swieten, que iria em breve assumir um lugar de destaque no desenvolvimento musical de Mozart, e Haydn escrevia óperas para Eszterháza. Mas este foi um ano musicalmente fértil, com sinfonias e quartetos para cordas, e especialmente notório relativamente aos resultados de Mozart.

- Publicação de *Götz von Berlichingen, Urfaust* de Goethe;
- Conclusão de *O Messias* de Klopstock;

MOZART

- Seis Sinfonias de C.P.E. Bach, Wq 182;
- *L'infedeltà delusa* de Haydn, Eszterháza;
- O Papa Clemente XIV dissolve os Jesuítas;
- A França devolve Avinhão ao Papado.

1774

Em Janeiro de 1774, Mozart fez dezoito anos. Na Europa, era um ano que se adivinhava conturbado: em França, Luís XVI sucedeu a Luís XV e a caminhada em direcção à Revolução tinha começado. A Rússia ganhou um importante apoio no Mar Negro, no acordo após a Guerra com a Turquia, apesar de ter antes sofrido vários reveses. A Turquia ficou enfraquecida, situação que favoreceu a Áustria, levando-a a reivindicar novos territórios no ano seguinte. Mas José II da Áustria estava ansioso por iniciar um programa de reformas – o caminho só lhe seria, contudo, aberto em 1780, com a morte de Maria Teresa. Frustrados com a promessa de reformas e com a contínua dependência servil face aos proprietários de terras, os camponeses austríacos revoltaram-se nesse ano.

De novo, Mozart estava obcecado com a ópera: *La finta giardiniera*, encomendada para o Carnaval seguinte em Munique, ocupava o seu tempo, e ele e o pai viajaram até essa cidade em Dezembro. Mas dedicava-se também a outro tipo de obras. No final do ano anterior, escreveu um concerto para piano que viria a ser o primeiro de uma sequência de obras maravilhosamente originais (K175 em ré). Também compôs um dos seus mais graciosos concertos para fagote (K191 em si bemol), no qual explorou e realmente compreendeu as capacidades de um instrumento que na época só raramente era usado como solista. Talvez mais significantes em termos do seu desenvolvimento composicional, as suas sinfonias irromperam até uma maturidade inquestionável. Da Sinfonia em Sol Menor, K183, de Outubro de 1773, avançou até à Sinfonia em Lá K201, dois magníficos trabalhos, tão contrastantes como os da grande trilogia final escrita em 1788.

No final do ano, Mozart escreve uma satírica carta à sua irmã datada de «1774.º dia do ano 30».

- *Iphigénie en Aulide* de Gluck, Paris;
- Publicação de *Die leiden des jungen Werther*, de Goethe;
- Nascimento de Caspar David Friedrich.

CRONOLOGIA

- Luís XVI sucede ao seu avô Luís XV;
- Declaração de Direitos e Agravos em Filadélfia;
- O porto de Boston é encerrado;
- A Rússia e a Turquia assinam a paz;
- John Wilkes como prefeito de Londres.

1775

Em Janeiro de 1775, Mozart fez dezanove anos. Enquanto a Guerra da Independência eclodia na América, a revolta dos camponeses na Europa Central agigantava-se. Tanto a Boémia como a Rússia assistiram a grandes insurreições neste ano. Mas para Mozart uma coisa era mais importante: a sua nova ópera. Havia esperado que fosse encenada em Munique em Dezembro do ano anterior, e tinha ido com o pai para Munique no início desse mês. A irmã de Mozart, Nannerl, juntou-se-lhes a 4 de Janeiro, faltando a algumas actuações de música sacra de Mozart, no dia de Ano Novo. Houve mais atrasos com a ópera e *La finta giardiniera* teve a sua primeira apresentação apenas a 13 de Janeiro de 1775: «Graças a Deus!» disse Mozart, «A minha ópera esteve ontem, dia 13, em cena pela primeira vez e teve tal sucesso que é impossível para mim descrever a ovação à Mamã...». O Arcebispo Colloredo veio a Munique mas não assistiu à ópera e consta que ficou constrangido com o seu sucesso. De acordo com o registo tendencioso de Leopold, pediram a Mozart que escrevesse música sacra, e que participasse numa competição de piano com Ignaz von Beeke. Um correspondente de C.F.D. Schubart disse que: «o modo como Mozart toca é impressionante, executando, de imediato, tudo o que lhe é posto à frente. Mas não mais que isso. Beeke ultrapassou-o e muito. Agilidade de dedos, graciosidade, doçura e um gosto peculiar, auto-formado, representam uma luta que ninguém quererá travar com este Hércules». O mesmo correspondente sugeriu que na ópera de Mozart «surgem rasgos de genialidade aqui e acolá, mas ainda assim não tem aquele fogo incandescente que se eleva em direcção ao céu em nuvens de incenso».

Os Mozart deixaram Munique a 6 de Março. Leopold registou com impaciência que «uma jovem senhora pretendia acompanhar-nos, para ficar connosco três ou quatro meses e melhorar a sua aprendizagem de cravo. Até ao momento recusei». Continua, justificando-se com as dificuldades de acomodação. Será fantasioso perceber aqui uma das primeiras ligações sérias de Wolfgang? Em qualquer caso, a ameaça, ou o que quer que fosse, nunca se materializou. Abril foi dedicado *a Il re pastore*, e este ano também terá assistido à sequência dos concertos para violino que, possivelmente, foram escritos pelo próprio Mozart. Quando o novo maestro da orquestra de Salzburgo, António Brunetti, chegara à cidade em 1776, os concertos tornaram-se parte do seu repertório e Mozart escrevera-lhe novos andamentos. Como parte dos seus deveres em Salzburgo, Mozart também compôs serenatas e marchas com uma habilidade e originalidade cada vez maiores.

- Goethe na corte de Weimar;
- Estreia de *Le barbier de Seville* de Beaumarchais;
- *Cephale et Procris* de Grétry, Paris;
- Sinfonias Opus 21 de Boccherini;
- Nascimento de J.W. Turner.

- A revolta dos camponeses na Boémia;
- A Guerra da Independência Americana: batalhas de Lexington e Concord;
- A fome em Paris;
- George Washington é nomeado Comandante-em-Chefe;
- Vitória britânica em Bunker-Hill.

1776

Em Janeiro de 1776, Mozart fez 20 anos. Se foi um ano de referência para ele, não poderá ter sido um muito feliz, pois neste momento atingia o auge da sua frustração devido à sua colocação em Salzburgo, ansiando uma posição noutro lugar. Pensava em Viena onde, neste ano, José II dera início às reformas teatrais no *Burgtheater*. Dali, que consciência haveria de ter acerca dos grandes acontecimentos que agitavam o mundo? Era o ano da Declaração da Independência da América, a 4 de Julho, o ano das teorias económicas revolucionárias de Adam Smith e da importante obra histórica de Edward Gibbon *Declínio e Queda do Império Romano*. Foi, também, um ano de referência para o estudo emergente da história musical: o primeiro volume de Charles Burney, *História da Música,* fora publicado em Londres, seguido do respectivo trabalho crítico rival de Sir John Hawkins.

Sabemos muito pouco sobre Mozart neste ano: como a família se encontrava em Salzburgo em 1776, não há muitas cartas que documentem o que possa ter ocorrido. Excepcionalmente, podemos seguir a vida social de

Mozart através do diário de um amigo, Joachim Ferdinand von Schiedenhofen, um vereador de Salzburgo que vivia na Getreidegasse, perto da casa onde nascera Mozart e a sua irmã Nannerl. Era amigo íntimo da família Mozart, e encontramos registos, desde 1774, sobre as saídas nocturnas em sua companhia. A 3 de Janeiro assistiram à peça *Thamos, rei do Egipto,* cuja música era da autoria de Mozart. A 18 de Fevereiro fala-nos acerca de um animado baile de máscaras que durou até às quatro horas da manhã, «o Mozart, mais velho, ia vestido de porteiro e o mais novo de aprendiz de barbeiro». Saíram de novo na noite seguinte, e «entre as curiosidades assistimos a uma opereta de [Leopold] Mozart». A 31 de Março, Domingo de Ramos, encontrámo-lo mais sóbrio e correcto na catedral onde, no Domingo de Páscoa, é ouvida uma nova missa de Wolfgang. A 18 de Junho, ouviram melodias escritas para a Condessa Ernst Lodron. A 7 de Julho, um novo serão musical na residência da família Antretten, onde ele fora acompanhando a família Mozart. A 21 de Julho, «assistimos à música nupcial que o jovem Sr. Haffner havia preparado para a sua irmã Liserl. Era da autoria de Mozart e foi executada na casa de Verão em Loreto»: assim nasceu a grande serenata «Haffner» K250.

- *Lucio Silla*, de J.C. Bach, Manheim;
- *Daliso e Delmita*, de Salieri, Viena;
- Início de *Declínio e Queda do Império Romano*, de Gibbon;
- Começam os Concertos na Academia de Música Antiga, em Londres;
- Nasce John Constable;
- Nascimento de E.T.A. Hoffmann.

- A Declaração da Independência Americana é aprovada pelo Congresso;
- Os Britânicos saem de Boston;
- Cook realiza a terceira volta ao mundo;
- A tortura é abolida na Áustria;
- As tropas americanas são expulsas do Canadá;
- A França faz empréstimos de guerra aos americanos;
- Washington é forçado a retirar de Nova Jérsia para a Pensilvânia.

1777

Em Janeiro de 1777, Mozart fez 21 anos. Foi um ano em que as suas realizações composicionais igualaram as suas frustrações profissionais, levando ao seu primeiro rompimento com Salzburgo. Este ano, e o seguinte, seriam um marco decisivo na sua vida. É possível juntar pedaços de informação, de fontes variadas, sobre a vida que Mozart levou neste ano, compondo música com amigos: aqui uma serenata, ali uma actuação amigável de um dueto de piano, uma visita com quem conversar ou passear nos jardins. Por exemplo, na casa de Johann Gusetti, no dia 26 de Julho, deu um concerto para flauta, um concerto para violino e uma sinfonia. Mas, evidentemente, não era suficiente: em Março de 1777, Leopold escreveu ao arcebispo de Salzburgo uma nova petição para o autorizar a viajar. Desconhece-se o que aconteceu a este documento, mas sabemos que o resultado do pedido foi negativo, pois em Agosto o próprio Wolfgang faz novo pedido ao arcebispo. Recordava ao seu patrono que ele e o pai tinham permanecido em Salzburgo «disponíveis para a iminente visita de Sua Majestade o imperador», mas agora esse já não era o caso e ele desejava viajar de novo. «Sou pressionado pelas circunstâncias: o meu pai quer que eu vá viajar sozinho». Mas, mesmo assim, foi recusado. Mais tarde, Mozart escreve: «O Evangelho ensina-nos que devemos tirar proveito dos nossos talentos», uma frase, sem dúvida, sugerida por Leopold. O arcebispo rabiscou sumariamente no documento: «De acordo com o presente documento, pai e filho têm autorização para seguir a sua sorte, segundo o Evangelho». Wolfgang e a mãe partiram juntos. Fatalmente, Leopold não acompanhou o filho nesta viagem. Talvez decidisse que não podia deixar, por completo, o serviço ao arcebispo. Sabemos que, na época, estava doente «devido a um forte catarro». No final – e em retrospectiva isto pode ser visto como uma das decisões mais importantes da vida de Mozart –, acabaria por ficar em casa. A mãe, que tinha muito menos experiência a lidar com as dificuldades sociais e políticas que os Mozart tinham encontrado nas suas viagens ao serviço da música, acompanhou o filho. Nannerl, claramente chocada com a responsabilidade de ter de cuidar do pai sozinha, sofreu um colapso no dia em que partiram.

Os meses seguintes foram um desastre cujos passos podem ser verificados na volumosa correspondência. Leopold dá lições de moral, intimida, aconselha, repreende e tenta, sem sucesso, controlar o rumo dos acontecimentos por carta, a partir Salzburgo. Mozart não tem sucesso com o eleitor de Munique e muda-se para Augsburg onde também não é bem sucedido, mas inicia uma amizade muito próxima com a prima Anna Maria, revelada na linguagem escatológica, e que não era invulgar nas famílias da época (A relação, provavelmente, fora além da amizade e não é difícil associarmos esta pequena explosão de sexualidade com o primeiro período afastado do pai). Mais tarde, mãe e filho partem para Manheim e, de súbito, Mozart sente-se como que em casa. Ele é conquistado pela musicalidade da corte e a sua soberba orquestra, enceta numerosas amizades com os músicos principais e, de modo geral, diverte-se imenso, o que, com uma total falta de tacto, relata ao pai com algum pormenor. Leopold fica horrorizado. Está mais interessado no lugar de organista da corte em Salzburgo que fica vago com a morte de Adlgasser em Dezembro.

- *Armide*, de Gluck, Paris;
- *Il mondo della luna,* de Haydn, Eszterháza;
- *La bizzaria degli umori,* de Gazzaniga, Bolonha.

- Washington derrota os Britânicos em Princeton e Bennington;
- Os Britânicos ocupam Filadélfia;
- Os Britânicos são derrotados em Saratoga;
- O Congresso adopta os artigos da Confederação;
- Carlos Teodoro torna-se Eleitor da Baviera.

1778

Em Janeiro de 1778, Mozart fez 22 anos. Apaixonou-se, de verdade, pela primeira vez, por Aloysia Weber, uma bela solista, filha do homem que trabalhava como ponto no teatro da corte de Manheim, e cuja mulher, mãe de Aloysia, governava a família com mão de ferro (mais uma vez, será mera coincidência que Wolfgang, fugindo a uma família com um pai dominante, caia no colo de uma família com uma mãe dominante?). Quando Leopold recorda Mozart de que tem de ganhar dinheiro, ele responde com planos irreais de levar Aloysia numa digressão para cantar e trabalhar na ópera em Itália. Esta é a última gota para Leopold, que reage contra o filho e lhe diz para partir: «Vai para Paris e tão depressa quanto puderes, faz-te acompanhar pelos grandes».

Infelizmente, sem a orientação de Leopold nos canais sociais da cidade, também Paris estava destinado a ser um fracasso. O pai entregou a Wolfgang listas de nomes e contactos, mas o filho não parecia preocupar-se com isso. Mozart e a mãe partiram de Manheim a 14 de Março de 1778 e chegaram a Paris, na época palco de grande agitação, tanto social como musical, devido às querelas entre os apoiantes de Gluck e Piccinni que, rapidamente, assumiam grandes proporções. Graças aos seus amigos de Manheim, os instrumentistas de sopro Wendling e Ramm, Mozart conseguiu algumas comissões em Paris. Mas devido a intrigas que envolviam o músico, o patrono em quem Leopold confiara, o Barão Grimm, terá por fim desesperado com o comportamento de Mozart e desejara, numa reflexão fatal sobre os problemas da personalidade de Mozart, que este tivesse metade do talento e o dobro da graciosidade social.

Neste cenário, já de si desagradável, a doença e a morte da mãe de Mozart a 3 de Julho foram um rude golpe. Na verdade, não podemos saber como Mozart se sentiu: o que se depreende das suas cartas, com uma clareza extrema, é o medo que sente do pai neste momento. Não consegue dar-lhe a notícia directamente, e diz-lhe apenas que a mãe está doente. Depois, escreve a um amigo em Salzburgo, o padre Bullinger, a pedir-lhe que diga ao pai que a sua mãe tinha falecido. É este o resultado de uma «nova maturidade e sensibilidade» (como refere *The New Grove*)? Ou é um acto de pura cobardia? Na prática, Leopold culpa o filho da morte da mãe e irrita-se cabalmente com os muitos afazeres que considerava Mozart incapaz de executar.

Talvez a característica mais extraordinária da carta que Wolfgang escrevera ao pai na noite em que a mãe faleceu, é a sua exuberância maníaca. Depois de dizer que a mãe estava doente, sente necessidade de distrair Leopold com assuntos mais jocosos. É através desta carta que conhecemos as circunstâncias que envolvem a actuação da sinfonia «Paris» (ver página 156). O compositor escrevera: «eu estava tão contente que, assim que a sinfonia acabou, parti para o *Palais Royal*, onde comi um grande sorvete, orei, como tinha prometido e regressei a casa, pois é aqui que me sinto e sempre me hei-de sentir mais feliz» (uma afirmação extremamente irónica para ser dita naquele momento, estando num apartamento sombrio, com a mãe morta no quarto ao lado). Não existe inadequação mais radical do que esta.

Mozart faria qualquer coisa para atrasar o seu regresso a casa, e enfrentar o pai e o seu empregador em Salzburgo. Assim, fora antes para Estrasburgo, onde deu três concertos que tiveram pouco público, partindo depois para Manheim e Munique, onde ficou hospedado na casa da família Weber. Este é um dos períodos mais musicalmente estéreis de toda a sua vida, devido à sua preocupação com os afazeres subsequentes à morte da mãe e com as brigas sem fim, por carta, com o pai. Apesar de ter produzido alguma música na primeira parte de 1778, seguindo-se a inquieta sinfonia «Paris» mais tarde nesse ano, apenas se destacam a originalíssima e possante sonata para piano em lá menor K310 e a sonata para violino em mi menor K304. Planeou um

CRONOLOGIA

drama em Manheim – *Semiramis* – que não teve qualquer resultado, nem originado qualquer esboço que tenha chegado aos nossos dias.

- *L'Europa riconosciuta*, Milão e *La scuola de gelosi*, Viena, de Salieri;
- Morte de Voltaire;
- Morte de Rousseau.

- Carlos Teodoro troca Manheim por Munique;
- A França e os Estados Unidos assinam tratados;
- A Grã-Bretanha declara guerra à França;
- Os Britânicos saem de Filadélfia;
- Os Britânicos são derrotados em Monmouth, Nova Jérsia;
- A Prússia declara guerra à Áustria, guerra da Sucessão Bávara;

1779

Em Janeiro de 1779, Mozart fez 23 anos. Regressara a Salzburgo um homem ferido pelas repreensões, viajando via Augsburg e trazendo a prima com ele, talvez para o proteger da força implacável da ira de Leopold. Parecia que a vida se tornara mais problemática do que alguma vez poderia ter imaginado, sendo um génio jovem, favorecido e protegido. O seu primeiro amor, Aloysia, havia-o abandonado, a mãe falecera em circunstâncias dramáticas, e o pai mostrava-se pouco afectuoso devido ao seu comportamento negligente e ao insucesso na Europa:

«Estou farto dos teus projectos com que destruíste os excelentes planos que eu havia traçado; nunca vais perceber, ou porque não queres ou porque não és capaz de pensar em nada a sangue frio, ou sem preconceito. É muitas vezes verdade que és levado, subitamente, pelo fogo da tua juventude e pelos elogios que te faz esta ou aquela pessoa. Vês tudo dourado quando, na verdade, se trata apenas de um enfeite cintilante».

Entretanto, Wolfgang, que temia um regresso à servidão de Salzburgo, escrevera ao padre Bullinger, seu confidente após a morte da mãe:

«Salzburgo não é lugar para o meu talento. Em primeiro lugar, não têm consideração pelos músicos profissionais; em segundo, não há nada, não há teatro, não há ópera. E mesmo que, de facto, me quisessem, quem é que iria cantar? Nos últimos cinco ou seis anos, a orquestra de Salzburgo tem sido rica naquilo que é inútil e supérfluo, mas muito pobre no que é realmente necessário, e absolutamente destituída daquilo que é indispensável. Actualmente, é essa a situação».

Na mesma carta ele especula, hilariante, na possibilidade de, sendo o *castrato* Ceccarelli o único cantor decente na cidade, ter de desempenhar os dois papéis, o de *prima uomo* e *prima donna*, numa ópera especialmente escrita onde as duas personagens nunca se encontrassem. «Deste modo, o *castrato* podia desempenhar o papel do apaixonado e da sua amante e a história revelar-se-ia mais interessante, já que o público teria de admirar a virtuosidade dos apaixonados, tão absoluta que eles, simplesmente, evitavam falar um com o outro em público».

Após o seu regresso, Mozart pediu o posto de organista da corte, mas percebemos que o seu coração não sentia o que a boca falava. Foi, efectivamente, nomeado, mas pouco bem lhe fez. Embora tenha produzido alguma boa música no resto do ano, incluindo as sinfonias n.º 32 K318 e n.º 33 K319, este acabou por ser um período rotineiro.

- *Iphigénie en Tauride*, de Gluck, Paris;
- *Iphigenis auf Paurios*, de Goethe;
- *Nathan der Weise*, de Lessing;
- *The Critic*, de Sheridan.

- Os Britânicos conquistam a Geórgia e a Carolina do Sul;
- Luís XVI abole a escravatura;
- A França defende o Senegal dos Britânicos;
- A Espanha declara guerra à Grã-Bretanha; cerco em Gibraltar;
- O Congresso envia tropas para combater os índios em Wyoming Valley;
- Presença da frota francesa no Canal da Mancha.

1780

Em Janeiro de 1780, Mozart fez 24 anos. A sua vida em Salzburgo era cada vez menos satisfatória e, cada vez mais, ansiava ser livre e compor ópera. No Verão, Mozart conseguiu uma comissão que aguardava há muito – compor uma grande ópera para Munique: seria *Idomeneo*, a primeira grande demonstração do seu talento operístico e, há quem pense, a sua primeira obra-prima dramática.

1780 foi um ano decisivo para a Áustria: foi o ano em que José II finalmente sucedeu a Maria Teresa e se tornou imperador. Uma das suas prioridades foi criar um teatro nacional, o *Singspiel*, em Viena. Já havia estabelecido um Teatro Nacional na Primavera de 1776 e, dois anos depois, tinha estabelecido uma companhia no *Burgtheater* – encenava-se peças de compositores como Ignaz Umlauf, que eram, essencialmente, faladas e alternadas com música. Isto poderá ter estimulado o compositor a escrever uma peça de teatro musical em alemão nesse ano, e a produzir os fragmentos de *Zaide*, incompletos, mas musicalmente impressionantes.

Sabemos muito pouco sobre a relação de Mozart com as outras artes, mas podemos, seguramente, afirmar que ele amava o teatro. Enquanto esteve em Viena escreveu à irmã a dizer que passava muito tempo no teatro e, em Salzburgo, mais facilmente fazia amigos entre actores e directores. Em Dezembro de 1779, por exemplo, assistiu a uma comédia de Goldoni, *Il bugiardo*, representada pela companhia de Johann Heinrich Böhm, no Teatro de Salzburgo, falada em alemão. As peças de Goldoni iriam influenciar, consideravelmente, o libreto de Lorenzo da Ponte, e a sua clara fusão de elementos sérios e cómicos viria a revelar-se fulcral na arte operística de Mozart nos anos seguintes. A companhia de Böhm esteve em Salzburgo vários meses, desde Setembro de 1779 até Março seguinte, e Mozart terá possivelmente assistido a várias actuações. Mozart cedia a sua música à companhia de Böhm: uma das suas sinfonias foi utilizada como abertura, e os belos acordes casuais da peça *Thamos, rei do Egipto* também pode ter sido utilizada pela companhia de Böhm. Outro estímulo à actividade teatral foi a chegada a Salzburgo da companhia de Emanuel Schikaneder. Em Novembro deste ano, Mozart foi a Munique assistir aos ensaios de *Idomeneo*, situação que ele relata ao pai numa longa série de fascinantes cartas – trata-se de um dos registos mais pormenorizados sobre a gestação da produção de uma ópera que sobreviveu até aos nossos dias.

- *Atys*, de Piccinni, Paris;
- *La dama pastorella*, de Salieri, Roma;
- Nascimento de Ingres.

- A Grã-Bretanha declara guerra à Holanda;
- A escravatura é abolida na Boémia e na Hungria;

MOZART

- Morre Maria Teresa, José II sucede na Áustria, na Boémia e na Hungria;
- As tropas francesas chegam à América;
- *Gordon Riots* em Londres;
- Comércio irlandês com a Grã-Bretanha livre.

1781

Em Janeiro de 1781, Mozart fez 25 anos. A morte de Maria Teresa, a 29 de Novembro de 1780, e a subida ao trono do Imperador José II foi um marco na sociedade austríaca. Viria a ser, também, um marco para Mozart, que atravessava uma difícil crise de personalidade. Depois do sucesso de *Idomeneo* em Munique (após vários atrasos, estreou a 29 de Janeiro de 1781) e do respeito com que fora tratado na respectiva corte, deparou com a desagradável possibilidade do regresso a uma vida menos privilegiada em Salzburgo. Estava prestes a concretizar uma mudança decisiva.

O regresso foi sendo adiado, porque o séquito do arcebispo havia viajado para Viena para participar nas celebrações em honra de José II. Em Março de 1781, também Mozart foi chamado a Viena, onde não foi muito bem recebido e onde esperavam que actuasse para o arcebispo, quando poderia estar a ganhar muito mais dinheiro a tocar para o imperador. Provavelmente devido ao seu comportamento caprichoso nos últimos meses, pretendiam que ele ficasse hospedado na casa do arcebispo com os funcionários e criados, e não tivesse um quarto só para si, como o violinista Brunetti ou o *castrato* Ceccarelli. O seu descontentamento com esta situação atingiu um ponto crítico.

Insinuaríamos demasiado ao tentar interpretar as acções violentas de Mozart – que levaram à suspensão do seu emprego – meramente como o espírito do artista romântico e ingénuo que se afirma contra a força da autoridade. Mozart talvez pensasse – e, neste caso, não estava totalmente enganado, para surpresa do pai – que ganharia mais dinheiro como músico independente em Viena a dar concertos, a ensinar e a obter comissões. Ele também, certamente, esperava tornar-se íntimo do imperador, caso surgissem oportunidades artísticas na corte. Além disso, havia outro factor que o mantinha em Viena e que ele mencionara ao pai apenas de passagem. Ele havia-se mudado para a casa da família Weber onde a filha mais velha Aloysia casara e, apesar de ter sido o seu primeiro amor, Mozart mostrava, agora, um claro interesse pela filha mais nova Constanze, encorajado, supomos, pela mãe dela.

CRONOLOGIA

Não conhecemos a resposta de Leopold às cartas, cada vez mais insistentes, do filho, mas imaginamos que a sua reacção tenha sido tão violenta, que tenha levado o filho a confessar: «não há uma palavra na vossa carta onde reconheça o meu pai!». Subtilmente, Wolfgang escreve, reagindo contra o seu empregador e contra Salzburgo: «desperdiçar a vida em inactividade, num lugar tão miserável é mesmo muito triste – e uma enorme perda». Pede conselhos, mas sentimos que já se decidiu e que está prestes a gerar um conflito. Em Viena, a 9 de Maio, Mozart teve uma acesa discussão com o arcebispo e pediu para abdicar do seu posto. O relato pitoresco que Mozart faz ao escrever ao pai – um drama que ecoa através dos tempos como um quadro em que o artista criativo confronta a autoridade incauta – é, claramente, apenas um lado da história: Mozart deambula, confuso, sobre o facto de não poder deixar Viena no dia em que lhe pediram que partisse – provavelmente mais por causa da família Weber (mãe e filha) do que por causa do arcebispo.

A 9 de Junho o chefe de pessoal do arcebispo, o Conde Arco, pô-lo na rua com o imortal «pontapé no traseiro», e foi, como alguns dizem, atirado ao mundo moderno do músico independente. Mas antes desta violenta conclusão, o conde revelara-se alguém mais agradável. Em resposta às ambições de Mozart, relativamente a Viena, argumentara:

«Acreditai, vós deixais-vos deslumbrar facilmente por Viena. Lá, a reputação de um homem é efémera. É verdade que no início ficareis impressionado com os louvores e, além disso, podereis ganhar mais dinheiro – mas durante quanto tempo? Após alguns meses os Vienenses querem algo novo».

Mozart apregoou estas palavras proféticas mas não lhes deu atenção. Na verdade, reagiu contra elas com uma séria de objecções exageradas: que a sua honra tinha sido insultada, que conseguiria ganhar dinheiro, que Viena era «a pátria do piano». De qualquer modo, dentro de em pouco, iria descobrir se poderia sobreviver na cidade. Estabeleceu-se como músico independente e, tirando o facto da família Weber o auxiliar, é difícil perceber como sobreviveu no início. As cartas ao pai indicam que ele tem apenas um aluno, embora afirme que poderia ter mais se baixasse os honorários, algo que achava pouco sensato. De súbito, torna-se formal: «A menos que tenha algo muito importante para vos dizer, passarei a escrever apenas uma vez por semana, já que, de momento, estou muito ocupado». Isto é, talvez, o mais perto que Wolfgang chegou de declarar independência face ao pai.

MOZART

- Quartetos para cordas Opus 33, de Haydn;
- *Stabat mater*, de Boccherini;
- *La serva padona*, de Paisiello, São Petersburgo;
- *Il pittore parigino*, de Cimarosa, Roma.

- Tratado austro-húngaro contra os Turcos;
- Os Americanos derrotam os Britânicos em Cowpens, Carolina do Norte;
- Os Britânicos derrotam os Americanos em Guilford, Carolina do Norte;
- José II concede liberdade e tolerância religiosa face à pressão austríaca;
- José II torna a ordem monástica independente de Roma;
- As tropas britânicas, sob o comando de Cornwallis, rendem-se em Yorktown.

1782

Em Janeiro de 1782, Mozart fez 26 anos. Foi um ano decisivo para ele – certamente o mais significativo, ainda que não em termos musicais. Foi o ano em que se casou e, desse modo, conseguiu a independência que havia procurado ao fixar-se em Viena. Com o casamento, Mozart construiu a única relação que poderia ser, remotamente, comparada com aquela que o sustentara ao longo dos primeiros anos da sua actividade criativa – a que tinha com o pai Leopold. E ao casar com Constanze Weber, a 4 de Agosto de 1782, à pressa e sem a presença do pai, comprometeria, sem dúvida, essa ligação. No entanto, o facto de a relação com o pai ter sobrevivido à sua vida de casado, apesar dos muitos problemas e conflitos, é testemunho da sua importância. Com Constanze alcançou algo muito diferente da ligação emocional que o pai oferecera: um sentimento não de dependência, mas de independência, um sentimento não de desafio constante, mas de apoio constante e, sobretudo, um sentimento não de uma frieza primária, mas de uma ternura primordial.

Até mesmo Mozart, a quem os acontecimentos políticos internacionais raramente afectavam, não podia deixar de reparar que em 1782 o papa, Pio VI, efectuou uma visita sem precedentes a Viena. O compositor foi vago quanto ao seu propósito, e é provável que os conflitos relativos à autoridade de José II sobre a Igreja nos domínios dos Habsburgos não o perturbassem, a menos que afectassem o modo como se deveria compor música sacra. Mas a insistência do imperador em controlar as instituições eclesiásticas na sua pátria não era popular junto do papa, nem entre o seu povo. Sem dúvida, José

II tinha as melhores intenções ao suprimir o que ele achava serem ordens contemplativas esbanjadoras e ao redireccionar o dinheiro para o clérigo secular. Mas as implicações em termos de propriedade e tradição eram imensas, e as suas reformas, como acontece muitas vezes, só estavam «meio pensadas». Ambicionava ser um modernizador ousado, levar uma Áustria atrasada até à idade moderna. Porém, só obtivera um sucesso relativo.

1782 fora também um ano importante no que se refere à posição de Mozart em Viena: os esforços de José II para estabelecer o teatro alemão deram frutos graças à encenação da peça de Mozart *O Rapto do Serralho,* no *Burgtheater.* Revelou-se uma tradição efémera, mas a contribuição entusiasta de Mozart mostra o quão ansioso estava por agradar ao imperador. A importância da famosa história, mesmo que não documentada, em que José II afirma «Demasiadas notas, meu caro Mozart», e a resposta de Mozart «Apenas as necessárias», está relacionada com a importância do desejo de Mozart em ser aceite por José II. A situação descreve bem, tanto os problemas que Mozart causava a si próprio por ser tão original, como a confiança criativa com que respondia aos críticos. O sucesso da ópera precedeu o casamento de Mozart em apenas quinze dias: terá sido o seu triunfo o estímulo final que precisava para agir independente e decisivamente?

Os conflitos e os tumultos dos acontecimentos deste ano na casa de Mozart e, sobretudo, na casa da sua noiva, a família Weber, têm qualquer coisa de romance do século XVIII. O ano começa com Mozart numa situação difícil, tendo levado o pai à fúria ao assinar um contrato matrimonial com Constanze, «ou antes uma garantia, por escrito, da minha intenção honesta para com a rapariga», para apaziguar a família Weber. A filha Aloysia, o primeiro amor de Mozart, havia-se casado em 1780 e a Sra. Weber pode bem ter ficado de olho em Mozart por achá-lo adequado a uma das irmãs mais novas. Depois da morte do pai de Constanze, a pessoa responsável pelo seu bemestar passou a ser o seu tutor Johann von Thorwart. É uma figura importante mas negligenciada na história de Mozart, pois sendo supervisor de teatro da corte real e imperial, fez parte do grande e constante fascínio do compositor pelo teatro. Não se tratava de uma figura artística, mas era certamente um importante administrador.

Thorwart ouvira rumores (do compositor Peter von Winter, entre outros) de determinados comentários que Mozart proferia relativamente à situação: «não tenho rendimento fixo, estava demasiado íntimo dela, deveria provavelmente rejeitá-la, a rapariga ficaria mal falada e por aí fora. Tudo isto não lhe cheirou bem…» O registo de Mozart da situação ao pai é certamente tendencioso, e é difícil saber em que particularidades acreditar. Não podemos afirmar que Leopold lhe respondera, porque (talvez devido ao forte conteúdo) estas cartas não foram guardadas ou foram destruídas, talvez pela própria Constanze. Mozart era sem dúvida ingénuo: no acordo matrimonial entre Aloysia Weber e Joseph Lange (o actor que mais tarde pintaria o mais belo retrato de Mozart) fora acordado uma substancial anuidade para a Sra. Weber e o pagamento, subsequentemente, deixou Lange na penúria. Mesmo assim, o relato em primeira-mão sobre o polémico contrato conta que, embora pretendesse assiná-lo, a própria Constanze rasgou-o dizendo: «Querido Mozart, não preciso de uma garantia por escrito. Eu acredito em vós».

Ao longo deste ano, e no «vaivém» deste pavoroso drama doméstico, Mozart tenta garantir ao pai que tem uma vida organizada e lucrativa. «Todas as manhãs o meu barbeiro chega às seis, acorda-me, e às sete já acabei de me vestir. Componho até às dez, hora a que começo uma aula com a Sra. von Trattner, iniciando outra às onze com a Condessa Rumbeck». Em Janeiro de 1782, até interrompe uma carta, como que a mostrar que o seu barbeiro tinha chegado. Duvidamos que o horário de Mozart – pelo menos relativamente às horas em que compõe – fosse tão meticuloso, pois todas as provas sugerem que ele compunha com grande fúria quando se aproximava o final de um prazo, e com mais calma quando não era essa a situação. *O Rapto do Serralho*, por exemplo, tinha demorado algum tempo a tomar forma e, apesar do segundo acto ter sido previamente visto, a obra só foi terminada em Maio de 1782, devido à pressão dos ensaios que deveriam começar. Neste ano, Mozart tenta reforçar a ideia da vida organizada numa outra carta, menos convincente, à sua irmã, alterando também alguns factos (aqui ele compõe até às nove). Esta carta é marcada por uma mistura de frieza e emoção hipócrita que parece caracterizar os contactos com a irmã após ter conhecido Constanze.

De novo, Mozart contesta claramente as preocupações do pai, quando lhe indica três possíveis fontes de rendimento em Viena, incluindo o patronato do Príncipe Lichtenstein, que pretende formar uma orquestra de instrumentos de sopro, o Arquiduque Maximiliano (uma ideia estranha, a de que Mozart possa ter sido nomeado *Kapellmeister* em Colónia) e o próprio imperador. Outra carta refere: «à mesa, no outro dia, o imperador fez-me o maior elogio, com as palavras: *c'est un talent, decidé!*» – um comentário confirmado, mas menos conhecido, porque menos memorável que «demasiadas notas». As especulações de Mozart parecem, no mínimo, optimistas, e é interessante notar que aquilo que se revelou a sua maior fonte de rendimentos – dar concertos de piano – não seja mencionado nesta época.

Não considerando o ensino nem a composição, como é que Mozart se estabeleceu em Viena como artista? O modo como os concertos eram organizados foi estudado, pormenorizadamente, por Dexter Edge e Mary Sue Morrow. Em Maio de 1782, Mozart escreve uma interessante carta ao pai, explicando:

«No Inverno passado, um certo Martin organizou uma série de concertos amadores que tiveram lugar no *Mehlgrube*, às sextas-feiras. Há muitos amadores em Viena, e alguns muito bons, tanto homens como mulheres. Mas até ao momento estes concertos não têm sido muito bem organizados. Bem, este Martin teve permissão do imperador, sob alvará (e a promessa de patrocínio), para dar doze concertos no *Augarten* e quatro grandes serenatas nos mais belos espaços ao ar livre da cidade. A subscrição para todo o Verão custa dois ducados. Por isso é de calcular que haverá muitos interessados, até porque estou empenhado e associado ao acontecimento. Assumindo que só tenhamos 100 assinantes, cada um de nós terá um lucro de 300 florins (mesmo que os custos cheguem a 200 florins, o que não é provável). A orquestra é formada apenas por amadores, com excepção dos fagotes, trompetes e timbales».

- Estreia de *Die Räuber* de Schiller, em Manheim;
- Choderlos de Laclos publica *Les liaisons dangereuses*;
- Nascimento de Niccolò Paganini;
- Morte de Johann Christian Bach;
- Morte de Pietro Antoni Metastasio;
- *Orlando Paladino* de Haydn, Eszterháza; *Missa cellensis*.

- Espanha toma a ilha Minorca aos Britânicos;
- Papa Pio VI visita Viena;
- Espanha completa a conquista da Florida;
- Gibraltar é socorrido;
- É planeada a paz entre a Grã-Bretanha e os Estados Unidos.

1783

Em Janeiro de 1783, Mozart fez 27 anos. Ele e a esposa tiveram o primeiro filho, que veio a falecer mais tarde nesse ano. Também nesta época, José II prosseguia com as reformas legais, constitucionais e teatrais. Após a suspensão, na Páscoa, da companhia nacional *Singspiel*, depois de uma série de fracassos (Mozart apelidou uma das ofertas de *Umlauf*, isto é, de «abominável»), José tentava formar uma companhia teatral de cantores de *opera buffa,* que iria ultrapassar as da Europa, atraindo italianos importantes a Viena. Salieri seria o agente através do qual esta revolução operística poderia acontecer: os libretistas Casti e Da Ponte eram os favoritos de José e a música incluía óperas mais ligeiras de compositores como Paisiello, Cimarosa e Sarti, os preferidos dos vienenses na primeira metade da década. No que se refere à ópera, o tempo de Mozart ainda não tinha chegado, apesar do sucesso de *O Rapto do Serralho*, mas os cantores que José II trouxe a Viena, em 1783, viriam a ser muito influentes na criação do estilo da sua ópera cómica. Neste ano, Mozart deixou apenas uma marca na nova cena operística vienense, escrevendo duas árias: uma para Aloysia Lange e outra para o tenor Adamberger, para cantar na ópera de Anfossi, *Il curioso indiscreto*: as peças de Lange foram brilhantes, apesar de algum escândalo, contudo Adamberger foi aconselhado a recusar o recém concluído rondó, o que resultou, de acordo com Mozart, numa actuação fracassada.

Em Janeiro ainda tentava acalmar o pai, que havia enfurecido, no ano anterior, devido ao casamento repentino. Numa carta há uma referência enigmática a uma promessa que lhe fizera (ver página 253).

Que promessa seria? É difícil precisar, já que as cartas de Leopold não sobreviveram (talvez devido às reservas de Leopold relativamente à esposa de Mozart). Anos mais tarde, Constanze afirmou que a promessa nada tinha a ver com a doença de que padecera antes do casamento, mas sim com uma missa que Wolfgang tinha prometido escrever quando nascesse o primeiro filho. Seja como for, chegou aos nossos dias um torso da preparação de uma missa: a grande Missa em dó menor. Porque é que não foi acabada? Se o relato de Constanze é verdadeiro, a morte do primeiro filho (ver *infra*) pode ter sido uma razão pessoal para Mozart abandonar o trabalho. Contudo, as reformas de José II pretendiam desencorajar o uso, na igreja, de música litúrgica elaborada e, em 1782, soube-se em Viena que a «música com acompanhamento de orquestra foi totalmente eliminada das igrejas, excepto em dias festivos». Pode parecer um exagero, mas também pode explicar porque é que Mozart não se sentia motivado a acabar a missa que escrevera para celebrar o seu casamento: teria poucas oportunidades, no futuro, de ser escutada em actuações em Viena.

Em 1783, Mozart já estava integrado, com grande sucesso, na vida social vienense. Os bailes eram uma das características principais dessa agitação

CRONOLOGIA

social e outra era o período do Carnaval, que se celebrava anualmente, entre Janeiro e a Quaresma. «Sem dúvida sabeis que estamos no Carnaval e que há tantos bailes aqui como em Salzburgo e Munique», escreve Mozart ao pai a 22 de Janeiro. «Bem, eu gostaria muito de me disfarçar de Arlequim (mas ninguém deve saber quem foi) – porque aqui há tantos – e nada mais que – asnos tolos nas *Redoutes* [*Redoutensaal* em Viena, onde decorriam os bailes]». Mozart pede ao pai para lhe enviar o seu fato de Arlequim sem demoras, porque não poderá ir aos bailes até ter o fato. Também explica que ele e Constanze deram um baile privado na sua nova casa, que terá durado cerca de onze horas. Em Março, tendo recebido o fato, Mozart relata ao pai que ele e os amigos interpretaram uma pantomima de meia hora entre as danças, para as quais tinha composto a música.

1783 fora também um ano de grande sucesso para Mozart nos concertos em Viena. Houve um concerto de beneficência para o seu primeiro amor Aloysia Lange, a 11 de Março. Como Mozart atestara: «o teatro estava cheio e, mais uma vez, o público vienense foi tão cordial comigo que devo, de facto, sentir-me satisfeito. Já tinha deixado o palco, mas o público não parava de aplaudir, por isso tive de repetir o rondó, após o que houve uma torrente de aplausos». Mais tarde, no dia 23 nesse mês, houve um concerto mais diversificado, a que o imperador assistiu, com um programa que misturou sinfonias, árias de concertos, solos de concertos e piano tocados pelo próprio Mozart. Aos poucos, mas confiante (para usar uma expressão que o próprio Mozart usava com o pai), Mozart insinuava-se na vida social vienense e tornava-se uma figura de relevo.

Em parte, esta é uma das razões por que Mozart não queria deixar a cidade para ir visitar o pai e a irmã em Salzburgo com Constanze, visita essa há muito devida e prometida. Durante parte de 1783, tentou imaginar todas as desculpas possíveis para não viajar, lembrando-se inclusivamente que poderia ser preso pelo arcebispo por ter quebrado o contrato em Salzburgo. Outras considerações mais pertinentes incluíam a chegada do primeiro filho. Em Abril, Mozart afirma alegremente: «assim que a minha esposa estiver restabelecida do parto, partiremos de imediato para Salzburgo», mas, após o nascimento, Mozart desculpa-se com a complicada tarefa de tratar e amamentar o bebé:

«Eu havia decidido que a minha esposa não iria amamentar a criança, mesmo que tivesse essa possibilidade. No entanto, também havia decidido que o meu filho não seria amamentado por uma estranha. Queria que a criança fosse criada a água, como a minha irmã e eu. Mas a parteira, a minha sogra, e a maioria das pessoas aqui pediram-me e imploraram o contrário, nem que fosse pelo facto de que aqui a maioria das crianças criadas a água não sobrevive... isso levou-me a ceder».

Mesmo assim, o pequeno Raimund faleceu a 19 de Agosto, durante a ausência dos pais.

A sinfonia «Linz» foi, aparentemente, escrita durante a sua estada em Linz (no regresso de uma visita a Salzburgo) entre 30 de Outubro e 4 de Novembro – data mencionada numa carta, onde diz: «vou dar um concerto no teatro e, como não tenho nenhuma sinfonia comigo, estou a compor uma nova a uma velocidade vertiginosa». A velocidade pode ter sido invulgar, mas, considerando a dimensão da obra, teve que haver tempo para o trabalho ser copiado e, quem sabe, talvez ensaiado. Esta situação teria sido pouco usual, aproveitando o facto de as orquestras versadas neste estilo serem capazes de ler e tocar as sinfonias sem ensaio prévio. Um artigo crítico de algumas sinfonias de Vanhal afirmava, em 1781: «Não seria aconselhável a actuação sem antes ter ensaiado [a sinfonia] por completo, com todos os instrumentos, pelo menos uma vez». (Haydn pediu o mesmo quando enviou as suas sinfonias n.º 95 e 96 para Viena, em 1791.) Portanto, em dois ou três dias (se trabalhasse durante a noite) Mozart podia conceber e, efectivamente, escrever na partitura uma sinfonia, perfeitamente acabada. Mentalmente, até onde já a teria planeado? Nunca o saberemos ao certo. Neste caso, a sinfonia foi ensaiada em público no palácio do Conde Thun, antes da actuação, num teatro em Linz, no dia seguinte.

Só podemos assumir que a visita a Salzburgo não foi, de facto, feliz, e que as más relações entre Constanze e Leopold, por um lado, e Constanze e Nannerl, por outro, perduraram. De qualquer modo, Constanze não escreveu mais nenhuma carta à família Mozart, ou pelo menos nenhuma chegou aos nossos dias, e Mozart distancia-se da irmã ou então refugia-se em brincadeiras, como este *post-scriptum* adicionado a uma carta escrita ao pai, no último mês de 1783:

Para a Nannerl, da parte de ambos:

1. um par de murros nas orelhas
2. um par de estaladas na face
3. um par de pancadas nas bochechas
4. um par de golpes no maxilar

CRONOLOGIA

5. um par de palmadas no queixo
6. um par de bofetadas na cara.

A guerra não declarada entre Constanze e Nannerl viria a ter grandes consequências no desenvolvimento da nossa opinião sobre Mozart, após a sua morte: as suas convicções eram diametralmente opostas e influenciaram os diferentes biógrafos que escreveram sobre Mozart (ver páginas 35-43).

* *Armida*, de Haydn, Eszterháza;
* *Didon*, de Piccinni, Fontainebleau;
* *Renaud*, de Sacchini, Paris.

* Tratado de Versalhes: Grã-Bretanha, França, Espanha e Estados Unidos;
* José II impõe a língua alemã na Boémia e anula a Dieta;
* A Rússia cerca a Crimeia e impõe a soberania na Geórgia;

1784

Em Janeiro de 1784, Mozart fez 28 anos. Foi um ano repentinamente bem sucedido, com o apogeu do sucesso público em Viena. Produzia obras-primas com uma rapidez impressionante, enquanto fazia actuações públicas e privadas. Foi, também, o ano em que o público vienense lhe demonstrou a maior consideração, tendo entre os apoiantes a nata da sociedade vienense. A base do seu sucesso era os concertos para piano, género que estimulou como veículo do seu próprio talento e que tanto fez para desenvolver.

Viena, com uma população aproximada de um quarto de milhão, era considerada pequena entre as capitais da Europa no final do século XVIII (Londres era três vezes maior), mas era grande entre as cidades onde se falava alemão. Com a Áustria com ascendente a Leste, a nobreza da Europa de Leste visitava Viena com frequência. Assim, floresceu através do seu estatuto como centro cultural, devido à influência da corte e à nobreza que, embora contando menos de dez mil pessoas, detinha grande poder e influência. Os vienenses levavam a sério a sua cultura e a sua música: «é a única coisa em que a nobreza revela bom gosto. Muitas casas têm o seu próprio grupo de músicos, e todos os concertos públicos dão testemunho da estima que têm por esta forma de arte». Este relato, escrito por um viajante francês, foi publicado pela primeira vez em 1784 em *Magazin der Musik*, de Cramer, e foi traduzido por

H.C. Robbins Landon na sua excelente biografia sobre Haydn. Este documento, excepcionalmente interessante, desmente alguma insatisfação que se fazia sentir, no tempo de Mozart, relativamente às actuações contemporâneas:

«O número de verdadeiros virtuosos é pequeno, mas no que se refere a músicos de orquestra, é difícil imaginar algo mais belo no mundo. Já ouvi tocar trinta ou quarenta instrumentos em sintonia, e todos produzem um acorde, tão correcto, claro e preciso que pensaríamos tratar-se apenas de um único instrumento de cordas. Os violinos tocam como de um só golpe, e os instrumentos de sopro como de um só fôlego».

Devíamos acrescentar a este testemunho de Mozart, o do seu concerto de 1784 quando o Quinteto para piano e sopros teve a sua primeira actuação: «quem me dera que pudésseis ter assistido! Que bem que tocámos!» Não revela insatisfação e, de facto, suspeitamos que Mozart fez questão de destacar a excelência dos músicos de Viena para lembrar ao pai que eram infinitamente melhores que os de Salzburgo.

Mozart era, agora, muito solicitado. Patronos privados solicitavam a sua presença e vale a pena recordar a impressionante lista que fornecera ao pai, claramente com algum orgulho defensivo, das suas actuações em Março de 1874 (presenças em concertos durante a Quaresma, quando a ópera estava fechada, e que, por isso, fizeram dele um homem invulgarmente ocupado). Seguiam um padrão – segundas e sextas-feiras no palácio de Esterházy, quintas-feiras na casa de Galitzin, sábados na casa de Richter, e ainda os seus próprios concertos, públicos e privados: 22 actuações em três semanas. Mozart explica que Georg Friedrich Richter, «o virtuoso do piano, irá oferecer seis concertos aos sábados… os nobres compraram bilhetes, mas comentaram que não lhes interessava muito ir se eu não tocasse. Assim, Richter pediu-me que fosse. Prometi participar em três actuações e depois organizei três concertos para mim próprio, e para os quais todos compraram bilhetes» (mais tarde, Mozart fornece uma lista dessas pessoas e calcula-se que cerca de metade pertenciam à alta nobreza, 40% à baixa nobreza, ou eram nobres cujo título tinha sido comprado, e cerca de 8% pertencia à burguesia. Quase todos eram homens, embora se presuma que a maioria tenha adquirido dois bilhetes).

Relativamente aos outros patronos, o príncipe Dimitri Galitzin era o embaixador russo, um mecenas da música cujos concertos Mozart deve ter apreciado pelos contactos sociais: o embaixador era próximo do imperador e

CRONOLOGIA

exercia uma influência considerável. Robbins Landon trouxe a público a graciosa informação de que, quando ele falecera em 1793, o seu testamento fazia referência a 254 quadros e desenhos que possuía, 14 carruagens, 11 cavalos e 552 garrafas de bom vinho. É, também, graças a Robbins Landon que a identidade de Esterházy, que fora patrono de Mozart, fora esclarecida como sendo o Conde Johann Baptist e não, como antes se supunha, Johann Nepomuk (que na verdade vivia em Viena, mas se ausentara da cidade em ocasiões importantes durante a maior parte deste período, incluindo o concerto de Mozart, em Março de 1784).

Talvez Mozart tenha sentido a necessidade de manter organizadas todas as suas obras durante 1784: foi no início deste ano que começou o catálogo temático de todos os seus trabalhos a partir de Fevereiro e que ainda existe na Biblioteca Britânica em Londres. A 21 de Setembro, nasce o seu segundo filho, Carl Thomas, e os Mozart mudam-se para um apartamento mais caro em Domgasse. Mozart juntou-se à loja maçónica «*Zur Wohltätigkeit*» (Beneficência) a 14 de Dezembro. Fazia agora parte da elite dominante de Viena.

- *La folle journée, ou Le Marriage de Fígaro*, de Beaumarchais;
- Morte de Diderot;
- Quadro *O Juramento dos Horácios*, de David;
- *Richard Coeur-de-Lion*, de Grétry, Paris ;
- Nascimento de Louis Spohr.

- A Grã-Bretanha baixa os impostos sobre o chá e as bebidas alcoólicas;
- Companhia das Índias Orientais sobre controlo governamental;
- José II suprime a constituição húngara e transfere poderes para Viena;
- José II rompe com a Holanda;

1785

Em Janeiro de 1785, Mozart fez 29 anos. Continuava a ter sucesso em Viena e era cada vez mais conhecido; em Dezembro desse ano, o *Wiener Zeitung* referia: «Os nossos aplausos são escusados à vista da fama merecida deste mestre, tão universalmente conhecido, como bem se sabe». Temos uma imagem clara e imediata da vida do compositor nos primeiros meses deste ano porque o seu pai, Leopold, o visitou; por um lado, talvez para confirmar a sua situação doméstica, por outro, para acabar com qualquer ressentimento

MOZART

deixado na última visita de Wolfgang e Constanze a Salzburgo, no ano anterior – mas o pai visitou-o, sobretudo, para tomar parte nos impressionantes triunfos musicais do filho.

No final de 1784, Mozart tinha tomado a decisão de entrar para a loja vienense dos maçons. A Maçonaria estava no auge da sua popularidade em Viena, no início da década de 1780; Georg Foster, que teve contacto com as lojas de Viena em 1784, afirmou: «a Maçonaria encontra-se em expansão». Não era oficialmente reconhecida nesta época, embora José II estivesse receptivo aos seus objectivos, e um ano mais tarde tenha regularizado as actividades dos maçons, em troca de alguma independência. Forster foi particularmente enfático no seu louvor da loja «*Zur wahren Eintracht*» (Verdadeira Concordância), a que Haydn se tinha associado em 1785, apesar de não ter frequentado mais reuniões:

«É o exercício mais activo em prol do esclarecimento. Publica uma revista da Maçonaria em que tudo – a fé, o juramento e as cerimónias, e mesmo o fanatismo – é abertamente discutido, mais do que em casa na Saxónia. Os melhores poetas e académicos são membros desta loja. Desvendam a ideia de secretismo e transformam tudo numa sociedade de homens racionais, sem preconceitos e dedicados ao esclarecimento».

De facto, esta loja não sobreviveu à regularização de José II tão bem quanto à de Mozart. O envolvimento de Mozart com os maçons terminou no final da sua influência em Viena: após a morte de José II, o seu sucessor Leopoldo II mostrou grande preocupação com a possibilidade de conspirações maçónicas em Praga e, em 1793, Francisco II baniu as sociedades secretas por completo, um decreto que mais tarde, ainda esse ano, passou a incluir as lojas maçónicas. Mozart não viveu para ver essa diminuição de influência: para ele o contacto com a Maçonaria assegurava-lhe um círculo de amigos íntimos, muitas vezes abastados e com cujo apoio poderia contar nos anos seguintes.

Leopold Mozart chegou a Viena a 11 de Fevereiro e ficou até 25 de Abril. Era um bom momento para se mostrar positivo em relação ao trabalho do filho, já que a actividade de Mozart em Viena não estava no seu auge. Deu um ciclo de seis concertos no *Mehlgrube*, três em Fevereiro e três em Março, apresentando o seu próprio trabalho. Leopold estava extremamente receptivo aos acontecimentos do lar, sobretudo as implicações financeiras, e as cartas que escrevia à filha dizem-nos muito acerca da vida de Mozart na época:

CRONOLOGIA

«Podes adivinhar que o teu irmão tem uma bela habitação, com todo o mobiliário necessário, pelo facto de pagar 460 florins de renda. Na primeira noite fomos ao primeiro dos seus concertos, ao qual assistiram muitos membros da aristocracia. Cada pessoa paga um soberano de ouro ou três ducados por estes concertos de Quaresma. O teu irmão dá os concertos no *Mehlgrube* e só paga meio soberano cada vez que aluga o salão. O concerto foi magnífico e a orquestra esplêndida. Além das sinfonias, uma cantora do teatro italiano cantou duas árias. Depois, Wolfgang deu um novo e belo concerto, que o copista ainda estava a passar quando chegámos, e ouvimos o rondó, que o teu irmão nem teve tempo de tocar até ao final, porque estava a supervisionar o copista».

Foi neste ano que Haydn ouviu três dos quartetos que Mozart lhe dedicou, tendo dado os parabéns a Leopold Mozart pelo sucesso do filho. Haydn e Leopold Mozart também se tornaram maçons durante esta visita, e Mozart tocou a sua cantata *Davidde*, utilizando secções da Missa em Dó Menor.

- Sinfonias n.os 83 e 87, Quarteto para Cordas Opus 42, de Haydn;
- *Gli sposi malcontenti*, de Storace, Viena;
- *Il marito disperato*, de Cimarosa, Nápoles;
- Nascimento de Manzoni;
- *La grotta di Trofonio*, de Salieri, Viena.

- José II tenta, sem sucesso, trocar a Baviera pelos Países Baixos Austríacos;
- As reformas parlamentares de William Pitt não são votadas;
- A Prússia assina tratado comercial com os Estados Unidos;
- Aliança entre a França e a Holanda;
- O Cardeal de Rohan é preso e Maria Antonieta é considerada culpada no Caso do Colar.

1786

Em Janeiro de 1786, Mozart fez 30 anos de idade. Nesse ano, era possível comprar as suas variações, árias, música de câmara e sinfonias nas lojas de música em Viena e Mozart encontrava-se lado a lado com «os mestres mais celebrados, a saber Herr Gluck, Mozart, Paisiello, Salieri e Grétry».

Estava no centro da vida artística, em todas as áreas excepto uma – a ópera cómica. Até isso estava prestes a mudar com a possibilidade de uma comissão da corte. No início do ano, Mozart escreveu *O Empresário* para as comemorações no palácio de Schönbrunn. E depois, a 1 de Maio, nasce finalmente *As Bodas de Fígaro*: a ópera que, com o tempo, iria confirmar Mozart como o maior e mais subtil compositor de *opera buffa* do seu tempo.

Em 1786, Johann Pezzl, um colega maçon de Mozart, divertiu-se a analisar a cidade de Viena; os seus artigos sobre a cidade foram parcialmente traduzidos por H.C. Robbins Landon. Pezzl retrata uma imagem vívida das condições em Viena, sem evitar os aspectos menos favoráveis:

«O pó constante nos dias de calor é uma das maiores pragas de Viena. É o pó seco de giz e cascalho, que irrita os olhos e causa vários problemas nos pulmões… As rodas das carruagens e os cascos dos cavalos que passam, incessantemente, pelas ruas, a todas as horas, levantam ainda mais pó, e se há mais vento do que o habitual, a cidade, os subúrbios e sobretudo os passeios ficam cobertos. Se sairmos de casa, num domingo, às oito da noite, depois de um belo dia de calor, sentimos que penetramos numa nuvem nevoeiro».

As observações de Pezzl sobre o estado da cidade são extensas (incluem até uma lista do consumo, em 1783, abrangendo desde 40 029 cabeças de gado até 1 265 180 feixes de palha), mas os seus comentários sobre os rendimentos são muito relevantes, já que permitem comparar o rendimento que auferia dos concertos com a despesa da renda. Na sua análise, Pezzl tentou deixar de lado os extremos de «uma condessa que é livre de gastar mil florins por dia e a costureira dos subúrbios que ganha três cruzeiros e meio por um longo dia de trabalho» e tentou avaliar quanto um homem modesto poderia precisar para as suas necessidades médias:

«Partindo do princípio de que não tem família, que não tem um cargo na função pública, que não joga e que não sustenta uma amante – estes assuntos causam alguns problemas e requerem um certo guarda-roupa, envolvendo também despesas permanentes difíceis de organizar – pode viver com algum conforto, em Viena, com este valor anual, que permitirá que se mova nos respeitáveis círculos da classe média […] total 464 florins. Deixo à vossa consideração e carteira a questão de quanto pretende gastar em teatro e caprichos pessoais. Pode viver-se confortavelmente com 500, 550 florins».

Está claro, contudo, que Mozart não podia. Ele precisava de um guarda-roupa específico para quando se apresentava na corte, e sabemos que neste ano pagava de renda o valor que Pezzl calculava para todas as despesas. Por outro lado, ele ganhava esse valor num único concerto da academia, em 1785, no pico do seu sucesso – 559 florins. Além disso, tinha o rendimento das publicações e das aulas que dava. Quando José II foi assistir a um concerto enviou, antes, 25 ducados (112 florins). Mozart recebeu 225 florins por *O Empresário* e 450 por *As Bodas de Fígaro*. Quando vendeu três concertos para piano a Donaueschingen, também nesse ano, recebeu 81 florins, embora estes trabalhos não fossem novos.

Nunca saberemos os pormenores das despesas de Mozart. Mas imaginamos que seriam elevadas, pois Mozart era uma parte importante da vida social da cidade, tal como acontecia desde que chegara. Por exemplo, a 19 de Fevereiro foi a um baile de máscaras vestido de filósofo oriental e distribuiu cópias de uma folha com oito enigmas e catorze provérbios. O seu pai recebeu uma cópia, e ficou tão impressionado que as mostrou à filha, dizendo que os provérbios «são muito bons e legítimos, do primeiro ao último, e deviam ser levados a sério».

A primeira metade do ano foi dominada pela ópera *As Bodas de Fígaro*, a sua nova ópera de Viena, que terá estreado a 1 de Maio. «Será de admirar se for um sucesso», escreveu Leopold à filha, «pois sei que há poderosas cabalas contra o teu irmão. Salieri e todos os seus apoiantes tentarão, de novo, mover céus e terra para rebaixar esta ópera. O casal Dušek disse-me, recentemente, que é por causa da boa reputação do teu irmão, obtida graças ao seu talento e capacidades excepcionais, que há tantas pessoas a conspirar contra ele». Na verdade, não era assim tão simples. *Fígaro*, como ópera, tinha sido uma escolha controversa, porque a peça de Beaumarchais, estreada em Paris em Abril de 1784, tinha desagradado a José II, talvez por causa da fúria de Fígaro no último acto onde, num longo e poderoso discurso, denuncia déspotas e tiranos que controlam as vidas das pessoas.

A 18 de Outubro, Constanze deu à luz o terceiro filho, que viria a falecer um mês depois.

- Sinfonias n.os 82, 84 e 86, de Haydn;
- *Prima la musica e poi la parole*, de Salieri;
- *Una cosa rara*, de Martín y Soler.

- Belgas protestam contra José II;

- Reformas financeiras de Pitt em Inglaterra;
- Frederico Guilherme II da Prússia sucede a Frederico da Prússia.

1787

Em Janeiro de 1787, Mozart fez 31 anos. Após o enorme sucesso de *As Bodas de Fígaro,* em Praga, em Dezembro de 1786, Mozart e Constanze viajaram até à cidade onde a sinfonia «Praga» foi executada. Mas apesar de o ano começar bem, foi o início de um período difícil, e as dificuldades nos negócios, a nível financeiro, a par da diminuição da sua popularidade, levou ao eventual abandono dos seus ciclos de concertos. Na Primavera de 1787 os Mozart saíram do seu magnífico apartamento na Domgasse para ocupar um outro, muito mais pequeno, na Hauptstrasse, no n.º 224. «Ele não diz porque é que se mudaram» escreveu Leopold à filha, amargamente, «mas posso adivinhar a razão». O valor da renda era de cinquenta florins, o valor que Pezzl calculava necessário a um modesto membro da classe média, sem filhos.

Contudo, as coisas melhoraram num aspecto: foi-lhe dado, finalmente, um posto na corte, o de *Kammermusicus* [músico de câmara] a seguir à morte de Gluck. Auferia um salário de 800 florins («mas nenhum outro membro da câmara recebia tanto», disse ele à irmã), uma pequena soma comparada com os 2000 florins que Gluck recebia, mas comparável aos salários dos oficiais da corte de posição intermédia. Mozart tinha conseguido o que pretendera desde que chegara a Viena no início da década: reconhecimento oficial do imperador. Mas deve ter-se sentido um pouco desalentado, depois do reconhecimento público que já tinha obtido.

O terceiro acontecimento de 1787, decisivo na vida de Mozart, foi a morte do pai a 28 de Maio. A sua relação com o pai, muitas vezes tempestuosa, tinha sido sem dúvida a mais profunda da sua vida, ultrapassando em complexidade e poder a relação ternurenta e mais simples que tinha com a esposa. Wolfgang tinha sabido da grave doença do pai um mês antes, e tinha escrito uma carta extraordinária onde tinha reunido alguns pensamentos sobre a morte. É, claramente, inspirada em escritos maçónicos, e recicla alguns mandamentos que Mozart teria aprendido e sentido com o coração. Mas há mais do que um toque de possessão pessoal na sua afirmação: «agora tenho o hábito de estar preparado para o pior, para todos os acasos da vida». Alega ter chegado mais perto de um entendimento sobre a morte, devido à morte do seu amigo e contemporâneo Conde von Hatzfeld. A sua carta pode

CRONOLOGIA

ter sido apenas uma tentativa de reconciliação para sarar as feridas com o pai, dizendo-lhe a palavra certa no momento certo.

Quando Leopold morreu, Mozart rabiscou um *post-scriptum* numa carta ao seu amigo Gottfried von Jacquin: «Informo-te que, ao regressar a casa hoje, recebi a triste notícia da morte do meu querido pai. Podes imaginar o meu estado». Mas isso rapidamente se tornou algo prático, tendo tratado, com a irmã Nannerl, da divisão dos bens do pai. Primeiro requereu um inventário antes do leilão público dos seus bens, «para que pudesse escolher para mim alguns objectos, pois se há *disposito paterna inter liberos* [...] preciso de saber o que há na disposição antes de decidir sobre qualquer coisa». Há provas acerca de uma discussão; bruscamente, escreveu-lhe algumas palavras que, à primeira vista, parecem mais convincentes do que a carta escrita ao pai: «Se fosses solteira e não tivesses sustento, nada disto seria necessário. De bom grado te deixaria tudo, como disse e pensei muitas vezes antes; mas como a propriedade não te serve de nada agora, e no entanto tem imenso valor para mim, considero meu dever pensar na minha esposa e filho». No final, o assunto foi tratado pelo marido de Nannerl e Mozart recebeu 1000 florins, que ele pediu em moeda vienense, e como letra de câmbio, o que fez aumentar um pouco o valor. Irmã e irmão foram-se distanciando, e mesmo após a morte de Mozart, Nannerl disse nada saber da sua vida em Viena e ter-se comovido profundamente quando soube dos seus problemas através da biografia de Niemetschek.

Talvez Mozart tenha pago um preço demasiado alto: 1787 mostra uma quebra na quantidade de música produzida, mas isto pode ter-se devido ao enorme trabalho de *Don Giovanni*, encomendado por Bondini enquanto estava em Praga. Outra alteração significativa é o facto de compor cada vez mais música de câmara, para tocar nas casas da classe média e para publicação, e dar cada vez menos concertos nas casas da nobreza. Mozart encontrou, assim, uma oportunidade no mundo do artista independente. Entre os destaques musicais deste ano estão os impressionantes Rondó em Lá Menor para Piano K511, a Sonata em Dó para Dueto de Piano K521 (enviado a Jacquin no dia em que soube da morte do pai) e o grande Quinteto para Cordas em Dó e Sol Menor K515 e K516. E há ainda duas pequenas serenatas, *A Musical Joke* e *Eine Kleine Nachtmusik*, um trabalho descoberto, de completa perfeição que, desde então, se tornou um dos trabalhos mais populares da música clássica no mundo.

O Outono de 1787 foi dominado pelo ensaio e estreia de *Don Giovanni* em Praga; Mozart dirigiu quatro actuações, que tiveram início a 29 de Outubro, e o trabalho foi considerado um sucesso estrondoso.

101

- Quartetos de cordas Opus 50, Sinfonias n.os 88 e 89, de Haydn;
- *Tarare*, de Salieri, Paris;
- *Pirro*, de Paisiello, Nápoles;
- *Die Liebe in Narrenhause*, de Dittersdorf, Viena;
- *L'arbore di Diana*, Martín y Soler, Viena;
- Morte de Gluck.

- José II anexa os Países Baixos Austríacos, provocando distúrbios;
- Aliança entre José II e Catarina II;
- A nova constituição americana é traçada em Filadélfia e assinada a 17 de Setembro;
- Cardeal Etienne Brienne torna-se o ministro das finanças francês;
- O Parlamento francês convoca a Assembleia dos Estados Gerais; Luís XVI bane o Parlamento, que depois chama de volta convocando a Assembleia dos Estados Gerais para 1792;
- A Turquia declara guerra à Rússia.

1788

Em Janeiro de 1788, Mozart fez 32 anos. De volta a Viena, após o sucesso em Praga, as coisas não correram bem a Mozart. Já não era popular, isso estava claro. Em Viena, as apresentações da sua nova ópera, *Don Giovanni,* receberam muitas críticas e não se confirma qualquer presença do compositor num concerto a solo. Não conseguiu angariar público suficiente para publicar os seus três quintetos de cordas, apesar de serem obras-primas.

No entanto, parece tratar-se de algo mais do que o simples declínio de popularidade que tem sido assinalado pelos biógrafos de Mozart. A situação artística em Viena era complicada devido ao encerramento do teatro *Kärntnertor* e por se ter dispensado a companhia de ópera alemã de José II. E isso foi circunscrito devido à situação económica. O factor central da existência de Viena, a partir de 1788, é que a Áustria estava em guerra, afectando a vida artística da cidade, Mozart e todos os outros. A 9 de Fevereiro as hostilidades tinham sido, formalmente, declaradas ao Império Otomano, apesar de estar já em guerra desde o final de 1787: estas guerras turcas, irreflectidas, teriam um efeito catastrófico na economia da Áustria e, em particular, na reputação de José II.

Continua a haver conflitos noutros lados, tornando as questões mais difíceis para José II. O seu domínio da Hungria não era aceite pela nobreza húngara, que se ressentia com o seu injusto sistema de impostos; nos Países Baixos também havia distúrbios. Mesmo em Viena, surgiam publicações com títulos como «Porque é que o Imperador José II não é amado pelo seu Povo?» O panfleto de 1787, de Joseph Richter, glorificava muitos aspectos das actividades de José e a atenção que dedicava aos seus súbditos, mas depois destacava que muitas pessoas tinham razão em sentir-se ofendidas com as suas reformas, incluindo o clero, a aristocracia, oficiais do governo e outros. Volkmar Braunbehrens resume a situação com rigor:

«Este rol de lamentos mostra que, apesar dos feitos do imperador, que abonam em seu favor, ele tem procurado a aprovação pública através do seu comportamento arrogante e através das decisões que toma, sem pensar nas consequências. A referência aos muitos inimigos das reformas foi um aviso para José: ele não deve alienar os seus apoiantes ou ficará totalmente isolado».

Contudo, foi o que ele fez, mergulhando o país numa crise e criando tais dificuldades que teve de desfazer as suas reformas antes de morrer. Também é muito relevante para a situação da ópera em Viena que, apesar das actuações ao longo do ano, José II tenha decidido, em Agosto, suspender a temporada da ópera italiana devido ao enorme défice da temporada anterior. Essa decisão não se cumpriu, por isso as actuações de *Don Giovanni* continuaram. Mas o ambiente tornou-se desagradável: quando José regressou a Viena a 5 de Dezembro, estava no ponto mais baixo da sua popularidade, e quando a 15 de Dezembro foi à ópera (já tinha, previamente, manifestado a opinião, dizendo que se tratava de uma ópera «muito difícil para os cantores»), teve uma recepção tão fria, que saiu muito antes do final.

Assim, pode bem ser que o declínio na popularidade que percebemos em Mozart neste ano seja, na verdade, o reflexo de uma recessão geral: é preciso investigar a fundo o ambiente da época. De qualquer modo, em Viena, Mozart permaneceu popular entre os entendidos: um dia após a guerra ter sido declarada, tocou num concerto privado dado pelo embaixador de Veneza, no qual participaram os cantores da ópera e, também, «uma certa Muller, a filha de um sapateiro». O Conde Zinzendorf, o diarista infatigável, registou: «tinha problemas com o baço».

Um dos maiores apoiantes de Mozart, nesta época, era Gottfried van Swieten, o filho do médico de Maria Teresa, um homem muito culto, encarregado da biblioteca da corte (posição que herdara do pai) e que, em 1782, se tinha tornado presidente da Comissão da Educação e Censura. Ele não era, de modo algum, compositor, e no tempo que passara na Alemanha, onde conheceu Carl Philip Emanuel Bach, adquirira um grande conhecimento de música e compositores barrocos, admirando sobretudo J. S. Bach e Handel. É difícil dizer se van Swieten irrompeu em cena como empregador de Mozart, sobretudo, como um acto de caridade, mas desde o início de 1788 encontramo-lo a desempenhar um papel importante no que se refere aos rendimentos de Mozart; em Fevereiro, a pedido de van Swieten, Mozart dirigiu (e fez novo arranjo da ária) *Oratória* da *Resurreição* de C.P.E. Bach, e em Novembro reorganizou e tocou *Acis und Galatea*, de Handel.

- *Egmont,* de Goethe;
- Quartetos de cordas Opus 54 e 55, Sinfonias n.os 90 e 91, de Haydn;
- *Axur, re d'Ormus*, de Salieri, Viena;
- Nascimento de Arthur Schopenhauer;
- Morte de C.P.E. Bach.

- A Áustria declara guerra à Turquia;
- Aliança entre Inglaterra e Holanda;
- A Suécia declara guerra à Rússia; a frota sueca é destruída;
- Luís XVI convoca a Assembleia dos Estados Gerais para 1789;
- Nova Iorque torna-se capital federal dos EUA;
- Pitt propõe a abolição do comércio de escravos;
- *The Times* começa a ser publicado;
- Jorge II adoece.

1789

Em Janeiro de 1789, Mozart fez 33 anos. Foi um ano difícil, em muitos aspectos. Entre 8 de Abril e 4 de Junho, Mozart empreendeu uma viagem a Berlim, mas pouco se sabe sobre a mesma, e muitas anedotas e rumores surgiram para preencher os vazios. A maioria fala da recusa de ofertas de trabalho em nome da fidelidade ao imperador, na verdade uma ideia pouco convincente. Mozart viajou com o príncipe Karl Lichnowsky, um amigo próximo com ligações a Berlim e que pertencia à sua loja maçónica.

Parece que o convite para viajar até Berlim veio de Lichnowsky e Mozart aceitou – revelava-se vantajoso beneficiar de uma viagem tão cara, sobretudo tendo poucos laços profissionais em Viena. Mas parece ter havido alguns conflitos e dificuldades acerca desta questão e a pesquisa mais recente apresentou provas de que, em 1791, Lichnowsky estava a processar Mozart por causa de dívidas. Juntos viajaram, primeiro, para Praga e depois pararam a 12 de Abril em Dresden, onde houve um concerto no Hotel de Pologne. No dia seguinte, actuou para a esposa do Eleitor Frederico Augusto III da Saxónia e tocou órgão.

Depois visitou Leipzig, improvisando no órgão da Igreja de São Tomás, onde J. S. Bach tinha sido director do coro. Mais uma vez contam-se histórias sobre esta visita (foram sobre o assunto escritos romances, no século XIX na Alemanha), talvez a mais convincente tenha sido o conto de Rochlitz sobre Mozart, a ouvir o coro cantar, a distinguir as várias partes do motete de Bach *Singet dem Herrn* e a espalhá-las no chão, murmurando, «Aqui está algo com que se pode aprender!» O manuscrito de Mozart do motete de Bach sobreviveu, com algumas indicações para a orquestração. Mais tarde foi para Potsdam, onde sobrevive um registo contemporâneo dos funcionários do Rei Frederico Guilherme II, que conta que «um homem chamado Mozart, acompanhado pelo Príncipe Lichnowsky, diz que deseja mostrar o seu talento a Vossa Majestade e aguarda saber se Vossa Majestade o poderá receber».

Segue-se o silêncio e não sabemos se Mozart foi ou não recebido pelo rei. Uma nota no documento pede ao *Directeur Du Port* para tratar do assunto: Jean-Pierre Duport, director da câmara real de música, não era o músico favorito de Mozart, mas este, evidentemente, conteve-se, ao ponto de escrever uma série de variações para piano de uma canção de Duport. Parece que Potsdam não funcionou como Mozart esperaria: primeiro Lichnowsky foi-se embora e deixou-o sozinho, obrigando-o a responsabilizar-se pelas despesas, e depois Mozart decidiu voltar para Leipzig para dar um concerto com a sua amiga cantora Josepha Duschek. Parece ter sido um concerto artisticamente bem sucedido, mas financeiramente sem lucro, com pouca audiência. O programa, como de costume, consistiu numa mistura de andamentos de sinfonia, concertos para piano, árias de concertos e solos de piano.

Depois, Mozart foi para Berlim, onde compareceu, de facto, na corte, a 26 de Maio; mais uma vez, contam-se histórias sobre Mozart ter obtido uma comissão real para escrever quartetos e sonatas, e ter recebido cem moedas de ouro numa caixa de rapé; o resto pertencerá ao reino da fantasia. Mozart, certamente, começou a escrever quartetos para cordas (ver ano 1790) mas talvez só na esperança de que o rei, a quem já tinha sido apresentado, consentisse que fossem tocados na corte. Os seus negócios continuaram quando acordou com um editor de música a distribuição da sua música no Norte da Europa. A 28 de Maio, Mozart deixou Berlim e viajou para Praga visitando, novamente, Dresden. A 4 de Junho estava de volta a Viena, não muito mais rico. As suas cartas a Constanze, durante a sua ausência, tinham sido desoladoras, e reflectiam apenas algum sentimento de culpa por ter estado fora quando ela não estava bem.

Mas as suas cartas a Michael Puchberg, a quem pedia dinheiro emprestado, após o seu regresso, são ainda mais desesperadas que as precedentes. Mozart esboça uma situação que deve, de facto, ter sido financeiramente calamitosa; é difícil estabelecer até que ponto era típico da época. Ele sente-se doente, e Constanze tinha, também, adoecido devido a uma infecção na perna (precisava, provavelmente, de um tratamento dispendioso), «mas apesar da minha miserável condição decidi dar ciclos de concertos em casa para poder fazer face, pelo menos, às enormes despesas que tenho actualmente. Mas até isto falhou. Infelizmente, em Viena, o destino está contra mim, pois mesmo quando quero, não consigo ganhar dinheiro. Há quinze dias distribuí uma lista para subscritores e até agora o único nome que consta é o Barão van Swieten!»

O plano – ciclo de concertos em casa? – pode ser surpreendente. Mas parece ter havido uma tendência para dar concertos em pequena escala neste período e sabemos, pelas cartas, que Mozart deu um baile de Carnaval em casa. Também traz de volta ao assunto o bom do Barão, como apoiante principal nesta época, e que assumiu uma importância ainda maior como patrono. Contudo, no final do ano, Mozart estava incrivelmente ocupado com a sua nova ópera *Così fan tutte*, que deveria ser encenada em Janeiro no *Burgtheater*. Também teve tempo para escrever o sublime Quinteto para clarinete para o seu amigo Anton Stadler, que estreou a 22 de Dezembro. Constanze deu à luz de novo em Novembro, mas a criança, chamada Anna, morreu após a primeira hora.

- *Torquato Tasso*, de Goethe;
- *A General History of Music*, de Burney, ficou completa;
- Sinfonia n.º 92, cantata *Arianna a Naxos*, de Haydn;
- *Oberon*, de Wranitzky, Viena;
- *La cifra, Il Pastor fido*, de Salieri, Viena.

- O príncipe de Gales assume a governação como regente, mas Jorge III recupera;

CRONOLOGIA

- George Washington torna-se presidente dos Estados Unidos;
- A Assembleia dos Estados Gerais reúne em Versalhes;
- O Terceiro Estado declara-se Assembleia Nacional;
- Tomada da Bastilha;
- Áustria e Rússia derrotam a Turquia em Focshani;
- Os Países Baixos austríacos declaram-se independentes e autodenominam-se Bélgica.

1790

Em Janeiro de 1790, Mozart fez 34 anos. O ano começou bem com a estreia de *Così fan tutte*. Haydn estava em Viena e assistiu a um ensaio, tal como Michael Puchberg. A primeira actuação ocorreu a 26 de Janeiro; o dedicado diarista, o Conde Zinzendorf, registou: «A música de Mozart é encantadora, e o tema particularmente interessante», opinião que não era partilhada pelo século XIX. Aparentemente, Mozart recebeu 200 ducados pela obra, uns honorários generosos, e a ópera teve mais sucesso em Viena do que os historiadores geralmente reconhecem.

Mas a ópera não solucionou as dificuldades financeiras, e os meses seguintes trouxeram novos problemas. Musicalmente, foi um dos anos menos produtivos da sua vida, em termos de obras terminadas, e as oportunidades para actuar em Viena eram limitadas. Assim, empreendeu outra viagem, desta vez com o seu cunhado Hofer, para Frankfurt, para as celebrações da coroação de Leopoldo II. Foi uma viagem mal aconselhada e mal planeada, e pouco produziu em termos financeiros porque o concerto que Mozart deu coincidiu com as celebrações da corte («um príncipe estava a dar um "grande-almoço" e as tropas hessianas organizavam uma grande manobra», disse Mozart). Há um longo e divertido relato sobre o concerto do Conde Ludwig von Bentheim-Steinfurt, que começou às onze da manhã, e que termina com o comentário que afirma que «a última sinfonia não foi tocada porque eram quase duas horas e todos suspiravam pelo almoço. Assim, a música durou três horas porque havia longos intervalos entre todas as peças. A orquestra era composta, apenas, por cinco ou seis violinos mas aparte isso, muito precisa [...]. Não havia muitas pessoas.»

As cartas que Mozart escreveu à sua mulher durante a viagem são notoriamente diferentes das que escreveu na viagem anterior, em 1789. Agora mostra-se mais paranóico sobre as actividades e a saúde da esposa, mais irrealista sobre o seu futuro. Ele diz tirar pouco prazer do acto de compor ou de ver pessoas. Apenas a ideia da esposa ausente lhe traz alguma consolação. «Estou tão entusiasmado como uma criança com a ideia de te rever. Se as pessoas pudessem ver o meu coração, sentir-me-ia quase envergonhado. Para mim tudo é frio – frio como gelo. Talvez se estivesses aqui comigo, eu poderia apreciar melhor a simpatia das pessoas que conheço. Mas assim, tudo parece tão vazio».

O dinheiro continua a ser uma obsessão, e nas cartas que Constanze envia (que desapareceram) ela refere vários problemas financeiros, pedindo-lhe que os resolva. Mozart escreve:

«Bem, vou começar a dar ciclos de pequenos concertos, quartetos, durante o Advento e também vou aceitar alunos. Há uma luta entre o meu anseio de te ver e abraçar e o meu desejo de levar para casa uma grande quantia de dinheiro. Muitas vezes considerei viajar até mais longe, mas quando me decidia a fazer isso, surgia-me sempre a ideia de que me iria arrepender amargamente, se tivesse que separar-me da minha amada esposa por causa de uma possibilidade incerta, talvez até sem finalidade. Sinto que parti há anos».

Estaria Mozart deprimido? A resposta mais simples seria dizer que sim, consternado com o decorrer dos acontecimentos, que pareciam impedi-lo de trabalhar, impedi-lo de ganhar o seu sustento, fosse a tocar ou a compor, e assim impedi-lo de pagar as dívidas. Mas estaria clinicamente deprimido e seriam as súbitas alterações na sua actividade um sintoma de depressão maníaca? O caso foi discutido, nos últimos anos, pelo médico australiano Peter J. Davies, que faz uma distinção entre as alterações normais de humor que oscila entre a euforia e a tristeza e a «perturbação afectiva bipolar» de que, ele acredita, Mozart sofria. De bom humor, «as mudanças hipomaníacas do compositor eram caracterizadas por agitação, temperamento efusivo, falta de sono, energia em excesso, elevada auto-estima, grande produtividade, grande sociabilidade, hiperactividade física, referência a piadas e trocadilhos inconvenientes, condescendência em comportamentos frívolos e irreflectidos». Em contraste, as suas depressões eram caracterizadas por padecimentos e incapacidade para trabalhar.

O ano de 1790 parece, certamente, encaixar-se na descrição de um período depressivo para Mozart: é quase completamente desprovido de obras musicais substanciais. Fez alguns arranjos de Handel para van Swieten, mas com que grau de entusiasmo não sabemos dizer. Esteve doente muitas vezes

CRONOLOGIA

ao longo do ano; as suas cartas para Puchberg estão cheias de relatos, talvez exagerados, sobre os seus problemas: «Teria ido visitar-te eu mesmo, para conversarmos, mas tenho a cabeça cheia de ligaduras devido às dores reumáticas, que me tornam ainda mais consciente da minha situação» (Abril). «Lamento que não possa ter saído para irmos conversar, mas as minhas dores de dentes e de cabeça são muito fortes e, de modo geral, sinto-me muito mal» (Maio). «Apesar de ontem me ter sentido razoavelmente bem, hoje sinto-me completamente miserável. Não dormi toda a noite com dores. Ontem devo ter ficado com febre por ter andado tanto e, sem me aperceber, devo ter apanhado uma constipação. Imagina a minha condição – doente e consumido por preocupações e ansiedades. Tal estado impede-me de recuperar» (Agosto).

O apelo à compaixão e ao bolso de Puchberg é claro, mas também o é o estado de Mozart. Refere-se muitas vezes aos quartetos e às sonatas que está a compor, que iniciara no ano anterior: «tenho que sustentar-me com algo, até que os quartetos em que estou a trabalhar sejam impressos». Em Maio diz que a preocupação «me impediu, todos estes anos, de terminar os meus quartetos». Mas, na verdade, ele nunca completou um conjunto completo de quartetos ou sonatas para piano. Em vez disso, «distribuiu» os quartetos por «uma quantia banal, apenas para ter dinheiro disponível para fazer face às minhas dificuldades actuais», quartetos esses publicados por Artaria.

A 14 de Dezembro Haydn deu um jantar antes da sua partida para Londres e Mozart foi encorajado a fazer a mesma viagem. Não era a primeira vez que uma proposta de visita a Londres se apresentava como uma opção atractiva, e nos anos seguintes à sua morte, muitos dos seus cantores iriam encontrar trabalho nessa cidade (ver *infra* pp. 113-122, «Intérpretes de Mozart»). Se Mozart tivesse aceitado o convite para ir a Londres, nesta época, talvez as coisas tivessem sido diferentes.

- Quartetos para cordas Opus 64, de Haydn;
- *Pierre le Grand*, de Grétry, Paris ;
- Quintetos Opus 43, de Boccherini;
- *Reflexões sobre a Revolução Francesa*, de Burke;
- *Crítica da Razão Pura*, de Kant.

- José II morre em Fevereiro;
- Coroação do Imperador Leopoldo II em Frankfurt;
- Morte de Adam Smith;

MOZART

- O sistema feudal em França é abolido;
- Luís XVI aceita a Constituição;
- Fim da guerra sueco-russa.

1791

Em Janeiro de 1791, Mozart fez 35 anos. Seria o seu último ano, e é visto muitas vezes pela posteridade como uma queda em direcção a uma morte que não fez qualquer alusão ao seu verdadeiro valor. Mas pelo contrário, contrastando com a imagem do compositor na última fase, 1791 pareceu um ano incrivelmente activo. Mais uma vez, Mozart compunha intensamente; mais uma vez procurava comissões e concertos públicos; e este é o único ano da sua vida em que ele consegue completar duas grandes óperas.

A sua situação financeira também devia estar a melhorar e, dependendo dos acordos relativos aos pagamentos das actuações de *A Flauta Mágica*, que decorriam quando morreu, ele poderia em breve pagar as suas dívidas. Teve tempo de pedir o lugar de *Kapellmeister* na catedral e foi nomeado assistente (nunca se pensou que o idoso ocupante desse posto lhe sobreviveria). O seu trabalho foi extraordinário em vários géneros: escreveu muitas danças sumptuosas necessárias aos bailes na *Redoutensaal*, na época do Carnaval, no início do ano (de modo algum grandes trabalhos, mas danças esplendidamente orquestradas, de grande impacto e inspiração), um quinteto para cordas (e talvez esboços para outros), uma peça magnífica em fá menor para órgão mecânico, variações de piano e uma ária de concerto para os amigos da companhia de teatro Schikaneder, o término do gracioso Concerto para Piano K595, miniaturas para harmónica de vidro e *ensemble* – uma lista impressionante...

A visão do futuro era realista, não sentimental. Em 1791, os vienenses letrados não dependiam de Mozart. Tinham um novo monarca, Leopoldo II, que acreditava na restauração dos valores iluministas da cidade, e apreciava a música e o teatro. No curto reinado de Leopoldo II, de 1790 a 1792, muito aconteceu, muito se transformou e, como John Rice destacou, foi o período que gerou as raízes da vida musical da Viena do início do século XIX:

«A estreia do *ballet* italiano de Leopoldo e da companhia teatral da *opera seria*, menos de um mês antes da morte de Mozart, apresentou aos vienenses novos géneros e novos músicos. Um decreto promulgado por Leopoldo, em Março de 1791, a autorizar a actuação de música sacra acompanhada por

CRONOLOGIA

orquestra, foi uma manifestação do revivalismo da música sacra, da qual o *Requiem* de Mozart, encomendado uns meses mais tarde, foi apenas um dos resultados. O ano da morte de Leopoldo viu chegar a Viena dois músicos que fariam mais para moldar a música vienense durante a década seguinte que quaisquer outros. Haydn, ainda para escrever as suas últimas missas e oratórios, regressou da sua viagem a Londres, e Beethoven chegou de Bona».

Assim, a cidade vivia uma imensa vontade de seguir em frente. E para Mozart foi um ano agitado. Escrever duas óperas ao mesmo tempo deve ser difícil, mesmo na melhor das épocas, mas em meados de 1791 Mozart viu-se na enorme pressão de lidar, simultaneamente, com duas comissões urgentes. As óperas não podiam ser mais diferentes: uma ópera alemã, com texto falado, na tradição do *Singspiel*, para ser encenada num teatro, ruidosamente popular, nos subúrbios de Viena; e uma *opera seria* para a coroação do novo imperador em Praga, que aborda, nobremente, uma questão histórica, numa tentativa de modernizar todo o aparato da velha ópera. Parece que Mozart escreveu a história de *A Clemência de Tito* nos intervalos da composição de *A Flauta Mágica*; a 2 de Julho, numa carta, ele recorda Constanze para dizer ao «idiota do Süssmayr» para lhe enviar o esboço da partitura do primeiro acto para que «eu a possa orquestrar». Depois da estreia de *Tito*, a 6 de Setembro, a qual não teve muito sucesso, regressou rapidamente a Viena para terminar *A Flauta Mágica*, tendo inserido os dois números finais, a marcha de abertura do segundo acto e a abertura, no seu catálogo temático com a data de 28 de Setembro. A estreia ocorreu a 30 de Setembro, sexta-feira, e Mozart estava confiante de que a peça seria um enorme sucesso. Algumas canções da ópera foram anunciadas para publicação. Levou amigos às actuações seguintes, incluindo Salieri e Cavalieri. Seguiu-se o Concerto para Clarinete e, a 15 de Novembro, uma pequena cantata maçónica. No catálogo que Mozart elaborou dos seus trabalhos, porque o *Requiem* não chegou a ser terminado, nada mais foi registado. Ensaiou algumas partes, com amigos à sua cabeceira, a 4 de Dezembro. Na segunda-feira, 5 de Dezembro, às 12h55, Mozart morreu.

- Haydn compõe *L'anima del Filosofo*, Londres (não foi estreada até 1951); Sinfonias n.os 93 a 96;
- Nasce Czerny;
- Nasce Meyerbeer;
- *Vida de Johnson*, de Boswell.

- O presidente francês Mirabeau morre em Abril;
- Luís XVI é preso em Varennes e trazido de volta a Paris;
- Leopoldo II pede apoio para Luís XVI a várias potências;
- Declaração de Pillnitz entre a Áustria e a Prússia;
- A Assembleia Nacional é dissolvida;
- Ratificação das primeiras dez emendas (*Bill of Rights*) à Constituição americana;
- O jornal *The Observer* é publicado pela primeira vez.

Os intérpretes de Mozart

Como qualquer bom compositor do século XVIII, Mozart compôs peças específicas para determinados cantores. Lemos muitas vezes sobre a sua necessidade de adaptar a música àqueles que a iriam cantar, sendo isto uma tarefa normal, não indesejada. Tal como Patricia Gidwitz escreveu, «nos finais do século XVIII, os compositores de ópera e os poetas eram pragmáticos que reviam, continuamente, as suas concepções para se adaptarem a novas circunstâncias». «Se um intérprete fosse incapaz de cantar a peça, ou se se sentisse pouco à vontade com ela, a maioria dos compositores dos finais do século XVIII alterá-la-iam». Os «perfis vocais» dos intérpretes de Mozart são, assim, de grande importância, pois foi o seu idioma que ajudou a criar o estilo do compositor, foi o seu alcance que lhe indicou os limites dentro de cada trabalho e foram as suas capacidades expressivas que coloriram o que compôs. Mozart escreveu acerca de Anton Raaff, o seu primeiro *Idomeneo*: «Irei mudar a ária para que ele se deleite a cantar, pois eu gosto que uma ária assente bem a um cantor tal como uma peça de vestuário bem confeccionada».

No caso dos concertos para piano Mozart era o criador; mas quando se tratava da sua música vocal, Mozart trabalhava, incansavelmente, com os seus intérpretes para ser co-criador, para concretizar algo que pertencesse a ambos. Aqui ficam alguns dos intérpretes para quem Mozart escreveu, geralmente mais do que uma vez, com os papéis ou árias que criaram:

MOZART

JOHANN ADAMBERGER (1743-1804)
Belmonte (estreia de *O Rapto do Serralho*), Vogelsang (estreia de *O Empresário*), árias K420 e K431, tenor em *Davidde penitente.*

Um tenor suave, um pouco «anasalado», que também interpretou óperas de Gluck, Sacchini e Righini. Colega maçon de Mozart, mais tarde cantou em Inglaterra no *King's Theatre*, em Londres. Mozart admirava-o, mas Charles Burney afirmou, mordaz, que teria sido melhor intérprete se tivesse uma voz mais bonita.

FRANCESCO ALBERTARELLI (1760?-1820?)
Don Giovanni (estreia de *Don Giovanni*, Viena), ária «*Un bacio di mano*» K541, para uma ópera de Anfossi.

Também cantou nas óperas italianas de Salieri e Paisiello, em Viena, indo depois para Londres, em 1791, para cantar para Johann Salomon.

ANA LUCIA DE AMICIS (1733-1816)
Giunia (estreia de *Lucio Silla*).

De acordo com Burney, era «elegante e graciosa». «Canta e interpreta como um anjo», escreveu Leopold Mozart. Em 1762 encontrámo-la em Londres, no *King's Theatre*, a interpretar Galuppi e J. C. Bach. Mudara-se, depois, para Itália onde conheceu os Mozart. Tornaram-se amigos e Mozart criou para ela um papel imponente na sua *opera seria Lucio Silla.*

ANTONIO BAGLIONI (1760-1820?)
Ottavio (*Don Giovanni*), Tito (*A Clemência de Tito*).

Um cantor de Praga, também conhecido como professor, elogiado por Da Ponte mas, talvez com alguma surpresa, não mencionado por Mozart.

LUIGI BASSI (1766-1825)
Don Giovanni (estreia de *Don Giovanni)*, Conde (*Fígaro*, em Praga).

Também cantou na muito popular *Un cosa rara*, de Martín y Soler, citado em *Don Giovanni.* Cantou em Leipzig, Viena e Varsóvia, mudando-se depois para Dresden.

FRANCESCO BENUCCI (1745?-1824)
Guglielmo (estreia de *Così*), Fígaro (estreia de *Fígaro*), Leporello (estreia de *Don Giovanni*, em Viena).

Reuniu-se à companhia italiana em Viena e interpretou óperas de Salieri,

Paisiello e Sartri. Era um barítono *buffo* elogiado por Mozart; Michael Kelly recordou mais tarde Benucci a ensaiar «*Non piu andrai*» em *Fígaro*, para deleite de Mozart.

Caterina Bondini (?-?)
Zerlina (*Don Giovanni*), Susanna (*Fígaro*, em Praga).

Era a esposa do empresário Pasquale Bondini que apresentou *Fígaro* em Praga e depois encomendou *Don Giovanni*. Uma história, contada pelo contrabaixista na orquestra de *Giovanni*, diz que Mozart a convenceu a gritar de modo convincente como Zerlina, beliscando-a violentamente.

Dorotea Sardi Bussani (1763-1810)
Cherubino (estreia de *Fígaro*), Despina (estreia de *Così*).

Era uma soprano *buffa* cómica, bem sucedida, na companhia italiana de Viena, interpretando Martín y Soler, Cimarosa e Paisiello. Depois viajou para Itália e Lisboa e apareceu no *King's Theatre*, em Londres, embora nessa altura já tivesse longe de ser uma jovem.

Francesco Bussani (1743-1807)
Don Bartolo/António (estreia de *Fígaro*), Commendatore/Masetto (estreia de *Don Giovanni*, em Viena), Alfonso (estreia de *Così*).

Um barítono / baixo bem sucedido, que cantou em muitas óperas italianas de Salieri, Paisiello e outros, em Viena, e também conseguiu o programa duplo de Salieri e Mozart, encenado para a visita do embaixador a Schönbrunn. Da Ponte culpa-o pela tentativa de supressão da dança no terceiro acto de *Fígaro*, o que pode ser fictício, mas foi o suficiente para originar uma cena em *Amadeus*.

Vicenzo Calvesi (?-?)
Ferrando (estreia de *Così*), e dois *ensembles* escritos por Mozart para *La villanelle rapita* de Bianchi, K479 e K480.

Um tenor lírico da companhia de Viena, que tinha grande sucesso nas óperas de Paisiello, Salieri, Bianchi e Martín y Soler.

Caterina Cavalieri (1755-1801)
Constanze (estreia de *O Rapto do Serralho*), Silberklang (estreia de *O Empresário*), Elvira (estreia de *Don Giovanni*, em Viena), Condessa (*Fígaro*, Viena 1789), soprano em *Davidde penitente*.

Cavalieri era uma soprano magnífica, que cantou primeiro na companhia alemã em Viena e depois no repertório italiano. Mozart compôs algumas das suas obras mais brilhantes para aquela que ele chamava «garganta suave», mas Caterina era extremamente exigente e ele viu-se obrigado a adicionar uma nova cena a *Don Giovanni* e a reescrever «*Dove sono*» em *Fígaro*, especialmente para ela. Foi aluna e amante de Salieri, mas não há nada em *Amadeus* que sugira que tenha sido, também, amante de Mozart.

FRANCESCO CECCARELLI (1752-1814)
Recitativo e ária «*A questo seno deh vieni*» K374.
Era um *castrato* de Salzburgo que interpretou a música sacra de Mozart e participou nos concertos para o arcebispo; mais tarde cantou em Itália e mudou-se para Dresden.

CELESTE COLTELLINI (1760-1829)
Ensembles em *La villanelle rapita* de Bianchi, K479 e K480.
Soprano, filha de um dos libretistas de Mozart, especialmente aclamada por José II pela sua actuação. Foi a soprano na ópera de Bianchi para a qual Mozart escreveu novos *ensembles*; casou, posteriormente, com um amigo dos Mozart, natural de Lyon.

VICENZO DAL PRATO (1756-1828)
Idamante (estreia de *Idomeneo*).
Um *castrato* de Munique, com quem Mozart não simpatizava. Dizia que tinha que cantar com ele porque «ele precisa de aprender a sua parte como se fosse uma criança [...] é realmente sem remédio [...] sem qualquer entoação».

JOSEPHA DUSCHEK (1754-1824)
Árias «*Ah lo previdi*» K272, «*Bella mia fiamma*» K528.
O casal Duschek tinha ligações a Salzburgo e tornou-se amigo íntimo da família Mozart, dando-lhes as boas vindas a Praga em 1787. Nessa cidade, Mozart escreveu a bela ária para concerto «*Bella mia fiamma*» para Josepha; ela viajou com ele para Leipzig e Dresden em 1789. A casa Duschek, em Praga, é agora um museu Mozart.

GUGLIELMO D'ETTORE (1740?-1771)
Mitridate (estreia de *Mitridate*).
Um tenor italiano que causou grandes problemas aos Mozart; a sua

OS INTÉRPRETES DE MOZART

música teve que ser reescrita várias vezes, com dós agudos virtuosos e, aparentemente, foi cúmplice de intrigas contra Mozart. (Leopold mencionou isso numa carta ao filho, muito mais tarde, portanto supõe-se que tenha sido particularmente perverso.)

ADRIANA FERRARESE DEL BENE (1755?- 1799?)
Susanna (*Fígaro*, em Viena 1789), Fiordiligi (estreia de *Così*), árias «*Al desio*» K577 e «*Un moto di gioia*» K579 (ambas novas para uma nova apresentação de *Fígaro*).
Foi vista em Londres e cantou nas óperas de Gluck e Soler. Era uma boa intérprete, mas consta que uma actriz muito estática; Daniel Heartz destacou que as novas árias que Mozart lhe escreveu em *Fígaro* são muito menos dramáticas e com menos acção que aquelas que substituem. Em *Così* fez da sua figura hirta uma virtude. Tornou-se amante de Da Ponte e tiveram que deixar Viena em 1791 após o escândalo; até ele admitiu que ela tinha uma «personalidade um pouco violenta».

JOHANN [KARL] LUDWIG FISCHER (1745-1825)
Osmin (estreia de *O Rapto do Serralho*), árias «*Non so d'onde vieni*» K512 e «*Così dunque tradisci*» K432.
O baixo mais famoso na Alemanha, com um alcance excepcionalmente vasto, que Mozart usou ao máximo. «Devemos aproveitar tal homem, sobretudo porque ele é o favorito do público aqui», escreveu Mozart a 26 de Setembro de 1781. Fischer veio para Viena e teve grande sucesso, tendo cantado, depois, por toda a Europa.

FRANZ XAVER GERL (1764-1827)
Sarastro (estreia de *A Flauta Mágica*), ária «*Per questa bella mano*» K612.
Foi um baixo, membro da companhia de Schikaneder, que se juntou a Mozart no seu leito de morte para cantar algumas partes do *Requiem*. Interpretou também, com grande sucesso, Osmin em *O Rapto do Serralho*, e ainda Giovanni e Fígaro nas versões alemãs dessas óperas, após a morte de Mozart. A sua esposa Barbara Gerl interpretou Papagena (estreia de *A Flauta Mágica*).

ANNA GOTTLIEB (1774-1856)
Barbarina (estreia de *Fígaro*), Pamina (estreia de *A Flauta Mágica*).

Era uma jovem soprano oriunda de uma família ligada ao teatro que tinha apenas doze anos quanto interpretou Barbarina; continuou a aparecer em actuações de *A Flauta Mágica* na companhia de Schikaneder. Ainda era viva quando o primeiro monumento comemorativo a Mozart em Salzburgo foi inaugurado em 1842, mas revelou-se uma figura tão excêntrica que as pessoas pensaram que estava louca quando afirmou que tinha sido a primeira Pamina.

MICHAEL KELLY (1762-1826)
Curzio/Basilio (estreia de *Fígaro*).
Apesar de Kelly ser um dos intérpretes mais famosos de Mozart, cantou apenas numa das suas estreias. Tenor *buffo*, natural da Irlanda, conheceu o sucesso em Viena e, mais tarde, em Inglaterra. Participou em *La scuola de gelosi*, de Salieri, na inauguração da companhia de ópera italiana, e em óperas de Cimarosa, Sarti e Paisiello. Apesar da sua ligação ao Mozart se reduzir a uma ópera, Kelly, no seu livro *Recollections*, de 1826, guardou uma colecção de divertidas histórias sobre o compositor, ainda que não totalmente fiáveis. «A Sra. Mozart disse-me que, apesar de ser grande o seu génio, era um entusiasta da dança, dizendo muitas vezes ser essa a sua forma de arte favorita... Era um homem incrivelmente pequeno, pálido e muito magro, com uma abundante cabeleira, da qual se orgulhava». Graças a Kelly, são muitas as histórias em inglês que contam como Mozart gostava de jogar bilhar, ou de como gostava de ponche, «via-o beber copos e copos de ponche». Torna-se divertido no relato das discussões sobre a gaguez de Curzio nas *ensembles* de *Fígaro*.

ALOYSIA LANGE (1760-1839)
Senhora Herz (estreia de *O Empresário*), Anna (estreia de *Don Giovanni*, em Viena), árias «*Alcandro, lo confesso*» K294, «*Popoli de Tessaglia*» K316, «*Nehmt meinen Dank*» K383, «*Mia speranza adorata*» K416, «*Vorrei spiegarvi*» K418, «*No, no, che non sei capace*» K419, «*Ah se in ciel*» K538.
Aloysia ou Aloisia Weber era a filha mais velha do casal Weber; foi o primeiro grande amor de Mozart, que conheceu em Manheim. Ela foi a musa inspiradora de algumas das mais belas obras do compositor. As árias de concertos fazem uso da sua voz, nítida e perfeitamente concentrada, que conseguia elevar-se acima da pauta, a níveis incomparáveis. Ele queria casar-se com ela, mas foi rejeitado tendo, então, virado a sua atenção para a irmã Constanze.

Os intérpretes de Mozart

Interpretou o papel de Constanze (*O Empresário*) em Viena e, provavelmente, foi a soprano nos arranjos que Mozart fez do *Messias*, de Handel. Casou com Joseph Lange, cujo retrato inacabado de Mozart é, provavelmente, a melhor representação que temos do compositor; separaram-se em 1795. Ela continuou pobre e comentou com o casal Novello que Mozart a tinha amado até morrer.

Luisa Laschi-Mombelli (1766?- 1790?)
Condessa (estreia de *Fígaro*), Zerlina (estreia de *Don Giovanni*, em Viena).
Era filha de uma intérprete para quem Mozart tinha escrito *La finta semplice*, tendo-se tornado uma cantora muito celebrada na ópera italiana de Viena. Num artigo alguém escreveu: «Que outra intérprete é capaz de cantar com tal ternura e suavidade, com uma emoção tão simples e genuína?» Ela interpretava, de modo surpreendente, diferentes papéis nas óperas de Mozart; a Condessa era, geralmente, interpretada por cantoras *serias* como Cavalieri e Zerlina era, geralmente, interpretada por cantoras *buffas*.

Stefano Mandini (1750-1810?)
Conde (estreia de *Fígaro*).
Embora o papel de Conde seja um barítono, Mandini cultivou, primeiro, papéis de tenor em Viena, incluindo Almaviva em *O Barbeiro de Sevilha* de Paisiello (também interpretado por Michael Kelly) e parece que, de facto, o cruzamento entre as duas vozes era mais frequente na época do que nos dias de hoje; o alcance vocal passou a ser mais restrito, e até já se afirmou que «tenor» descreve uma coloração vocal e não um alcance preciso. A sua esposa Maria Mandini interpretou Marcellina (estreia de *Fígaro*).

Giovanni Manzuoli (1720?-1782)
Ascanio (estreia de *Ascanio in Alba*).
Trata-se de um *castrato* italiano que obteve grande sucesso nas óperas de J. C. Bach e de outros, no *King's Theatre*, em Londres, nos anos 1764-65; aí conheceu os Mozart nas suas viagens. Mais tarde, em Itália, interrompeu o seu retiro para interpretar Ascanio para Mozart, mas acabaram a discutir por dinheiro e o cantor, em violenta agitação, comportou-se, como Mozart escreveu, «como um verdadeiro *castrato*».

Maria Marchetti-Fantozzi (1767-1807?)
Vitellia (estreia de *Tito*).

Cantou em Nápoles, Milão e, depois, em Praga; a sua interpretação em *A Clemência de Tito* foi aprovada por Leopoldo II. Tinha a seu cargo uma das mais belas árias *obbligato*, com acompanhamento de clarinete.

Francesco Morella (?-?)
Ottavio (estreia de *Don Giovanni*, em Viena).

Era um tenor lírico que, tal como outros intérpretes de Mozart, tinha participado em *O Barbeiro de Sevilha* de Paisiello; no entanto, faltava-lhe *coloratura*, por isso, quando *Don Giovanni* foi encenado em Viena, Mozart substituiu «*Il mio tesoro*» pela ária mais simples «*Dalla sua pace*»: actualmente, os tenores tendem a incluir as duas árias.

Johann Joseph Nonseul (1742-1821)
Monostatos (estreia de *A Flauta Mágica*).

Era director de teatro, actor e cantor. Foi, primeiro, membro da companhia do *Burgtheater*, passando, depois, a fazer parte do círculo teatral de Schikaneder. É interessante notar que o papel de Monostatos tenha sido atribuído a alguém que era, sobretudo, um actor e não tanto cantor.

Anton Raaff (1714-1797)
Idomeneo (estreia de *Idomeneo*), ária «*Se al labbro mio*» K295.

Era amigo próximo de Mozart e um dos seus grandes defensores; poderá ter tido alguma responsabilidade na obtenção da comissão de *Idomeneo*. Mozart compôs o papel, que deu nome ao título, para ele, num momento em que a voz de Raaf já tinha perdido o seu vigor. Leopold descreveu-o como «um homem honesto e temente a Deus»; Mozart reconhecia que a sua voz já não estava no seu auge, mas afirmou que «ele é soberbo nos cantos de *bravura*, nas passagens mais longas e nas *roulades*». Em *Idomeneo* compôs para ele, sem restrições, e Mozart gostou do seu desempenho, apesar de ele ser um fraco actor. Também cantou em Paris, no concerto que incluía a sinfonia de Mozart «Paris».

Venanzio Rauzzini (1746-1810)
Cecilio (estreia de *Lucio Silla*), *Exsultate jubilate* K165.

É o *castrato*, originário de Milão, para quem Mozart compôs uma das suas peças mais populares. O motete, com a sua famosa conclusão «Aleluia», foi posterior ao sucesso de *Lucio Silla* no palco. Nessa ocasião, conseguiu uns aplausos a mais ao alegar que sofria de fobia do palco. Mais tarde, esta-

Os intérpretes de Mozart

beleceu-se em Inglaterra, onde cantou no *King's Theatre* e deu concertos em Bath.

Teresa Saporiti (1763-1869)
Anna (estreia de *Don Giovanni*).
Pertencia à companhia de Bondini, tendo cantado em Leipzig, Dresden e Praga. Trabalhou, depois, em Itália e São Petersburgo e viveu mais de um século.

Benedict Schack (1758-1826)
Tamino (estreia de *A Flauta Mágica*).
Schack era um compositor menor de música sacra e era também cantor; pertencia à companhia de Schikaneder e interpretou Ottavio na versão alemã de *Don Giovanni*, após a morte de Mozart. Cantou algumas partes do *Requiem* com Mozart, no seu leito de morte. Numa carta a Constanze, referia com ternura a relação dela com o marido. A esposa de Schack interpretou o papel da Terceira Dama (estreia de *A Flauta Mágica*).

Emanuel Schikaneder (1751-1812)
Papageno (estreia de *A Flauta Mágica*).
Era o exuberante libretista de *A Flauta Mágica* e o director da companhia que a encomendou e produziu. Começou a sua carreira como actor, mas passou à direcção e apresentou *Singspiels* e óperas no Freyhaustheater em Viena, onde criou uma companhia genuinamente popular. Afirmou que ele e Mozart trabalharam em conjunto, na ópera; sem dúvida, eram também companheiros de boémia. Na estreia de *A Flauta Mágica*, o seu irmão mais velho Urban interpretou o papel de Primeiro Sacerdote e a filha de Urban, Anna, interpretou o Primeiro Rapaz. Era um grande empresário, que veio a sofrer, mais tarde, de doença mental.

Nancy (Anna) Storace (1765-1817)
Susanna (estreia de *Fígaro*), ária «*Ch'io mi scordi di te*» K505.
Era uma cantora inglesa que estudou em Londres com o *castrato* Rauzzini, tendo obtido grande sucesso em Itália. Chegou ao *Burgtheater* de Viena como membro da recém criada companhia italiana, inaugurada com *La scuola di' gelosi*, de Salieri; foi intérprete nas óperas de Cimarosa, Sarti e Soler e, ainda, em duas outras, da autoria do seu irmão Sephen Storace. Regressou a Londres, onde cantou no *King's Theatre*. Foi infeliz, no que diz

respeito à sua vida pessoal; abandonou o marido e envolveu-se com o seu Fígaro, Benucci. Partiu em digressão com outro amante, o tenor John Braham, mas também eles se separaram. Mozart manteve a amizade com a família.

GIOVANNI VALESI (1735-1816)

Sacerdote (estreia de *Idomeneo*), talvez tenha sido Contino del Belfiore (estreia de *Finta giardiniera*).

Tenor alemão, e professor, que adoptou um nome italiano; trabalhou em Munique e ensinou Adamberger e Carl Maria von Weber. Mozart elogiava tanto o seu canto como o seu trabalho de professor.

LOUISE VILLENEUVE (?-?)

Dorabella (estreia de *Così*), árias «*Alma grande*» K578 para uma ópera de Cimarosa, «*Chi sa, qual sai*» K582 e «*Vado ma dove?*» K583 para uma ópera de Martín y Soler.

Chegou a pensar-se que poderia ser irmã de Ferrarese del Bene, o primeiro Fiordiligi; tinha um estilo particular, que Mozart explorava na perfeição, na música de Dorabella e nas árias de inserção. Num artigo teve o mérito de ser aclamada «uma presença encantadora, uma actuação emotiva e refinada [...] um canto belo e estilizado». Os rumores diziam que seria amante de Leopoldo II.

DOROTHEA WENDLING (1736-1811)

Ilia (estreia de *Idomeneo*), ária «*Basta vincesti*» K295a.

A família Wendling, que Mozart veio a conhecer em Manheim, tinha estreitas ligações à música. Dorothea, oriunda de uma família de músicos profissionais, casou com o flautista Johann Baptist Wendling. Mozart compôs uma ária especial para Ilia, em *Idomeneo*, com algumas partes *concertante* para instrumentos de sopro, uma das quais viria a ser interpretada pelo seu marido. Foi muito elogiada pelo seu «canto verdadeiro: a linguagem da alma e do coração». Para a sua filha Elizabeth Augusta Wendling, Mozart compôs duas canções, «*Oiseaux si tous les ans*» K307 e «*Dans un bois solitaire*» K308.

Os patronos de Mozart

ARCEBISPO SIEGMUND CHRISTOPH, CONDE SCHRATTENBACH (1698-1771)

Primeiro patrono e protector de Mozart em Salzburgo foi, também, o empregador do seu pai. Um defensor das artes que incentivou as viagens da família Mozart, mas que era pródigo em gastar os recursos da corte, havendo, por isso, deixado enormes dívidas. Nomeou o jovem Wolfgang assistente do *Konzertmeister* da corte, posto esse não remunerado.

ARCEBISPO HIERONYMOUS, CONDE COLLOREDO (1732-1812)

Patrono de Mozart desde 1772, muito menos solidário, para quem o compositor escrevia, sobretudo, música sacra; era a razão de muitas reclamações furiosas por parte dos mozartianos. O próprio Mozart se demitiu em 1781. Aparte a demonização na biografia de Mozart, é visto como um homem esclarecido e um forte governante que repôs a estabilidade financeira, após os excessos do seu mais artístico antecessor.

CONDESSA MARIA WILHEMINE THUN (1744-1800)

Foi uma das mais entusiastas protectoras de Mozart, nos seus primeiros anos em Viena; o compositor visitava frequentemente a família Thun, ia tocando óperas para a Condessa, enquanto as compunha, e dedicou a Sinfonia «Linz» ao seu sogro. Mozart escreveu: «é a senhora mais encantadora e afável que conheci em toda a minha vida, e além disso tem a maior consideração por mim». No entanto, após 1782, ela torna-se menos participativa nas suas actividades.

BARÃO GOTTFRIED VAN SWIETEN (1733-1803)
Foi um dos protectores mais incansáveis de Mozart, em Viena, e um entendido em música, cujos conhecimentos eram tidos em grande consideração. Diplomata, foi director da biblioteca da corte, em Viena, desde 1777 até ao dia em que Mozart faleceu. Apresentou Mozart à música de Bach, que era ouvida aos domingos de manhã, nas pequenas reuniões que organizava na sua casa. Numa época em que Mozart tinha poucas comissões, nos finais de 1780, van Swieten pediu-lhe que fizesse novos arranjos nas peças de Handel, para as suas actuações. Mais tarde, tornou-se próximo de Haydn e começou a compilar os textos dos oratórios *A Criação* e *As Estações*.

CONDE KARL JOSEPH FIRMIAN (1716-1782)
Austríaco, a residir em Itália, era um diplomata excepcionalmente culto, que recebeu os Mozart quando chegaram a Itália, tendo-os apresentado nos círculos sociais. Na sua casa, Mozart escreveu árias para um concerto e Firmian assegurou-lhe a comissão de Mitridate.

CARDEAL-CONDE LAZZARO OPIZIO PALLAVICINI (1719-1785)
Conseguiu, para o jovem Mozart, uma audiência com o Papa, que o agraciou com a medalha da Ordem da Espora Dourada.

SIEGMUND HAFFNER (1699-1772)
Era um amigo de Salzburgo e o presidente da Câmara da cidade, cargo que ocupou até à sua morte em 1772; a sua família tornou-se íntima de Mozart. Quando a sua filha se casou em 1776, Mozart compôs a Serenata «Haffner», e quando o filho se tornou nobre, em 1782, compôs a Sinfonia «Haffner». Contudo, Siegmund não viveu para assistir a nenhuma das ocasiões ou para ouvir qualquer das peças.

CONDESSA MARIA LODRON (1738-1786)
Encomendava *divertimenti* para ocasiões familiares. Mozart escreveu o Concerto para três pianos para ela tocar em conjunto com a filha.

CONDE JOHANN BAPTIST ESTERHÁZY (1748-1800)
Um maçon de Viena, e amigo de van Swieten, era chefe de gabinete

OS PATRONOS DE MOZART

imperial e real e conselheiro da corte. O seu palácio foi palco de alguns dos melhores ciclos de concertos que Mozart deu, em 1783 e 1784. Também lá foram ouvidos alguns dos arranjos de obras de Handel, em 1788-89.

PRÍNCIPE DIMITRI GALITZIN (1721-1793)

Era o embaixador da Rússia em Viena, em cuja casa Mozart, muitas vezes, actuava. Contava que o Príncipe sempre enviava uma carruagem para o ir buscar e para levá-lo a casa.

BARÃO FRIEDRICH MELCHIOR VON GRIMM (1723-1807)

Era um importante protector de Mozart, com quem mantinha uma relação conflituosa. Tinha ajudado a família durante a sua estadia em Paris e era um defensor entusiasta do talento de Mozart. Mas quando Mozart e a sua mãe regressaram em 1778, encontraram Grimm muito menos amigável, que lhes disse que podia ajudar «crianças mas não adultos». Grimm lamentou com Leopold, nas palavras que ficariam conhecidas, que desejava que Mozart tivesse metade do talento e o dobro da graciosidade social.

IMPERADOR JOSÉ II (1741-1790)

Foi um soberano controverso do povo austríaco, porventura, desgastado pela falta de sucesso das suas reformas ambiciosas. Era um músico apaixonado e desenvolveu grande interesse pelos intérpretes. Conheceu Mozart ao longo da vida, desde a primeira presença em Viena em 1762, e poderá tê-lo recomendado como compositor de ópera em 1768. Depois de Mozart se ter estabelecido em Viena, assistiu a várias actuações e, com o tempo, nomeou-o *Kammermusicus* em 1787. Mas este era um cargo modesto, durante o qual Mozart escrevia danças para os bailes da corte. No que se refere à ópera, as reformas de José II e o equilíbrio entre a ópera italiana e alemã, em Viena, exerceram uma grande influência no trabalho de Mozart. Apreciava, sem reservas, as obras de Mozart; a muito repetida frase «demasiadas notas, meu caro Mozart!» resume tanto a sua afeição como a sua perturbação face à complexidade de Mozart. Mas a sua relação não era tão próxima como se sugere em *Amadeus*.

PRÍNCIPE CARL VON LICHNOWSKY (1756-1814)

Aluno de Mozart, apoiou-o e convidou-o, em 1790, a viajar com ele para Praga, Dresden e Leipzig, onde Mozart deu uma série de concertos não muito bem sucedidos. Parece ter havido um desentendimento entre eles, a nível financeiro, pois Mozart ter-lhe-á emprestado algum dinheiro na viagem; recentemente, descobriu-se que Mozart estava a ser processado pelo Príncipe e tinha sido intimado a pagar 1435 florins e 32 coroas a 12 de Novembro de 1791, menos de um mês antes da sua morte. Diz-se que Lichnowsky, que mais tarde se tornou um importante patrono de Beethoven, vivia além das suas posses, o que nos faz pensar que a sua viagem com Mozart possa ter sido um caso de um cego a guiar outro cego. A dívida não foi cobrada após a morte de Mozart.

Conde Joseph Nepomuk von Deym (1752-1804)
Foi o Conde que encomendou fantasias para órgão mecânico, para celebrar o seu museu de cera em Viena. Embora Mozart detestasse escrever tais composições, produziu obras-primas.

Conde Franz Walsegg-Stuppach (1763-1827)
É o misterioso Conde que encomendou o *Requiem* a Mozart, em memória da sua recém falecida esposa. Costumava encomendar obras que fingia depois serem dele, ou que tocava anonimamente, na esperança de que os ouvintes pensassem ser da sua autoria.

Compositores contemporâneos de Mozart

CARL FRIEDRICH ABEL (1723-1787)

Carl Abel fazia parte da esfera londrina, quando os Mozart visitaram a cidade em 1764-65; era amigo de J. C. Bach, com quem colaborou nos concertos Bach-Abel, e tocava viola de gamba. A sua música, no estilo galante, ensinou muito a Mozart: a sinfonia K18, de Mozart, é uma versão adaptada da Sinfonia de Abel, Opus 7 n.º 6.

ANTON ADLGASSER (1729-1777)

Era organista da corte de Salzburgo desde 1762. A sua terceira esposa, Maria, interpretou algumas das primeiras obras de Mozart. Produziu a terceira parte do oratório *Die Schuldigkeit des ersten Gebots* K35, sendo Mozart e Michael Haydn responsáveis pelas outras duas. Mozart descreveu-o ao seu mentor, em Bolonha, como «um excelente mestre do contraponto».

JOHANN ALBRECHTSBERGER (1736-1809)

Mozart conheceu-o em Viena, tendo-se tornado seu admirador; achava que o talento de Albrechtsberger para tocar órgão devia ser a medida pela qual os outros deveriam ser julgados. Era grande admirador de J. S. Bach, tendo copiado os quarenta e oito Prelúdios e Fugas, música que Mozart guardou. Conta-se que Mozart tentou que Albrechtsberger lhe sucedesse como assistente de *Kapellmeister* na Catedral de Viena, após a sua morte; Albrechtsberger veio a tornar-se, não assistente, mas *Kapellmeister* em 1793.

C. P. E. BACH (1714-1788)

Admirado por Mozart, seu pai e pelo Barão van Swieten, sobretudo pelas suas fugas. Mas, ao contrário de Johann Christian, Mozart não o conhecia pessoalmente. É, na verdade, nas pequenas peças para teclado, especialmente nas fantasias, que notamos o impacto do estilo dramático e de improvisação de Bach.

JOHANN CHRISTIAN BACH (1735-1782)

Provavelmente, foi o compositor que mais influência teve (para além do pai de Mozart) no estilo inicial e característico de Wolfgang. Mozart admirava as suas árias, mas são, sobretudo, as suas sinfonias e concertos que encontram reflexo nos primeiros trabalhos de Mozart, nesses géneros. Conheceram-se em Londres durante a primeira visita de Mozart: mais tarde, Nannerl contaria a história em que Johann Christian senta Wolfgang ao seu colo e começam a improvisar uma sonata. Depois Mozart ouviu a sua música em Manheim e encontraram-se de novo em Paris em 1778. «Imagine a alegria dele e a minha por nos encontrarmos de novo; talvez a sua alegria não tivesse sido tão genuína como a minha [...] não há dúvida, elogiou-me carinhosamente, não só pessoalmente, mas também através de outros».

LUDWIG VAN BEETHOVEN (1770-1827)

Consta que, em 1787, Beethoven veio a Viena e tocou para Mozart, mas não parece haver qualquer prova de que se tenham encontrado. Mozart poderá tê-lo ouvido tocar, mas de qualquer modo Beethoven não ficou na cidade mais do que duas semanas. A biografia de Mozart, de Otto Jahn, que conheceu Czerny, indica que, após uma improvisação de Beethoven, Mozart terá dito aos seus amigos: «Olhem bem para ele; um dia vai dar que falar». Mais tarde, Beethoven terá comentado com Czerny que o teclado de Mozart era algo «desarmonizado», mais adequado ao cravo do que ao *fortepiano*.

GEORG BENDA (1722-1795)

A família Benda era constituída por músicos magníficos, oriundos da Boémia. Georg Benda deixou a Boémia e rumou à Prússia, tornando-se *Kapellmeister* do Duque Frederico III de Saxe-Gotha. Esteve em Viena, pouco tempo, em 1778-79 e também visitou Manheim, onde Mozart assistiu aos seus melodramas inovadores – eram compostos por discurso falado alternado com música dramática tocada por uma orquestra. Mozart ficou tão surpreendido com *Medea* que levava a peça com ele para todo o lado e chegou a escrever ao pai a dizer que todos os recitativos deviam ser escritos assim.

COMPOSITORES CONTEMPORÂNEOS DE MOZART

FRANZ XAVIER BRIXI (1732-1771)

A família Brixi era mais uma grande família de músicos; Franz Xavier tinha-se estabelecido em Praga, onde escreveu muitas composições e onde era muito respeitado. Diz-se que o respeito devotado à família ajudou Mozart a ser bem recebido em Praga, na década de 80 do século XVIII, e sabemos que Mozart, quando estava na cidade, improvisava temas a partir da música para órgão de Brixi.

DOMENICO CIMAROSA (1749-1801)

Foi um dos compositores mais influentes e bem sucedidos na ópera italiana, na segunda metade do século XVIII. Os seus trabalhos eram, muitas vezes, encenados em Viena, e tiveram uma influência decisiva no desenvolvimento do estilo operístico. *Il matrimónio secreto* parece estar extremamente próximo do estilo maduro de Mozart que escreveu uma ária para a sua ópera *I due baroni*, em 1789. Os concertos de Cimarosa também seguem o modelo de Mozart. Conta-se a história de um pintor que terá dito a Cimarosa que ele era melhor compositor do que Mozart; Cimarosa terá respondido: «Senhor, o que é que diria a um homem que lhe dissesse que o senhor era melhor que Raphael?»

MUZIO CLEMENTI (1752-1832)

Era um pianista brilhante cujo talento era reconhecido por José II; em Dezembro de 1781, foi organizado um concurso entre ele e Mozart. Mozart tinha elevada consideração pelo modo como tocava piano («tem muita facilidade com a mão direita. As suas melhores passagens são terceiras»), mas achava que lhe faltava bom gosto e emotividade: «é um mero mecânico». Mais tarde classificou as sonatas de Clementi como «inúteis», apesar de estas se revelarem muito importantes no desenvolvimento de uma linguagem do piano inglês, inspirada pelos pianos de Broadwood (que Mozart não explorou, visto preferir os pianos vienenses de Stein).

JOHANN ERNST BERLIN (1702-1762)

Admirável compositor de música sacra, em Salzburgo, foi *Kapellmeister* da corte e da catedral durante a juventude de Mozart. Era amigo de Leopold Mozart que, no entanto, não lhe sucedeu quando morreu em 1762. Wolfgang continuou a fazer referência e a aprender com a sua música sacra «contrapontística», mas após ter pedido que lhe enviasse algumas fugas para Viena, para usar nas reuniões em casa de van Swieten, acabou por decidir que eram demasiado banais para estarem ao lado de Bach e Handel.

JOHANN GOTTFRIED ECKARD (1735-1809)

Os Mozart conheceram-no durante a sua visita a Paris em 1763-64 e Wolfgang baseou-se no seu estilo, em alguns dos seus primeiros trabalhos, incluindo o Opus 1 n.º 1 de Eckard, na sua Sonata com acompanhamento K6. Foi um dos compositores cuja música Leopold sugeriu a Wolfgang que orquestrasse nos seus primeiros concertos de piano.

JOSEPH EYBLER (1765-1846)

Era um parente afastado da família Haydn; estudou em Viena, onde foi sustentado por Joseph Haydn e foi assistente de Mozart na preparação da estreia de *Così fan tutte*. Também ajudou Mozart durante a fase terminal da sua doença e foi o primeiro compositor a quem Constanze pediu que terminasse o *Requiem*. Mas apesar de ter iniciado essa tarefa, desistiu após ter acrescentado algumas notas à incompleta *Lacrimosa*. Escreveu inúmeras peças da sua autoria, e acabou por suceder a Salieri como *Hofkapellmeister* em 1824.

CHRISTOPH WILLIBALD VON GLUCK (1714-1787)

Foi a maior influência na reforma da ópera no século XVIII; os seus trabalhos tiveram grande influência no curso do desenvolvimento operístico. Mozart terá assistido a *Alceste* que está, sem dúvida, por detrás das óperas *Idomeneo* e *Iphigénie*, mas poderá ter sido ambivalente em relação à sua música, já que nunca a elogia nas suas cartas. Leopold tentou obter o apoio de Gluck numa comissão para o jovem Mozart, mas não está claro se Gluck, de facto, apoiou o projecto. O biógrafo de Mozart, Niemetschek, conta que, quando Mozart esteve em Viena, a sua «relação com [Gluck] e o infindável estudo das suas obras aclamadas deu a Mozart muito apoio e influenciou as suas óperas». Sabemos que Gluck assistiu a pelo menos um concerto de Mozart, elogiou a música, e convidou-o para almoçar, e sabemos que Mozart escreveu variações de um tema de Gluck K455.

FRANÇOIS-JOSEPH GOSSEC (1734-1829)

Sobre François Gossec, Mozart escreveu ao pai, dizendo que «é um bom amigo e ao mesmo tempo um homem aborrecido». Era uma figura importante na esfera musical parisiense e os seus trabalhos eram frequentemente executados; estava intimamente ligado à ópera e ao *Concert Spirituel*.

JOHANN ADOLF HASSE (1699-1783)

Um dos maiores compositores de óperas no seu tempo, mas quase esquecido desde então. Nasceu em Hamburgo, trabalhou em Dresden e depois, intensamente, em Itália. É um elo de ligação entre J. S. Bach, cuja música era conhecida em Dresden, e o jovem Mozart. Depois de ter escrito inúmeras óperas, saiu do seu retiro para compor a ópera *Il Ruggiero* para a mesma ocasião em que Mozart escreveu *Ascanio in Alba* K111, o casamento do Arquiduque Ferdinand com Beatriz d'Este. Mas esta não foi uma experiência feliz, já que «na primeira noite [sucederam] todos os contratempos que poderiam acontecer para prejudicar uma produção teatral»: Leopold Mozart escreveu para casa a dizer que «a serenata de Wolfgang matou a ópera de Hasse mais do que se poderia imaginar». As óperas de Mozart continuaram a abafar as de Hasse no repertório.

JOSEPH HAYDN (1732-1809)

A relação entre Haydn e Mozart é um exemplo raro de admiração mútua e verdadeira entre dois compositores de excelência contemporâneos, cada um aprendendo e respeitando o outro. Era possível explorar o intercâmbio de ideias, desde sinfonias, passando por finais operáticos, até peças para piano. Mozart admirava, particularmente, os quartetos para cordas de Haydn, tendo-lhe dedicado os seus seis Quartetos Haydn. Quando algumas destas peças foram tocadas, Haydn elogiou Mozart ao pai, tal como Leopold, mais tarde, recorda com orgulho (ver página 141).

MICHAEL HAYDN (1737-1806)

Irmão mais novo de Joseph Haydn, é o contemporâneo favorito de Mozart em Salzburgo. Em Viena pertencia ao coro e tornou-se *Hofmusicus* em Salzburgo, em 1763, onde mantinha contacto com o jovem Mozart, tendo-lhe sucedido como organista na catedral quando Mozart partiu para Viena. Mozart tocava, muitas vezes, a sua música, e escreveu à sua irmã Nannerl, desde Itália: «Gosto mais dos seis minuetes de Haydn do que dos doze primeiros. Tivemos de os tocar muitas vezes». Admirava a música sacra de Michael Haydn: quando se envolveu nos concertos do Barão van Swieten em Viena, pediu cópias de missas e vésperas. Dois dos duos de violino e viola parecem ter sido escritos por Mozart como um favor a Haydn quando a doença o impediu de terminar uma comissão. (Haydn também bebia muito, o que era divertidíssimo para Mozart mas escandaloso para Leopold.) Por fim, o belo *Requiem* de Haydn, em dó menor, retém significativos ecos do *Requiem* de Mozart.

IGNAZ HOLZBAUER (1711-1783)

Holzbauer era compositor e maestro, e *Kapellmeister* na corte de Manheim; ficou em Manheim quando a corte se mudou para Munique.

Mozart admirava a música da sua mais famosa ópera, *Günter von Schwarz-burg* («o que mais me surpreende é como é que um homem idoso como Holz-bauer ainda possa ter tal espírito») e também adaptou um dos seus trabalhos sacros, *Miserere*, para apresentar em Paris. Mozart gostava das suas missas e fugas, que descreveu, de modo interessante, a Leopold como «certamente o nosso estilo»; Holzbauer também escreveu sinfonias progressivas no idioma de Manheim.

Leontzi Honauer (1737-1790?)
Tocador de cravo, natural da Alsácia, compositor cuja trabalho Mozart conheceu durante a sua estadia em Paris. Mozart adaptou quatro andamentos dos seus Opus 1 e 2 nos seus primeiros quatro concertos para piano K37 e K39-41.

Niccolò Jommelli (1714-1774)
Um dos mais importantes compositores de ópera do século XVIII. Mozart assistiu a *Armida*, a sua última ópera, e achou-a «demasiado inteligente e antiquada para o teatro».

Leopold Kozeluch (1747-1818)
Era um compositor checo que, segundo Niemetschek, fez intrigas contra Mozart, em Praga (onde se estabeleceu até falecer). Mas Mozart, nas suas cartas, foi simpático com ele, em 1781, quando soube que Kozeluch não acei-tava trabalhar com o arcebispo de Salzburgo devido ao modo como tratara Mozart. Foi um dos primeiros compositores independentes de Viena a ter sucesso. Algumas das suas sinfonias foram revitalizadas e são trabalhos espi-rituosos e convincentes.

Vicente Martín y Soler (1754-1806)
Um compositor espanhol da ópera italiana, que trabalhava em Itália e se mudou para Viena em 1785. Escreveu três óperas muito bem sucedidas com Da Ponte, sendo a mais popular *Una cosa rara*, citada numa pequena nota no final de *Don Givanni*. Vários intérpretes que cantaram nas óperas de Mozart também cantaram nas suas. Martín y Soler também trabalhou em Londres e São Petersburgo, onde veio a falecer.

Joseph Mysliveček (1737-1781)
Um dos compositores sobre quem Mozart era mais entusiasta. Conheceu

a família, pela primeira vez, em 1770, e mantiveram-se em contacto, mesmo depois de Myslivěek ter sofrido de uma doença venérea e ter ficado desfigurado após uma cirurgia. Mozart dizia sempre que pretendia visitá-lo, e «se não fosse pelo rosto, seria o mesmo Myslivěek de sempre, cheio de ardor, vida e espírito [...]. Na cidade de Munique não se fala noutra coisa a não ser do seu oratório *Abramo ed Isacco*». Este trabalho está tão próximo do estilo de Mozart que, durante algum tempo, se acreditou ser da sua autoria. Mozart também recomendou as suas sonatas para piano como sendo «bastante fáceis e agradáveis ao ouvido».

GIOVANNI PAISIELLO (1740-1816)

Foi o compositor mais bem sucedido e influente da ópera italiana na segunda metade do século XVIII. Escreveu mais de 80 óperas, trabalhando em São Petersburgo e depois em Nápoles, onde viveu em condições de extrema pobreza. Os seus trabalhos eram populares em Viena e ele terá visitado a cidade em 1784, de acordo com Mozart: «Vou buscar Paisiello na minha carruagem, pois quero que ele oiça a minha aluna e as minhas composições». A sua muito bem sucedida ópera *O barbeiro de Sevilha* teve um nítido impacto no desenvolvimento do estilo operístico de Mozart, especialmente em *Fígaro*, apesar de Mozart admitir ter conversado durante uma outra das suas óperas. *Il re Teodoro in Venezia* foi escrita em Viena em 1784.

HERMANN RAUPACH (1728-1778)

Pertencia a uma família de músicos alemães. Apesar de ter passado a maior parte da sua vida em São Petersburgo, veio a conhecer o jovem Mozart em Paris; Mozart fez arranjos de quatro andamentos das sonatas de Raupach, nos seus primeiros concertos para piano, K37 e K39 a 41.

ANTONIO SALIERI (1750-1825)

O compositor mais notável na biografia de Mozart. O seu poder e influência em Viena, no tempo de Mozart, eram incontestáveis, e era chamado o «papa musical». Mozart refere, mais do que uma vez, que terá sido alvo de intrigas devido a Salieri, mas nas suas últimas semanas de vida Mozart levou Salieri e a sua amante a ver *A Flauta Mágica*, tendo Salieri afirmado que ambos apreciaram. As óperas de Salieri tinham mais sucesso em Paris do que em Viena, onde se sentiu antiquado e negligenciado após a morte de José II. Nos últimos anos da sua vida, foi alvo de rumores, tal como registado nos livros de conversas de Beethoven [livros de notas manuscritas deste compositor, depois de perder a audição, para comunicar com os seus interlocutores], publicamente negados na imprensa de Viena, que deram origem à ideia de que Salieri alegara publicamente ter envenenado Mozart – sem dúvida um exagero pelo facto de ele não o ter apoiado, ser intriguista e talvez por se ter sentido, mais tarde, um pouco culpado da morte prematura de Mozart. Isto forneceu a inspiração fictícia para o duplo drama de Pushkin, *Mozart e Salieri*, ópera de um acto de Rimsky-Korsakov e, posteriormente, transformado em peça teatral por Shaffer. A sua música não se estabeleceu no repertório, apesar de ser frequentemente levada aos palcos, sendo tocadas algumas das suas óperas; mais recentemente, a sua *L'Europa riconosciuta*, a primeira peça encenada no La Scala, em Milão, foi escolhida por Riccardo Muti para a reabertura do mesmo teatro em 2004.

GIUSEPPE SARTI (1729-1802)

«Sarti é um homem honesto; toquei várias peças para ele e até algumas variações numa das suas árias, o que muito lhe agradou», escreveu Mozart. No seu último ano, Mozart escreveu um coro final para a ópera *Le gelosie villane*, K615, e registou o facto no seu catálogo a 20 de Abril; no entanto desapareceu por completo. Mais tarde, Sarti criticou violentamente os Quartetos «Haydn», de Mozart, apelidando-os de bárbaros e dissonantes (ver página 22), mas não sabemos se Sarti sabia quem fora o seu autor, no momento da sua condenação.

JOHANN SCHOBERT (*c*.1735-1767)

Um dos primeiros trabalhos de Mozart foi um arranjo de uma sonata de Schobert e ele apreciava, em particular, a sua Sonata em ré Opus 3. Mozart continuou a apreciar a sua música quando estava em Paris; a sua Sonata em lá menor K310 parece citar Schobert. Pessoalmente, Leopold não se sentia impressionado com ele («é bajulador e completamente falso»); morreu quando tinha perto de 32 anos, depois de ingerir cogumelos envenenados.

JOSEPH SCHUSTER (1748-1812)

Compositor e maestro na corte de Dresden; tinha por hábito ir buscar música nova a Viena e, assim, conheceu a música de Mozart. Mozart ouviu a sua música em Munique, e os *divertimentos* para cravo e violino de Schuster inspiraram Mozart a tentar escrever algo no mesmo estilo, em 1777. Um quarteto para cordas que escreveu foi, até, atribuído a Mozart, durante algum tempo.

Compositores contemporâneos de Mozart

Franz Xaver Süssmayr (1766-1803)

Amigo e discípulo de Mozart que completou o *Requiem*, escreveu os recitativos para *A Clemência de Tito* e também terminou o seu Concerto para clarinete em ré n.º 1. Veio para Viena em 1788 e auxiliou Mozart nos dois últimos anos da sua vida. Não era um compositor menor, e sempre foi assunto de controvérsia quais as partes do *Requiem* serão da sua autoria; Constanze Mozart, ansiosa por proteger a autenticidade do trabalho, alegou que ele trabalhou tendo como base os esboços e instruções de Mozart, e a sua irmã refere que Mozart disse a Süssmayr como terminar a peça sendo, por isso, estranho que Mozart tenha pedido primeiro a Eybler para terminar a partitura.

Ignaz Umlauf (1746-1796)

Poucos compositores provocaram o desdém de Mozart como o vienense Umlauf, que foi *Kapellmeister* na companhia alemã *Singspiel*: «execrável [...] a música é tão má que não sei quem leva o prémio da estupidez, o poeta ou o compositor» (*The New Grove* refere este comentário como «um pouco intolerante»). Deve ter sido favorecido por van Swieten: ele foi um músico presente na actuação que Mozart fez de *Oratório da Resurreição* de C.P.E. Bach e depois foi o maestro na orquestração de Mozart do *Messias*.

Johann Baptist Vanhal (1739-1813)

Um compositor checo bem sucedido que viveu em Viena desde 1780 e que, de acordo com Michael Kelly, tocou quartetos com Mozart, Haydn e Dittersdorf. Mozart tinha tocado um dos seus concertos para violino, para gáudio do público (segundo ele), em Augsburgo em 1777. As sinfonias de Vanhal representam um importante desenvolvimento na forma, em particular nos trabalhos vigorosos em modo menor, e mesmo Mozart terá aprendido com elas.

Abbé Georg Joseph Vogler (1749-1814)

Um compositor muito sério, organista e teórico, que tinha uma reputação considerável em Manheim e Munique, mas que Mozart pensava ser «um tolo, que pensa ser o máximo da perfeição». Mozart acusava-o de ser muito hábil a usar influências, e dizia que era «um charlatão, puro e simples», cuja música de órgão produzia «uma trapalhada ininteligível».

Georg Christoph Wagenseil (1715-1777)

Nos seus primeiros anos, Mozart aprendeu algumas das suas peças para piano, e o seu estilo galante influenciou o trabalho de Mozart. Quando Mozart visitou Maria Teresa em 1762, tocou um concerto de Wagenseil e consta que pediu que o compositor fosse chamado para lhe virar as páginas, porque «ele entende».

Interpretar Mozart nos dias de hoje

> «Os pianistas surgem de todos os lados. Em todas as épocas, sem excepção, preocupam-se com o que parece ser a questão estética central na música, actualmente: a convenção de um estilo aceitável para interpretar Mozart.»
> *Virgil Thomson*

Mozart era, acima de tudo, um intérprete e a sua música nasceu a partir deste facto. Não era raro no século XVIII: na verdade, era o percurso normal dos compositores. Mas em Mozart, uma chave para entender a sua música é a intensidade e a perseverança da sua experiência precoce de intérprete, ainda criança, que, sem dúvida, abrilhantaram a sua vida futura enquanto compositor e o modo como as suas peças emergiram do génio com que tocava piano. Podemos discutir com alguns compositores (embora não muitos) que a sua música tem uma natureza abstracta, tornando a questão interpretativa um aspecto secundário; contudo, em Mozart tudo nasce dos materiais em evolução que ele tinha ao dispor: os músicos de instrumentos de sopro da corte de Manheim estimulam de imediato uma nova independência em *Idomeneo*, a voz de Aloysia Weber cria um novo estilo nas árias estratosféricas do concerto que escreveu para ela, e qualquer nova situação, a nível instrumental, em que Mozart se encontrasse criava um novo desafio e um novo modo de escrever; é por isso que a sinfonia «Paris» foi perfeitamente cinzelada para o gosto parisiense e a sinfonia «Praga» para os músicos que iriam tocar *Don Giovanni*.

Nas gerações mais recentes, Mozart tem estado no centro das alterações no estilo interpretativo, que têm afectado profundamente a música clássica no seu todo. No início, «o primeiro revivalismo da música» dedicava-se a recriar instrumentos de outrora e a revitalizar repertórios esquecidos. Mas rapidamente evoluiu e, no caso de Mozart, isto significou uma transformação profunda: a possibilidade de interpretações que não o incluíram nas convenções do século XIX, mas que o trataram como um compositor do século XVIII, cujo estilo nasceu das convenções do barroco. Com Mozart e Beethoven, tal como com Bach e Handel, o movimento dos instrumentos de época pegou naquilo que o público conhecia: peças familiares que soavam profundamente diferentes.

Ironicamente, o público tem demonstrado uma grande atracção pelas recentes interpretações de Mozart que utilizam instrumentos actuais – por exemplo, as vívidas apresentações de concertos para piano de Daniel Barenboim e da English Chamber Orchestra, em meados dos anos 60, precisamente num momento em se começava a desenvolver uma nova vaga de interpretações que recorriam a instrumentos de época. Era nas pequenas apresentações de Mozart, com intérpretes como Colin Davies, Neville Marriner e outros, que se podia vislumbrar uma nova abordagem. Mas no guia padrão das gravações de Mozart, publicado ainda em 1970 (por Brian Redfern, *Mozart: A Concertgoer's Companion*, de Alec Hyatt King), a sugestão óbvia para as sinfonias completas foi a Filarmónica de Berlim, dirigida por Karl Böhm.

Consigo recordar as primeiras gravações que me fizeram compreender os benefícios de uma nova abordagem a Mozart, mesmo antes de termos orquestras com instrumentos clássicos, que conseguiam contender com estes desafios estilísticos. Uma delas foi o agradável desempenho do intérprete de oboé Michel Piguet, do quarteto para oboé, com a chancela de *Das Alte Werk* da Telefunken. Isso apresentou o Quarteto Esterhazy de Jaap Schroeder, cujas gravações, em 1973, dos Quartetos de Haydn, Opus 20, foram reveladoras. Já nessa altura a *Concentus Musicus*, dirigida pelo maestro Nikolaus Harnoncourt, em Viena, era pioneira nas gravações de alguma música de câmara do repertório clássico (de contemporâneos de Mozart como J. C. Bach, Ignaz Holzbauer, Johann Stamitz e Franz Xavier Richter, uma gravação ainda disponível na editora Teldec 8.41062) gravações essas que parecem trazer uma lufada de ar fresco. Eu pouco sabia sobre a verdadeira base histórica dos sons e das técnicas de interpretação que ouvia: apenas reagia à leveza, graciosidade e paixão da interpretação, que eram totalmente desarmantes. Muito rapidamente ficamos insatisfeitos com os sons cremosos e sustenidos com que as orquestras tratam as sinfonias de Mozart, como se estas fossem apenas anacruses do repertório do Romantismo; no final, ansiamos por uma brisa fresca nas suas texturas e por uma maior acutilância ao tocar. As longas e familiares linhas do legato nas cordas, os acordes, nos instrumentos de sopro, gentilmente sustenidos e as texturas habilmente moldadas (Mozart de Viena e Berlim, de Herbert von Karajan a Karl Böhm) pareciam cada vez mais desadequadas à nossa compreensão actual de Mozart.

Quanto mais olhamos para as partituras originais de Mozart, com os seus fraseados e articulações, menos elas se parecem com as interpretações actuais. (George Barth mostrou como as típicas edições de Mozart do século XIX, com as suas modulações e marcas de expressão, afectam a nossa compreensão da sua música.) Não era apenas uma questão de rigor histórico; era uma questão de gosto. Mas era um gosto que parecia adequar-se à música e à natureza dos tempos. Naturalmente, houve gravações, na época, que modificaram o estilo tradicional, com entusiasmo e habilidade, mas não tiveram, de modo algum, o mesmo impacto no público. Após a experiência, na década de 70, com as orquestras barrocas, tinha chegado o momento de tentar interpretar a música instrumental de Mozart recorrendo a instrumentos de época. Algumas das experiências iniciais mais interessantes surgiram no campo da ópera: em 1980, Harnoncourt gravou *Idomeneo*, não com instrumentos de época, como acontecera com a orquestra *Concentus Musicus*, mas com músicos «modernos» da *Casa da Ópera* de Zurique; essa gravação viria a tornar-se uma actuação intensamente influente e original, sendo dado ênfase ao ataque feroz, aos contrastes dinâmicos e intensos e a um vibrato reduzido nas cordas, para que o impacto da dissonância se amplificasse. Tratava-se de criar música, de forma enérgica e vigorosa, recuperando assim o estatuto de Mozart como algo mais do que um miniaturista. O primeiro ciclo de sinfonias de Mozart executadas com instrumentos originais, pela *Academy of Ancient Music*, no início da década de 80, dirigidas em conjunto por Jaap Schroeder e Christopher Hogwood, começou, com alguma perspicácia, por sinfonias menos conhecidos, mas passou logo em seguida (talvez demasiado depressa), para as obras-primas mais tardias. O próprio Harnoncourt preferiu trabalhar com a Orquestra *Concertgebouw*, em Amsterdão (produzindo, em grande escala, gravações impressionantes das últimas sinfonias) e depois com a Orquestra de Câmara da Europa (para gravações, em pequena escala, das mesmas sinfonias, nada supera, certamente, a trilogia final gravada ao vivo na celebração do bicentenário de Mozart em 1991), regressando para gravar as primeiras sinfonias com os instrumentos de época da *Concentus Musicus*.

Os grupos que tocavam com instrumentos de época eram diligentes a seguir a orientação de Hogwood, e já nas gravações mais ricas das primeiras sinfonias, lideradas por Trevor Pinnock e o conjunto *English Concert*, há um certo enlace com o som tradicional; as gravações dos inícios dos anos 80, de Roger Norrington com a *London Classical Players* eram ferozmente originais e provocativas; John Eliot Gardiner esperou até que as capacidades dos intérpretes se tivessem desenvolvido e produziu, mais tarde, pode-se dizer, algumas das mais belas actuações das primeiras sinfonias, e intermédias, nos finais de 1980, com a sua *English Baroque Soloists*. Outro grande progresso foi o revivalismo do piano antigo: os feitos dos construtores de piano, ao criar cópias de instrumentos do século XVIII, fizeram nascer uma nova geração de músicos capazes de fazer os instrumentos chorar, assim que as gravações de Malcolm Bilson das sonatas para a editora Nonesuch, nos finais de 1970, foram seguidas pelas de Robert Levin. Entre 1983 e 1988, Malcolm Bilson e Eliot Gardiner gravaram todos os concertos para piano, em conjunto, para a DG Archiv, tendo Levin, posteriormente, iniciado uma série, em conjunto com Christopher Hogwood e a *Academy of Ancient Music* que, infelizmente, coincidiu com o final do *boom* dos *compact discs* e nunca foi terminada.

A dimensão operística destas inovações continuou com a decisão da Decca de gravar a encenação de óperas no Teatro *Drottningholm Court*, sob orientação de Arnold Östman desde 1987 (tinha visto *Fígaro* dirigida por ele, no início da década, e fora uma revelação), e com a ousada decisão, da casa de ópera Glyndebourne, de usar a nova *Orchestra of the Age of Enlighten-ment* para o seu ciclo sobre Da Ponte, sob a batuta de Simon Rattle a partir de 1989. Norrington dirigiu *Idomeneo* para o *Boston Early Music Festival* e *A Flauta Mágica* em Londres, em 1989, com instrumentos de época, e Gardiner realizou uma série de gravações de ópera no início dos anos 90, com orquestras que pareceram mais confiantes e geniais que nunca. Nos Estados Unidos, as orquestras que tocam com instrumentos de época começaram a ensaiar o repertório clássico, e chegou a utilizar-se um instrumento de época no *Fígaro*, em Nova Jérsia, em 1989; no entanto, o projecto da ambiciosa editora discográfica de criar uma Banda Clássica fixada em Nova Iorque, para gravar sob orientação de Trevor Pinnock, nunca se concretizou. Ainda assim, as interpretações com instrumentos de época, rapidamente, conquistaram o seu lugar entre as gravações preferidas nas propostas da revista *Gramophone* e nas escolhas do programa *Building a Library*, da BBC Rádio 3. A tendência dos tempos muda rapidamente. Sem dúvida, as minhas próprias escolhas, nas páginas que se seguem, são influenciadas pelo gosto comum e pelo sentimento da revelação, de cunho recente, oferecida pelas actuações ao estilo de época.

Durante a década e meia seguinte, e até ao presente, começou a surgir uma nova abordagem, à medida que cada vez mais orquestras «tradicionais» e maestros absorviam, consciente ou inconscientemente, a percepção do movimento dos instrumentos de época, movimento que se tornou, ele próprio, mais livre no seu uso dos dados históricos. A Filarmónica de Viena, ao executar Mozart, sob orientação de Nikolaus Harnoncourt, Roger Norrington, John Eliot Gardiner ou Simon Rattle, modificou, sem dúvida, o seu estilo. (É claro que eles podem voltar atrás, quando em frente a outros maestros, mas essa será a sua habilidade inigualável.) Sob a orientação de Rattle, a Filarmónica de Berlim tocou as três últimas sinfonias de Mozart no Festival de Páscoa de Salzburgo em 2005, e Rattle dirigiu as mesmas sinfonias com a Filarmónica de Viena, no aniversário da morte de Mozart em 2006. O futuro da interpretação de Mozart pode, de facto, ser uma síntese que alia o melhor do novo «velho» estilo com o melhor do velho estilo «moderno». Veremos.

A Música de Mozart

Sinfonias

As sinfonias de Mozart (são mais de 60, apesar da última ser conhecida como n.º 41) transportam-nos através de uma viagem fascinante, desde a sinfonia enquanto abertura, entretenimento e espectáculo, até à sinfonia como manifestação complexa e profundamente debatida – uma evolução que abriu a porta à concepção, do século XIX, da sinfonia enquanto pináculo da arte musical abstracta. Ao longo da vida de Mozart, enquanto compositor, a função da sinfonia mudou e a sua habilidade técnica e capacidade de utilização dos recursos também evoluiu. Contrariamente à noção do compositor que escreve apenas em prol da arte, podemos ter certeza de que, tal como com os outros trabalhos, Mozart raramente, se é que alguma vez, compôs uma sinfonia que não preenchesse uma necessidade imediata, ou que não apresentasse a possibilidade de ser encenada.

A transmissão e autenticação das primeiras sinfonias de Mozart apresentam muitas dificuldades – algumas sinfonias, copiadas em diferentes manuscritos, são atribuídas a diferentes compositores, ou mesmo a nenhum, e continuam a fazer parte, e a deixar de fazer, do cânone dos trabalhos aceites, enquanto outras acabaram por se perder: revelações recentes, como a K19a, puderam ser autenticadas, ao passo que a sinfonia «Odense» K16a não o foi (ver *infra*). Outra sinfonia, talvez da autoria de Mozart, surgiu no início de 2005 e pretendia-se a sua execução em Viena. Aquelas cuja autoria permanece uma dúvida para o académico Cliff Eisen, estão assinaladas com um

MOZART

ponto de interrogação, mas irão surgir, por vezes, atribuídas a Mozart. Há outras sinfonias de Mozart que não estão listadas aqui, mas que são, ocasionalmente, gravadas e interpretadas ainda hoje, incluindo reduções de serenatas, com vários andamentos, a formas sinfónicas de quatro andamentos.

Sinfonia n.º 1 em Mi Bemol K16*
Sinfonia n.º 4 em Ré K19
Sinfonia em Fá K19a
Sinfonia n.º 5 em Si Bemol K22
Sinfonia em Fá K76
Sinfonia n.º 6 em Fá K43
Sinfonia n.º 7 em Ré K45*

O maestro Nikolaus Harnoncourt, veterano nas interpretações de Mozart, afirmou recentemente quão «surpreendente – impressionante, de facto –» era o seu *ensemble* quando gravaram as primeiras sinfonias de Mozart pela primeira vez; a sua qualidade e originalidade distinguiam-se em cada página e o equilíbrio e subtileza da parte escrita foi, desde logo, evidente. Contudo, há quem tenha sugerido que, em termos puramente musicais, as primeiras peças de Mozart estão menos amadurecidas que, digamos, as de Mendelssohn, quando tinha a mesma idade. Tal como destacou o estudioso de Mozart, Neal Zaslaw, torna-se difícil separar a evolução da sinfonia, enquanto forma, da evolução pessoal de Mozart enquanto compositor. O que se torna claro é que Wolfgang tinha uma capacidade inata para apreender e transformar as ideias de outros: as suas primeiras sinfonias mostram como ele absorvia, na perfeição, o estilo de outros compositores cuja música teria ouvido nas suas digressões – Johann Christian Bach e Carl Friedrich Abel, em Londres, por exemplo.

Outro factor a ter em conta, na avaliação destes primeiros trabalhos, é saber até que ponto o pai de Mozart, Leopold, incentivava, ajudava e publicava as primeiras composições do filho. A sinfonia n.º 1, datada de 1764, em Londres, surgiu durante a sua estadia em Ebury Street, quando visitaram Londres. Segundo a irmã de Mozart, Nannerl, a primeira sinfonia foi escrita quando Leopold estava doente, de cama; no entanto, nota-se a mão do pai na pontuação da música, exuberante e confiante. A orquestração também parece não corresponder, portanto é possível que ela estivesse a falar de um dos trabalhos finais. No primeiro andamento em mi bemol, o contraste entre a fanfarra de abertura e a sequência de acordes amenos posterior, traça o início de uma linha de aberturas contrastantes de afirmação-e-reacção nos seus maiores trabalhos, enquanto o final acelerado segue uma surpreendente linha cromática angular. A sinfonia n.º 4 parece a abertura de uma ópera, com um *andante* central que, por breves instantes, tenta a imitação, primeiro entre duas linhas e depois entre as quatro – herança barroca de Mozart, que estaria sempre por perto, embora só mais tarde desabrochasse em pleno. A sinfonia em fá maior K19a (cuja existência era conhecida graças à catalogação que Leopold fez dos primeiros trabalhos do filho) apareceu em Munique em 1981, mesmo a tempo de ser incorporada na *New Mozart Edition*.

A Sinfonia em Si Bemol K22 vibra com vida, com um primeiro andamento impulsionado por garganteios nos violinos, um obscuro *andante* em sol menor (a clave e espírito do choro de Pamina, em *A Flauta Mágica*, trinta anos mais tarde) e um final com compasso triplo, que também retira a sua energia de voltas ascendentes. A (talvez autêntica) sinfonia em fá maior K76, que Eisen pensa não ter sido escrita por Mozart, ou pelo seu pai, tem a primeira aparência de um minuete e trio – em breve indispensáveis na forma sinfónica em quatro andamentos – na qual o minuete é convencional, mas o trio é, claramente, peculiar. A K43 em Fá Maior inclui um andamento lento encantador, retirado da primeira ópera de Mozart, em latim, *Apollo et Hyacinthus*, com violinos em surdina sobre alguns segundos de *pizzicato* e violas divididas – um efeito arrebatador. A Sinfonia em Ré Maior K45 data de Janeiro de 1768, e foi adaptada como abertura da sua ópera *La finta semplice*, criando, assim, uma relação explícita entre primeira sinfonia e abertura de ópera (apesar do minuete e trio da sinfonia não estarem incluídos na própria ópera). O vigor do primeiro andamento surge dos seus contrastes agudos e linhas do baixo latejantes, enquanto os ritmos finais pontuados e as tercinas implacáveis lhe conferem uma aparência exultante de movimento contínuo.

(A Sinfonia K16a em lá menor, que constava na lista do catálogo de Breitskopf, com o seu tema inicial, sendo-lhe, consequentemente, atribuído um número Köchel, desapareceu no século XIX, mas apareceu em Odense em 1983. É um belo trabalho, gravado por Hogwood nas suas colectâneas de sinfonias de Mozart, que também incluíram outras, algo dúbias; tem uma nota de Neal Zaslaw que afirma que, quase de certeza, Mozart não será o autor. É agora consensual que é falsa, mas vale a pena ouvi-la.)

♁ *As Sinfonias Completas*
Academy of Ancient Music / Christopher Hogwood
Decca Oiseau-Lyre 452 496-2 (19 CD)

Sinfonia n.º 7a em Sol K45a*
?Sinfonia em Si Bemol K45b
Sinfonia n.º 8 em Ré K48
Sinfonia n.º 9 em Dó K73

Não nos devemos preocupar aqui com a polémica que rodeia a autoria da Sinfonia em Sol Maior – se a abertura se parece a algo, será com a canção *An Sylvia*, de Schubert! A estrutura de três andamentos é convencional e a música é impulsionada pela sua harmonia. A sinfonia em si bemol K45b existe apenas em cópia e Neal Zaslaw, embora hesitante, atribui a sua origem a Salzburgo, ao ano 1767 (a *New Mozart Edition* prefere Viena 1768): o seu *allegro* ritmado, em compasso ternário, tende a recordar-nos a famosa sinfonia n.º 39 em si bemol. Como a sua abertura se desenvolve num compasso ternário, o final não o faz; é antes um *allegro* gracioso e dinâmico. A sinfonia em ré maior, K48, data de 13 de Dezembro de 1786, em Viena; trata-se de um trabalho solene, com trompetes e percussão. A origem ou a data da sinfonia em dó maior K73, não são muito seguras, mas parece haver um consenso relativamente a Salzburgo ou Itália, nos anos 1769/70; mais uma vez, surgem ecos do barroco nas linhas do baixo não sincopadas, que estimulam, poderosamente, o primeiro e último andamentos.

⋂ *As Primeiras Sinfonias (com leituras das cartas)*
Concentus Musicus Wien / Nikolaus Harnoncourt
BMG DHM 82876 587066 2 (3 CD)

Sinfonia n.º 10 em Sol K74*
Sinfonia em Fá K75
?Sinfonia em Ré K81
?Sinfonia n.º 11 em Ré K84
?Sinfonia em Ré K95
?Sinfonia em Dó K96
?Sinfonia em Ré K97

A sinfonia em sol maior K74 parece ter sido escrita em Abril de 1770, durante a visita de Mozart a Roma (Alan Tyson mostra que foi escrita no mesmo papel onde uma ária foi composta, nessa mesma cidade). Tem um vigor absoluto, conduzido por síncopas e contratempos (como a abertura, na parte acelerada, da sinfonia «Praga») antes de acalmar no andamento central, tranquilo e despreocupado. Há algo de hipnotizante nas notas repetidas da dança rústica final, com o eco do murmúrio bucólico da gaita-de-foles. Sem razão aparente, a sinfonia em fá K75 tem, como segundo andamento, o seu minuete e trio; já o final folclórico é mais divertido. Os musicólogos têm duvidado, mas aceitado, de modo geral, a K75 (excluindo a K76); não estão tão certos quanto à K81, cuja autoria algumas fontes atribuem a Leopold (apesar de ter conquistado um lugar na *New Mozart Edition* e, deste modo, também, nas gravações das obras completas de Mozart), e somos forçados a admitir que o seu progresso suave e efectivo não é especial. O mesmo se pode dizer da K84, que ostenta diferentes atribuições – Wolfgang, Leopold e Dittersdorf. Cliff Eisen é muito cauteloso ao assumir que as sinfonias K95 a 97 possam pertencer a Mozart, porque não há manuscritos: a K95 é menos original que a K96, onde um *andante* 6/8, ritmado mas forçado, com contratempos acentuados, se transforma num andamento pastoril, que poderia ser executado na época do Natal (como, por exemplo, *Christmas Concerto*, de Corelli). Por fim, neste grupo de obras não manuscritas, destaca-se outra alegre sinfonia em ré maior, a K97, talvez de 1770, cujo final poderia ter influenciado Beethoven na sua 7.ª Sinfonia, caso ele a tivesse, alguma vez, ouvido.

⋒ *As Primeiras Sinfonias*
English Concert / Trevor Pinnock
DG Archiv 471 666 2 (4 CD)

Sinfonia n.º 12 em Sol K110
Sinfonia n.º 13 em Fá K112
Sinfonia n.º 14 em Lá K114**
Sinfonia n.º 15 em Sol K124
Sinfonia n.º 16 em Dó K128
Sinfonia n.º 17 em Sol K129*
Sinfonia n.º 18 em Fá K130*
Sinfonia n.º 19 em Mi Bemol K132

Com este grupo de obras, escritas a partir de 1771, as sinfonias de Mozart são, agora, pintadas numa tela maior e alcançam mais individualidade que as exuberantes peças anteriores. A K110 em sol, com trompas, apresenta como abertura um *allegro* turbulento – mais longo que qualquer andamento que

Mozart tenha escrito até esse momento – com a segunda parte, por outro lado, a iniciar com uma imitação gentil. A escrita imitativa, de modo invulgar, anima o *allegro* final, com harpejos saltitantes entre as cordas. Leopold escreveu na partitura o minuete da K112 em fá, ainda na forma convencional, que também rotulou. Mas a partir da K114 avista-se um novo mundo: esta sinfonia em lá maior tem a data de «Salzburgo, 30 de Dezembro de 1771», e o grupo das oito seguintes também foi escrito nessa cidade. Mozart ainda não tinha escrito nada instrumental, tão elaborado quanto esta sinfonia, com a sua abertura subtil e os saltos repentinos para os primeiros violinos, rodeados de surpresas harmoniosas, tudo enquadrado numa estrutura firme – um argumento sinfónico apelativo. No trio do minuete, Mozart coloca todo o dinamismo nos segundos violinos, deixando os primeiros tocar uma melodia quase uníssona. A 22 de Fevereiro de 1772 ele já escrevia a K124 em sol, o seu primeiro andamento com compasso ternário e, finalmente, o minuete de contrastes elegantes e o trio sedutor, seguidos por um final suficientemente divertido para um sucesso certeiro.

Uma das coisas que se percebe em Mozart, com estas sinfonias, é o desenvolvimento que ele faz da matéria musical; o primeiro andamento da K128, em dó, apresenta uma secção de desenvolvimento que, surpreendentemente, começa com mi bemol e percorre várias notas antes de regressar ao dó. Não há minuete e o final surge no estilo de uma jiga. A K129 em sol, com oboés e trompas, inclui o tipo de *crescendo* que Mozart deve ter aprendido com os seus companheiros de Manheim; os sons *andante* agem como se fossem convencionais mas, em pouco tempo, o som evolui, na segunda parte, para um encantador *diminuendo*, imitação de contratempo, enquanto o vigoroso *allegro* final, também, contém duas lentas e inesperadas secções imitativas para cordas. Mozart percebe que tem inúmeras possibilidades ao trabalhar este material e a sua marca persiste na K130 em fá, de Maio de 1772, que se revela um trabalho de grande subtileza. Começa, gradualmente, com um ritmo vigoroso característico, que surge periodicamente, ao longo do primeiro andamento. O minuete enceta um confronto entre os violinos e os baixos, e o trio acrescenta, algo estranhamente, trompas muito agudas. O final é um verdadeiro passo em frente, meticulosamente trabalhado, com o máximo contraste e desenvolvimento e com toques de cromatismo – um movimento que se irá manter próximo de muitas das suas últimas peças. Em Julho de 1772, Mozart regressa à clave da sua primeira sinfonia, para compor a K132 em mi bemol, também com quatro trompas; a base musical é menos impressionante, mas a pontuação e as sonoridades são sublimes. O longo e demorado andamento foi, mais tarde, substituído: terá sido porque, no primeiro, fez questão de, aparentemente, citar uma canção de Natal (que Mozart conhecia porque a ouvira no carrilhão de Salzburgo), ou apenas porque era demasiado longo? De novo, encontramos um final sólido, que começa com meio compasso ao estilo gavota, e inclui alguns passos marginais em notas distantes (há um momento, quase arrepiante, em que as cordas deslizam para lá bemol e as trompas mantêm um única nota – descendo uma oitava na repetição – face ao ré bemol dos violinos!) antes de chegar ao turbulento final.

♫ *Sinfonias n.ᵒˢ 14-18*
Orquestra de Câmara de Praga / Charles Mackerras
Telarc 80242
♫ *Sinfonias n.ᵒˢ 17-19, 22, 32*
Orquestra Barroca de Amsterdão / Ton Koopman
Erato 45714

Sinfonia n.º 20 em Ré K133*
Sinfonia n.º 21 em Lá K134
Sinfonia em Ré K161 e K163
Sinfonia em Ré K111a e b
Sinfonia n.º 22 em Dó K162
Sinfonia n.º 26 em Mi Bemol K184*
Sinfonia n.º 27 em Sol K199
Sinfonia n.º 23 em Ré K181**
Sinfonia n.º 24 em Si Bemol K182

Mozart sabia, agora, como escrever sinfonias que não fossem apenas excepcionalmente eficazes, mas musicalmente sólidas. A K133 em ré foi escrita em Salzburgo em Julho de 1772. Stanley Sadie, em *The New Grove*, chama a atenção para o modo como o extrovertido andamento de abertura combina influências de Itália e Manheim (a construção fácil do tema também faz lembrar Johann Christian Bach), e como Mozart, inteligente, guarda a serena abertura, recuperando-a, apenas, no final do andamento. Temos, depois, um *andante* tranquilo, com solo de flauta, duplicando, de certa forma, os violinos uma oitava acima, um vigoroso minuete e trio de sopros e, por fim, algo muito especial: um final com compasso 12/8 – uma jiga, mas a quatro tempos e não dois. Nesta situação, Mozart pode permitir-se alguns efeitos surpreendentes, brincar com a pauta e zurrar acordes nos instrumentos de sopro, ou mesmo um possível eco inconsciente da abertura da obra: revigorante.

A sinfonia em lá maior K134 é mais contida, usando pares de flautas e trompas para um efeito puro no *andante*, que parece ecoar a ária «*Porgi amor*» da Condessa de *As Bodas de Fígaro*: não poderíamos, de modo algum, prever que pequeno fragmento Mozart iria escolher para o desenvolvimento, nem tão pouco a pequena coda que acrescenta, imponente. A astuta abertura, do *allegro* final, lembra o andamento de abertura da primeira sinfonia em lá maior, mas desvia-se, contudo, nas direcções mais inesperadas, mesmo antes do ousado final. As sinfonias em ré maior K161 e K163 são uma versão da abertura de *Il sogno di Scipione* (os andamentos seguem contínuos), enquanto a K111a e b foi usada em *Ascanio in Alba* (onde o final voltou ao início da ópera, algo muito invulgar na época).

Um grupo de sinfonias escritas em Salzburgo, a partir de Março de 1773, (as datas exactas foram alteradas ou apagadas nos manuscritos, por razões que se desconheçem) revelam uma confiança total na forma, talvez renovada com a terceira visita de Mozart a Itália, mas, na verdade, marcam o final de um período em que a composição sinfónica era essencial no trabalho de Mozart. A sinfonia K162 em dó, com trompas e trompetes, é relativamente tradicional: um primeiro andamento majestoso, tercinas eloquentes no *andante* e, depois, um final imponente. A abertura da K184, em mi bemol, (provavelmente, debaixo dos rabiscos, surge a data de Março de 1773) apresenta uma semelhança impressionante com a Sinfonia Concertante para violino e viola, no mesmo acorde; não devemos, no entanto, ignorar a nota dissonante e deformada que oferece o motivo principal ao argumento do andamento. Felizmente, desvanece-se por completo e o *andante* impõe-se antes de nos guiar ao compasso ternário final. Quer esta sinfonia tenha sido originalmente escrita como uma abertura, ou não, foi executada como tal na década de 80 do século XVIII, numa peça da autoria do dramaturgo berlinense Plumicke, juntamente com andamentos de *Thamos, rei do Egipto*, de Mozart.

A sinfonia em sol maior K199 (agora com data de Abril de 1773, em Salzburgo) desperta em nós uma sensibilidade para a dança, produzindo um efeito, no primeiro andamento, que viria a ser utilizado no ballet de *Idomeneo*. O *andantino grazioso* permite-se alguns compassos de intensidade cromática, antes de se desvanecer num final etéreo, quase fugado. É inútil tentar encontrar uma melodia, na abertura do andamento da impressionante K181, em ré maior, pessoalmente a minha favorita dentro dos primeiros trabalhos (apesar do estudioso de Mozart, Jens Peter Larsen, achar que «lhe falta carácter»): trata-se de música totalmente criada a partir de acções e harmonias, cujos passos se desenvolvem de modo brilhante. Alguns compassos de uma escrita íntima para quatro partes de cordas (incluindo uma emotiva parte para viola) revelam como Mozart se tornara um excelente compositor de quartetos para cordas; no entanto, estas são, de imediato, arrebatadas por escalas apressadas que se empilham umas sobre as outras: é a apoteose do estilo de J. C. Bach. O andamento central é uma ária operística ou serenata para solo de oboé, e o final inclui duas partes para cordas, que se revelaram um sucesso na sinfonia «Paris» e no final de *Don Giovanni*. A K182 em si bemol oferece mais àqueles que procuram um argumento na sinfonia; no *andantino grazioso* Mozart usa, de novo, a flauta para duplicar os violinos uma oitava acima, antes dos oboés regressarem para um retumbante final.

◯ *Sinfonias n.ᵒˢ 21-41*
Academy of St. Martin-in-the-Fields / Neville Marriner
Philips 422 502-2 (6 CD)
◯ *Sinfonias n.ᵒˢ 19-23*
Orquestra de Câmara de Praga / Charles Mackerras
Telarc 80217

Sinfonia n.º 25 em Sol menor K183***

É a primeira sinfonia de Mozart, em modo menor, a chegar aos nossos dias, e uma obra-prima. Foi terminada em Salzburgo, a 5 de Outubro de 1773, e apesar da sua construção se ter desenvolvido à sombra da «grande» sinfonia em Sol maior, n.º 40, encontrou, agora, um lugar seguro no repertório (sobretudo desde que foi utilizada como a música do genérico no filme *Amadeus*, de Shaffer). «O tom urgente das notas sincopadas, repetidas no início, representa algo novo, tal como acontece com o dramático descenso da sétima diminuta e das frases repetidas que se atropelam» (Stanley Sadie). A combinação de um movimento instrumental ousado, que Mozart dominou na perfeição, com um material temático inovadoramente incisivo e eficaz, confere poder a este impressionante andamento. Simon Keeffe, escritor mais recente, destaca, por outro lado, a continuidade existente entre este andamento e as primeiras sinfonias de Mozart, e afirma que o resultado, neste caso, se deve menos ao uso do modo menor, do que ao facto de Mozart «combinar práticas estilísticas preexistentes de modo firme e conciso».

Mozart poderá ter ouvido a Sinfonia n.º 39 de Haydn, também em sol menor e, também, incluindo quatro trompas; poderá, do mesmo modo, ter escutado o Opus 6 n.º 6, de J.C. Bach; mas, neste andamento, a construção de Mozart do solo de trompa, é simplesmente estranho. É possível que tenha ouvido as sinfonias do chamado estilo *Sturm und Drang* («tormenta e ímpeto», termo que teve origem num movimento literário alemão contemporâneo), tendo absorvido, de imediato, o seu espírito. O final, tão atrevido na exploração da unissonância quanto a sinfonia «Trauer», n.º 44, de Haydn (que também conta com o uso, corajoso, de uma sétima diminuta, ao fechar), abarca um poder, quase assustador, que a parte do desenvolvimento explora duramente. Tal como Alfred Einstein perguntou: «Que propósito pode ter um documento que exprime tal impetuosidade?»

⌒ *Sinfonias n.ºs 25 e 40*
Orquestra Concertgebouw / Nikolaus Harnoncourt
Teldec 249 970-2

Sinfonia n.º 28 em Dó K200*

Embora a data não seja clara, mais uma vez – 17 (ou 12) de Novembro de 1774 (ou 1773) – esta foi a última sinfonia que Mozart compôs em Salzburgo, durante o seu período produtivo. Para uma sinfonia em dó maior, com trompetes e trompas, apresenta um estilo bastante delicado, com intercâmbios alegres entre os violinos, e uma melopeia altiva que mostra como Mozart conseguia, cada vez mais, integrar melodias nos seus movimentos orquestrais. O *andante*, de início, parece determinado, mas isso é apenas uma ilusão; assim que começa a segunda parte, Mozart torna-se completamente caprichoso, inserindo uma pausa, uma única nota com instrumento de sopro, para depois desenvolver a coda. No minuete e no trio, Mozart guarda a sua explosão basilar para a segunda parte do trio, enquanto o *presto* final testa a agilidade e a precisão dos violinistas ao máximo.

⌒ *Sinfonias n.ºs 25, 28 e 29*
Orquestra de Câmara de Praga / Charles Mackerras
Telarc 80165

SINFONIAS

Sinfonia n.º 29 em Lá K201***

E assim surge, terminada a 6 de Abril de 1774, em Salzburgo: uma sinfonia na qual Mozart, sem abandonar o impulso e a afabilidade dos seus primeiros trabalhos, oferece uma completa lembrança de linha e melodia em cada compasso do trabalho. Numa das suas primeiras sinfonias, a forma do seu começo pode ter sido pura harmonia, mas neste trabalho, merecidamente mais famoso, a linha de sopros, que se elevam através de oitavas emotivamente ornamentadas, é quase tão única como uma ária. O contraste com a sinfonia em sol menor não podia ser maior: em vez de tormenta e impetuosidade surge uma serenidade inevitável. O que não quer dizer que a sinfonia não seja possante: o desenvolvimento apodera-se da última frase de ligação, acanhada, da primeira secção, para aumentar a tensão. Quando a mesma frase regressa no fim da recapitulação, Mozart contradiz todas as expectativas ao colocar uma questão: perplexidade no intercâmbio entre cordas e sopros; as cordas andam quase à deriva, ora aparecendo, ora se escondendo, mesmo antes de o tema regressar. Também o *andante* não é diferente dos das primeiras sinfonias; é, tão-somente, mais assombroso, com as cordas em surdina a soltarem-se apenas nos compassos finais, para aquiescer à questão ansiada. Será que Mozart alguma vez terá escrito um final mais simples e eficaz que este turbulento e assombroso andamento? Aqui, as geniais modulações relembram Haydn e Mozart mantém as suas trompas, de algum modo, encurraladas até as soltar, mais tarde, para coroar as cordas uníssonas na coda. Uma brisa que se eleva, uma pausa dramática, uma única cadência e termina.

♩ *Sinfonias n.ᵒˢ 29, 31, 34, 35, 36, 38, 39, 40, 41*
Orquestra Filarmónica de Londres / Thomas Beecham
EMI References CHS 7636982
♩ *Sinfonias n.ᵒˢ 29 e 34*
Orquestra Filarmónica de Viena / James Levine
DG 419 189-2
♩ *Sinfonias n.ᵒˢ 29, 33, 40*
Orpheus Chamber Orchestra
DG 453 425-2

Sinfonia n.º 30 em Ré K202
Sinfonia em Ré K196 e K121
Sinfonia em Ré K208 e K102

Nada de surpreendente, neste caso; na verdade, a sinfonia K202, hoje em dia, é menos executada que outras anteriores ou posteriores: talvez tenha sido uma sinfonia escrita, especificamente, para uma ocasião especial, em Salzburgo (Maio de 1774) e nada mais que isso. Os biógrafos de Mozart têm mostrado alguma preocupação com o aparente retrocesso que este trabalho representa: parece, sem dúvida, um retorno ao seu estilo inicial, onde o movimento predominava sobre a melodia. A sinfonia K196, em sol maior, combina a abertura de *La finta giardiniera* com um final peculiar, escrito em Salzburgo, enquanto a K102 foi um desfecho que permitiu criar uma nova sinfonia a partir da abertura e da primeira ária de *Il re pastore*. Também por esta altura, as serenatas K204 e K250 foram revistas e reduzidas de modo a criar sinfonias com quatro andamentos.

Sinfonia n.º 31 em Ré, «Paris» K297**

Em Março de 1777, Mozart abandonou, ultrajado, o posto que ocupava ao serviço do príncipe-arcebispo de Salzburgo, e encetou uma viagem até Munique, Augsburg, Manheim e Paris – com a mãe, mas sem o seu pai. Este facto veio a ter consequências funestas que iriam desvirtuar a relação de Mozart com o pai para sempre: a mãe de Mozart faleceu em Paris, em Julho de 1778 e Mozart sentiu-se incapaz de dar a notícia ao seu exigente pai. Em vez de o fazer, tentou distrair o pai, e a si próprio, com uma carta alvoroçada, a contar bisbilhotices e a enumerar as suas experiências musicais. Parece, agora, improvável que Mozart tenha escrito duas sinfonias dedicadas a Paris, como ele alega, mas esta viria a revelar-se suficiente. Mozart escreveu: «Estava muito nervoso com os ensaios, pois nunca na vida tinha ouvido uma actuação tão má. Não imaginais como eles arranharam e baralharam a música, pelo menos duas vezes. Eu não estava nada satisfeito e, de bom grado, teria ensaiado mais uma vez, mas havia tantas outras coisas para ensaiar, que já não havia tempo. Assim, fui-me deitar com o coração pesaroso e a sentir-me infeliz e irritado». Não era de espantar, tendo em conta que eram compositores que ouviam o seu trabalho pela primeira vez! Mas a actuação de 18 de Junho de 1778 acabou por se transformar num enorme sucesso (segundo o compositor), suscitando aplausos no meio dos andamentos, situação muito comentada desde então. Mas mais significativa é a insinuação de Mozart de que ele teria escrito algumas passagens – nomeadamente para os violinos no início do final – especialmente para o gosto parisiense: pode ser verdade, mas ele já tinha escrito deste modo, noutras sinfonias anteriores, em Salzburgo. Contudo, um aspecto que, de facto, se deve a Paris é a presença de clarinetes numa partitura sinfónica.

A Sinfonia «Paris» é um trabalho de clareza cinematográfica, em que o material contrastante é justaposto graças à habilidade de um operador de câmara talentoso, que se concentra em diferentes imagens para, depois, as combinar. Uma afirmação uníssona e uma escala envolvente que se eleva. Uma delicada sequência pontuada que decai. O trote de uma linha do baixo. Reflexões suaves no primeiro violino, combinadas com tercinas no segundo violino. Pulsações uníssonas em toda a orquestra. O vigor e o gracejo com que se conjugam estas ideias fornecem um entusiasmo crescente a este andamento de abertura: não admira que os parisienses aplaudissem. O *Andante* foi substituído, de forma memorável, porque o promotor do *Concert Spirituel* convenceu Mozart de que era muito elaborado para o público. As duas versões parecem suficientemente inocentes (é, francamente, divertido que os maiores mozartianos não saibam, ao certo, qual o andamento original e qual o substituto). A grandiosidade da sinfonia é, contudo, resumida no final com a sua abertura frenética e não acentuada, levando à erupção que levou o público parisiense a aplaudir. Enquanto o andamento progride, a sua elegância contrapontística e sagacidade tornam-se impressionantes. Ficamos quase sem fôlego, entusiasmados com a disposição dos artifícios que Mozart derrama, sem esforço, no nosso caminho.

♫ *Sinfonias n.os 31 e 35*
Orchestra of the 18th Century / Frans Bruggen
Philips 416 490-2
♫ *Sinfonias n.os 31, 33, 34*
Orquestra de Câmara de Praga / Charles Mackerras
Telarc 80190

Sinfonia n.º 32 em Sol K318**

Esta sinfonia, datada de 26 de Abril de 1779, recorda-nos a forma contínua em três andamentos das aberturas das óperas e as primeiras sinfonias de

Mozart. Em execução já foi muitas vezes chamada «Abertura no Estilo Italiano», mas não parece ter havido uma intenção operística para este trabalho. É maduro, equilibrado e, extraordinariamente, original num aspecto: o *Andante* central interrompe o principal *Allegro spiritoso* entre a sua exposição e recapitulação. Assim, a última parte da sinfonia arredonda o material musical, mas inversamente, guardando o melhor (a impressionante abertura, interrompida por um espantoso acorde em mi menor) para o final.

♩ *Sinfonias n.ᵒˢ 32, 35, 35*
English Baroque Soloists / John Eliot Gardiner
Philips 422 419-2

Sinfonia n.º 33 em Si Bemol K319*

Nem mesmo o grande revivalista de Mozart, Thomas Beecham, que realizou algumas das primeiras gravações modernas de sinfonias como «Paris» ou a sinfonia em lá maior, incluiu este trabalho na sua análise das últimas sinfonias de Mozart; a obra nunca foi popular nos programas dos concertos (foi ouvida nos *Proms*, sob a orientação de Wood, numa actuação a solo em 1925 e depois, novamente, apenas em 1978). Trata-se, contudo, de um trabalho cativante, datado de Julho de 1779, com uma qualidade ao nível da música de câmara na maioria da composição, e que a destaca como elemento da tradição de Salzburgo. Tem um último andamento particularmente cintilante num ritmo fulguroso.

♩ *Sinfonias n.ᵒˢ 31-41*
Orquestra Concertgebouw / Nikolaus Harnoncourt
Teldec 9031-72484-2 (4 CD)

Sinfonia n.º 34 em Dó K338**

Esta emocionante e exuberante sinfonia assinala o fim da carreira de Mozart, enquanto compositor em Salzburgo: a sua conclusão, a 29 de Agosto de 1780, marcou o fim de uma era. Seria difícil imaginar um desfecho mais positivo, ainda que o sentimento de Mozart, em relação a Salzburgo, fosse exactamente o inverso. De facto, Mozart parece agora preocupar-se em con-

SINFONIAS

jugar, num único e triunfante exercício, tudo o que aprendeu e experimentou na forma sinfónica. O equilíbrio dos temas e o seu desenvolvimento é soberbamente gerido: há uma longa e taciturna secção com cordas em uníssono e fortes acordes nos instrumentos de sopro; ruma, de seguida, em direcção à secção menor, terminando em lá bemol, antes do andamento se impor de novo. (Georges de Saint-Foix, pioneiro dos estudo académicos sobre as sinfonias de Mozart, na década de 30 do século XX, descreveu esta secção como «Schumannesca».) O *Andante di molto* (ao qual Mozart acrescentou *piu tosto Allegreto*, quando remeteu as partes para uma outra actuação) é marcado *sotto voce* e desdobra-se, em voltas, no violino superior que acaba por regressar, puro e desacompanhado, para encerrar o andamento. O *Allegro vivace* final é um *perpetuum mobile* onde a força que surge no dó maior lembra o refrão de Handel «Happy we!» de *Acis und Galatea*. Seria necessário um par de oboés, cintilantes e unânimes, alguns dos melhores amigos de Mozart na orquestra de Salzburgo, que ele afirmava ser «grosseira, libertina, negligente», mas que, sabemos de outras fontes, tinha «bons músicos de instrumentos de sopro».

𝄞 *Sinfonias n.ᵒˢ 34, 35, 39*
London Mozart Players / Jane Glover
ASV DCA 615

Sinfonia n.º 35 em Ré, «Haffner» K385***

«Estou afogado em trabalho… E agora também me pedis que componha uma nova sinfonia? Como raios é que o vou fazer? Bom, terei de passar a noite em claro, é a única maneira; e por vós, querido pai, sacrifico-me. Trabalharei tão depressa quanto me for possível e permitido; irei compor algo belo».

É este o novo Mozart: parece ocupado, com muitos compromissos em Viena, aprecia a nova vida do músico independente e ressente-se com as exigências do pai. Mas a ocasião para a qual Leopold pretendia música festiva, relacionava-se com um dos velhos amigos de Mozart, Sigmund Haffner, e assim o compositor, gentilmente, compôs uma peça que viria a tornar-se uma das mais populares, durante o revivalismo de Mozart no século XX, sobretudo nas grandes orquestras de câmara. É tão memorável que dificilmente esquecemos a música, no entanto, parece ter sido o que aconteceu com Mozart, se acreditarmos na carta que escreveu ao pai quando este lhe devolveu a partitura no ano seguinte: «A minha nova sinfonia Haffner surpreendeu-me por completo, pois tinha esquecido cada nota dela. Certamente irá causar boa impressão». E assim é, desde os pulos da espantosa oitava inicial e das cordas que respondem em sussurro, atravessando escalas ascendentes e apressadas; depois, passagens tensas onde as oitavas, agora quietas e caladas, se escutam sobre as linhas do baixo, em fuga, sempre palpitantes, originando uma tensão que se agiganta. Para maior entusiasmo, há um regresso mágico através de uma selva cromática até aos espaços livres do tema principal; após as explosões da figura uníssona que se ergue no clímax final, Mozart eleva os violinos ao seu registo mais alto. O segundo andamento só podia ser um repouso, enquanto o Minuete e o Trio são incrivelmente tradicionais, provavelmente um reflexo da natureza «estilo serenata» da ocasião. Mas o final é uma força distinta: a energia rítmica e a força natural assumem uma exuberância quase dionisíaca, e muitos ouviram, aqui, ecos da música de Osmin de *O Rapto do Serralho*. Mozart disse que devia ser executada «tão depressa quanto possível».

♫ *Sinfonias n.os 35, 36, 32*
Orquestra de Câmara Escocesa / Jukka-Pekka Saraste
Virgin VC7 90702-2
♫ *Sinfonias n.o 35 etc.*
Orquestra Sinfónica da BBC / Arturo Toscanini
BBC Legends 4016-2

Sinfonia n.º 36 em Dó, «Linz» K425***

Esta sinfonia chama-se «Linz» porque Mozart a compôs, «a uma velocidade vertiginosa», para um concerto nessa cidade, a 4 de Novembro de 1783: viajava pela cidade, quando os seus anfitriões lhe pediram para dar um concerto, mas não tinha com ele qualquer sinfonia. (Seria muito mais fácil compor uma nova sinfonia do que recordar uma já escrita? Provavelmente, já que no caso da «Haffner» Mozart tinha tido dificuldade em recordar a velha música sem as suas partituras.) Contudo, esta é, de facto, uma sinfonia vienense: a influência de Viena no desenvolvimento musical de Mozart dificilmente estará sobrevalorizada, e conseguimos, de imediato, perceber a nova elaboração e complexidade do argumento musical. É aparente a importância da sinfonia enquanto veículo de um discurso sério, no qual todos os instrumentos ocupam o mesmo lugar, com nova proeminência para os sopros; o tratamento da matéria é de uma subtileza sem precedentes. A introdução lenta do Adágio é uma nova característica de Mozart, como se nos quisesse avisar da seriedade iminente da música. Hans Keller classificou, com justiça, os temas do andamento exterior, de «exaltadamente urgentes», e, de facto, iniciam com muito pouca energia contida. O que é notável é a escassez de textura em grande parte do primeiro andamento – sétimas repetidas três vezes nas cordas, envoltas em pausas – o que dá ao dó maior envolvente maior esplendor e efeito. O belo fá maior siciliano é quebrado, também, por passagens estranhas na escala, desta vez a destacar o intervalo da nona, antes do regresso da serenidade. Depois do nobre minuete e trio, o *Presto* final combina o seu impulso directo com melodias simples e eloquentes. Há duas sequências a que nos rendemos de coração, quase sem paralelo em qualquer outro trabalho de Mozart, quando as cordas dialogam numa sequência dolorosa sob acordes de sopros, atingindo um pico de intensidade antes de acalmar cromaticamente até se apagar, após o que as celebrações avançam de novo – um daqueles admiráveis momentos mozartianos, que nos fazem questionar como é que ele imaginou tal música.

♀ *Sinfonias n.ᵒˢ 36 e 38*
Orquestra de Câmara de Praga / Charles Mackerras
Telarc 80148
♀ *Sinfonias n.ᵒˢ 36 e 38*
Orquestra Sinfónica da Columbia / Bruno Walter
CBS MYK 44826

Sinfonia n.º 38 em Ré, «Praga» K504***

O espírito de *Don Giovanni* paira sobre esta gloriosa sinfonia, concluída em Viena a 6 de Dezembro de 1786 para uma visita a Praga em Janeiro seguinte; de entre as suas últimas digressões, esta é uma das mais alegres e bem sucedidas. Mozart era respeitado, muito solicitado, e tinha alcançado grande sucesso, nessa cidade, com *As Bodas de Fígaro*; a sua presença a tocar piano «num grande concerto na casa da ópera» a 19 de Janeiro foi, segundo opinião geral, um triunfo. «Quando, no final do concerto, Mozart improvisou, sozinho ao piano, durante mais de meia hora, transportou-nos ao mais elevado êxtase; este encantamento só foi desfeito pela enorme torrente de aplausos,» escreveu o seu amigo Franz Niemetschek. Nas suas memórias, Niemetschek indica, claramente, o estatuto que ele esperava que a sinfonia obtivesse no final do século XVIII, quando elogiou a «Praga» como sendo «cheia de transições inesperadas [...] que, de imediato, levam a alma a esperar algo sublime». Esta expectativa é, imediatamente, criada pela abertura da sinfonia em ré menor, prodigiosa e dramática, cheia de violentos contrastes e linhas cromáticas. Desaparece, para lhe suceder o *Allegro*, no qual se apresenta e desenvolve uma magnífica disposição da matéria: uma linha calma e sincopada do primeiro violino com uma ondulação ascendente, uma fanfarra de sopros com uma frase que decai, um solo de oboé a pairar sobre uma sétima sustenida na escala e uma figura sequencial exuberante, com acordes de sopros não acentuados. A imaginação de Mozart lança-se entre estes fragmentos, moldando-os como se agitasse um caleidoscópio, construindo uma estrutura extraordinária e complexa a partir deles. Keller acreditava que esta sinfonia era o triunfo da forma-sonata e, consequentemente, não tinha que conter um minuete; a verdadeira razão da ausência desse andamento é, provavelmente, pragmática, mas é certamente verdade que o *Andante* alongado – onde as linhas cromáticas da introdução da sinfonia, subitamente, se transformam numa beleza nada ameaçadora – fornece todo o contraste necessário antes do final. Este andamento edificante encontra uma alegria absoluta ao brincar com os contrastes entre cordas e sopros, dando a cada um uma escrita exigente, colocando invenção sobre invenção e não dando um momento de tréguas no seu movimento em frente – o tipo de efeito que Beethoven mais tarde atingiu no final da sua Primeira Sinfonia.

☊ *Sinfonias n.ᵒˢ 38 e 39*
Academy of Ancient Music / Christopher Hogwood
Decca Oiseau-Lyre 410 233-2
☊ *Sinfonias n.ᵒˢ 38 e 39*
English Baroque Soloists / John Eliot Gardiner
Philips 426 283-2
☊ *Sinfonias n.ᵒˢ 38 e 39*
Orquestra de Câmara da Europa / Nikolaus Harnoncourt
Teldec 4509 90866

Sinfonia n.º 39 em Mi Bemol K543****

Ainda não está, completamente, clara a razão porque Mozart escreveu três sinfonias no Verão de 1788, mas de uma coisa podemos estar certos: escreveu-as com um propósito específico, para um concerto ou digressão, e não as compôs apenas, como afirmou Alfred Einstein, «devido a um impulso interior», que simbolizava «um apelo à eternidade». Neal Zaslaw, no divertido ensaio «Mozart, um trabalhador rígido» deitou por terra a ideia de que Mozart alguma vez tenha escrito puramente no abstracto, e deu exemplos convincentes de ocasiões, nos últimos anos – em Viena, Dresden, Leipzig, Frankfurt e Mainz – em que estas sinfonias podem bem ter sido executadas. Possivelmente, foram escritas para ciclos de concertos em Viena, em Junho e Julho de 1788, que nunca chegaram a ocorrer.

Zaslaw afirma que «Mozart não compunha por estar inspirado, mas era a inspiração que o levava a ser tão bom compositor». Certamente nunca compôs tão bem, ou causou maior impacto, que nestas três obras-primas. Uma das características mais impressionantes, enquanto trilogia, é que são tão distintas em temperamento e emoção quanto o são, por exemplo, *Fígaro*, *Giovanni* e *A Flauta Mágica* – e é esta última, com o seu mi bemol que, inevitavelmente, é recordada na Sinfonia n.º 39. A influência de Haydn, nas três últimas sinfonias de Mozart, pode ter nascido no facto das três primeiras sinfonias «Paris», de Haydn, n.os 82 a 84, terem sido publicadas em Viena em 1787, e terem sido, sem dúvida, estudadas por Mozart.

A introdução lenta, grandiosa, com ritmos pontuados em estilo francês e escalas aceleradas, cria tensão e finaliza com uma passagem onde o mundo fica boquiaberto aos nossos pés – um momento que deixou o grande analista Donald Tovey perplexo: «uma dessas coisas sublimes, incomparáveis umas com as outras e com tudo o resto». A tensão é aliviada no quente *Allegro* com compasso ternário. Apesar de o *Allegro* ter o seu momento de força nas secções *tutti* (com escalas a ecoá-las na introdução), a sua principal atracção é a sonoridade das secções mais calmas, que fazem lembrar o mundo purificado em *Flauta Mágica*, com a linha do baixo, *pizzicato*, até ao amável segundo tema, nas cordas mais altas. O *Andante* começa, despreocupado, em lá bemol, mas é, de imediato, ensombrado por dois episódios em fá menor, que soltam alguma da força que se fez sentir no andamento lento da Sinfonia «Londres» de Haydn. Mozart manipula, de modo inteligente, as suas linhas melódicas, com secções do compasso quaternário divididas em porções ímpares de tempo e meio e dois tempos e meio, ficando os dois meios compassos desacompanhados! A pequena e encantadora coda eleva-se do baixo, imitativa, sobre uma nota sustenida da trompa, e os clarinetes entrelaçam-se assim que o tema regressa. A forte energia oscilante do minuete e a melodia refinada e popular do trio, com acompanhamento semelhante à sanfona, devem muito às inovações que Haydn introduziu nas suas sinfonias. O que é «haydnesco» acerca do último andamento não é apenas a sua alegria, mas o facto de se basear apenas num tema, tal como em muitos andamentos de Haydn (e alguns de Mozart). O entusiasmo do compositor nas relações entre as notas é intenso e o desenvolvimento explora ao máximo a graça que se pode ter com o tema menor. O tema ouvido pela última vez é apresentado em uníssono sobre um zumbido do baixo, em homenagem à tradição bucólica (que ecoa, também, na Sinfonia «Londres» de Haydn). Num dos finais mais hábeis que Mozart escreveu, o tema é posto de lado na cadência final.

♩ *Sinfonias n.ᵒˢ 39, 40, 41*
Orquestra de Câmara da Europa / Nikolaus Harnoncourt
Teldec 9031 74858-2 (ao vivo, 5 de Dezembro de 1991)
♩ *Sinfonias n.ᵒˢ 39 e 41*
London Classical Players / Roger Norrington
EMI 7 54090 2
♩ *Sinfonias n.ᵒˢ 39 e 41*
NDR Sinfonie Orchester / Günter Wand
BMG RD60714

Sinfonia n.º 40 em Sol Menor K550****

Tem havido poucos trabalhos mais difíceis de abordar do que a Sinfonia n.º 40 de Mozart, que nos é familiar através de versões revitalizadas, simplificadas e reorganizadas de todas as formas e feitios. Além disso, tem sido um dos poucos trabalhos de Mozart a permanecer firme no repertório, ao longo do século XIX. Isso deu origem a uma multiplicidade de interpretações conflituosas, desde a famosa descrição de Schumann – «uma obra de graciosidade e beleza gregas» – até àqueles que a descreveram como o apogeu da personalidade trágica de Mozart. Dificilmente a ambiguidade emocional poderia ir mais longe e é fundamental que oiçamos a peça abertamente, sem preconceitos, porque nos irá revelar maravilhas. Não deve haver muitas aberturas mais ambíguas que a desta sinfonia: um acompanhamento, depois uma melodia, que dificilmente se pode classificar como tal (talvez relacionada com a primeira efusão de Cherubino em *Fígaro*?). Raramente o contraste e a unidade surgem tão enleados como no primeiro grupo de temas desta sinfonia: não há oposição formal, como na sinfonia «Júpiter», mas antes uma flutuação entre materiais que assumem a sua maior expressão na secção do desenvolvimento. Aqui, Mozart retira quase todo o conceito de estabilidade, pois através dos *fugatos* de duas partes, dos novos arranjos sem baixo do fragmento em semitom do tema, e do colapso cromático final, há sempre o sentimento de uma tónica que permite seguir em frente. O *Andante* (tantas vezes tocado demasiado devagar para permitir a sua verdadeira beleza) é o verdadeiro sucessor de todos aqueles pequenos andamentos imitativos das primeiras sinfonias de Mozart, mas aprofundado cem vezes – é um milagre o modo como o tema simples se veste em figuras descendentes nos sopros e como se alonga em sequências. O minuete predominante de duas partes, de súbito, transforma-se, na sua segunda secção, numa teia devidamente elaborada de contraponto, face à qual o trio harmonioso em sol maior oferece um momento de tranquilidade divina, antes da torrente final. Este andamento pode ser visto como o sucessor de todos aqueles finais sinfónicos mozartianos, que avançam, implacáveis; no entanto, este apresenta maior profundidade e substância – com destaque na secção do desenvolvimento, onde a sequência simples dos acordes da abertura é, de súbito, distorcida numa linha com não menos de dez daquelas doze notas cromáticas. Este momento, amado por aqueles dodecafonistas que o consideram uma mensagem simbólica da história, é equilibrado pelo modo em que a música é arrastada de volta à sua moldura tonal. O resto da sinfonia soa como um escape a este momento traumático, até à tempestuosa coda final com linhas do baixo que se elevam, céleres, um dos mais belos momentos mozartianos de intensificação no último minuto.

♫ *Sinfonias n.ᵒˢ 40 e 38*
Orquestra de Câmara Inglesa / Benjamin Britten
Decca 430 494-2
♫ *Sinfonias n.ᵒˢ 40 e 41*
Orquestra de Câmara de Praga / Charles Mackerras
Telarc 80139

Sinfonia n.º 41 em Dó «Júpiter» K551****

A última sinfonia de Mozart data de 10 de Agosto de 1788 e foi terminada pouco depois das n.ᵒˢ 39 e 40. As três formam um conjunto imponente, mas é duvidoso que devam ser executadas em grupo: ouvi-las, em sequência, será quase como ver três catedrais empilhadas, umas em cima das outras. A «Júpiter» é, deliberadamente, a mais grandiosa das três: também é a mais formal no que se refere ao equilíbrio e ao contraste dos temas. É quase audaz na sua abertura: fanfarra, resposta delicada, fanfarra, resposta delicada. Os sopros lideram a integração e a sobreposição destes temas, e um novo tema nas cordas não só soa como é, de facto, uma ária operática (*«Un bacio di mano»* K541, que Mozart compôs para incluir numa ópera de Anfossi). O desenvolvimento leva a figura da fanfarra a perder-se, cromaticamente, nas cordas, sendo necessários uns compassos de sopros estáveis para restaurar o equilíbrio antes da recapitulação. O *Andante cantabile,* em surdina, explora o seu estilo elaborado, embora não como um conjunto de variações, como acontece na 9.ª de Beethoven; há, contudo, algo da elaboração e intensidade progressivas dessa sinfonia, ambas inquietas, mas confortantes: Zaslaw exprimiu bem os seus «misteriosos ecos de desconforto».

Após o minuete e o trio, invulgarmente cromáticos, que começam, perspicazes, com uma cadência, o celebrado final revela-se. Não é, de modo algum, «uma fuga com quatro temas» – essa descrição só pode aplicar-se à coda onde, efectivamente, há quatro temas, breves, combinados fugazmente. Mas é mais uma combinação vitoriosa do desenvolvimento da forma-sonata com uma textura imitativa. O andamento é a culminação das texturas imitativas dos quartetos de cordas nas primeiras sinfonias, e faz desta a primeira sinfonia cujo peso emocional recai, com firmeza, no seu último andamento, como a decisão de uma caminhada (como aconteceria, por exemplo, na 5.ª de Beethoven). Sugeriu-se que o uso de uma marca «antiga» no final assinala o regresso de Mozart à música sacra. Seja ou não verdade, o tema conscientemente antigo, certamente, faz lembrar a sua juventude. Mas Mozart combina esta fonte que olha o passado com o desenvolvimento impressionantemente futurista, o que leva a deslocação dos temas a um novo nível, com uma verdadeira imitação em quatro partes, sob acordes galopantes de sopros.

Quando pensamos que regressamos à normalidade, graças à recapitulação harmoniosa, um dos momentos mais desalentadores na música de Mozart irrompe, tirando-nos o tapete de debaixo dos pés – é o momento em que o cromatismo regressa com uma energia renovada, deixando as violas a lutar pelas suas vidas, perdidas na textura. É o contexto para uma surpresa, ainda maior, da coda fugaz. Quando pensamos que o argumento da peça já terminou, surge, de súbito, uma combinação directa dos temas que foram apresentados. Isto é a apoteose dos exercícios aprendidos, familiares a Mozart desde a sua juventude, magnificamente re-trabalhados como um milagre, não apenas de construção mas, também, de expressão. A combinação é breve, de um modo genial e atormentado, antes de Mozart deixar de lado toda a panóplia aprendida, com o zurro insistente dos trompetes e da percussão.

«O verdadeiro testamento sinfónico de Mozart», disse Georges de Saint--Foix. É-o inevitavelmente, mas o facto é que estes trabalhos finais, bem-aventurados, apontam tanto para uma direcção futura, como para uma passada. Tal como Hans Keller afirmou, cortês: «é fácil dizer que, após o final da "Júpiter", nenhum outro pensamento sinfónico lhe seria possível ou necessário [...] sem dúvida, sejamos sensatos após o facto ocorrido, desde que tenhamos certeza que estamos a ser sensatos». As últimas sinfonias tornam, dolorosamente, clara a questão inacabada sobre a vida criativa de Mozart, pois tudo indica que, se Mozart tivesse vivido mais tempo, teria composto sinfonias que teriam levado a música, de modo decisivo, ao século XIX.

♫ *Sinfonias n.os 40 e 41*
Orchestra of the 18th Century / Frans Bruggen
Philips 434 149-2
♫ *Sinfonias n.os 40 e 41*
English Baroque Soloists / John Eliot Gardiner
Philips 426 315-2
♫ *Sinfonias n.os 40 e 41*
Nova Orquestra Filarmónica / Carlo Maria Giulini
Decca 452 889-2
♫ *Sinfonias n.os 39, 40, 41*
Orquestra de Câmara da Europa / Nikolaus Harnoncourt
Teldec 0630 18957-2

Concertos

CONCERTOS PARA PIANO

Se tivéssemos que escolher um único género que sintetizasse, na perfeição, o magnífico labor de Mozart, enquanto compositor (não esquecendo que seria absurdo colocar de lado as óperas) teria de ser o concerto para piano. Esse foi o género que ele tornou seu, a mais pessoal das suas criações: árias que escreveu para ele mesmo cantar, sinfonias para ele próprio executar. E, também, porque são os concertos para piano que mostram, mais detalhadamente, o equilíbrio da criatividade de Mozart entre o artista executante e o compositor: os dois foram inseparáveis. Ele começou, como sempre, sob a orientação do pai; para entender a forma, recriava música dos seus contemporâneos, e continuou a desenvolver, com uma rapidez surpreendente, a sua própria compreensão instintiva das possibilidades. Um dos melhores instrumentistas actuais do seu repertório, Robert Levin (cuja compreensão do estilo de Mozart é tão completa que ele improvisa cadências, e mesmo, peças inteiras, na linguagem mozartiana), referiu-se ao impacto da progressiva capacidade de Mozart, como compositor de ópera, no concerto para piano. É um conceito fascinante, aliar a capacidade de Mozart no trabalho sinfónico a ordenar e sobrepor temas, com a capacidade de escrita operística, na qual essa sobreposição se encontra ao serviço de uma função retórica, precisa, ao ajustar o libreto. Tal como afirma Levin: «uma grande complexidade da exposição temática, em peças instrumentais, pode encontrar paralelo numa situação dramática específica, ditada por um texto». Nos concertos para piano isto é conseguido, essencialmente, através da figuração não vocal: harpejos em toda a dimensão do piano, por exemplo. Mas talvez esta ideia ajude a entender a narrativa, imediata, clara e acessível destes concertos: parecem, de facto, contar, uma história sem palavras.

Concerto para Piano n.º 1 em Fá K37
Concerto para Piano n.º 2 em Si Bemol K39
Concerto para Piano n.º 3 em Ré K40
Concerto para Piano n.º 4 em Sol K41
Concerto para Piano em Ré K107/1
Concerto para Piano em Sol K107/2
Concerto para Piano em Mi bemol K107/3

Em 1767, quando Mozart tinha onze anos, o seu pai mostrou-lhe alguns andamentos de sonatas da autoria de alguns compositores cujos nomes se têm, desde então, desvanecido na nossa memória, incluindo Raupach, Honauer, Schobert, Eckard e C.P.E. Bach, e pediu-lhe que os transformasse em concertos miniatura. Mozart tinha conhecido alguns destes compositores, em Paris, e admirava e aprendera com a sua música. Terá sido um exercício estimulante: as partes do solo reproduzem os andamentos da sonata, mas o jovem Mozart adiciona *ritornelli* orquestrais para iniciar as secções do solo. O exercício foi, obviamente, realizado em estreita colaboração com o pai, e foi repetido alguns anos mais tarde (1771 ou 1772) com três sonatas completas de Johann Christian Bach (Opus 5, n.os 2, 3, 4), cuja música Mozart veio a admirar cada vez mais enquanto esteve em Londres. Estes arranjos resultaram na peça K107.

♩ *Concertos para Piano K37, K39-41*
Ingrid Haebler / Capella Academica Vienna / Eduard Melkus
♩ *Concertos para Piano K107*
Ton Koopman / Orquestra Barroca de Amsterdão
Edição Completa de Mozart, Philips, Vol. 7 422 507-2 (12 CD)

CONCERTOS

Concerto para Piano n.º 5 em Ré K175 /Rondó em Ré K382*
Concerto para Piano n.º 6 em Si Bemol K238
Concerto n.º 7 em Fá para três Pianos K242
Concerto para Piano n.º 8 em Dó K246

O Concerto n.º 5, geralmente classificado como o primeiro original do compositor, porque foi composto após uma série de concertos baseados na música de outros compositores, foi escrito em Salzburgo em Dezembro de 1773, pouco antes de Mozart fazer dezoito anos. Parece tê-lo executado em várias digressões e, mais tarde, referindo-se a uma actuação em Manheim, afirmou «toquei o meu velho concerto em ré maior, porque, aqui, é um dos favoritos». Para uma apresentação revivalista, em Viena, em 1782, ele substitui o final por um Rondó. Apesar de ser um trabalho original e vigoroso, tende, nos dias de hoje, a ser esquecido em favor de trabalhos posteriores, como o Concerto em Si Bemol, mais subtil, escrito em Janeiro de 1776 e que, tanto Mozart como a irmã Nannerl, tocaram em Salzburgo e em várias digressões.

O Concerto para três pianos, do mês seguinte, é apresentado, nos dias de hoje, sobretudo em ocasiões específicas de colaboração entre pianistas, quer sejam *virtuosi* ou primeiros-ministros: foi escrito para a família Lodron de Salzburgo, especificamente para a filha mais nova da família e é composto por duas partes, consideravelmente difíceis, complementadas por uma mais simples. A matéria musical é modesta, não sendo um concorrente à altura do último Concerto para dois pianos. O Concerto em Dó Maior K246 foi, também, relembrado por Mozart, em Manheim, Paris e, depois, em Viena, durante o apogeu das suas apresentações de concertos nos anos de 1780, mas foi, originalmente, escrito em Abril de 1776 para a Condessa Lutzow, sobrinha do arcebispo de Salzburgo. Exige elegância e vontade, pouco mais, e o final é um rondó um pouco monótono em andamento de minuete.

♩ *Concertos para Piano K365, K242, K466*
András Schiff, Daniel Barenboim, Georg Solti / Orquestra de Câmara Inglesa / Georg Solti
Decca 430 232-2
♩ *Concertos para Piano K175/382, K238, K246, K271, K365, K413, K415*
Mitsuko Uchida / Orquestra de Câmara Inglesa / Jeffrey Tate
Philips 473 889-2

Concerto para Piano n.º 9 em Mi K271*

Mozart dá o seu grande passo, como compositor de concertos, com este originalíssimo trabalho, que data de Janeiro de 1777. Durante muito tempo foi chamado Concerto «Jeunehomme», como se se referisse à juventude do próprio Mozart mas, neste momento, sabemos que se refere a uma jovem, Victoire Jenamy, filha do coreógrafo de ballet, e amigo de Mozart, Noverre. A sua abertura audaz, que abandona uma introdução instrumental e introduz o piano após o primeiro compasso, é apenas um dos vários golpes de mestre da peça. O *Andantino* central apresenta-se em dó menor, obscuro, com grande elaboração no trabalho do solista, enquanto o final é o primeiro exemplo, nos seus concertos, de um andamento em movimento constante, criado a partir do ritmo e harmonia, sem conteúdo melódico visível. Mas enquanto a música corre célere, uma cadência para o solista leva-nos, de súbito, a um encantador minuete, com acompanhamento em surdina e *pizzicato*, como se os intérpretes de serenatas de *Così* tivessem acabado de entrar. Outra cadência e a agitação regressa sem interrupções.

♫ *Concertos para Piano K271, K456*
Leif Ove Andsnes / Orquestra de Câmara Norueguesa
EMI 57803
♫ *Concertos para Piano K271, K503*
Richard Goode / Orpheus Chamber Orchestra
Nonesuch 79454

Concerto n.º 10 para Dois Pianos em Mi Bemol K365**

Uma das relações mais importantes dos primeiros anos da vida de Mozart foi a que teve com a sua irmã Nannerl, com quem viajou nas primeiras digressões, sendo ela própria, uma talentosa pianista. Mas quando o génio de Mozart ultrapassou a habilidade da irmã, a sua relação tornou-se tensa, tendo-se agravado após a morte do pai. Só podemos assumir que este concerto grandioso foi escrito, tal como outros duetos de piano, para que os irmãos o tocassem em conjunto, e a intervenção de Leopold, ao escrever parte das cadências, sustenta essa ideia (apesar de Mozart também o executar com os seus alunos, tal como aconteceu em Viena, em 1781, numa actuação com Josepha Auernhammer).

A data original da peça não é clara: calcula-se que possa ter sido escrita entre os anos 1775/7 até 1779, data defendida por Köchel, o que parece ser convincente. Foram acrescentadas, possivelmente por Mozart, mais trompas e partes de percussão, para o concerto de 1781, mais provavelmente para a edição de Breitkopf no século XIX. Musicalmente, este concerto habita no mundo da Sinfonia Concertante na mesma clave, sem dúvida de 1779, e é igualmente experiente, embora talvez não tão arriscado. A interacção entre os dois músicos é tão equilibrada que não conseguimos distingui-los: o primeiro andamento é impelido pela interacção vigorosa entre os solistas, enquanto o andamento central é muito mais descansado. O final é um *Rondeau* perspicaz com uma cadência exigente.

♫ *Concertos para Piano K365 etc.*
Friedrich Gulda, Chick Corea / Orquestra Concertgebouw / Nikolaus Harnoncourt
Teldec 8.44154
♫ *Concertos para Piano K242, K365 etc.*
Malcolm Bilson, Robert Levin, Melvyn Tan / English Baroque Soloists /
/ John Eliot Gardiner
DG Archiv 463 111-2 (9 CD)
♫ *Concertos para Piano K365, K242, Variações K501*
Murray Perahia, Radu Lupu / Orquestra de Câmara Inglesa
Sony Classical 44915

Concerto para Piano n.º 11 em Fá K413
Concerto para Piano n.º 12 em Lá K414*
Rondó em Lá Maior K386
Concerto para Piano n.º 13 em Dó K415*

Estes três concertos formam uma trilogia escrita em Viena, em 1782/1783, depois de Mozart se ter mudado para cidade; pretendia utilizá-los nos seus ciclos de concertos, de modo a solidificar a sua carreira em Viena. Nesta fase de entusiasmo empresarial, anunciava, em Janeiro de 1783, que pretendia vender, inclusivamente, cópias dos seus manuscritos – a quem, ainda não sabemos. Talvez para aumentar as possibilidades de venda, as partes relativas aos instrumentos de sopro foram dispensadas, e os concertos foram executados apenas com acompanhamento de quarteto de cordas, tornando-os, assim, muito adequados ao uso doméstico. Casualmente, as linhas do baixo, nas partes do solo de piano, estão escritas com baixo contínuo – figuras que apontam uma harmonia intencional – através da partitura, demonstrando que o piano tocaria ao longo da obra, emergindo depois como solista, em vez de permanecer silencioso enquanto a orquestra tocava. Estes eram os concertos que Mozart indicava ao pai, como sendo, tanto para amadores como para entendidos; eram «um belo equilíbrio entre o que é muito fácil e muito difícil; são geniais, naturais e agradáveis ao ouvido, sem serem insípidos. Há passagens, aqui e ali, das quais os entendidos retiram enorme satisfação, mas estão escritas de tal modo que o menos entendido não deixa de se alegrar, sem saber porquê» (carta de 28 de Dezembro de 1782). Os académicos poderiam teorizar, infindavelmente, acerca da música do século XVIII, devido a esta fascinante frase, que revela uma consciência apurada sobre o gosto do público, em vez de uma consciência remota e refinada sobre um futuro elitista, tantas vezes atribuído a Mozart.

Qualquer um dos três concertos ostenta uma sensação de intimidade, e o lá maior denota uma atmosfera lírica especial. Percebe-se, neste caso, a influência dos concertos de Johann Christian Bach (e o andamento central parece basear-se num tema central deste compositor), mas a linguagem desenvolve-se rapidamente e a interacção de ideias é subtilmente gerida. O *Andante*, encantador, exibe o sentimento da serenata nocturna de Mozart, e há um ensaio completamente decorado para o pianista – provavelmente o tipo de coisa que o próprio Mozart teria tocado em todos os seus concertos, mas que, neste caso, escreveu porque o trabalho iria ser vendido. O final atrevido é um *Rondeau* que mostra como o compositor consegue encontrar inspiração mesmo numa pequena linha uníssona do baixo. O primeiro andamento do Concerto em Fá Maior é mais extrovertido, com um ostentoso cruzar de mãos para o solista, mas o *Larghetto*, com violinos em *sotto voce* e baixos em *pizzicato*, parece um sonho; o minuete final é elegante, quase suave. O Concerto em Dó Maior, que começa com uma figura imitativa para cordas, ao estilo fanfarra, de certo modo prefigura o ambiente da Sinfonia «Júpiter», embora a parte do piano nunca se expanda, emocionalmente, além da genialidade e, no *Rondeau* final, de jovialidade sagaz. O Rondó em Lá Maior tem sido tema de extensa investigação mozartiana, nos últimos anos, desde que o manuscrito foi dividido em vários fragmentos e o final da música se perdeu (apesar de ter sido reconstruído, mas de algum modo imaginado, pelo compositor inglês Ciprani Potter, em 1838). Depois, em 1980, o grande mozartiano inglês Alan Tyson descobriu-o por entre uma miscelânea de peças musicais de Süssmayr, na Biblioteca Britânica. O que ele deve ter sentido... A peça parece ter sido uma tentativa rejeitada de um final para o Concerto em Lá Maior, mas é, por vezes, executada por si só.

Concerto para Piano n.º 14 em Mi Bemol K449*
Concerto para Piano n.º 15 em Si Bemol K450*
Concerto para Piano n.º 16 em Ré K451
Concerto para Piano n.º 17 em Sol K453**
Concerto para Piano n.º 18 em Si Bemol K456*

Estes belos concertos datam da época em que Mozart fazia sucesso como compositor e instrumentista em Viena, e mostram como ele se inebria com as possibilidades de interacção entre piano e orquestra – sobretudo a crescente emancipação dos instrumentistas de sopros como solistas, com um estatuto quase igual ao do pianista. A recém-descoberta confiança de Mozart é, talvez, percebida pelo facto de ele começar um novo catálogo temático da sua música, sendo o K449 a primeira entrada, completa a 9 de Fevereiro de 1784 (para uma actuação de Barbara Ployer a 17 de Março). O primeiro andamento surge em compasso triplo, tal como seria o andamento de abertura da Sinfonia n.º 39 na mesma clave, enquanto o *Andantino* central é uma alegre melodia em *sotto voce*, expressivamente, ornada pelo solista. O final começa com um cativante andamento, quase barroco, no qual o solista, exuberante, planeia cuidadosamente o tema simples, até não poder contê-lo mais tempo, momento em que salta para o final em compasso triplo. Este concerto requer uma orquestra mais pequena do que os concertos posteriores, e Tyson acredita que a abertura foi escrita em 1782, tendo sido abandonada e, posteriormente, revista no início de 1784.

O Concerto em Si Bemol, de 15 de Março de 1784, desenvolve a paleta ainda mais, com fagotes independentes, oboés e trompas; a parte do solo parece claramente virtuosa, como se Mozart quisesse mostrar tudo aquilo que consegue fazer. Um andamento central ondulante e um *Allegro* final irrequieto (com uma parte em que se destaca o primeiro oboé) levam a uma *cadenza* exibicionista com um cruzar de mãos que leva a mão esquerda a descer três oitavas da semicolcheia nos seus compassos de abertura. O Concerto quase consegue terminar calmamente, mas não inteiramente. O Concerto em Ré Maior, terminado apenas uma semana mais tarde, a 22 de Março é, igualmente, extrovertido, fazendo maior uso de ritmos pontuados, e por contraste, síncopas calmas sobre um acompanhamento do contrabaixo, que nos são familiares das primeiras sinfonias. O *Andante* é um desses andamentos mozartianos cujas inflexões cromáticas podem parecer demasiado sentimentais se forem tocadas muito devagar, enquanto o *Rondeau* final agita a sua pequena melodia, sem pausas e, tal como o K449, decide acabar num compasso triplo frenético.

O Concerto em Sol Maior, também composto para Barbara Ployer, foi terminado em Abril de 1784, e executado num concerto privado em Dobling, em Junho (no mesmo concerto Mozart apresentou o seu próprio Quinteto para Piano e Sopros e os dois tocaram a bela Sonata para Piano K448). Tornou-se, também, famoso pelo facto de Mozart ter alegado que o seu estorninho de estimação podia cantar o tema do final (apesar de falhar uma nota e uma pausa, que ele anotou a 28 de Maio de 1784 no seu livro de registos, numa tentativa infrutífera de organização doméstica). Trata-se, sem dúvida, de uma melodia clara e memorável, tal como o é a sucessão aduladora de vários temas no andamento de abertura, combinados e reordenados em sequências mágicas, enquanto o andamento progride. Parece pouco provável que Mozart tenha terminado o Concerto em Si Bemol apenas a 30 de Setembro, data do registo no seu catálogo, já que o compôs para a pianista cega Maria Theresia Paradis, para tocar em Paris, e o seu último concerto na cidade seria a 2 de Outubro. Qualquer que seja a verdade, Leopold Mozart ouviu o filho tocar a peça em Fevereiro de 1785, tendo o «verdadeiro prazer de ouvir, nitidamente, a interacção entre os instrumentos; vieram-me as lágrimas aos olhos com um deleite tão puro». É uma peça despretensiosa, na qual grupos de cordas e de sopros se confrontam de um modo que Leopold teria admirado, desempenhando, também, funções específicas no andamento central em sol menor, sobretudo no interlúdio em sol maior.

◯ *Concertos para Piano K449, K537*
Maria João Pires / Orquestra Filarmónica de Viena / Claudio Abbado
DG 437 529-2
◯ *Concertos para Piano K453, K467*
Maria João Pires / Orquestra de Câmara da Europa / Claudio Abbado
DG 439 941-1
◯ *Concertos para Piano K175/382, K449, K451*
Robert Levin / Academy of Ancient Music / Christopher Hogwood
Decca Oiseau-Lyre 458 285-2

Concerto para Piano n.º 19 em Fá K459****

Este Cconcerto não pertence ao grupo canónico dos últimos concertos de Mozart mas é, pelo menos, seu semelhante; consegue sempre surpreender-nos com a sua profundidade e força. Em oposição às cores delicadas do Concerto em Sol Maior K453, o Concerto em Fá Maior é um trabalho da maior seriedade, sendo possível medir a diferença entre os dois no modo como as respectivas aberturas, com um ritmo pontuado semelhante, seguem em direcções alternativas. (Mozart registou a peça no seu catálogo temático com trompetes e percussão na orquestração, mas pode ter sido uma incorrecção; nenhuma das partes chegou aos nossos dias.) Os sopros brotam proeminentes assim que o solista entra e Mozart escreve figuras imitativas em cinco partes para eles enquanto o pianista emprega figurações com novas expressões, muito mais cromáticas que os harpejos tonais e pausas dos primeiros concertos. Suspensões impressionantes na linha do baixo destacam o tema, quando este regressa, conferindo-lhe uma grandiosidade notável. O andamento central, que tanto lembra a ária de Susanna, ainda por escrever, do quarto acto de *As Bodas de Fígaro*, «*Deh vieni*», é um exemplo perfeito da capacidade que Mozart tinha de permitir aos seus solistas de sopros voarem livremente pela textura face às linhas dos solistas: de facto, têm, aqui, a última palavra, enquanto o solista termina com a primeira coisa que tocou. O final é totalmente falacioso, iniciando como um daqueles alegres diálogos entre piano e orquestra com que já nos familiarizamos, e que se desenvolve ao longo de linhas, também elas, atarefadas. Mas isto, de súbito, abre caminho a uma secção contrapontística notável, incansavelmente trabalhada, que começa na tonalidade menor, culminando numa magnífica cadenza que escorrega, em pulsações, para o fundo do piano. Terá sido absolutamente surpreendente em Viena, em 1785, e ainda o é. Busoni fez arranjos deste andamento para dois pianos.

🎧 *Concertos para Piano K459, K488*
Maurizio Pollini / Orquestra Filarmónica de Viena / Karl Böhm
DG 413 793-2
🎧 *Concertos para Piano K459 etc.*
András Schiff / Camerata Academica de Salzburgo / Sándor Végh
Decca 448 140-2

Concerto para Piano n.º 20 em Ré Menor K466****

Tal como a Sinfonia em Sol Menor, este profundo trabalho na tonalidade menor veio preencher as expectativas do século XIX sobre o génio trágico de Mozart, tendo, assim, permanecido no repertório durante aquela época em que os principais concertos de Mozart, e quase a totalidade das suas sinfonias, estavam esquecidos. Entendemos, de imediato, porque agradava tanto à sensibilidade Romântica: desde os compassos de abertura, assustadoramente incertos, à parte intricada das cordas, esta é uma peça que proclama o seu conteúdo emocional desde o início, fazendo adivinhar o ré menor de *Don Giovanni*. Há uma fluidez rítmica que confere ao concerto a sua qualidade, estranhamento, ondulante e solta. Se acreditarmos no catálogo de Mozart, a peça ficou concluída a 10 de Fevereiro de 1785, apenas um dia antes de ser executada. Se foi, de facto, este o concerto que Leopold ouviu no dia seguinte, afirmou estar mais que satisfeito com o padrão instrumental. Quando levou a peça para Salzburgo, para que pudesse aí ser apresentada, afirmou que «tivemos que ensaiar o rondó três vezes até a orquestra conseguir executá-lo». O primeiro andamento, interrompido pelo piano com uma melodia totalmente nova que, depois, se insere na estrutura em desenvolvimento, termina – invulgarmente – em pleno sossego, *pianissimo*. A *Romanza* central canta, de início, cromaticamente, para depois dar lugar a uma secção central destemida e turbulenta, repleta de tercinas no piano. O final, cujo material se encontra intimamente ligado ao do primeiro andamento, sempre o achei um dos mais estranhos de Mozart: começa como um poderoso rondó em ré menor, mas depois passa à tonalidade maior, com os trompetes e trompas chilreantes no final, a troçar de todos nós, e a provocar a mesma qualidade misteriosa, apesar de jovial, desta vez, com que este notável concerto iniciara.

꩜ *Concertos para Piano K466, K595*
Murray Perahia / English Chamber Orchestra
Sony SACD SS42241
꩜ *Concertos para Piano K365, K459, K466*
Martha Argerich / Orchestra di Padova e del Veneto / Alexandre Rabinovitch
Teldec 98407

CONCERTOS

Concerto para Piano n.º 21 em Dó K467****

Famoso pelas razões erradas (a utilização sentimental do andamento central no filme *Elvira Madigan* transmite uma visão errada da peça), este concerto merece ser conhecido pelas razões certas: é uma obra gloriosa, intensamente original cujo andamento central é, surpreendentemente, inovador. Foi o resultado de um período conturbado, quando Leopold Mozart ainda estava em Viena, embrenhado nas actividades do filho, e é através dele que sabemos do sucesso deste concerto no teatro da corte numa quinta-feira, 10 de Março de 1785. O seu testemunho, corroborado por um anúncio do concerto, também revela que Mozart levou com ele, não só o seu piano-forte, mas ainda um pedal específico de conexão que seria «utilizado por ele ao improvisar». Este fascinante instrumento, semelhante ao órgão, tem sido alvo de grande controvérsia ao longo dos anos: será que Mozart também o utilizava, ao tocar nos concertos, para a linha do baixo?

Não há nenhum andamento, a não ser o K467, em que Mozart tenha tão alegre e astutamente combinado as convenções da fanfarra uníssona de abertura com a melodia tranquila, que era agora a sua marca registada. A abertura flui naturalmente; o solista começa, invulgarmente, com uma *cadenza* (acto talvez repensado, a julgar na paginação manuscrita de Mozart) antes de elaborar o tema em dó maior e, em seguida, um tema numa tonalidade menor e mais escura, olha com expectativa para a Sinfonia em Sol Menor. A composição sequencial para piano e sopros é excitante e expressiva, e o verdadeiro argumento sinfónico do andamento termina calmamente. O famoso *Andante* (não é lento: pulsa em tercinas o tempo todo) é ousado e experimental no seu uso de dissonâncias contínuas que resultam. As partes interiores da textura são reforçadas pelo primeiro contrafagote sobre os segundos violinos em surdina e os primeiros violinos em surdina ecoam no solo saudoso do pianista que, periodicamente, mergulha sob o acompanhamento até à clave de fá. Que andamento misterioso e mágico! O final é uma versão do andamento fugidio e em constante movimento que Mozart experimentara antes, mas aqui surge melhor que nunca: os sopros e a linha do baixo do piano competem pela supremacia e o cromatismo separa-se em sonantes escalas abertas em dó maior, enquanto a obra tropeça até ao seu final.

☊ *Concertos para Piano K467, K503*
Stephen Kovacevich / Orquestra Sinfónica de Londres / Colin Davis
Philips 426 077-2

MOZART

♫ *Concertos para Piano K467 etc.*
Géza Anda / Camerata Mozarteum de Salzburgo
DG 447 436-2
♫ *Concertos para Piano K467, K595*
Murray Perahia / Orquestra de Câmara da Europa
Sony Classical SK 46485

Concerto para Piano n.º 22 em Mi Bemol K482***

Nos finais de 1785, em Viena, parecia que nada podia correr mal a Mozart. A sua música era solicitada, os seus concertos tinham subscritores, e já planeava os próximos ciclos de concertos da Quaresma para o ano de 1786, quando completou este Concerto, em mi bemol, a 16 de Dezembro. Foi apresentado, provavelmente no dia 23 de Dezembro. Os clarinetes foram incluídos lado a lado com as flautas, e as trompas, trompetes e timbales reúnem-se para conferir à peça um ar marcial, apesar da sua coloração em mi bemol ser sempre subtil e moderada. A parte do piano, no primeiro andamento, está repleta de ideias que não são desenvolvidas – criatividade à solta, fora de controlo – e o *Andante* em dó menor é intensamente ornamentado. O final, em compasso 6/8, começa com uma jiga tradicional, com muita composição independente para solo de flauta e fagote e enérgicas figuras de acompanhamento de clarinete. O meu momento favorito é um pequeno fragmento de sete notas para o solo de piano, repetido cinco vezes sobre o mais sereno dos acompanhamentos, atrevido, no entanto ansioso. Depois, tal como no K271, o andamento pára e uma bela serenata impõe-se, num cântico de clarinetes, fagotes e trompas. O desalinho regressa, mas assim que os acordes tónicos e explosivos nos fazem sentir que tudo acabou, surge, de novo, o pequeno fragmento de sete notas, desta vez sob os acordes dos instrumentos de sopro, calmos e sustenidos; pequeno fragmento, de certo modo, insuportavelmente pungente, como se Mozart não conseguisse abandonar o milagre que criara.

♫ *Concertos para Piano K482, K595*
Alfred Brendel / Orquestra de Câmara Escocesa / Charles Mackerras
Philips 468 367-2
♫ *Concertos para Piano K482 etc.*
Robert Levin / Academy of Ancient Music / Christopher Hogwood
Decca Oiseau-Lyre 452 052-2

Concerto para Piano n.º 23 em Lá K488***

A par do Concerto em Ré Menor K466, este concerto é uma das mais populares criações de Mozart, talvez por ir ao encontro da sua concepção de júbilo e simplicidade tanto quanto o Concerto em Ré Menor ia ao encontro de clichés sobre o seu espírito trágico. Em nenhum dos casos a descrição demasiado simplista é verdadeira, pois este Concerto em Lá Maior tem um andamento central de uma profundidade invulgar. A peça foi terminada quando a popularidade de Mozart, em Viena, estava no seu auge, mas prestes a decair, e foi incluída nos seus concertos da Quaresma em 1786. (Tyson destacou que a abertura foi escrita em papel datado de finais de 1784 ou inícios de 1785, antes da orquestração incluir os clarinetes.) A natureza delicada do *Allegro* inicial, com os sopros e as cordas a usufruírem de igual destaque na abertura, não é quebrada pelo solista que, para nossa surpresa, tendo em conta que se trata de Mozart, entra com o tema da abertura instrumental. A própria *cadenza* de Mozart, breve e sem tema, sobrevive neste andamento. O Adágio central é invulgar, tanto no seu sinal – que desta vez inclui, de facto, um andamento lento – como na sua tonalidade em lá menor sustenido: é o único andamento de Mozart nesta tonalidade. Os grandes saltos na parte do piano são intensamente expressivos, mas a questão sobre se Mozart os teria preenchido com elaboração é difícil de responder musicalmente, sobretudo onde eles se baldeiam através de acompanhamentos claros de cordas, em *pizzicato*. No segundo grupo de material, os solistas de instrumentos de sopro debruçam-se nas suas maravilhosas dissonâncias através da barra de compasso, prolongando-as até à cadência final, onde Mozart transforma o início num fim. O andamento final é *Allegro assai*, uma permuta tagarela e movimentada que nunca perde, nem o seu bom humor nem o seu comando de lógica musical.

♫ *Concertos para Piano K488, K491*
Richard Goode / Orpheus Chamber Orchestra
Nonesuch 7559 79489-2
♫ *Concertos para Piano K488, K491*
Clifford Curzon / Orquestra Sinfónica de Londres / István Kertész
Decca Classic 452 888-2

Concerto para Piano n.º 24 em Dó Menor K491****

Este concerto, agora reconhecido como um dos melhores de Mozart, pode ter assinalado um ponto de viragem na sua relação com o público vienense. Não temos informação alguma, nos registos da época, sobre a sua primeira apresentação, que se presume ter tido lugar, no concerto de Mozart, a 7 de Abril de 1786. Tem-se sugerido que terá intrigado ou alienado um público que esperava ouvir uma peça alegre; no entanto, ele já tinha explorado um temperamento mais austero em trabalhos anteriores e este é apenas o mais sério de todos. Apesar de utilizar a maior orquestra de Mozart para um concerto, com uma flauta, pares de oboés, clarinetes, fagotes, trompetes, trompas, timbales e cordas, é uma obra obscura que raramente escapa à sua intensidade de tonalidade menor. As linhas cromáticas da abertura, a natureza fragmentária da parte do piano, cheia de pausas incertas, e a energia taciturna da coda do andamento que termina com acordes abafados – tudo isto é o que hoje dá à obra uma atracção poderosa (e que trouxe Beethoven a esta obra em particular). O andamento central em mi maior sustenido acalma, temporariamente, a dor, e inclui algumas das composições de Mozart mais livres para *ensemble* de sopros (ouçamos como o fagote está activo até ao final da coda). Mas onde poderíamos esperar uma mudança em direcção à tonalidade maior no final (como Beethoven iria fazer na sua 5.ª Sinfonia), Mozart mantém-se na tonalidade menor durante alguns conjuntos de variações onde só uma vez é permitido um dó maior. Até o rápido final em compasso triplo se mantém na tonalidade menor de modo firme, escuro, mesmo desesperado.

☊ *Concertos para Piano K491 etc.*
Alfred Brendel / Orquestra de Câmara Escocesa / Charles Mackerras
Philips 462622-2

Concerto para Piano n.º 25 em Dó K503****

Qualquer que tivesse sido a reacção vienense ao seu Concerto em Dó Menor K491, não foi suficiente para dissuadir Mozart de escrever outro magnífico concerto, desta vez em dó maior, mais tarde nesse ano, terminado a 4 de Dezembro de 1786. Como Robert Levin afirma, é o mais longo dos seus concertos (432 compassos no primeiro andamento, 382 no último). Mas acabou por ser o último episódio deste ciclo de concertos que ele próprio executava e os seus concertos do Advento, nesse ano, parecem ter sido cancelados. Esta obra foi, talvez, ouvida pela primeira vez a 7 de Março de 1787. Como se pretendesse contrariar as críticas que referiam a obscuridade do K491, esta obra apresenta-se repleta de luz, triunfante e a sua abertura instrumental é a mais grandiosa de todos os seus concertos. O material do primeiro andamento é, também, surpreendentemente variado e fluentemente desenvolvido. Apesar de 1786 ser o ano de *Fígaro*, é Papageno que espreita tanto no segundo tema do primeiro andamento, como no tema inocente do rondó final (alguns perceberam uma semelhança com a gavota de *Idomeneo*, e o andamento assemelha-se, de facto, a um baile). No andamento central, por outro lado, e tal como David Wyn Jones escreveu «a orquestra prepara o cenário para a inconsolável prima-dona […] mas não há prima-dona que possa equiparar-se ao alcance e agilidade da ornamentação encontrada na composição para piano de Mozart». Também ninguém consegue deixar de se sentir enlevado pela exuberância e genialidade do final, o que se deve, em parte, à leveza do material, mas também à impressionante escrita das composições que ele mesmo executava. Terá sido suficiente para convencer os vienenses? Não sabemos, mas os concertos de Mozart chegaram ao fim pouco tempo depois.

♩ *Concertos para Piano K503 etc.*
Stephen Kovacevich / Orquestra Sinfónica de Londres /Colin Davis
Philips 426 077
♩ *Concertos para Piano K503, K271*
Richard Goode / Orpheus Chamber Orchestra
Nonesuch 79454

Concerto para Piano n.º 26 em Ré, «Coroação» K537**

É o irmão maltratado, entre os últimos concertos para piano, pois é muito menos executado que os seus companheiros. Nem parece, na verdade, estar totalmente trabalhado na partitura, o que nos leva a pensar que terá sido preparado à pressa e executado pelo próprio Mozart que, como acontecia com frequência nestes casos, terá improvisado bastante enquanto ia tocando. Alan Tyson afirmou que grande parte da peça tinha sido «parcialmente escrita» no início de 1787. Sabemos que teve actuação a 14 de Abril 1789, no concerto especial que celebrava a coroação do Imperador Leopoldo II, em Frankfurt.

Mas como foi registado no seu catálogo a 24 de Fevereiro de 1788, é geralmente aceite que também tenha sido executado num concerto vienense; H.C. Robbins Landon sugeriu, perspicaz, que terá sido ainda utilizado no intervalo de uma actuação que Mozart conseguiu, um par de dias mais tarde, de um oratório de C.P.E. Bach. Quaisquer que sejam as incertezas acerca da peça, pode surtir um agradável efeito se for tocada com a liberdade e elaboração que o próprio Mozart, sem dúvida, trouxe ao material.

♫ *Concertos para Piano K537 etc.*
Clifford Curzon / Orquestra Sinfónica da BBC / Pierre Boulez
BBC Legends 4020-2
♫ *Concertos para Piano K537 etc.*
Murray Perahia / English Chamber Orchestra
Sony SK 39224

Concerto para Piano n.º 27 em Si Bemol K595****

Um dos progressos académicos mais reveladores nos últimos anos, na investigação dos manuscritos de Mozart, tem sido o estudo da alteração da sua letra e do papel em que escrevia. O trabalho do falecido Alan Tyson, em particular, revelou que, muitas vezes, Mozart iniciava um trabalho para depois o pôr de lado, porque não tinha razões ou não sentia vontade de o acabar, vindo a pegar nele algum tempo mais tarde. Um exemplo chave é este último concerto para piano, que sempre se pensou ter sido produzido no último ano: foi, com certeza, terminado a 5 de Janeiro de 1791, mas acredita-se, agora, que terá sido iniciado, talvez, em 1788, na época em que escrevia as suas três últimas sinfonias. (Este concerto começa, de facto, do mesmo modo que a Sinfonia em Sol Menor; um desconcertante compasso de acompanhamento isolado, uma transição do nada para a música.) No entanto, a obra revela uma progressão e unidade constantes de temperamento: a sua contenção amargurada tem sido, frequentemente, relacionada com os acontecimentos do último ano de Mozart, mas não há razão alguma para assumirmos que Mozart não poderia evocar o seu estado de espírito em qualquer outro momento. Não se trata, de modo algum, de uma peça demonstrativa, sendo antes uma meditação interior, quase íntima. O andamento de abertura é tão sereno quanto o da Sinfonia em Sol Menor é inquieto: é uma forma de arte, escondida, sobretudo, quando a segunda entrada do piano surge na distante tonalidade em si menor, e os sopros de madeira uníssonos evocam, agora, as cordas, levando a outra entrada de piano na, também, distante clave em dó maior. O *Larghetto* parece concentrar a experiência de uma vida no tema simples – mas até mesmo este andamento apresenta um momento lúgubre quando, no desfecho, a flauta e o violino tocam o tema em oitavas perfeitas em redor do piano. O final é um rondó e, apesar de ouvirmos os ecos das cenas finais que ele tanto amava, fulgurantes e acossadoras, ao longo de toda a sua carreira de compositor de concertos, temos, neste caso, quase uma transformação etérea daquela tradição. Um par de dias após ter completado o concerto, Mozart usou o tema final, de novo, numa canção cujo título poderá fornecer uma pista quanto ao seu significado: «Saudades da Primavera».

♫ *Concertos para Piano K537, K595*
Clifford Curzon / Orquestra Sinfónica de Londres / István Kertész
Philips 456 757
♫ *Concertos Completos para Piano*
Malcolm Bilson / English Baroque Soloists / John Eliot Gardiner
DG Archiv 431 211-2 (9 CD)
♫ *Concertos Completos para Piano*
Murray Perahia / English Chamber Orchestra
CBS SX12K46441 (12 CD)

CONCERTOS PARA CORDAS

Concerto para Violino n.º 1 em Si Bemol K207
Concerto para Violino n.º 2 em Ré K211
Concerto para Violino n.º 3 em Sol K216*
Concerto para Violino n.º 4 em Ré K218*
Concerto para Violino n.º 5 em Lá K219*

Mozart começou a tocar violino desde tenra idade mas, como apontou o pai, «muitas pessoas nem sabem que tocas violino, já que desde criança és conhecido como pianista». O próprio Leopold, como violinista, foi o autor de um método sobre como tocar violino e teria ensinado o filho a tocar. Os cinco concertos para violino, de Mozart, autenticados (há mais um par deles, incluindo o notório concerto «Adelaide» escrito pelo seu suposto editor Casadesus, e alguns outros que podem conter partes genuínas da autoria de

Mozart) foram todos compostos em Salzburgo, inicialmente para ele executar. António Brunetti, o novo violinista da orquestra em 1776 também os teria tocado (na verdade, Leopold Mozart conta-nos que Wolfgang escreveu o K219, «um novo Adágio para Brunetti, já que o primeiro era demasiado estudado para ele»). Sempre se supôs que teriam sido escritos num período de tempo concentrado entre Abril e Dezembro de 1775, mas as datas nos manuscritos foram apagadas e reescritas, por razões que desconhecemos. Parece, agora, que o n.º 1 data de 1773 e é, por isso, o primeiro concerto original de Mozart a chegar aos nossos dias. A sua profunda expressividade não encontrou, até hoje, paralelo na música de Mozart, excepto na Sinfonia em Lá Maior K201, de 1774; a Ópera *Il re pastore*, que também data deste período, inclui música de violino impressionante, incluindo uma ária com violino *obbligato*, e parece ser que Mozart descobria o seu temperamento enquanto compositor de concertos; outra ária partilha o tema com a abertura do K216.

O primeiro concerto, raramente executado, é meticulosamente trabalhado e muito eficaz para o solista, embora seja musicalmente elementar. O segundo, que abre com uma tradicional fanfarra ao estilo de Mozart, é mais conciso: Neal Zaslaw define-o como «cerceado na estrutura e mais orgânico nas relações entre os temas e as secções». Foi publicado em 1802 como um *concerto facile*. O *Andante* vocal e o *Rondeau* final, musicalmente, nada têm de invulgar. O terceiro concerto, o primeiro a encontrar um lugar seguro no repertório, apresenta uma doçura mozartiana à superfície, mas por baixo existe uma cativante densidade de pensamento. No andamento central, lento, Mozart substitui os dois oboés por duas flautas (provavelmente terão sido tocadas pelos mesmos instrumentistas de Salzburgo) o que confere à obra uma qualidade afectuosa, semelhante à da serenata. A originalidade é guardada para o rondó final, quebrado por episódios contrastantes, que se aproximam da linguagem de uma canção popular, estilo que Mozart utilizou mais de uma vez quando compôs em sol maior. O início do Concerto em Ré Maior K218 traz-nos de volta à divertida fanfarra e o andamento mantém um papel muito activo no solista. O andamento intermédio, *Andante cantabile*, leva-nos até outro originalíssimo final que contrasta com uma abertura equilibrada, *Andante grazioso,* com uma súbita secção 6/8 *Allegro ma non troppo*. Esta alternância regressa, provocando uma ligeira sensação de paragem no andamento. O quinto e último concerto, completo a 20 de Dezembro de 1775 – apenas um mês antes do vigésimo aniversário de Mozart – mais uma vez nos transporta até ao mundo do divertimento de Salzburgo. O primeiro andamento é interrompido pela chegada do solista numa passagem lenta, enquanto uma marcha rápida, em estilo turco, irrompe no minuete do rondó no final, adaptação de música para *ballet* de anos anteriores, não muito diferente do famoso «*Rondo alla turca*» da sonata para piano K331, também em lá. Estas referências foram, sem dúvida, a origem de muita zombaria em Salzburgo. Mas o que, aqui, é verdadeiramente impressionante é o desenvolvimento do compositor ao longo destes concertos: Mozart amadureceu, musicalmente, à velocidade do nosso pensamento.

♫ *Concertos para Violino, Rondo K269, Adágio K261*
Christian Tetzlaff / Deutsche Kammerphilharmonie
Virgin Classics 45314 (2 CD)
♫ *Concertos para Violino n.ᵒˢ 1, 2, 3*
Viktoria Mullova / Orchestra of the Age of Enlightenment
Philips 470 292
♫ *Concertos para Violino*
Arthur Grumiaux / Orquestra Sinfónica de Londres / Philharmonia / Colin Davis / Raymond Leppard
Philips 438 323-2 (2 CD)

Concertone em Dó para Dois Violinos K190
Adágio em Mi para Violino K261
Rondó em Si para Violino K269
Rondó em Dó para Violino K373

O *Concertone* para dois violinos foi escrito em Salzburgo quando Mozart tinha dezoito anos, tendo acompanhado o compositor em várias digressões. Com as suas partes principais para dois violinos e contribuições para o solo de oboé e solo de violoncelo, apresenta-se muito ao estilo dos tempos da *sinfonie concertante*, e Leopold tê-lo-á aconselhado a tocá-lo em Manheim. Mas nem aqui, nem em Paris, onde a forma também era popular, teve actuação. Os outros andamentos isolados para violino podem ter sido escritos como substitutos para andamentos nos concertos para violino, para Antonio Brunetti tocar, apesar do rondó em dó maior ter sido executado por ele, a solo, num concerto a 8 de Abril de 1781.

Sinfonia Concertante em Mi Bemol para Violino e Viola K364****

Esta sinfonia é uma criação de Mozart que nos transporta até à época da sua maturidade precoce; é uma obra inigualável e soberbamente original – uma criação prodigiosa para alguém de 236 anos – sendo seguro afirmar que nunca houve maior concerto para violino e viola. Numa passagem soberba do seu livro *The Classical Style*, Charles Rosen demonstra como toda a obra se caracteriza pela sonoridade na parte da viola, que Mozart provavelmente terá composto para ele próprio executar. «O primeiro acorde produz o som característico – a sonoridade da viola é traduzida para a linguagem de toda a orquestra. Este primeiro acorde, só por si, é um marco na carreira de Mozart». De modo a oferecer à parte da viola uma projecção maior, Mozart, astuto, compôs o trecho em ré em vez de si bemol e, de seguida, deu instruções ao instrumentista para que afinasse as cordas um semitom acima: confuso, mas eficaz! A entrada dos solistas, emergindo furtivamente na textura musical, é única na literatura. O andamento central, obscuro, surge em dó menor; Mozart nunca escreveu tão belo dueto em todas as suas óperas. Poderíamos apelidá-lo «Bachiano» se houvesse a possibilidade de Mozart ter ouvido as «Paixões» de Bach. O Rondó final fervilha com vida e criatividade, com um despique de ideias entre os dois solistas, com impulsividade e atingindo o pico dos seus registos. As *cadenzas* escritas sobrevivem numa cópia razoável mas, infelizmente, o manuscrito perdeu-se, sendo, por isso, a data de 1779 uma estimativa. De onde terá vindo a ideia? É verdade que na sua visita a Paris ele teria escutado uma *sinfonia concertante* para vários instrumentos, podendo ter pensado que poderia fazer melhor. Experimentou com outras combinações de solistas (instrumentos de sopro, violino, viola e violoncelo), e Philip Wilby completou uma versão de outra Sinfonia concertante para piano e violino, mas esta é a única peça que terminou, além dos concertos para dois e para três pianos.

♩ *Sinfonia Concertante K364*
Norbert Brainin, Peter Schidlof / English Chamber Orchestra / Benjamin Britten
BBC Legends BBCB8010-2
♩ *Sinfonia Concertante K364*
Gidon Kremer, Kim Kashkashian / Orquestra Filarmónica de Viena / / Nikolaus Harnoncourt
DG 453 043-2

☊ *Sinfonia Concertante K364*
Frank Peter Zimmermann, Tabea Zimmermann / RSO Stuttgart / Gian-luigi Gelmetti
EMI 7 54196 2

CONCERTOS PARA INSTRUMENTOS DE SOPRO

É intrigante pensar que Mozart terá escrito um concerto para trompete para ser tocado na igreja, já em 1768, facto mencionado por Leopold numa carta, agora perdida. Talvez outros concertos, que poderá ter oferecido aos amigos, se tenham também perdido, como os três concertos para fagote, supostamente escritos para Thaddeus, Barão de Durnitz. Para além destas obras, os seus trabalhos para solos de instrumentos de sopro foram modestos, sobretudo considerando o esplendor com que escrevia para eles nas suas sinfonias, concertos e óperas.

Concerto para Fagote em Si Bemol K191**
?Concerto para Flauta n.º 1 em Sol K313*
Concerto para Oboé em Dó K271 / ?Concerto para Flauta n.º 2 em Ré K314
Andante em Dó para Flauta K315*
?Sinfonia concertante em Si Bemol para flauta, oboé, fagote e trompa K297b/A9
Concerto em Dó para flauta e harpa K299

O Concerto para fagote é uma obra subvalorizada, «subexecutada», que mostra um verdadeiro entendimento do carácter lírico dos instrumentos. Aparentemente terminada a 4 de Junho de 1774, os seus três andamentos complementam-se uns aos outros muito bem: o andamento central (estranhamente assinalado *Andante ma adagio*) é uma ária alongada; o rondó final começa como um minuete grandioso, mas o fagote salta para longe em tercinas.

Mozart, para nossa surpresa, alegou que não gostava de compor para flauta (ou mais provavelmente seria o flautista que ele tinha em mente, ou ainda era a desculpa que dava ao pai por não ter terminado as comissões em questão). O primeiro concerto para flauta foi inspirado pelos instrumentistas que ouviu em Manheim, sobretudo Johann Baptist Wendling mas, na verdade, esse concerto foi encomendado (com a ajuda de Wendling) por um flautista amador Ferdinand de Jean. É uma obra encantadora em que o talento artístico se oculta sob uma aparência de bom humor, recriando o tom bucólico, sempre associado à flauta. Não conhecemos, contudo, a verdadeira origem deste trabalho, publicado pela primeira vez por Breitkopf, em 1804. Acredita-se agora, que o Concerto para Flauta n.º 2 K314 possa ser um arranjo, mas não de Mozart, do Concerto para Oboé em Dó, escrito em 1777 para o tocador de oboé Giuseppe Ferlendis, outro músico impressionante, facto mencionado numa carta de 14 de Fevereiro de 1778. O andamento único *Andante*, em dó, para flauta é de tal qualidade que é uma pena que nunca tenha chegado a ser um concerto em toda a sua extensão.

A história da Sinfonia concertante K297b para sopros tem-se revelado muito complexa; a obra não chegou até nós de uma forma genuinamente mozartiana, mas tem, muitas vezes, sido restaurada por editores, incluindo Robert Levin, mostrando ser uma peça eficaz. O Concerto em Dó para Flauta e Harpa K299 é mais famoso neste grupo de obras, um dos poucos trabalhos de Mozart pelo qual nunca senti grande afinidade: parece sempre determinadamente superficial. As suas origens, em Paris, em Abril de 1778, mostram claramente a influência em voga da *sinfonia concertante* e como o trabalho da flauta nasceu da necessidade, neste caso de satisfazer o tocador de flauta Conde de Guines e a sua filha harpista, que parece ter sido uma das mais talentosas alunas de Mozart: tal como escreveu, «ela não tem ideias nenhumas [...] nada [...] então escrevi quatro compassos de um minuete e disse-lhe "que tolo que sou!" e depois pedi-lhe que terminasse o minuete». Compôs uma peça perfeitamente adequada para ela e para o pai, mas nunca lhe pagaram.

∩ *Concerto para Flauta n.º 1, Concerto para Flauta e Harpa*
Susan Palma, Nancy Allen / Orpheus Chamber Orchestra
DG 427 677-2
∩ *Concerto para Flauta n.º 1, Concerto para Flauta e Harpa, Concerto para Fagote*
Lisa Beznosiuk, Frances Kelly, Danny Bond / Academy of Ancient Music / Christopher Hogwood
Decca Oiseau-Lyre 417 622-2
∩ *Concerto para Flauta e Harpa, Concerto para Oboé, Concerto para Fagote*
William Hazelzet, Saskia Kwast, Marcel Ponseele, Marc Vallon / Orquestra Barroca de Amsterdão / Ton Koopman
Erato 91724

CONCERTOS

◯ *Sinfonia concertante para instrumentos de sopro K297b*
Orpheus Chamber Orchestra
DG 429 784-2

Concerto para Trompa n.º 2 em Mi bemol K417*
Concerto para Trompa n.º 4 em Mi bemol K495*
Concerto para Trompa n.º 3 em Mi bemol K447*
Concerto para Trompa n.º 1 em Ré K412 (compl. Süssmayr)
Rondó em Mi Bemol para Trompa K371

Em nenhuma outra obra a relação de Mozart com os seus intérpretes se mostra tão galhofeira e cúmplice, como nas suas composições para trompa. Todos estes concertos foram escritos para o amigo chegado Joseph Leutgeb, principal instrumentista de trompa em Salzburgo, que seguiu Mozart para Viena (ajudado, financeiramente, por Leopold Mozart), onde se juntou ao negócio de queijos da esposa, embora tendo continuado a tocar trompa. Mantinham uma relação próxima, baseada no tipo de palhaçada mozartiana que deve ter sido, ou muito prezada por Leutgeb ou, pelo contrário, muito irritante. O Concerto n.º 2 (o primeiro a ser escrito) surge com a indicação «Wolfgang Amadé Mozart tem pena de Leutgeb, asno, boi e tolo em Viena, a 27 de Maio de 1783». O concerto seguinte a ser composto foi o K495, o mais ilustre, cuja partitura se encontra escrita com várias cores de tinta, azul, vermelho, verde e preto. (O íntegro editor de *Neue Mozart Ausgabe* sugeriu que «mostra uma dinâmica requintada e uma inflexão de cor», mas podemos, do mesmo modo, assumir que serviu apenas para distrair, de modo perverso, o amigo Leutgeb.) O final, aos ouvidos modernos, nunca recuperou da versão vocal de Michael Flanders:

I once had a whim and I had to obey it
To buy a French horn in a second-hand shop
I polished it up and I started to play it
In spite of the neighbours who begged me to stop...

Deu-me na veneta ter uma trompa francesa
E numa loja de velharias fiz essa despesa
Poli-a muito bem e comecei logo a tocar
Apesar dos vizinhos me implorarem para parar...

O «primeiro» Concerto para Trompa acabou por ser o último e teve que ser terminado, tal como o *Requiem*, pelo seu discípulo Süssmayr. A divertida obra de trabalho «de detective» por parte de Alan Tyson (que também sugere que o Concerto n.º 4 foi escrito antes do 3) destacou que a inscrição no manuscrito «Venerdi Santo il 6 Aprile» é seguida de um ano geralmente lido como 1797 ou, talvez, 1787. Mas como a Sexta-feira Santa também coincidiu com o dia 6 de Abril em 1792, Tyson sugere que foi nessa altura que Süssmayr completou e datou a obra, depois da morte de Mozart – mesmo incorporando uma citação fragmentada de «As Lamentações de Jeremias» que pode ter estado entre os rascunhos do compositor para o *Requiem*. (Quem sabe? Pessoalmente, a data não me parece 1792.) Ainda assim, trata-se de uma peça animada e convincente, apesar de nenhuma actuação ter ainda conseguido incluir, totalmente, as instruções histéricas de Mozart ao seu amigo solista, no esboço do rondó: «a lei Signor Asino...Animo...presto...su via... da bravo...Coraggio...e finisci gia?...a te...bestia...oh che stonatura...Ahi! Ohime!...bravo poveretto».

Presume-se que o Rondó K371 tenha sido um andamento isolado, mas em 1988 apareceram mais sessenta andamentos; Robert Levin combinou-os com a sua reconstrução do andamento K370b para formar um Concerto para Trompa «n.º 0».

Também assistimos a uma nobre abertura de um Concerto para Trompa em Mi Maior, K494a, com alguma composição contrapontística para orquestra; esta peça termina após menos de cem compassos mas, ainda assim, foi gravada.

♩ *Concertos para trompa*
Hermann Baumann / Concentus Musicus Wien / Nikolaus Harnoncourt
Teldec 242 757-2
♩ *Concertos para trompa*
Dennis Brain / Philharmonia / Herbert von Karajan
EMI 61013
♩ *Fragment de Concerto para Trompa em Mi Maior K494a*
Anthony Halstead / Hanover Band / Roy Goodman
Nimbus 7156

CONCERTOS

Concerto para Clarinete em Lá K622****

O mais famoso concerto para sopros de Mozart, raramente é escutado na forma que Mozart ambicionou. Foi terminado no Outono de 1791, para o seu amigo Anton Stadler que experimentava a utilização do *cor de basset*, com um alcance especialmente baixo, cuja extensão instrumental recuava três notas. Após a morte de Mozart, a parte do solo foi adaptada para clarinete convencional e foi, assim, publicada. (Uma hipótese diferente é abordada por Cliff Eisen que sugere que, apesar da obra ter sido pensada para *cor de basset*, a sua estrutura final teria em mente o instrumento tradicional; como o manuscrito se perdeu, não podemos confirmar.) Não se trata de um produto, apenas, do seu último ano, já que Alan Tyson demonstrou que os primeiros 199 compassos são idênticos aos de uma primeira tentativa de um concerto para clarinete agudo: «provavelmente, este fragmento foi escrito um ano ou dois mais cedo, talvez mesmo já em 1787». O discípulo de Mozart, Süssmayr, que viajou com ele até Praga para a estreia de *A Clemência de Tito* (enquanto ia escrevendo recitativos, para Mozart, no caminho), também se encontrava a compor um concerto para *cor de basset*, para Stadler, o que pode ter incentivado Mozart a superá-lo. E fá-lo com tal habilidade, que o concerto se tornou uma das peças imortais do seu repertório. «Nunca pensei que um clarinete pudesse imitar a voz humana de modo tão falacioso como a tua voz o faz. O teu instrumento tem um tom, realmente, tão suave e encantador que ninguém que tenha coração lhe é capaz de resistir» – assim escreveu Mozart a Stadler, conferindo maior expressividade a uma ternura já revelada no Quinteto para Clarinete em 1789. Essa reacção é mais profunda no andamento central, cuja melodia respira uma aura de serenidade e resignação que parece estar, inteiramente, em sintonia com o espírito de Mozart no último ano.

♩ *Concerto para Clarinete*
Michael Collins / Orquestra Nacional Russa / Mikhail Pletnev
DG 457 652-2
♩ *Concerto para Clarinete, Quinteto de Clarinetes*
Eric Hoeprich / Orchestra of the 18th Century/ Franz Bruggen
Philips 420 242-2

Outras peças instrumentais

Ao longo da sua curta e atarefada vida, Mozart compôs diversos géneros de música ocasional, música para celebrar certas ocasiões, em Salzburgo ou outros locais mais longínquos. Alguns exemplos, dos primeiros tempos, incluem a chamada *Finalmusik* que assinalava o último ano de universidade em Salzburgo, em Agosto, quando havia espectáculos por toda a cidade (executavam-se, também, marchas durante estas actuações) – e talvez porque eram apresentadas de pé – usando baixos em vez de violoncelos, além de violinos e violas. Os registos da universidade, em 1769, recordam «Ad noctem musica […] ab ad adolescentulo lectissimo Wolfg. Mozart» – música nocturna do douto adolescente. A cidade de Salzburgo pedia serenatas, em massa, com um número extenso de andamentos; após a mudança para Viena, Mozart não voltou a escrever peças deste género, mas antes pequenas serenatas para sopros e algumas famosas miniaturas, incluindo *Eine kleine Nachtmusik* e o Adágio e Fuga em Dó Menor. Nos seus últimos anos, a sua modesta posição na corte em Viena empurrou-o em direcção à música de baile. Todas estas peças retratam Mozart a dedicar todo o seu talento à música de entretenimento.

MOZART

DIVERTIMENTOS, CASSAÇÕES, SERENATAS, ETC.

Galimathias musicum K32
Cassação em Sol K63
Cassação em Si Bemol K99
Cassação em Ré K100 e Marcha em Ré K62
Divertimento em Mi Bemol K113
Divertimento em Ré K131

Que curiosa miscelânea é *Galimathias musicum*: uma compilação de peças pequenas e bizarras, apelidadas por Leopold Mozart de «Quodlibet» (ou seja, uma peça que reúne diversos elementos, geralmente canções populares) e agrupadas na digressão de Haia, em Março de 1766: nota-se, claramente, a intervenção de Leopold, tanto quanto a do jovem Mozart, cuja fuga foi rejeitada em favor de uma versão, deveras aborrecida, do seu honesto pai. As três primeiras cassações, termo derivado de «*gassatim gehen*», com apresentação durante a digressão, são todas *Finalmusik,* de 1769: cordas alegres de, geralmente, andamentos vívidos, que teriam acompanhado a marcha ao longo do rio Salzach até ao jardim Mirabell. Mais substancial é o par de divertimentos, o Mi Bemol para Milão em 1771 (o primeiro trabalho de Mozart a fazer uso do clarinete) e o Ré Maior, sequência típica de sete andamentos, que se insere numa longa linha de serenatas de Salzburgo.

♁ *Serenatas Completas*
Academy of St. Martin-in-the-Fields / Neville Marriner
Edição Completa de Mozart, Philips, 422 503-2

Divertimento em Ré K136*
Divertimento em Si Bemol K137
Divertimento em Fá K138*

Estas três alegres peças para cordas, datadas de 1772, têm, geralmente, lugar nos programas de música de câmara; são muito mais curtas e concisas que os outros divertimentos da época e são, de facto, sinfonias em miniatura, com a estrutura de três andamentos da sinfonia italiana. Alfred Einstein pensou que seriam, originalmente, destinadas à digressão italiana, e que podem ter incluído instrumentos de sopro, mas são, igualmente, bem sucedidas

OUTRAS PEÇAS INSTRUMENTAIS

quando executadas por solistas de cordas. A obra em ré maior começa com um tema enleado, impelido pelas suas suspensões, com um *Andante* muito italiano e uma pequena fuga no final. A obra em si bemol aplica, em primeiro lugar, o seu andamento lento, com dois andamentos rápidos, contrastantes, a seguir. O Divertimento em Fá Maior usa um estilo instrumental familiar, com escalas frenéticas e abrangentes e saltos ondulantes; o seu *Presto* final inclui não só um episódio, de alguma seriedade, na tonalidade menor, mas também um *fugato* que aponta em direcção ao último desenvolvimento sinfónico de Mozart.

♫ *Divertimenti K136, K137, K138, K251*
Orquestra Barroca de Amsterdão / Ton Koopman
Erato 2292-45471-2

Serenata em Ré K185 e Marcha em Ré K189
Serenata em Ré K203 e Marcha em Ré K237*
Serenata em Ré K204 e Marcha em Ré K215
Serenata em Ré, «*Serenata notturna*» K239*

Apesar da Serenata K185 ter sido escrita em Viena, em 1772 (enquanto Mozart, sem sucesso, procurava trabalho na cidade), estava destinada a Salzburgo, tal como todas as obras aqui indicadas. Os seus sete andamentos incluem o que é, na prática, um concerto para mini-violino no seu segundo e terceiro andamentos; provavelmente, terá sido executada pelo próprio Mozart.

De novo em Salzburgo, algumas festividades de 1774 despertaram a Serenata K203, com a sua bela Marcha K237 de ritmo pontuado; inclui um encantador e lento andamento em surdina, com tinidos, segundos violinos vibrantes que amparam uma eloquente melodia no primeiro violino, quase mostrando, literalmente, uma emoção arreigada, como Fiordiligi faria mais tarde. A obra de 1775, também em sol, permite ao solo de violino um intenso desempenho, e oferece uma pequena oportunidade aos instrumentos de sopro principais no quinto andamento. A mais conhecida neste grupo é a «Serenata notturna» de 1776, talvez porque é relativamente curta. Estará completa? A Marcha, que é uma das mais subtis e elaboradas, leva directamente ao minuete e trio e, desde aí, ao *Rondeau* final, que parece celebrar o lado bucólico do carácter de Salzburgo.

MOZART

♩ *«Serenata notturna» etc.*
English Chamber Orchestra / Benjamin Britten
Decca 430 495-2
♩ *Serenata K185, Cassation K100*
Academy of St. Martin-in-the-Fields / Neville Marriner
Philips 426 388-2

Divertimento em Ré K205
Divertimento em Fá, «Lodron n.º 1» K247 e Marcha K248
Divertimento em Ré K251
Divertimento em Si Bemol, «Lodron n.º 2» K287
Divertimento em Ré K334 e Marcha K445
Nocturno em Ré para Quatro Orquestras K286*

Estas pequenas peças destinam-se a grupos que integram solos, tanto de sopros como de cordas, talvez para execução ao ar livre, mas certamente com propósitos de entretenimento. O K205 tem sido relacionado, por exemplo, com o jardim do Dr. Mesmer, amigo de Mozart, mas é mais provável que esteja associado às celebrações do dia do santo de Maria Anna Elisabeth von Andretter, a 26 de Julho de 1773. O Divertimento em Ré Maior, K251, foi composto em Julho de 1776, talvez para o dia do santo de Nannerl, enquanto o Si Bemol K287 foi composto no ano seguinte para o dia do santo da Condessa Lodron. O Divertimento em Ré Maior K334 é o terceiro a conter a combinação de cordas e duas trompas, desta vez escrito em 1780 para a família Robinig von Rottenfeld; este é um trabalho mais tardio e amadurecido que data de 1779/80. Tem associada uma marcha, especialmente expressiva (da qual Saint-Saëns possuía o manuscrito). Há um belo conjunto de variações onde as trompas são estrelas. A verdadeira raridade, aqui, é o Nocturno para quatro grupos instrumentais, provavelmente de 1776/7, onde as tentativas para chegar a um efeito de eco, através de reduções e sobreposições de frases, sugerem um trabalho altamente experimental para Mozart. Tendo-o escutado uma vez numa actuação devo que admitir que é, quase, um completo fracasso, mas certamente terá dado frutos ao originar uma escrita visionária, em diferentes companhias de dança, no final do primeiro acto de *Don Giovanni*.

♩ *Divertimenti K334, K136*
Orquestra de Câmara de Estocolmo / Franz Welser-Möst
EMI 7 54055 2

OUTRAS PEÇAS INSTRUMENTAIS

♩ *Notturno K286, etc.*
Vienna Mozart Ensemble / Willi Boskovsky
Decca 458 310-2

Serenata em Ré, «Haffner» K250 e Marcha em Ré K249**
Serenata em Ré, «Posthorn» K320 e Marchas em Ré K335**

Ambas as serenatas nos levam além dos resultados convencionais que as primeiras obras conseguiram e merecem uma atenção mais cuidada. A Serenata «Haffner» não deve ser confundida com a Sinfonia «Haffner», posterior ao sucesso da primeira. Foi escrita para o casamento da filha de Siegmund Haffner com o comerciante de Salzburgo Franz Xaver Spath, e Mozart (que tinha acabado de fazer 20 anos) parecia determinado a superar-se a si mesmo, escrevendo nada menos do que oito andamentos repletos de variedade e esplendor. Há, pelo menos, três peças diferentes aqui: uma sinfonia em três andamentos (formada pelos andamento um, seis e oito), um pequeno concerto para violino (dois, três e quatro) e um grupo de minuetes (três, cinco e sete). A obra sustém, sem esforço, a duração de uma hora.

A Serenata «Posthorn» é, igualmente, imponente, tendo sido terminada a 3 de Agosto de 1779. É a última serenata escrita em Salzburgo, mas sugerir, como fez Einstein, que o primeiro andamento dramatiza o conflito entre Mozart e o seu patrão, poderá significar levar as coisas longe de mais. Aqui, as partes principais, no terceiro e quarto andamentos destinam-se aos sopros e não a um violino solista (e estes dois andamentos foram executados, separados, num concerto em Viena em 1783, o que mostra a plena confiança que Mozart tinha neles; adaptou, também os andamentos um, cinco e sete para uma sinfonia popular). A obra coloca uma grande carga na profundidade do *Andantino*, mas Mozart, como acontece outras vezes, retrai e introduz uma piada: neste caso, a aparência do próprio Cornetim ou «*corno di posta*», no segundo trio do minuete. Talvez se trate de uma referência aos estudantes da universidade, no regresso a casa, apesar de geralmente ser interpretado como o desejo de Mozart de sair de Salzburgo. Os solistas dos instrumentos de sopro têm uma *cadenza* no seu *Andante* concertante, enquanto no primeiro trio, do segundo minuete, Mozart utiliza um *piccolo* para realçar a cor.

𝄞 *«Haffner» Serenata K250*
Lucy van Dael / Orchestra of the 18th Century / Frans Brüggen
Philips 432 997-2
𝄞 *«Haffner» Serenata K250, Danças K600*
Orquestra Sinfónica da NDR / Günter Wand
BMG RD60068
𝄞 *«Posthorn» Serenata K320, K185 etc.*
Vienna Mozart Ensemble / Willi Boskovsky
Decca 440 036-2

Música Fúnebre Maçónica K477**
Ein musikalisches Spass **K522**
Eine kleine Nachtmusik **K525*****
Adágio e Fuga em Dó Menor K546**

Quatro peças contrastantes, que revelam um carácter próprio, três das quais figuram com regularidade nos programas dos concertos. Mas quantas são, na verdade instrumentais? (A *New Mozart Edition*, inesperadamente, inclui duas delas num volume chamado «Sinfonias».) A Música Fúnebre Maçónica é uma ousada afirmação pessoal que Mozart reviu para a cerimónia fúnebre, em 17 de Novembro de 1785, de dois maçons, um deles oriundo da família dos patronos de Haydn, os Esterházys. Os sopros, incluindo três *cor de basset*, abrem a obra ameaçadores, tal como o oráculo de *Idomeneo*, e linhas de cordas, em espiral, abrem caminho a uma afirmação solene do cântico de «As Lamentações de Jeremias». Aparentemente, havia uma versão, do início desse ano, que incluía vocais mas, neste caso, o canto litúrgico, sobre cordas expressivas, fica a cargo dos sopros. A música termina quase no momento em que começa.

A «Anedota Musical» é uma paródia grosseira com uma composição de nível inferior; muito precisa nas piadas, mas muito menos divertida que as graças, genuinamente, musicais de Mozart. Destinava-se, seguramente, a reuniões familiares: trata-se, na verdade, de uma peça de música de câmara para solo de cordas. Sempre se pensou que se tratava da primeira peça que Mozart teria composto após a morte do pai, o que deu azo a especulações sobre os seus motivos; Alan Tyson, no entanto, mostrou que a maior parte da obra fora escrita muito antes.

A «Pequena Música Nocturna» é, provavelmente, a mais bem sucedida serenata alguma vez escrita e, certamente, figurará em qualquer lista «top 10» das vendas de CD de Mozart. Porquê? Uma simplicidade absoluta, um equilíbrio perfeito e uma capacidade de se tornar memorável – estas são as virtudes que se destacam na obra. A fanfarra e a melodia iniciais, na verdade pouco distintas de tantas outras nas obras de Mozart, perduram na nossa memória. Acontece o mesmo no *Romance* e, sobretudo, no rondó final, cuja abertura ascendente ecoa o início da peça; aparte uma sétima questionável mesmo antes da coda, pouca coisa perturba o perfeito equilíbrio de Mozart, nesta obra.

O Adágio e Fuga é uma obra fascinante ou, diga-se antes, um par de obras. A Fuga começou por ser um Dueto para Dois Pianos K426, composto em 1783. Esta data remete-nos à época em que Mozart se encontrava envolvido com a música barroca: uma das tarefas a que se terá proposto terá sido a de orquestrar alguns prelúdios, a preceder as transcrições das fugas de Bach. Cinco anos mais tarde regressou a esta peça e anotou, na sua lista de obras, a 26 de Junho desse ano: «Um pequeno Adágio [*ein kurzes Adagio*] ... para uma fuga que já escrevi há muito tempo». Assim, ele transcreveu esta Fuga para cordas e adicionou, depois, um novo Prelúdio. É uma obra fundamental, repleta de ritmos pontuados destemidos e intervalos saltitantes, mas traduzidos para o mundo harmonioso de Mozart: uma peça perturbante que parece adivinhar a *Grosse Fuge* de Beethoven. Há uma parte, na Fuga, dedicada ao contrabaixo, sugerindo que este arranjo é, sem dúvida, instrumental. (Um produtor da BBC, em busca do verdadeiro Mozart, fez uma montagem da peça, em estúdio, com o Adágio executado por cordas, seguido da fuga, com pianos, mas a gravação perdeu-se e teve de ser substituída por fragmentos de duas gravações distintas!)

♫ *K525, K522, K251*
Concentus Musicus Wien / Nikolaus Harnoncourt
Teldec 244 809-2
♫ *Serenatas e Divertimenti*
Orpheus Chamber Orchestra
DG 431 689-2
♫ *K525, K546, K239, K522*
The English Concert / Andrew Manze
Harmonia Mundi HMU 907280

MOZART

DANÇAS

A música de dança de Mozart tem sido, muitas vezes, ignorada, por consistir em peças ocasionais escritas para os bailes que tinham lugar na *Redoutensaal* em Viena; algumas das peças foram escritas já no final da sua vida, como parte das suas funções como compositor da corte. Mas é um erro básico assumir que, apenas porque compunha música de baile, Mozart estaria a compor música de menor importância. Os bailes eram uma parte integrante da vida quotidiana na época de Mozart e o espírito da dança ecoa ao longo da sua música. Os académicos estudaram o impacto das formas de dança nas suas árias e estabeleceram ligações entre o espírito de vários movimentos de dança e as suas próprias obras. Como sempre, Mozart trabalhou, com resultados, dentro das formas que tinha ao dispor, indo sempre além dos limites, «Quem quer conhecer Mozart deve ouvir esta música», escreveu Erik Smith, o produtor discográfico que editou as obras completas de Mozart em CD. No entanto, não é assim tão fácil encontrar, nas salas de espectáculos, os conjuntos de danças alemãs e minuetes que Mozart nos deu, uma vez que são consideradas pouco adequadas às apresentações de concertos. Ainda assim, alguns maestros revitalizaram grupos individuais de danças com grande sucesso e, em 1991, Roger Norrington obteve um efeito audacioso ao realizar um programa em que um grupo de bailarinos dançou ao som das músicas, escritas em 1791.

Sete Minuetes K65a
Dezanove Minuetes K103
Seis Minuetes K164
Dezasseis Minuetes K176
Quatro Contradanças K101
Quatro Contradanças K267

Desde que tinha 13 anos, até ao último ano da sua vida, Mozart produziu danças para todas as ocasiões, sobretudo nas três formas do minuete, contradanças e dança alemã. Estes exemplos precoces, raramente executados nos dias de hoje, terão sido escritos para ocasiões festivas em Salzburgo e Itália, em particular para os dias frenéticos na época do Carnaval. O conjunto mais simples, K65a, data de 26 de Janeiro de 1769. No K103, com origem em Salzburgo, nos anos 1771/2, Mozart acrescenta oboés, flautas e trompetes à

202

orquestração, embora os mesmos sejam, geralmente, omissos nas secções do trio, como acontece na K104. A peça K164 data de Junho de 1772 e a K176 de Dezembro de 1773: aqui já surgem efeitos musicais muito mais interessantes, com pausas e contrastes súbitos. As contradanças K101, destinadas ao Carnaval de 1776, começam com uma gavota, ao passo que na K267, com lugar no Carnaval de 1777, essa dança surge em segundo lugar (os dois conjuntos de seis minuetes K104 e K105 são, na verdade, da autoria de Michael Haydn.)

Música para ballet, *Les Petits riens* K299b

Em Paris, durante os meses de Maio e Junho, de 1778, Mozart escreveu alguns tópicos para um bailado do coreógrafo e bailarino francês Noverre. Há vinte peças e uma abertura, mas nem todas são da autoria de Mozart; os estudiosos não têm conseguido decifrar que andamentos foram, de facto, escritos por ele. Mozart caracterizou os restantes com uma frontalidade típica, «a velha e pútrida aparência francesa… Este *ballet* já foi executado quatro vezes com grande sucesso». A obra parece ter sido produzida para ajudar Noverre, talvez na esperança de obter uma futura comissão.

Três Minuetes K363
Seis Minuetes K461
Seis Contradanças K462
Minuetes e Contradanças K463

Quando Mozart chegou a Viena em inícios de 1780, as danças eram, cada vez mais, uma revolução: faziam parte das vivências da corte e das reuniões domésticas. Numa das cartas que Mozart escreveu para casa, ele descreve um baile que organizara no seu apartamento, em que os cavalheiros pagavam dois florins para assistir: «Começámos às seis horas da tarde e terminámos às sete – como? Apenas uma hora? Não, não – às sete da manhã». Assim, este tipo de danças era muito solicitado, sendo Mozart o mais inventivo possível dentro dos limites que a forma regular exigia.

Seis Danças Alemãs K509*
Seis Danças Alemãs K536
Seis Danças Alemãs K567
Doze Minuetes K568
Seis Danças Alemãs K571
Doze Minuetes K585
Doze Danças Alemãs K586
Três Contradanças K106

À parte do primeiro, e animado, conjunto associado à estada feliz de Mozart em Praga, nos inícios de 1787 (conjunto esse, supostamente, resultado de um artifício sob o qual teria sido convidado para jantar sendo, depois, fechado num quarto para compor), toda esta variedade de danças foi escrita para Viena, a partir de 1788. Assume-se agora que, até as contradanças, classificadas com o relativamente baixo número Köchel 106, datam de 1790. A 27 de Dezembro de 1787, Mozart foi nomeado Compositor Real Imperial de Câmara, tendo começado a compor danças com alguma regularidade. Recebia 800 florins por ano mas, de acordo com Rochlitz, Mozart terá afirmado (tratando-se, provavelmente, de um mito) que era «demasiado para o que faço, muito pouco para o que poderia fazer». Erik Smith escreveu sobre «o enorme prodígio que era a orquestração das últimas danças de Mozart», e destaca-se, de facto, a grande variedade neste campo.

♩ *Danças Alemãs K509, K536, K571, K586*
Tafelmusik / Bruno Weil
Sony SK 46696

Seis Minuetes K599
Seis Danças Alemãs K600**
Quatro Minuetes K601*
Quatro Danças Alemãs K602*
Duas Contradanças K603*
Dois Minuetes K604*
Três Danças Alemãs K605**
Seis Danças Alemãs K606**
Contradanças K607, K609, K610

OUTRAS PEÇAS INSTRUMENTAIS

Estes conjuntos de danças foram compostos durante o último e impressionante ano de Mozart, desmentindo qualquer ideia de que este não tenha sido produtivo ou tenha obtido poucos resultados. Estes grupos contêm algumas das mais ricas e imaginativas orquestrações, com cornetins e guizos na K605 e, mais em destaque, na K602, a sanfona – instrumento tão em voga no apogeu da corte de Maria Antonieta. Começou, talvez, com as danças K600, terminadas a 29 de Janeiro de 1791, um grupo contagiante desde a primeira melodia tendenciosa da primeira dança, e a alegre flauta, cantada em segunda voz, a fanfarra arrojada na quarta, e a imitação de um canário na quinta. As danças diversificadas, de K601 a K606, formam um maravilhoso e diferenciado conjunto, e «*Die Schillenfahrt*», na K605, tornou-se famosa. A terceira dança de K601 foi registada pela segunda vez por Mozart, como K611, no seu catálogo como «*Die Leyerer*» de 6 de Março, como se se tivesse esquecido de a anotar, o que, tendo em conta a sua extraordinária actividade no momento, pode bem ter acontecido. A outra famosa canção é a primeira de K609, que se baseia em «*Non piu andrai*» de *Fígaro*, mas provavelmente terá sido escrita antes de 1791.

♫ *Danças e Marchas:*
Vienna Mozart Ensemble *Completas* / Willi Boskovsky
Edição Completa de Mozart, Philips, Vol. 6 422 506-2 (6 CD)
Selecção Decca 430 634-2
♫ «*A Little Light Music*»: *K522, danças etc.*
Orpheus Chamber Orchestra
DG 429 783-2

Ensemble para instrumentos de sopro

Do mesmo modo que Mozart escreveu serenatas para actuações ao ar livre, em Salzburgo, também compôs *Harmoniemusik* para grupos de instrumentos de sopro, provavelmente em Itália, pela primeira vez, e depois em Viena, onde as serenatas com instrumentos de sopro se tornavam cada vez mais populares. A base destes *ensembles* consistia em pares de instrumentos de sopro (clarinetes e, por vezes, oboés, trompas e fagotes), sendo estes os *ensembles* que o imperador estabelecera como a sua *Harmonie*, em Viena em 1782. Royer Hellyer tem especulado sobre se essa teria sido a razão que levara Mozart a compor estas obras em Viena, tendo sido, no entanto, alcançado pela moda das transcrições operáticas. Provavelmente, ele mesmo produziu uma do *Rapto do Serralho*, mas não há provas de que alguma vez tenha sido executada na corte. No filme *Amadeus*, contudo, ouve-se a bela Serenata em Si Bemol na corte que, pela primeira vez, alerta Salieri para a genialidade de Mozart.

Divertimento em Si Bemol K186
Divertimento em Si Bemol K166
Divertimento em Dó K188

As duas primeiras obras foram escritas, provavelmente, enquanto Mozart estava em Milão, em Março de 1773 e, de modo invulgar para a época, incluiu clarinetes na sua orquestração. (K166 data de 24 de Março de 1773, Salzburgo, mas sabemos que os clarinetes não estavam disponíveis aí.) K188, com origem algures entre 1773/5, é, no geral, especial e invulgar, obra para duas flautas, cinco trompetes e timbales, na tradição da música de alarde ao ar livre que se ouvia em Salzburgo; provavelmente, o trompetista da corte, Johann Schachtner, também estaria envolvido, um dos amigos mais íntimos da família Mozart, que mais tarde forneceu historietas sobre o jovem Wolfgang, incluindo uma em que ele tinha medo do trompete. (K187 é um arranjo de Leopold e Wolfgang Mozart, de música de Starzer e Gluck.)

Divertimento em Fá K213
Divertimento em Si Bemol K240
Divertimento em Mi Bemol K252
Divertimento em Fá K253
Divertimento em Si Bemol K270

Estas três obras, conhecidas por *Tafelmusik*, serviam para entretenimento durante o jantar: o contexto preciso em que podiam ser escutadas é parodiado por Mozart, no segundo acto final de *Don Giovanni*, onde Giovanni ouve e rejeita vários números operáticos que tocavam para ele. São peças animadas e trabalhadas, com uma notável «*Contredanse en Rondeau*» no final do K213 e uma alegre música folclórica no final do K252, que se traduz como «Os gatos não irão parar de perseguir os ratos». O K270, em si bemol, é o trabalho mais amadurecido, com um primeiro andamento alongado, uma gavota com uma coda graciosa, um minuete com um trio *Ländler* e um compasso triplo *Presto* para terminar.

♩ *K213, K240, K252, K253, K270*
Amadeus Winds
Decca Oiseau-Lyre 425 819-2
♩ *Divertimenti e Serenatas com instrumentos de sopro*
Ensemble de Instrumentos de Sopro dos Países Baixos
Edição Completa de Mozart, Philips, Vol. 5 422 505-2 (6 CD)

ENSEMBLE PARA INSTRUMENTOS DE SOPRO

Serenata em Mi Bemol K375***
Serenata em Dó Menor K388****
Serenata em Si Bemol K361****

Quaisquer que sejam as objecções que possamos fazer ao retrato que Peter Shaffer faz de Mozart no seu filme *Amadeus*, e muitas delas justificadas com razões históricas ou mesmo teatrais, há um aspecto que não lhe podemos censurar: a sua escolha da música para ilustrar o génio de Mozart. O momento, na peça original, em que Salieri ouve o Adágio da Serenata em Si Bemol K361 é uma das grandes descrições musicais no drama (está completamente arruinada no filme, onde dois andamentos da Serenata são grotescamente editados em conjunto), e serve para evidenciar o trabalho ímpar que é, reconhecido como tal pelos contemporâneos de Mozart. Tal como Schink escreveu, nos seus *Fragments litteraires* de 1785, «Oh, o efeito que surtiu – ilustre e grandioso, excelente e sublime!»

Estas três serenatas são clássicos do repertório e mostram a dedicação de Mozart, o carinho e a compreensão que devotava à composição para instrumentos de sopro. A origem da Serenata em Mi Bemol, K375, parece ter sido um sexteto escrito para o dia de Santa Teresa em 1781; foi executada na casa de von Hickel, pintor da corte. Mozart recorda, «Os seis cavalheiros que a executaram são pobres mendigos que, contudo, tocam bastante bem em conjunto. Sobretudo o primeiro clarinete e as duas trompas [...] Escrevi-a com todo o cuidado. Mereceu, também, muitos aplausos». A 31 de Outubro, o dia do santo de Mozart (dia do santo com o seu nome, não do seu aniversário), os instrumentistas dedicaram-lhe uma serenata, e «juntaram-se no centro dos jardins da corte e, quando eu já ia despir-me, surpreenderam-me do modo mais agradável que se possa imaginar, com o primeiro acorde em mi bemol». É difícil imaginar a peça sem o som dos dois oboés que Mozart acrescentou no ano seguinte; só as suas dissonâncias na página da abertura dão ao trabalho a sua qualidade agridoce.

Há poucas pistas que nos levem à origem da Serenata em Dó Menor, que tem a descrição de «*Nacht Musique*» (apesar desta informação não surgir pela mão de Mozart): a descrição parece assentar melhor nesta peça obscura e sombria do que na soalheira serenata para cordas com o mesmo título. De facto, a totalidade da peça quase parece reflectir as associações literárias da noite e da tragédia oculta. Pode ser a obra de Mozart referida a 27 de Julho de 1782: «Tive de compor à pressa uma serenata, mas apenas para instrumentos de sopro», mas isso pode referir-se antes aos novos arranjos da Serenata em Mi Bemol. O primeiro andamento da peça em dó menor abre com um tema solidamente barroco (cujo harpejo e sétima descendente o une a clássicos do barroco como a *Oferenda Musical* de Bach). Mas no eco sereno do clarinete do tema a sétima descendente é, por vezes, extremamente hesitante, como quando o oboé dá lugar a uma oitava no segundo tema (maravilhosamente intensificado na recapitulação). Ambos, aqui e no final da música, parecem extinguir-se antes de se reunirem de novo em força. O minuete e o trio estão compostos rigorosamente de acordo com o cânone, e as variações do andamento final, antecipando aquelas na mesma nota, no final do concerto para piano em dó menor, são maravilhosas. O andamento parece terminar na tonalidade menor, quando o mi bemol das trompas «desce como um delicado raio de luz» (Einstein). Apesar do andamento conseguir terminar em dó maior, a sua satisfação incontida parece um júbilo inconsciente.

A Serenata em Si Bemol, por vezes, apelidada «*Gran Partita*», para treze instrumentos de sopro (na verdade são doze instrumentos mais um contrafagote ou, mais apropriadamente, contrabaixo) é uma das maiores e mais invulgares criações de Mozart. Pode ter sido estimulada pelos talentosos instrumentistas de sopros da orquestra de Manheim com quem ele colaborou em *Idomeneo*, ou pode ter tido uma origem, mais tarde, em Viena em conjunto com o clarinetista Anton Stadler (Stadler certamente executou alguns andamentos da Serenata a 23 de Março de 1784.) Também já foi sugerido que poderia, de modo concebível, estar relacionado com a celebração do casamento do próprio Mozart. Quaisquer que fossem as circunstâncias, a peça mostra-nos Mozart a responder com uma habilidade impressionante à variedade de instrumentos de sopro que tinha ao dispor; criando diferentes combinações de sons para clarinetes, trompas, *cor de basset*, todos maravilhosamente tricotados em texturas para as quais não há, de facto, qualquer precedente. Robert Levin sugere que a obra tem mais em comum com os concertos para piano escritos inicialmente, nos quais os instrumentos de sopro começam a sua emancipação: talvez esta fosse uma das muitas peças que Mozart começou, mas só terminou mais tarde, quando surgiu uma oportunidade para uma actuação. Há um *Largo* de abertura majestoso e uma abertura revigorante, *Molto allegro*. O primeiro dos dois minuetes, cada um com dois trios, apresenta diferentes instrumentos de sopro (o quarteto de dois clarinetes e dois cor de *basset* no primeiro trio do primeiro minuete, por exemplo), e depois o Adágio sublime – o que foi muito bem descrito por Peter Shaffer – desdobra-se como uma linha contínua que passa de oboé para clarinete para *cor de basset* sobre pulsações sincopadas dos restantes sopros. (Dvořák iria a copiar directamente este efeito na sua Serenata em ré menor.) As variações estão entre as mais adoráveis que compôs: diversificadas, descontraídas e sempre líricas, mais uma vez, figurando pares de instrumentos que vêm em auxílio, com tercinas cantantes para os oboés. O final é uma dança eufórica para todo o *ensemble*, o que mostra a mestria de Mozart ao compor danças transferidas para um novo e revolucionário médium.

♩ *Serenatas K375, K388, Adagio K411*
Ensemble de Instrumentos de Sopro dos Países Baixos
Chandos CHAN 9284
♩ *Serenata K361*
Octophorus / Barthold Kuijken
Accent ACC 68642D
♩ *Serenata K361*
Orchestra of St. Luke's / Charles Mackerras
Telarc 80359
♩ *Serenatas K253, K270, K289*
London Wind Soloists / Jack Brymer
Decca 430 298-2
♩ *Serenatas K361, K375, K388 etc.*
Amadeus Winds / Christopher Hogwood
Decca 458 096-2 (2 CD)

?Cinco Divertimentos K439b
Adágio em Fá K410*
Adágio em Si Bemol K411*
Doze Duos para Duas Trompas K487
?Duo para Fagote e Violoncelo K292

A origem dos Cinco Divertimentos K439b é algo duvidosa, e chegou até nós pela mão do clarinetista e amigo de Mozart, Anton Stadler. São peças despretensiosas, mas experiências instrumentais eficazes, cuja data permanece incerta. Foram, provavelmente, escritas para Stadler e os seus amigos executarem em três *cor de basset*, apesar de terem sido publicadas para outras combinações de instrumentos de sopro. Os dois adágios para *cor de basset*, com clarinete ou fagote, são belas miniaturas para o círculo de Stadler, provavelmente escritas em Viena em 1782/3. Alguns dos duos escritos, possivelmente, para duas trompas sobrevivem nos manuscritos, assinalados a 27 de Julho de 1786 «enquanto jogava aos pinos»; isto pode ter levado a uma confusão com o Trio «Kegelstatt» de uma semana mais tarde: certamente teria sido mais fácil ter escrito estes duetos pouco exigentes enquanto jogava *bowling*, do que a obra-prima de música camarística.

♪ *Divertimenti e Serenatas de Sopro*
Ensemble de Instrumentos de Sopro de Holliger
Edição Completa de Mozart, Philips, Vol. 5 422 505-2 (6 CD)

Adágio em Dó para Harmónica de Vidro K356*
Adágio em Dó menor e Rondó em Dó Maior para Quinteto de Harmónica de Vidro K617*

Duas belas miniaturas onde figura o instrumento mais singular. A harmónica de vidro foi, originalmente, inventada por Benjamin Franklin: trata-se de um conjunto de taças de vidro onde rodamos os dedos molhados em água, criando um som divinal. O instrumento foi sendo mais desenvolvido para que fosse mais fácil de tocar, mas foi sempre considerado um animal muito especializado. A peça do solo, igualmente eficaz no órgão, é um Adágio luminoso de apenas vinte e oito compassos, com a simplicidade refinada de *A Flauta Mágica*. O *ensemble*, terminado a 23 de Maio de 1791 apresenta o típico despojamento no estilo tardio de Mozart: clareza, sem ornamentação, sons intensos consequentes da combinação de dois instrumentos de sopro e dois instrumentos de corda com a harmónica de vidro. Estas peças foram escritas para a instrumentista cega Maria Anna Kirchgassner, cuja actuação foi «bela, de um modo etéreo»; posteriormente, tocou o instrumento em Londres, em Março de 1794, mas segundo H.C. Robbins Landon, nessa ocasião, a sala era demasiado grande e o público demasiado barulhento para o instrumento.

♪ *K617, 356*
Bruno Hoffmann *et al.*
Edição Completa de Mozart, Philips, Vol.14 422 514-2 (5 CD)
♪ *K617, 356*
Duo de Harmónicas de Vidro de Viena
LOTU LR9413

Música de Câmara

QUARTETOS DE CORDAS

Para Mozart, os pequenos espectáculos domésticos de música de câmara eram algo fundamental na sua vida, assim o era desde a sua meninice. Uma das mais interessantes histórias contadas sobre Mozart, pelo trompetista da corte (e violinista) Johann Schachtner, diz respeito a uma actuação na casa de Mozart, durante a qual Leopold, Schachtner e Herr Wenzl tocaram alguns trios, tendo o pequeno Wolfgang pedido para os acompanhar ao violino, apesar de não «ter sido ensinado a tocar violino» (não seria totalmente verdade, já que o seu pai era o autor de um conhecido método de aprendizagem de violino). Deixaram-no tocar a parte do segundo violino com Schachtner que, a certa altura, terá parado de tocar: «apercebi-me, de súbito e com grande assombro, que eu era supérfluo; calmamente, pousei o meu violino e olhei para o teu Pai; lágrimas de assombro e alegria corriam-lhe pela face e, assim, tocou, todos os seis trios» (ver também página 62).

Tal como acontece com as sinfonias, podemos ver, através da sequência de quartetos de cordas, o desenvolvimento pessoal de Mozart, enquanto compositor, e a profundidade da forma do quarteto – neste caso, muito trabalho conseguido por Joseph Haydn, música que sabemos que Mozart estudou, admirou e com que aprendeu.

Quarteto de cordas n.º 1 em Sol K80
Quarteto de cordas n.º 2 em Ré K155
Quarteto de cordas n.º 3 em Sol K156
Quarteto de cordas n.º 4 em Dó K157
Quarteto de cordas n.º 5 em Fá K158
Quarteto de cordas n.º 6 em Si Bemol K159
Quarteto de cordas n.º 7 em Mi Bemol K160
Quarteto de cordas n.º 8 em Fá K168
Quarteto de cordas n.º 9 em Lá K169
Quarteto de cordas n.º 10 em Dó K170
Quarteto de cordas n.º 11 em Mi Bemol K171*
Quarteto de cordas n.º 12 em Si Bemol K172
Quarteto de cordas n.º 13 em Ré Menor K173*

A primeira peça destaca-se aqui, como o primeiro ensaio na forma, a chegar aos nossos dias; foi escrita durante a sua primeira viagem a Itália e apresenta a inscrição «Lodi, 15 de Março de 1770, às sete horas da tarde» – como se quisesse recordar o momento em que se iniciou naquela linguagem memorável. Levou a partitura para Paris oito anos mais tarde, recordando que era a peça que «compus, uma noite, numa estalagem em Lodi». As doze restantes formam conjuntos de seis: nos dois conjuntos, as notas estão, claramente, relacionadas. Nas primeiras seis, cada nota eleva-se pela pausa de uma quarta, enquanto no segundo conjunto estão em pares de terceiras maiores: fá / lá, dó / mi bemol, si bemol / ré. As seis do primeiro grupo (com origem em Itália, a maioria escritas em Milão entre os finais de 1772 e o início de 1773) surgem em três andamentos e mostram um estilo muito italianizado.

Valerá a pena executá-los? Hans Keller, o campeão das últimas peças de Mozart, achou-os «bastante abomináveis»: ele mesmo um instrumentista de quarteto escreveu: «para quê executar as peças e insultar o génio de Mozart?»

Mas no segundo conjunto, provavelmente iniciado em Viena, em Agosto de 1773 e terminado em Setembro, há mais composição contrapontística e torna-se claro que ele tinha estudado os quartetos de Haydn, talvez o conjunto do Opus 20, em particular, com os seus andamentos fugazes. Para dizer a verdade, a fuga de fecho de Mozart, no Quarteto em Fá Maior K168 é um pouco fria, mas outros momentos do contraponto são mais eficientes: por exemplo, o *Andante* do K171, no estilo de uma fuga dupla, e também o minuete do K172. Depois, temos a abertura impressionante do Quarteto K171, em Mi Bemol, com a sua introdução angular lenta (que retorna no final do anda-

MÚSICA DE CÂMARA

mento) e o calmo início do *Allegro*, onde não podemos confirmar, ao certo, que passou a um tempo mais rápido. Há algo de conscientemente experimental, sobre o Quarteto em Ré Menor K173, enquanto Mozart vai brincando com frases cromáticas e largos saltos, pausas súbitas e modulações Haydnescas; no último andamento ele escreve uma fuga «ultra-aprendida» para terminar.

⌒ *Quartetos de Cordas Completos*
Amadeus Quartet
DG 423 300-2 (6 CD)

Quarteto de Cordas n.º 14 em Sol K387***
Quarteto de Cordas n.º 15 em Ré Menor K421***
Quarteto de Cordas n.º 16 em Mi Bemol K428**
Quarteto de Cordas n.º 17 em Si Bemol K458*
Quarteto de Cordas n.º 18 em Lá K464**
Quarteto de Cordas n.º 19 em Dó, «Dissonâncias» K465****

Os seis quartetos que Mozart dedicou a Haydn foram «fruto de um grande e laborioso esforço», como escreveu na eloquente dedicatória. Talvez tenha pensado, quando completou o magnífico Quarteto em Sol Maior K387, datado de 13 de Dezembro de 1782 em Viena, que seria mais fácil compor um grupo de seis; ou talvez, como afirmou Alec Hyatt King, tenha tido a ideia de conjunto apenas mais tarde. (Mozart ofereceu uma série de seis a um editor em Paris, em Abril de 1783). Progredia lenta e irregularmente; completou os dois últimos em Janeiro de 1785. Os últimos três foram executados pelo próprio Haydn em Fevereiro, ocasião em que Haydn afirmava a Leopold: «Por Deus, e como homem honesto posso dizer-lhe que o seu filho é o maior compositor que conheço, pessoalmente e de reputação. Tem bom gosto e, sobretudo, um conhecimento incrível da composição». O conjunto foi publicado mais tarde nesse ano; a dedicatória foi escrita a 1 de Setembro de 1785.

Quer Mozart tenha admitido ou não, em público, o enorme esforço que as peças exigiam, devemos admirar a suprema combinação de capacidade desenvolvida e frontalidade emotiva. Os problemas que os quartetos anteriores tinham levantado tinham sido resolvidos. O K387 em Sol Maior é, com justiça, conhecido pelo final de fuga em forma-sonata, com um tema de quatro notas muito mais próximo, em espírito, do final da Sinfonia «Júpiter», que muitos outros antecedentes desse andamento, pois apesar de as notas não serem as mesmas, eleva-se e descende da mesma forma. Aqui, Mozart usa o contraponto, tal como Cliff Eisen indica, «não tanto como textura em si mesma, mas como um tópico estrutural». A integração temática é, também, evidente: a crescente linha cromática da segunda secção do final é, directamente, pré-repetida, pelo magnífico minuete.

A força do Quarteto em Ré Menor, seguramente, não tem igual na literatura de quarteto antes de Beethoven. Conta a lenda que Mozart o escreveu, ou completou, quando a sua esposa dava à luz o primeiro filho no quarto ao lado: claro que fazer correspondência directa entre as dores do parto e a música intensa é a mais ingénua forma de biografia musical que se possa imaginar, no entanto, é uma dessas histórias que, misteriosamente, encaixam na música. A insistência nas notas repetidas e oitavas profundas em todos os andamentos é clara, conferindo quase um sentimento de obsessão a todo o trabalho. Apesar do *Andante* em fá maior ser mais descontraído, o minuete é mais rígido no modo como empurra dissonâncias através da barra de compasso enquanto o violoncelo descende, de forma ameaçadora, em degraus cromáticos (até à chegada do gracioso Trio em Ré Maior). O conjunto final de variações, que parece um inocente siciliano, é na verdade bastante assustador, com batidas de tercinas no topo da textura até perto do final, que consiste em doze rés agudos, repetidos para violino, descendo uma oitava, estranhamento fazendo lembrar o início da peça.

O Quarteto em Mi Bemol inspirou-se, conscientemente, no modelo dos trabalhos iniciais de Mozart nesta tonalidade, para a sua abertura, mas aqui o cromatismo está mais integrado, mais uno com o resto do material. O minuete regista-se num estilo auto-bucólico, com um zumbido proeminente, enquanto o final parece tentar superar o de Haydn com pausas sábias, mudanças e alvoroço natural. O Quarteto em Si Bemol K458 pode ser chamado a apoteose da caçada, enquanto o Quarteto em Lá Maior é mais delicado (uma característica também atribuída à sinfonia K201 na mesma tonalidade). Este quarteto encontra espaço para linhas cromáticas interessantes e difíceis de tocar, no final; há muitas alterações nos manuscritos que parecem mostrar um Mozart em luta com este trabalho e, possivelmente, um rondó fragmentado que sobrevive (K464a) deve ser visto como um final rejeitado.

Mozart guarda o seu maior feito, contudo, para o último conjunto (datado de 14 de Janeiro de 1785, em Viena), geralmente conhecido como das «Dissonâncias», graças à sua lenta introdução. Esta introdução parece ter sido calculada para criar tensão em direcção à sua libertação no que é um *Allegro* pri-

MÚSICA DE CÂMARA

meiro andamento descontraído e lírico. Consegue-o através de uma imitação canónica, surpreendente e sem precedentes, de uma linha de sopros cromática à distância de uma pulsação entre as três cordas mais agudas sobre um baixo pulsante. Não podemos ter certeza que nota será esta, de onde vem, ou para onde vai, até que, de algum modo, vem descansar numa sétima dominante. O *Allegro* parece simples, em contraste, mas é intensificado primorosamente: o tema surge, primeiro, apenas acompanhado pelas cordas mais agudas, depois é repetido ferozmente (como a secção *tutti* de um concerto) com harpejos ascendentes e descendentes no violoncelo e, depois, exibido numa imitação. Os harpejos descendentes tornam-se, eles mesmos, um tema no desenvolvimento, uma ideia brilhante. No desenvolvimento do *Andante cantabile*, de um modo inexplicável, ambas as secções do andamento anterior são fundidas na dolorosa imitação que se desdobra sobre as figuras ondulantes do violoncelo – um motivo que se torna cada vez mais intenso e importante enquanto o andamento se desenvolve. Quanto ao final, é surpreendente o quanto Mozart consegue retirar deste tema, com a linha cromática a regressar para servir de base ao tema secundário (que acaba por conter uma quinta descendente): o argumento da quinta descendente contém-se mesmo até ao floreado canónico final, através das partes e da cadência. Revigorante. Aqui, seguramente, Haydn ouviu algo com que poderia aprender e devolveu o elogio a Mozart: deve ser a abertura deste quarteto que está por detrás desta «Representação do Caos», no início de *A Criação*.

⌒ *Os Quartetos de «Haydn»*
Quarteto Hagen
DG 471 024-2 (2 CD)
⌒ *Os Quartetos de «Haydn»*
Quatuor Mosaiques
Astrée K8746 (2 CD)

Quarteto de Cordas n.º 20 em Ré, «Hoffmeister» K499
Quarteto de Cordas n.º 21 em Ré K575*
Quarteto de Cordas n.º 22 em Si Bemol K589*
Quarteto de Cordas n.º 23 em Fá K590*

Após o prodígio dos seis quartetos «Haydn», Mozart não voltou a compor quartetos durante algum tempo, abrindo apenas uma excepção, para o editor Franz Anton Hoffmeister (o editor que não tinha publicado os Quartetos para Piano de Mozart justificando que eram demasiado complexos). Este trabalho, terminado em 19 de Agosto de 1786 é, deliberadamente, mais simples e Hoffmeister, de facto, publicou-o. Os três «Quartetos Prussianos» surgem como um anti-clímax, e, apesar de serem indiscutivelmente importantes, nunca achei que representassem Mozart no seu melhor.

Através do seu discípulo, o Príncipe Lichnowsky, Mozart conheceu Frederick William em Potsdam, tendo dado, nessa cidade, um concerto a 26 de Maio de 1789 (provavelmente incluindo o concerto para piano «Coroação» e talvez uma das últimas três sinfonias). Aí, também, terá conhecido o talentoso violoncelista que foi director dos quatro concertos, Jean-Pierre Duport, assim como o seu irmão mais novo Jean-Louis. Não foi uma viagem muito bem sucedida, mas Mozart regressou a casa com uma comissão de seis sonatas para piano e seis quartetos; pressentido, de algum modo, que eles não eram, na verdade, pretendidos, escreveu apenas um de cada, acrescentando, depois, mais dois quartetos. Talvez ele estivesse, também, amedrontado com a questão de dar ao violoncelo do imperador um papel protagonista nos quartetos. É claro que foi bem sucedido no K575: de forma dramática deixa o violoncelo totalmente fora da abertura, para depois o incluir, agudo, no seu registo, para que não pudesse passar despercebido. O *Andante* ecoa uma canção de Mozart, «Das Veilchen», enquanto o violoncelo tem outro solo no trio do minuete, e lança o final com um tema, claramente, ligado àquele do primeiro andamento. O violoncelo é de novo predominante no *Larghetto* do K589, mas no K590 há apenas um par de espaços onde se faz alusão ao talento do rei a tocar no registo de tenor. Apesar de toda a inventividade destes quartetos, eles nunca atingem o nível dos quartetos «Haydn», apesar de Alec Hyatt King ter escrito que formam «uma conclusão triunfante da composição de Mozart, nesta forma difícil».

♩ *K499, K589*
Quarteto Salomon
Hyperion Helios CDH 55094
♩ *K499 etc*
Quarteto Leipzig
MDG 307 0936-2 (2 CD)
♩ *K499, K589, K590*
Quarteto Hagen
DG 423 108-2

MÚSICA DE CÂMARA

QUINTETOS DE CORDAS

Quinteto de Cordas n.º 1 em Si Bemol K174*
Quinteto de Cordas n.º 2 em Dó K515***
Quinteto de Cordas n.º 3 em Sol Menor K516***
Quinteto de Cordas n.º 4 em Dó Menor K406*
Quinteto de Cordas n.º 5 em Ré K593*
Quinteto de Cordas n.º 6 em Mi Bemol K614**

Estes magníficos quintetos são, geralmente, pouco executados, já que a sua instrumentação se revela invulgar. H.C. Robbins Landon escreveu que a sua música «só pode ser descrita como alarmante e extrema» e, certamente, estes quintetos contêm algumas das maiores criações de Mozart – sobretudo o K515 em Dó Maior e o K516 em Sol Menor. (O K406 em Dó Menor é uma transcrição com algumas simplificações da Serenata de Sopros na mesma tonalidade, um excelente trabalho por direito próprio.) Mozart, aparentemente, interessou-se por quartetos de cordas com duas violas através da influência de Michael Haydn, que tinha composto um nocturno para essa mesma combinação no início de 1773. O primeiro trabalho de Mozart foi iniciado nesse verão, tendo sido terminado em Dezembro. Só muito mais tarde, em Abril de 1787, é que ele voltou a essa forma e não conseguimos saber porquê. Mas o Quinteto em Dó Maior (com a sua abertura a recordar a ária do catálogo, escrita rapidamente, cantada por Leporello) é uma obra-prima perfeitamente formada e aprumada e com um equilíbrio magnífico; é, de facto, o maior e mais longo dos seus trabalhos de música de câmara para cordas, no qual, com a substituição da frase de abertura – harpejo de violoncelo e, depois, violino – estimula grande parte da confabulação do primeiro andamento. O *Andante* contrapõe o primeiro violino à primeira viola, com uma beleza surpreendente, mas o mais notável na obra é a absoluta igualdade de todos os instrumentos. O final estreia-se na forma sonata-rondó, de Haydn, e desenvolve-se, depois, do modo mais imaginativo possível.

O contraste entre os Quintetos em Dó Maior e Sol Menor de 1787 é, misteriosamente, semelhante ao contraste entre as Sinfonias em Sol Menor e Dó Maior de 1788. H.C. Robbins Landon refere que o *Adagio ma non troppo* em Sol Menor é «provavelmente o mais pessoal e íntimo que Mozart alguma vez compôs», «um espelho onde se reflecte a tragédia pessoal do próprio Mozart» porque o pai estava doente, vindo a falecer duas semanas após o término da música. É verdade que a popularidade de Mozart em Viena começava a decli-

MOZART

nar, enquanto as dívidas se acumulavam – mas quem nos garante que não era, precisamente, esta conjuntura que estimulava a sua extraordinária música? Cliff Eisen acha o andamento, musicalmente, magnífico e classifica os compassos treze e catorze como «um momento de quietude, pontuado por uma sucessão de mini-supernovas explosivas que realçam a harmonia predominante. É um momento único, profundamente cativante devido à sua beleza absoluta e à sua preocupação, não com a harmonia, melodia ou ritmo, mas apenas com o som». Se a obra era autobiográfica, como podia o final ser tão prazenteiro (apesar de ser precedido por um eloquente Adágio introdutório)? A sensibilidade de Mozart sempre pareceu mais abrangente e mais profunda que os eventos biográficos a que, por vezes, está associada.

Mozart regressou aos quintetos de cordas no final da sua vida e compôs os dois últimos em Viena, em Dezembro de 1790 e Abril de 1791. Na sua primeira publicação, em 1793, foi mencionado que teriam sido escritos para um (anónimo) amador húngaro, no entanto, não sabemos quem foi. (Mais tarde, Constanze Mozart terá afirmado que o marido tinha trabalhado para Johann Tost do grupo Esterházy e, por vezes, esse facto tem sido relacionado com esta comissão.) No quinteto K593, o *Larghetto* introdutório regressa para interromper o primeiro andamento, enquanto o final se revela um ensaio daquilo que se pode fazer com uma marca cromática descendente (apesar da primeira edição a ter, inexplicavelmente, substituído por uma forma com maior número de instrumentos de sopro). O quinteto em mi bemol, como nota Charles Rosen, «causa desconforto a alguns músicos, talvez porque lhe falta a liberdade expressiva de outros quintetos, parecendo, antes, centralizar a sua opulência». Hans Keller foi mais sobranceiro: «um arranjo medíocre de uma peça de sopros do estilo "vamos fazer troça de Haydn"». Devemos ter cuidado para não avaliar estas peças segundo padrões incorrectos ou, como escreveu Cliff Eisen, com severidade, «atendendo às expectativas goradas (ou mesmo desejos não realizados) desses padrões corresponderem ao que era na época (e ainda é agora) aceite como "o" estilo Clássico». As minhas próprias dúvidas, relativamente ao K614, baseiam-se no facto das melodias de Mozart, no último ano, serem pungentes e memoráveis, havendo, no entanto, aqui, uma estranha ausência de melodia lírica e um despojamento, de algum modo, desagradável. Contudo, o trabalho é muito bem considerado entre alguns mozartianos. Há, também, vários fragmentos de quintetos, incluindo um par do último ano, que parecem mostrar quão ardilosa esta forma se apresentava a Mozart.

220

MÚSICA DE CÂMARA

♩ *Quintetos de Cordas Completos*
Hausmusik
Virgin 5 45169-2 (2 CD)
♩ *Quintetos de Cordas Completos e Divertimento K563*
Trio Grumiaux
Philips 470 950-2 (3 CD)

ENSEMBLES DE INSTRUMENTOS DE SOPRO

Quarteto com Flauta n.º 1 em Ré K285*
Quarteto com Flauta n.º 2 em Sol K285a
?Quarteto com Flauta n.º 3 em Dó K285b
Quarteto com Flauta n.º 4 em Lá K298
Quarteto com Oboé em Fá K370**
Quinteto com Trompa em Mi Bemol K407*
Trio «Kegelstatt» em Mi Bemol para Clarinete, Viola e Piano K498*
Quinteto com Clarinete em Lá K581***

É um cativante e diversificado grupo de peças para sopros e cordas: foram escritos em épocas distintas da vida de Mozart, mas são todas testemunhas do enorme prazer que ele retirava dos instrumentos de sopro e do seu potencial. Mesmo no que se refere aos quartetos com flauta, que ele alegava detestar compor. Foram compostos para uma comissão de Manheim; provavelmente através da intervenção do seu amigo Johann Baptist Wendling, terá recebido o pedido para escrever alguma música para flauta, por parte de um holandês abastado, de seu nome, de Jean. Mozart ficou satisfeito com a comissão e começou muito agrado: «está quase pronto o quarteto para o holandês indiano, para esse verdadeiro amigo da humanidade»; o primeiro ficou completo a 25 de Dezembro de 1777 e é o melhor do grupo. Depois, Mozart sentiu-se, cada vez mais, desalentado; o primeiro é melhor que o segundo, enquanto o terceiro pode ter sido arranjado por outras mãos e data do tempo de *O Rapto do Serralho*: o segundo andamento é uma transcrição de um dos andamentos da Serenata em Si Bemol; os outros andamentos basearam-se na música de Hoffmeister e Paisiello, faltando-lhes, assim, alguma originalidade.

O Quarteto com Oboé é, também, inspirado por um grande instrumentista de Manheim, o tocador de oboé Friedrich Ramm; confiante, Mozart leva, de forma memorável, o virtuoso instrumentista a alcançar um fá agudo, no fecho do *finale*. (Esse final, também, contém um estranho momento onde as cordas tocam num compasso 6/8, embora o oboé se desvie num 4/4, provocando um efeito singular de entontecimento.) O Quinteto com trompa foi escrito, como toda a sua música para solos daquele instrumento, para o seu amigo Joseph Leutgeb, que veio de Salzburgo para viver em Viena, onde a peça é composta, provavelmente perto do final de 1782 (apesar do manuscrito, vendido em Londres em 1847, ter desaparecido). Mesmo já tendo ouvido um famoso compositor contemporâneo criticar as suas estranhas e longas frases, o Trio «Kegelstatt» parece-me uma pequena obra-prima, que usa, com beleza, a sonoridade do clarinete e viola para complementar o piano. Foi escrito para a sua aluna Franziska von Jacquin, pianista, e para Anton Stadler, o clarinetista; Mozart terá, provavelmente, tocado, ele mesmo, a viola. O primeiro andamento é monotemático, baseado na pequena volta inicial, enquanto o final se revela um dos mais inspirados, a nível melódico. A história de que teria sido composto enquanto Mozart jogava críquete (daí o nome) é, provavelmente, uma confusão com os duos (possivelmente para duas trompas) esboçados na semana anterior (ver página 212).

O Quinteto com Clarinete foi escrito para Anton Stadler que, na época, descobria as possibilidades do seu novo clarinete *basset* (para o qual o Concerto para Clarinete de 1791 tinha, também, sido escrito) e a sua primeira actuação ocorre a 22 de Dezembro de 1789, em Viena. Mas Stadler parece ter vendido ou perdido a partitura e, consequentemente, a forma da obra que chegou a nós é, na verdade, um novo arranjo publicado para clarinete tradicional. Não parece provável que possa fazer muita diferença, como no caso do Concerto. É dado à obra todo o aparato sinfónico da forma com quatro andamentos, apesar do final ser um suave conjunto de variações. O destaque, tal como no concerto, é o *Largetto*, um prolongamento melódico singular e elaborado pelo clarinete, com alguns belos toques de uma escrita sem graves, na qual a música parece elevar-se em flutuações.

♩ *Quintetos, Quartetos e Fragmentos*
Academy of St. Martin's Chamber Ensemble
Edição Completa de Mozart, Philips, Vol. 10 (3 CD)
DG 419 600
♩ *Quarteto com Oboé*
Paul Goodwin / Terzetto
Harmonia Mundi HM907 220

MÚSICA DE CÂMARA

♁ *Quinteto com Clarinete, Quinteto com Trompa e Quarteto com Oboé*
Antony Pay, Timothy Brown, Neil Black / Academy of St. Martin-in-the-
-Fields
Philips 422 833-2

PEÇAS VARIADAS PARA CORDAS

Duo em Sol para Violino e Viola K423*
Duo em Si Bemol para Violino e Viola K424*
?Prelúdios para Trio de Cordas K404a
Divertimento em Mi Bemol para Trio de Cordas K563

Há dois duos iniciais, para violino e baixo, datados de 1 de Setembro de
1786 (K46d e K46e), um trio para dois violinos e baixo (K266, de 1777), e
uma sonata mais completa para fagote e violoncelo, a K292, mas as primeiras peças, dentro deste género, a serem escutadas actualmente são os inven-
tivos duos para violino e viola – surpreendentemente, não estão temporal-
mente relacionados com a bela Sinfonia Concertante e seus solistas, mas
surgem com data de 1783, em Salzburgo. A história contada num esboço biográfico de Michael Haydn, amigo compositor de Mozart, sugere que estes
dois duos foram escritos por Mozart como um favor, para completar um conjunto de quatro iniciados por Haydn e afirma ainda que, durante o processo,
Mozart teria, conscientemente, adoptado os traços estilísticos de Michael
Haydn. Havia-se gabado ao pai, a 7 de Fevereiro de 1778: «como sabeis, eu
consigo mais ou menos adoptar ou imitar qualquer tipo e qualquer estilo de
composição» e possamos, ou não, concordar com H.C. Robbins Landon, que
Mozart, de facto, tentou «camuflar a sua autoria», assistimos, certamente, a
«trabalhos feitos com amor no verdadeiro sentido da palavra» que mostram
a total mestria nos instrumentos.

Os Prelúdios dúbios K404a foram escritos como prefácio para as transcrições, que Mozart realizou, de três fugas de Bach (de entre as quarenta e
oito) para encontros onde se ouvia música de câmara, na casa do barão van
Swieten, grande apreciador do barroco. Mas quem os terá composto? Não
terá sido, necessariamente, Mozart. Foi escrita uma grande quantidade de
música para estes fascinantes encontros, entre as quais uma surpreendente
transcrição de Mozart, de uma peça de Froberger que, recentemente, foi descoberta. Estes Prelúdios são, contudo, o único trabalho no catálogo de Mozart

223

para trio de cordas, para além da sublime peça em mi bemol que se segue. Escondido sob o título falacioso de Divertimento, e com a invulgar instrumentação de trio de cordas que o torna pouco popular nos quartetos (mesmo como peça ocasional num concerto, por ser demasiado longo), o K563 é uma das mais belas e inventivas peças de Mozart. Tem data de 27 de Dezembro de 1788, em Viena, e foi escrito para Michael Puchberg, o homem que emprestou uma considerável soma de dinheiro a Mozart, nos últimos anos. Esperemos que ele tenha percebido que a peça de música que recebeu em troca não tem preço: o que daríamos para termos presenciado um bom ensaio e leitura completos deste trabalho!

Nenhuma das obras variadas apresenta uma perfeição tão formal como neste caso. A tradicional abertura com harpejo uníssono mostra-se, aqui, delicada, pouco insistente, interligada e não em oposição ao material que se segue. O segundo andamento é um adágio de grande beleza em lá bemol, e após o primeiro minuete há um conjunto central de variações de grande intensidade, um dos meus preferidos em todas as obras de Mozart, com um episódio nebuloso, de tonalidade menor nos sopros e, de seguida, uma fascinante agitação em tom maior para encerrar. Torna-se necessário um minuete com trio para aliviar a tensão; depois, o *Allegro* final oferece um tema lírico e pulsante, da mesma família que o final do Concerto para Piano K595 (o que deita por terra a ideia de que essa peça seja, puramente, um discurso de despedida). Este tema contrasta com uma figura que apresenta todos os instrumentos a executar acordes em simultâneo; claro que estes são, assim, postos de lado e usados imitativamente, até que surgem numa espécie de canal *stretto* na última página. Há uma qualidade nos melhores trabalhos de Mozart que tem algo a ver com a consistência do tom, sensibilidade, som e argumento arquitectónico: nesta peça, estão todos muito presentes – é uma das suas maiores criações – o que torna ainda mais triste que ela seja tão negligenciada.

♠ *K563*
Jascha Heifetz, William Primrose, Emanuel Feuermann
RCA 09026 51740-2
♠ *K423, K424*
Szymon Goldberg, Paul Hindemith (K424), Frederick Riddle (K423)
MUSI CD 665
♠ *K404a, K563*
Trio Grumiaux
Philips 416 485-2

MÚSICA DE CÂMARA

♫ *K423, K424*
Gidon Kremer, Kim Kashkashian
DG 439 525-2
♫ *K563*
Gidon Kremer, Kim Kashkashian, Yo-Yo Ma
Sony Classical 39561

ENSEMBLE DE PIANO

Divertimento em Si Bemol (Trio para Piano n.º 1) K254
Quinteto para Piano e Sopros em Mi Bemol K452****
Quarteto para Piano em Sol Menor K478****
Quarteto para Piano em Mi Bemol K493***

O primeiro Trio para Piano em Si Bemol é um ensaio, num tempo não acentuado, para os últimos seis discutidos a seguir, onde as cordas, essencialmente, acompanham a sonata do piano. O Quinteto para Piano e Sopros e os dois Quartetos para Piano revelaram-se sucessos imediatos, apesar de os podermos também classificar de experimentais, já que não parece ter havido ninguém que os tivesse abordado antes. (O editor Hoffmeister não os apreciava e, assim, abandonou as séries de três quartetos para piano, que tinha pensado editar, logo após o primeiro. Mas, felizmente, Mozart insistia já no segundo.)

O Quinteto para Piano e Sopros teve apresentação num concerto a 1 de Abril de 1784 (e foi registado no catálogo apenas dois dias antes, o que, considerando que o concerto tinha sido adiado no dia 21 de Março, significa que, por pouco, se esquecia de efectuar esse registo). Mozart estava empolgado com a recepção da obra e escreveu ao pai, «considero que é a melhor obra que já compus». O talento de Mozart para equilibrar os instrumentos do solo com o piano é evidente, logo desde o primeiro *Largo* introdutório, à abertura com *Allegro moderato* sobre um tema gracioso. Sentimo-lo saborear as características de cada instrumento e as suas combinações de textura. Cada um torna sua a melodia simples do *Larghetto*, e o *Allegro* final surge, de novo, num tema lírico e dançante, que se desenvolve, inexoravelmente, em direcção a uma *cadenza* em que todos os instrumentos participam.

O Quarteto para Piano em Sol Menor é um trabalho titânico e torna-se difícil encontrar uma outra obra de Mozart onde o primeiro andamento seja exposto, de forma tão poderosa e nitidamente formal, de modo a que qualquer ouvido o possa entender. Hans Keller escreveu, de forma memorável: «O Quarteto para Piano em Sol Menor oferece provas conclusivas de que Mozart era o único ouvido, verdadeiramente, omnisciente que conhecemos». A primeira parte do andamento, com a sua abertura basilar, em uníssono, nas cordas, deve ser repetida, tanto para clarificar a estrutura como para tornar o início do desenvolvimento suficientemente sustentado: aqui, o piano pega na pequena frase da coda e prolonga-a até um fantástico floreado. A repetição também destaca o modo como o tema da abertura regressa no início da coda, e o salto ascendente do piano, prolongado por uma simples nota ao longo do teclado, surpreende-nos e anuncia que algo extraordinário está prestes a acontecer. E acontece: as cordas repetem, obsessivamente, o tema de abertura enquanto o piano pulsa em harpejos envolventes e o andamento se aproxima de um confuso desenlace. O final é um rondó semelhante a uma canção: a naturalidade com que o tema original cresce, e o prolongamento dos seus tentáculos, tem um ar de, poderíamos dizer, alegria exaltada. Mas como que a reflectir a coda energética do primeiro andamento, sofremos um choque, que estava algo escondido: a coda pega no tema inocente e castiga-o com um acorde repentino em mi bemol no piano, que resulta em pulsações em todo o *ensemble*, antes de recuperar, no final, em sol menor.

O Quarteto em Mi Bemol é mais sossegado e mais sereno, embora não menos elaborado, apresentando uma maior integração dos instrumentos na textura, em vez de confrontar o piano com o trio. A abertura surge, delicada, nas oitavas repetidas e mesmo a figura pontuada que se segue é contida. Essa contenção segue através do andamento central que, segundo o académico alemão Hermann Abert, reflecte uma «introversão indescritível no conceito do andamento suave».

♪ *K493, K478*
Emanuel Ax, Isaac Stern, Jaime Laredo, Yo-Yo Ma
Sony SK 66841
♪ *K493 com versão de música de câmara do K414*
Alfred Brendel, Quarteto Alban Berg
EMI 5 56962-2
♪ *K478, K493*
Clifford Curzon, Quarteto Amadeus
Decca 425 960-2

MÚSICA DE CÂMARA

Trio para Piano n.º 2 em Sol K496
Trio para Piano n.º 3 em Si Bemol K502*
Trio para Piano n.º 4 em Mi K542
Trio para Piano n.º 5 em Dó K548
Trio para Piano n.º 6 em Sol K564

Há uma transição interessante do trio barroco de sonatas – dois instrumentos iguais sobre um instrumento com teclado em *basso continuo* que fornece a harmonia – para o tradicional trio para piano, no qual instrumentos graves e agudos encetam um dueto com um teclado. Apesar do trio com piano ter começado, essencialmente, como uma sonata para teclado, com desdobramento do violino e violoncelo, rapidamente se emancipou até um nível em que os três instrumentos usufruem do mesmo grau de liberdade, passando depois a um nível diferente, identificado por alguns académicos, em que as duas mãos do pianista, nos registos agudos e graves, contribuem com o seu próprio material independente, originando uma estrutura que se aproxima do quarteto. Quando Mozart compôs os seus trios para piano, curiosamente, colocou sempre o violino acima da parte do piano, e o violoncelo em baixo – ficando, assim, mais próximos da textura grave e aguda do piano. (Uma edição contemporânea colocaria o violino e o violoncelo juntos, sobre a parte do piano.)

Os cinco trios dividem-se em dois grupos: o K496 em sol foi terminado (com muita utilização de tinta vermelha e preta) a 8 de Julho de 1786, o trio em si bemol em 18 de Novembro do mesmo ano. Os outros três datam de 1788. São todos populares no que se refere ao estilo, com poucas complicações. O K496, em sol maior, termina com uma série de variações; o K502, em si bemol, apresenta um encantador e fugidio final, com um regresso hábil ao tema do rondó; o Trio em Mi Maior é quase melancólico no tom e o seu andamento central é classificado com uma «serenidade schubertiana»; o Trio em Dó Maior é um trabalho majestoso. No final, o Trio em Sol Maior é menos interessante, e a parte do teclado (apesar de, seguramente, pertencer a Mozart) foi escrita por outras mãos.

♫ *Trios Completos para Piano*
Trio Fontenay
Teldec Ultima 8573 87794-2

MOZART

SONATAS PARA VIOLINO

Mozart compôs música para violino e teclado (inicialmente seria para «teclado com acompanhamento de violino») durante grande parte da sua vida produtiva. O seu desenvolvimento nesta área, como acontece frequentemente, é complementado pela evolução da forma e pelas circunstâncias sociais para as quais a música é escrita. No início, as peças eram destinadas à esfera doméstica e é, provavelmente, por causa disso que Leopold pretendia publicá-las em primeiro lugar, antes das peças de *ensemble*. Mais tarde, conforme se tornavam mais complexas, Mozart passou a escrevê-las, e a executá-las, para e com os seus alunos, dando origem a diversas histórias sobre a sua improvisação das partes do piano que não tinha tido tempo de escrever.

Sonata em Dó K6
Sonata em Ré K7
Sonata em Si Bemol K8
Sonata em Sol K9

As primeiras quatro sonatas de Mozart foram publicadas em Paris em 1764, como opus 1 e 2. Leopold escreveu acerca do «furor que irão causar quando as pessoas lerem na primeira página que foram compostas por uma criança de sete anos»; tal como noutros casos, a mão de Leopold parece estar presente nestas composições, talvez na preparação da publicação das ideias originais de Wolfgang. Com os seus alegres harpejos graves e as pequenas contribuições do violino, não são, na verdade, impressionantes, mas é interessante notar como Mozart foi tão precoce a oferecer o contributo do violino à textura: um pequeno eco na K6, uma imitação na K8. Não é vulgar encontrar o segundo minuete da K8 em si bemol menor; todas estas sonatas terminam com um par de minuetes. (As sonatas que viriam, posteriormente, a ser publicadas como Opus 3, de Mozart, foram as K10-15: com as suas partes opcionais de violoncelo integram-se entre as sonatas para violino e os primeiros trios para piano.)

☊ *Sonatas Completas para Violino e variadas peças*
Poulet, Verlet, van Keulen, Brautigam etc.
Edição Completa de Mozart, Philips, Vol. 15 422 515-2 (7 CD)

MÚSICA DE CÂMARA

𝄐 *Sonatas para Violino Vol. 1*
Rachel Podger, Gary Cooper
Channel Classics CCS SA 21804

Sonata em Mi Bemol K26
Sonata em Sol K27
Sonata em Dó K28
Sonata em Ré K29
Sonata em Fá K30
Sonata em Si Bemol K31

As seis sonatas K26 a 31 foram publicadas em Haia em 1766 como Opus 4, de Mozart. Já na K26 em mi bemol, o violino imita a entrada do teclado, embora depois se retraia em delicadas notas repetidas (por vezes os compositores pedem que, em tais sonatas de acompanhamento, o violino toque em surdina para que não se distraia com o piano!). O andamento final desta sonata é um *Rondeau* hábil em que o violino ingressa como se fosse uma secção *tutti*. No primeiro andamento da K28 em dó, ocorre uma interessante partilha do material, quando as escalas encetam uma luta entre si; no segundo andamento é dado, ao violino, a mesma porção de material temático. Na K29 em ré surge um trabalho mais imitativo, enquanto na K30 a atenção se centra no cruzar de mãos no teclado. A energia da K31 em si bemol é típica; esta sonata é concluída com um andamento numa forma que se viria a tornar familiar: o tema e as variações – não que o violino tenha muito a acrescentar à situação. (O conjunto sequente de sonatas, listadas como K55 a 60, são, decididamente, artificiais.)

𝄐 *Sonatas K26, K29, K31*
Frederic Fernandez, Pierre Hantai
Opus 111 OPS 10-013

Sonata em Sol K301
Sonata em Mi Bemol K302
Sonata em Dó K303
Sonata em Mi Menor K304*
Sonata em Lá K305

Sonata em Ré K306
Sonata em Dó K296
Sonata em Si Bemol K378

O grupo seguinte, autenticado, de sonatas para violino, K301 a 6, teve origem uma década mais tarde, com publicação em Paris em 1778, de novo como Opus 1. As primeiras do grupo foram escritas em Manheim, nos inícios de 1778, e outras três foram acrescentadas no Verão. Nota-se, de imediato, a clara emancipação do violino, fugindo ao papel de acompanhante. Anuncia a melodia clara e entoada na K301, e tem um canto próprio no meio do *Allegro* final. A abertura vigorosa da Sonata em Mi Bemol é semelhante ao estilo sinfónico de Mozart na época; no final, o violino, estranho, duplica a mão direita, no teclado, uma oitava abaixo. A Sonata em Dó Maior tem uma introdução lenta que surge, de novo, no meio do andamento, repleto de modulações inventivas. Mas a pérola deste grupo é a K304 em Mi Menor – séria, contida e intensa, como a Sonata para Piano de Haydn em Mi Menor ou a Sinfonia «Trauer». (Para aqueles que valorizam a concordância biográfica, esta sonata foi escrita um mês antes da morte da mãe de Mozart.) O grande momento no primeiro andamento é a recapitulação, onde o violino canta o tema desacompanhado, mas o piano invade com um acorde totalmente inesperado. O espírito do último minuete em mi maior é quase barroco, mas com um trio que o equilibra na mesma nota, que faz lembrar Schubert nos seus contrastes entre os tons maior e menor.

Após estas obras, as restantes peças do grupo parecem supérfluas, apesar da Sonata em Lá Maior conter um elaborado conjunto de variações e a Sonata em Ré Menor exibir uma interessante *cadenza* no piano. Do mesmo ano surge uma pequena e animada Sonata em Dó Maior destinada à filha do senhorio de Mozart em Manheim, Therese Serrarius, e uma Sonata em Si Bemol, K378, publicada em Viena em 1781, mas talvez escrita um pouco antes.

Sonata em Sol K379
Sonata em Fá K376
Sonata em Fá K377***
Sonata em Mi Bemol K380
Sonata em Si Bemol K454**
Sonata em Mi Bemol K481

MÚSICA DE CÂMARA

Sonata em Lá K526***
Sonata em Fá K547

«Hoje (pois escrevo às onze da noite) tivemos um concerto, onde três das minhas composições foram executadas – recentes, claro […] uma sonata com acompanhamento de violino para mim próprio, que eu mesmo compus entre as onze e as doze (mas, de modo a poder terminar, só escrevi o acompanhamento para Brunetti [director da orquestra da corte da Salzburgo] tendo eu memorizado a minha parte) […]».

Assim escrevia Mozart ao pai sobre a Sonata K379, em sol maior, um feito extraordinário, mesmo tendo em conta que se gabava um pouco demais. A forma desta sonata é invulgar e parece ter servido de modelo para as sonatas de violino de Beethoven. As duas sonatas subsequentes estão em fá, mas esta repetição de notas não teria sido adequada à publicação, por isso Mozart inseriu a primeira sonata em dó entre as duas. Na verdade, ambas apresentam um forte contraste, e a segunda, K377, é uma das suas mais belas inspirações: sob o tema ao piano aproxima-se um vector barulhento de tercinas para violino, depois transformadas em harpejos para piano, enquanto o violino arranca com o tema. O tema e as variações na Sonata em Ré Menor estão repletos de rotações e suspensões (a última variação é uma repercussão directa do Quarteto de Cordas K421, em ré menor) e, por fim, surge um minuete.

A Sonata em Mi Bemol apresenta uma abertura impressionante com acordes sólidos e uma linha errante no piano: a profusão dos temas que seguem é quase grandiosa. Mas a majestosa Sonata em Si Bemol K454 é, no geral, mais abrangente. Foi escrita para Regina Strinasacchi que, como Mozart escreveu, tinha «muito bom gosto e sensibilidade para tocar. Neste momento, estou a compor uma sonata para ela, que vamos executar juntos na quinta-feira, num concerto seu, no teatro». Mais uma vez, parece que Mozart não conseguiu escrever a parte dele e executou-a com as páginas em branco. É uma sonata de escala sinfónica com uma introdução lenta, um *Allegro* majestoso, um *Andante* entoado e um rondó semelhante a um concerto em toda a sua estrutura; soa muito instrumental. O resto do grupo é em si bemol e data de 12 de Dezembro de 1785, em Viena; o andamento mais belo é o Adágio central em lá bemol que desliza ansiosamente entre as notas.

A Sonata em Lá Maior K526 foi escrita durante o trabalho de *Don Giovanni*. Há um andamento inicial em compasso triplo e um *Andante* sobre oitavas perfeitas no piano; o arrojado final segue a tradição *moto perpetuo*, mas Mozart, seguramente, nunca escreveu um andamento deste género mais subtil, com um contraponto encantador na parte do piano – aqui, as surpresas conseguem, tal como algumas peças de Haydn, fazer rir o público. A inconsequente Sonata final em Fá, K547, (voltando à ideia de uma «pequena sonata de piano para iniciantes, com violino») foi escrita em Julho de 1788; há também dois conjuntos de variações K359 e K360, assim como fascinantes fragmentos de sonatas.

♫ *Sonatas Completas para Violino*
Szymon Goldberg, Radu Lupu
Decca 448 526-2 (4 CD)
♫ *Sonatas Completas para Violino*
Itzhak Perlman, Daniel Barenboim
EMI 463 749 (4 CD)

Música para teclado

SONATAS PARA PIANO

Os primeiros trabalhos de Mozart, para piano, devem ser contextualizados nas digressões da criança prodígio e à luz da influência do pai, Leopold. Escreveu música para teclado desde muito cedo, e o caderno de música da irmã inclui muitas dessas peças, registadas por Leopold e outros. Nunca saberemos até que ponto essas versões foram alteradas ou editadas, mas o «Livro de Esboços de Londres», da digressão a Inglaterra, provavelmente contém exemplos de rascunhos que Leopold não alterou. Há mais algumas peças dos primeiros tempos, incluindo quatro sonatas cujos temas iniciais foram registados no catálogo manuscrito de Breitkopf e Härtel sobre o trabalho de Mozart, mas desapareceram.

A genialidade de Mozart ao piano deve-se, em grande parte, à improvisação: lemos histórias que contam como tocava em casa, desde as nove horas da noite, até que o punham na cama, à meia-noite. Todas as suas primeiras digressões incluíram grandes momentos de improvisação e sabemos que era capaz de tocar durante horas quando pressentia que o público se deleitava com as suas capacidades. Lemos que, numa ocasião em Praga, «no final do concerto, quando Mozart improvisou, sozinho, durante mais de meia hora no piano-forte, levando-nos a um êxtase sem igual, o nosso encantamento transformou-se numa esmagadora e ruidosa ovação».

Assim, provavelmente, só mais tarde, e com a possibilidade de publicação, é que algumas destas peças foram codificadas e registadas pormenorizadamente. Outras foram escritas com propósitos didácticos e instrutivos. Embora todos os pianistas as toquem e as admirem, é difícil sentir que as sonatas para piano representem toda a riqueza do talento de Mozart. As maravilhosas peças isoladas para piano, como a Fantasia em Dó Menor, o Rondó em Lá Menor e o Adágio em Si Menor, remetem para uma outra questão totalmente diferente: são, por certo, o resultado codificado de alguns desses momentos mágicos de improvisação.

Sonata para Piano n.º 1 em Dó K279
Sonata para Piano n.º 2 em Fá K280
Sonata para Piano n.º 3 em Si Bemol K281
Sonata para Piano n.º 4 em Mi Bemol K282
Sonata para Piano n.º 5 em Sol K283
Sonata para Piano n.º 6 em Ré K284

É possível que Mozart já conhecesse o conjunto de sonatas para piano de Haydn, quando compôs as sonatas K279 a 284 em Munique, nos inícios de 1773. A música mostra uma exibição virtuosa anunciada nos ornamentos introdutórios das primeiras três sonatas e, de facto, vários dos primeiros andamentos assemelham-se a reduções instrumentais. A última sonata, em ré, captura o carácter sinfónico da sonata de J.C. Bach na mesma clave; há um *Rondeau en Polonaise* e um tema e variações, precisamente o tipo de *divertissement* público que Mozart aprendeu do jovem Bach. A Sonata em Fá Maior é um trabalho engenhoso e característico e o Adágio da n.º 4, em mi bemol, é verdadeiramente eloquente, enquanto o seu rondó final nos traz recordações claras de Haydn.

♫ *Sonatas Completas para Piano*
Mitsuko Uchida
Edição Completa de Mozart, Philips, Vol. 17 422 517-22 (5 CD)

MÚSICA PARA TECLADO

Sonata para Piano n.º 7 em Dó K309
Sonata para Piano n.º 9 em Ré K 311
Sonata para Piano n.º 8 em Lá Menor K310**

Estas três sonatas foram publicadas, em conjunto, em Paris, como Opus 4, em 1782, e as duas primeiras foram escritas em Manheim, perto do final de 1777; mas há um enorme contraste entre as melodias agradáveis das composições K309 (escrita para Rosa Cannabich, filha do compositor de Manheim) e K311 (o rondó final da K311 soa, de novo, claramente, haydnesco em alguns passos), e a titânica sonata K310 em lá menor, para a qual nada nos prepara. A sua composição tem sido associada à morte da mãe de Mozart em Paris, em 1778, mas o novo entusiasmo de Mozart pelos pianos de Stein, sobre os quais escreveu, entusiasticamente, em Outubro de 1777, pode ter exercido, também, alguma influência. Poderá ser difícil aceitar a abertura da Sonata em Lá Menor num instrumento moderno, depois de a ter escutado num piano antigo. O estridente acompanhamento de acordes parece, inevitavelmente, enfraquecido, se for tocado como um acompanhamento, e a figura soberba da coda, que trota sobre três oitavas e meia nas linhas do baixo, é assombrosa, quando delineada pelas alterações de registo no piano antigo. No desenvolvimento, correntes de suspensões sobre graves irados e borbulhantes, assim como frases com oitavas irrequietas e voltas, levam-nos de volta ao tema principal. Esta sequência é, estranhamente, paralela no *Andante cantabile*, cuja primeira secção nobre não nos leva a esperar os requebros dissonantes e a harmonia da segunda secção. O *moto perpetuo* final é um dos mais ardentes de Mozart: nenhum do bom humor da Sonata para Violino em Fá Maior surge aqui, mas antes uma corrida precipitada em direcção ao desespero (com uma diáfana secção em lá maior, no meio). Esta música parece ir muito mais além das circunstâncias imediatas da vida de Mozart.

∩ *Sonatas Completas para Piano*
Maria João Pires
DG 439 760-2 (6 CD)
∩ *Sonatas para Piano K310, K533/494 etc.*
Richard Goode
Nonesuch 7559-79831-2

MOZART

Sonata para Piano n.º 10 em Dó K330*
Sonata para Piano n.º 11 em Lá K331*
Sonata para Piano n.º 12 em Fá K332**
Sonata para Piano n.º 13 em Si Bemol K333***

Após ter estudado a marca d'água, Alan Tyson situou, recentemente, este grupo de sonatas em Munique ou Viena, em 1781/3, embora tenham sido publicadas em Viena, em 1784. A K330 em dó maior, e a K331 em lá maior, parecem ter sido esboçadas com um carácter popular. O notável *Andante cantabile* da K330 estabelece-se em fá, mas desliza, depois, para um expressivo lá bemol maior. Há quatro compassos finais na primeira edição, embora não constem do manuscrito; de modo admirável, Mozart terá pensado melhor (esperemos que assim tenha sido!), ao trazer o material, em lá bemol, de volta a fá, para, saudosamente, arredondar o andamento. Pensou-se que as sonatas K330 e K331 seriam de cariz didáctico: as famosas variações da sonata em lá maior e o «Rondo alla turca» asseguraram um lugar nas aulas de piano desde então, mas, na verdade, não se encontram entre as sonatas mais interessantes.

O segundo par tem mais para oferecer e mostra-nos o conceito de Mozart de liberdade estrutural. O primeiro andamento da K332 é uma aprazível sucessão de contrastes diversificados: um tema fluido que se eleva, uma figura de ritmo pontuado contrastante, um tema novo em ré menor e, então, um inocente tema em dó maior, que se lança numa sequência taciturna de acordes, cujos *fortes* e *pianos* repentinos lançam o ritmo do compasso triplo a um tempo mais rápido. Os aprendizes da forma-sonata teriam dificuldade em desenredar tudo isto: o desenvolvimento introduz material novo e repete as sequências de acordes, desta vez em direcção à tónica. A sonata em si bemol, K333, exibe o estilo de J.C. Bach elevado ao seu mais alto nível. O acompanhamento é reservado, com pouco contraste entre os temas, mas a sucessão de melodias está perfeitamente organizada; uma pequena intensificação no desenvolvimento (um salto de uma oitava e uma quinta sobre o tom sincopado) é suficiente para levar, na direcção certa, o clímax do andamento. O andamento lento em si bemol sofre uma notável reviravolta no início da segunda secção: uma dissonância cromática leva a música a ré bemol e, daí, a fá menor, reduzindo-a a, não mais que, uma linha do baixo pulsante em fá e uma linha de agudos errante, antes de encontrar o caminho até ao conforto do lá bemol. Este andamento, com instrumentação semelhante à serenata, poderia, facilmente, ser escrito para clarinete ou clarinete alto e fagote. O final assemelha-se ao de um concerto com os seus contrastes *solo-tutti* e uma mag-nífica *cadenza in tempo*. Esta sonata revela o estilo extrovertido de Mozart no seu melhor.

⌒ *K330, K331, K533/494*
Murray Perahia
Sony SK 48233
⌒ *K332, K333*
Malcolm Bilson
Nonesuch
⌒ *K332, K333, K457, Adagio K540*
Alfred Brendel
Philips 468 048-2

Sonata para piano n.º 14 em Dó Menor K457***
Sonata para piano n.º 18 em Fá K533*/K494*
Sonata para piano n.º 15 em Dó K545
Sonata para piano n.º 16 em Si Bemol K570*
Sonata para piano n.º 17 em Ré K576*

A Sonata K457 foi publicada, pela primeira vez, com a Fantasia em Dó Menor (ver em baixo). O primeiro andamento *Molto allegro* baseia-se na dupla estrutura pergunta/resposta, também ouvida, por exemplo, na Sinfonia «Júpiter», mas com menor força da tonalidade. O Adágio (com uma indica-ção lenta invulgar) torna-se mais elaborado enquanto progride, por pouco fragmentando a música num emaranhado de ornamentação, como Beethoven viria a fazer na sua sonata Opus 111. O final faz uso de um artifício mozar-tiano habitual, a suspensão através da barra de compasso, acrescentando impetuosidade e premência à música. A Sonata em Fá Maior utiliza uma revi-são do Rondó K494 como final: outra ousada secção de desenvolvimento, no *Andante*, pega no tema do andamento, coloca-o na linha do baixo, e depois tece uma teia cromática em volta. O rondó final, em fá maior, inclui uma apra-zível secção em lá bemol, de estilo quarteto de cordas, e um final glorioso que se edifica a partir do dó grave do piano, com entradas empilhadas, umas sobre as outras, até atingirem quatro oitavas e meia acima, em fá. O tema é finalmente ouvido *sotto voce* nos graves do piano (outro efeito que precisa da nitidez do piano antigo nesse registo). A conhecida Sonata em Dó Maior «para iniciantes» não requer muita apresentação, a não ser explicar que apesar da sua regularidade não corresponde aos conceitos vigentes da forma-sonata e resume o seu tema na nota «errada», fá em vez de sol (um procedimento que não era invulgar nas verdadeiras sonatas do século XVIII). Não há instantes de perigo nos restantes dois andamentos. As outras duas sonatas não acrescentam muito, apesar do primeiro andamento da forma em si bemol apresentar um início notável no desenvolvimento (a cadência final da exposição repetida numa nota inesperada) e o Adágio ser outra serenata de sopros em mi bemol, com um interlúdio em dó menor (como o concerto para piano K491). A ré maior apresenta um primeiro andamento em estilo de caçada e um rondó final eternamente extrovertido com escrita haydnesca na parte superior do piano.

♎ *Sonatas para Piano K330, K331, K570, Rondó em Lá Menor*
Alfred Brendel
Philips 462 903-2
♎ *«The Vienna Years»: Sonatas, Fantasias, Rondós*
Jos van Immerseel
Sony Vivarte S2K62979

VARIAÇÕES PARA PIANO

Mozart compôs inúmeros conjuntos de variações para solo de teclado, na sua maioria baseados nas árias operáticas do momento. Entre os compositores homenageados (ou desenvolvidos) deste modo estão Salieri (K180), Grétry (K352), Paisiello (K398), Gluck (K455) e Sarti (K460), cujo *I due litiganti* é também referenciado no final de *Don Giovanni*. Mozart utilizou, além disso, algumas melodias instrumentais de J.C. Fischer (K179 – popular em Munique, segundo Leopold) e do violoncelista J.-P. Duport (K573). Parecem ser exemplos das improvisações com que surpreendia o público nos seus concertos, possivelmente diluídas para publicação. As mais conhecidas são as de *«Ah vous dirai-je maman»* (K265, publicada em Viena em 1785, mas associada a Paris, quando da morte da mãe). O último conjunto, K613, claramente ligado às origens de *A Flauta Mágica*, publicado em Março ou Abril de 1791, modifica uma canção de um compositor do círculo de Schikaneder: *«Ein Weib ist das herrlichste Ding»*. Mas nenhuma é tão comovente como as Variações para Duo de Piano K501 (ver em baixo).

MÚSICA PARA TECLADO

∩ *Variações para Piano etc.*
Ingrid Haebler, Mitsuko Uchida (piano), Ton Koopman (cravo)
Edição Completa de Mozart, Philips, Vol. 18 422 518-2 (5 CD)

PEÇAS VARIADAS PARA PIANO

Andante em Dó K1a
Allegro em Dó K1b
Allegro em Fá K1c
Minuete em Fá K1d
Minuetes em Sol e Dó K1
Minuete em Fá K2
Allegro em Si Bemol K3
Minuete em Fá K4
Minuete em Fá K5

As primeiras composições foram registadas, pela mão de Leopold, no caderno de música de Nannerl (ver cronologia de 1760 a 62), por isso, torna--se difícil saber até que ponto ele as terá alterado ou apurado. O caderno, cujas páginas sobreviventes Alan Tyson analisou, foi, com o tempo, dividido e as páginas espalhadas por todo o mundo. A página mais célebre, que continha o par de minuetes K1, encontra-se em Salzburgo, sem data, mas algumas das outras têm datas muito específicas: K1c, 11 de Dezembro de 1761, K1d, 16 de Dezembro de 1761, e depois, a partir de 1762, as peças seguintes são de Janeiro, 4 de Março, 11 de Maio e 5 de Julho, revelando o progresso do jovem compositor. As influências mais nítidas, neste registo, são as peças que ele tinha estudado, do seu pai e de Wagenseil.

Prelúdio e Fuga em Dó K394
Suite em Dó K399
Fantasia em Dó Menor K396 (completado por Stadler)
Fantasia em Ré Menor K397**
Marche funèbre de sigr maestro Contrapuncto em Dó Menor K453a
Fantasia em Dó Menor K475***
Rondó em Lá Menor K511****

Adágio em Si Menor K540****
Minuete em Ré K355**
Jiga em Sol K574**

Nestes andamentos isolados encontramos algumas das mais belas peças para piano de Mozart: tanto intérpretes como professores deviam ser aconselhados a dar-lhes preferência em detrimento de algumas sonatas mais frágeis. Várias, como o Prelúdio e Fuga em Dó Maior, mostram a desavença de Mozart com a linguagem barroca, para a qual os encontros na casa do Barão van Swieten lhe chamaram a atenção. Aqui, a fuga é muito franca, como é a da abertura da Suite K399 de estilo barroco. Mas a *Courante* da Suite é bela, como se Mozart tivesse escutado as sonatas de Scarlatti.

A Fantasia em Ré Menor encontra-se incompleta, mas ainda assim é, provavelmente, o mais executado de todos os fragmentos de Mozart, logo após o *Requiem* e a Missa em dó menor. Tem uma abertura com improvisação em ré menor, que leva ao Adágio; corre, depois, através de um *Presto* similar até uma *cadenza* e de volta ao Adágio; por fim, um *Allegretto* em tom cantado. Um editor contribuiu com um floreado adequado o suficiente para terminar esta secção, mas é mais provável que esta tenha sido a secção central da peça, e que o material da abertura em ré menor tivesse regressado para terminar a Fantasia. (Mitsuko Uchida compôs esse epílogo.) A resistente Fantasia em Dó Menor, K396, destinava-se, provavelmente, ao violino e ao piano; Mozart não chegou a terminá-la e o desenvolvimento foi acrescentado por Stadler. A pequena *Marcha Fúnebre do Maestro Contraponto* poderia bem ser uma marcha séria em dó menor, não fosse o título jocoso: a quem se dirigia esta piada? A mais conhecida Fantasia em Dó Menor, K475, foi publicada em conjunto com a Sonata em Dó Maior K457, mas consegue afirmar-se por si só: a taciturna abertura em uníssono e a secção seguinte, mais lírica, levam a uma outra secção, sequencial, absolutamente titânica, que conseguimos imaginar a irromper, enquanto Mozart improvisava. Eis, então, que a abertura regressa, mais vigorosa do que nunca. Esta fantasia, curiosamente, segue as instruções de C.P.E. Bach sobre improvisação, mas cria um efeito musical bastante diferente.

O Rondó em Lá Menor é único, entre as obras de Mozart, e é uma das expressões mais pessoais do período Clássico. Partindo de uma delicada melodia pulsante, um *crescendo* marcado (os sinais, ao longo da peça, são excepcionalmente detalhados e precisos), Mozart tece uma linha em contínua evolução, que se inova sempre que aparece. O material contrastante, em fá maior, é amplo e sereno, nascendo de todas as teclas do piano, enquanto se desenvolve (e atinge o tom máximo em mi), antes de se acalmar numa divina sequência cromática que regressa ao tema. Há um momento de luz penetrante no passo em Lá Maior, mas, em seguida, o tema em lá menor regressa, mais intenso do que nunca, desenvolvido em sétimas descendentes e voltas expressivas, antes de se dividir num contraponto de duas partes; por fim, um fio de um fragmento, cuja batalha não vai além da repetição do seu primeiro compasso.

O manuscrito tem a data de 11 de Março de 1787: aqueles que pretendem descobrir a biografia de Mozart em cada uma das suas peças, têm uma tarefa difícil, a julgar por esta extraordinária obra-prima.

O Adágio em Si Menor data do ano seguinte, 19 de Março de 1788: o seu progresso apaixonado e sofrido é coroado com um golpe de mestre, na sua conclusão – após todo o sofrimento do si menor, a coda cromática final desliza, como por magia, até si maior. Os intérpretes podem abordar esta conclusão de várias maneiras: é um momento balsâmico e tranquilo, ou mesmo, espantosamente triste? O efeito pode variar bastante, dependendo do sistema de afinação utilizado, já que o si maior num «temperamento desigual» não é uma nota muito confortável. Nesta peça, Mozart aproxima-se, bastante, de uma reinterpretação do legado de C.P.E. Bach, em cujas fantasias se baseia este trabalho desarticulado e repleto de pausas.

Entre as fascinantes peças, de um único andamento, encontramos o Minuete em Ré (K355), que antes se pensava ser de 1789/90, mas foi, agora, associado a 1786; muito experimental nas dissonâncias que se confrontam, desprevenidas, na segunda secção, e na sua magnífica «re-harmonia» do tema. Stadler acrescentou um trio irritante que é fácil de ignorar. A Jiga em Sol, de 16 de Maio de 1789 (quando Mozart visitou Leipzig e, supostamente, viu os motetos de J.S. Bach), é tão cromática que se torna quase atonal, antes de recuperar a sua base de tonalidade.

♫ *K511, K475, K616, K485, Sonatas K545, K570*
András Schiff (no piano de Mozart)
Salzburg Mozarteum ISM 91/3
♫ *K410, K540, etc.*
Alfred Brendel
Philips 446 921
♫ *K399, K574, K511, K408 etc.*
Richard Goode
Nonesuch 7559-79831-2

DUETOS DE PIANO

?Sonata em Dó K19d
Sonata em Ré K381
Sonata em Si Bemol K358
Sonata em Ré para Dois Pianos K448***
Sonata em Fá K497****
Variações sobre um tema original em Sol K501***
Sonata em Dó Maior K521*
Fuga em Dó Menor para Dois Pianos K426
Larghetto e *Allegro* em Mi Bemol para Dois Pianos** (ed. Levin)

«Em Londres, o pequeno Wolfgang escreveu a sua primeira peça para quatro mãos. Nunca ninguém, antes, tinha escrito uma sonata para quatro mãos». A biografia de Nissen atribui esta afirmação a Leopold Mozart, que a terá anotado a 9 de Julho de 1765, embora possa ter sido adicionada apenas mais tarde. Nas digressões, Wolfgang e a irmã tocavam juntos ao piano, com regularidade, e este facto era motivo de atracção, pois mesmo que houvesse verdadeiras sonatas para dois pianos antes desta data, os Mozart fizeram, do género, um clássico. (O conhecido quadro da família Mozart, de meados de 1780, de Della Croce, capta esse momento, irmão e irmã no mesmo piano, de mãos cruzadas.) O *London Daily Advertiser* anunciou a «todos os Amantes das Ciências» que «o grande Prodígio de que a Europa ou mesmo a Natureza Humana se pode gabar, sem qualquer dúvida, é o pequeno Rapaz Alemão Wolfgang Mozart [...] as duas crianças também irão tocar em conjunto, a quatro mãos, no mesmo cravo, colocando-lhe um lenço por cima, para não conseguirem ver as teclas». Neste contexto, os duetos de piano estavam associados aos elementos circenses da digressão, mas rapidamente desenvolveram um propósito musical mais sério.

Tem havido dúvidas sobre a primeira sonata para dois pianos, que chegou aos nossos dias, K19d; independentemente de quem quer que, de facto, a tenha composto, é o tipo de peça que poderia ser executada pela equipa fraternal, e assemelha-se mais a uma sinfonia abreviada do que a um sonata ampliada. Talvez seja porque se destinava à exibição pública, e não ao entretenimento privado, que, actualmente, a associamos aos duetos para piano. As texturas são tão simples quanto uma sinfonia de Manheim, com trocas perspicazes entre *primo* e *secondo*, que soam como trompas e trompetes divertidos. Acontece o mesmo com trabalhos autênticos: estão escritos como ensaios que pretendem comunicar com o público e não apenas como uma meditação para dois intérpretes. Ao que parece, a K381 e a K358 foram compostas antes de outras peças para duetos: o jovem J.C. Bach, certamente, compôs duetos, e C.P.E. Bach também escreveu quatro pequenos duetos para dois pianos, assim como um singular concerto para cravo e piano-forte.

A Sonata em Ré Maior para Dois Pianos é um trabalho ímpar, escrito para complementar o Concerto para Dois Pianos, para uma actuação em 23 de Novembro de 1781, quando Mozart fez parceria com Josepha Auernhammer, descrita como talentosa, mas extremamente desengraçada. Era um espectáculo importante, pois entre a audiência encontravam-se a Condessa Thun, o Barão van Swieten e Karl Abrahan Wetzlar, Barão von Plankenstern – os dois últimos muito importantes para Mozart, já que eram fontes de ajuda financeira e de comissões. Para a ocasião, Mozart criou um trabalho de equilíbrio e aprumo perfeitos. Não tem uma profundidade surpreendente mas, como escreveu Alfred Einstein:

«A arte com que as duas partes se tornam exactamente iguais, a execução do diálogo, a delicadeza e requinte da representação, a sensibilidade para a sonoridade na combinação e exploração dos diferentes registos dos dois instrumentos – todos estes elementos exibem tal mestria que este trabalho, aparentemente superficial e de entretenimento, se revela, simultaneamente, um dos mais profundos e maturos de Mozart».

Com a Sonata em Fá Maior, K497, estamos a lidar com um assunto totalmente diferente: um trabalho da maior seriedade, que merece estar lado a lado com qualquer uma das mais competentes sinfonias ou concertos de Mozart, e que chamou a atenção do grande analista e compositor, Donald Tovey: «uma peça de música de câmara soberba, de modo nenhum inferior aos grandes quartetos e quintetos de cordas da época». Tal como ele escreveu, trata-se de uma peça que, pela sua natureza, se declara um dueto a quatro mãos «e nada mais no mundo»; também destacou uma antecipação dos sacerdotes de Sarastro, ao longo das linhas do baixo, no desenvolvimento. A lenta introdução da abertura tem um longo alcance, como se abrisse a porta a um novo mundo, e os temas do primeiro andamento são, admiravelmente, contrastados e desenvolvidos. O andamento lento contrasta um primeiro tema cantante com um agitado segundo tema. A sua imitação em quatro partes é irregular e confusa: Tovey afirmou que «quatro dragões chineses poderão alcançar o seu nobre equilíbrio e agilidade». O rondó final tem um vasto alcance, apesar de se basear num suave tema em compasso triplo; assistimos a um grande uso de sólidas escalas ascendentes, nos dois pianistas, no desenvolvimento.

As Variações em Sol Maior, K501, são melhores que qualquer um dos conjuntos de variações para solos de piano, com um tema que se presta a trocas entre o agudo e o tenor do teclado. Há uma bela variação na tonalidade menor, mas o triunfo é a conclusão subtil, com o tema a ecoar entre os pianistas e, posteriormente, a dissipar-se. A Sonata em Dó Maior revela-se um trabalho sólido e extrovertido, mas menos substancial que a Sonata em Fá Maior. A Fuga para Dois Pianos, de estilo barroco, em dó menor, sobrevive, sobretudo, nos seus últimos arranjos para cordas, lado a lado com o Adágio em Dó Menor K546. Por fim, há um *Larghetto* e *Allegro* para dois pianos que se encontra incompleto e não está registado no catálogo Köchel; foi terminado por Robert Levin, num fascinante estilo idiomático.

⌒ *K503 etc.*
András Schiff, George Malcolm
Salzburg Mozarteum ISM91/2
⌒ *K448, Larghetto e Allegro compl. Levin, etc.*
Robert Levin, Malcolm Frager
Salzburg Mozarteum ISM90/1
⌒ *K448 etc.*
Murray Perahia, Radu Lupu
Sony SK 39511
⌒ *K488, K501, K521, K381*
Martha Argerich, Alexandre Rabinovitch
Teldec 91378

PEÇAS PARA ÓRGÃO E ÓRGÃO MECÂNICO

Sonata n.º 1 em Mi Bemol K67
Sonata n.º 2 em Si Bemol K68
Sonata n.º 3 em Ré K69
Sonata n.º 4 em Ré K144
Sonata n.º 5 em Fá K145
Sonata n.º 6 em Si Bemol K212

Sonata em Sol K241
Sonata n.º 9 em Fá K244
Sonata n.º 10 em Ré K245
Sonata em Dó K263
Sonata n.º 11 em Sol K274
Sonata n.º 12 em Dó K278
Sonata n.º 14 em Dó K329
Sonata n.º 13 em Dó K328
Sonata n.º 7 em Fá K224
Sonata n.º 8 em Lá K225
Sonata n.º 15 em Dó K336*

«Uma missa com *Kyrie*, *Gloria*, *Credo*, Sonata da Epístola, Ofertório ou Motete, *Sanctus* e *Agnus* não deve durar mais de três quartos de hora», assim escrevia Mozart, visivelmente frustrado, ao seu mentor Padre Martini, em Bolonha. Era este o duro regime imposto pelo Arcebispo Colloredo em Salzburgo, após 1769. O elemento daquela lista, menos associado aos dias de hoje, é a Sonata da Epístola, que tomou o lugar do tradicional Gradual cantado entre a leitura da Epístola e o Evangelho (enquanto o motete do Ofertório tomou o lugar do Próprio da Missa, cantado nesse momento). Estas Sonatas da Epístola são trabalhos de um único andamento, com duração de três ou quatro minutos cada, onde surgem o órgão e as cordas. O estilo desenvolve-se, desde as inócuas K67 a 69 (escritas em Salzburgo em 1772) à, totalmente amadurecida, K336 (de Março de 1780) que, na verdade, se assemelha a um concerto para órgão. Algumas são sinfonias miniatura, como a K69 em ré ou a K144, também em ré. Surgem, por vezes, laivos de escrita imitativa, geralmente no início da segunda parte do andamento. Os trompetes são introduzidos na K263, de Dezembro de 1776, e essa peça estará, possivelmente, relacionada com as duas missas em dó maior, dessa época. A K278 em dó, de Março ou Abril de 1777, acrescenta oboés e timbales aos trompetes, e não ofenderia o andamento de abertura de uma sinfonia maturada. Mas o órgão, aqui, desempenha apenas um papel de progressão. A K329 em dó, talvez de Março de 1779, é igualmente dramática e vigorosa e, neste caso, o órgão emerge por si só, encetando um dueto com as cordas e com o par de oboés. Após a pequena K328, surge a melhor do grupo, a K336, que podia, facilmente, ser um andamento de um concerto para piano, com o seu próprio espaço para uma *cadenza*. Possivelmente, destinava-se à última missa de Mozart em Salzburgo, K337.

Epistle Sonatas
Ian Watson / The King's Consort / Robert King
Hyperion CDA66377

Adágio e *Allegro* em Fá Menor para Órgão Mecânico K594**
Fantasia em Fá Menor para Órgão Mecânico K608****
Andante* em Fá para Órgão Mecânico K616

Três belas peças, acerca das quais Mozart se queixava amargamente. Em 1791 foi inaugurado um mausoléu, em Viena, em memória do Marechal de Campo, Barão von Loudon; o Conde Joseph Deym von Stržitež pediu a Mozart que compusesse alguma «Música Fúnebre» para o órgão mecânico do mausoléu. A música era repetida a cada hora e o local ficava «magnificamente iluminado até às dez horas da noite». Mozart achou a tarefa maçadora e escreveu à esposa Constanze:

«Firme, resolvi compor o Adágio para o relojoeiro e colocar uns ducados nas mãos da minha cara esposa; e é o que tenho feito, também – mas é uma tarefa abominável, tenho-me sentido tão infeliz que não consigo terminá-la – trabalho na música todos os dias – mas acabo, sempre, por pô-la de lado, durante um tempo, porque me aborrece – e, se não estivesse a compô-la por um motivo tão importante, já a teria abandonado por completo – bem, se tivesse um grande relógio e soasse como um órgão, seria agradável; mas o órgão só tem uns tubos pequenos que me soam demasiado infantis».

O tom suplicante na carta de Mozart é inconfundível, mas o dinheiro era, sem dúvida, um incentivo.

O Adágio e *Allegro* confrontam um andamento ondulante, na tonalidade menor, com um *Allegro* marcial. A Fantasia, actualmente muito conhecida nos arranjos para solos de órgão ou duetos de piano, é, certamente, uma das suas mais belas composições contrapontísticas. Uma introdução impulsionada, alternadamente, leva a uma fuga, concluída com os floreados da introdução; um *Andante* movediço em lá bemol, um acompanhamento suave (podemos imaginar que Mozart hesitasse que fosse executado mecanicamente) e um final semelhante a uma *cadenza*. Somos transportados de volta à primeira secção, mas quando deparamos com a fuga, surge uma esplêndida ornamentação, com um contra-tema, novo e frenético. As entradas fugazes

MÚSICA PARA TECLADO

amontoam-se num *stretto* final revigorante, criando uma estimulante sensação de entusiasmo.

O *Andante* em fá é, na realidade, encontrado num realejo que pertenceu
ao relojoeiro de Haydn. Mas não está, de facto, associado ao instrumento de
von Deym, e foi descrito por Mozart como «um cilindro num pequeno órgão».
Pode ser executado como uma eficiente peça de solo para piano e partilha as
texturas simples de *A Flauta Mágica.*

♩ *Sonatas e Solos para Órgão*
Daniel Chorzempa (orgão) / Deutsche Bachsolisten / Helmut Winscher-
mann
Edição Completa de Mozart, Philips, Vol. 21 422 521-2 (2 CD)

♩ *Solos para Órgão, K616*
Leo Van Doeselaar
Globe 6041

Música sacra e coral

Entre a enorme quantidade de missas e música litúrgica que Mozart compôs, há umas quantas peças notáveis e alguns exemplos que deviam ser mais conhecidos. Mozart escrevia música sacra por obrigação ou por entusiasmo? Ou estariam os dois motivos, inextrincavelmente, interligados? Sem dúvida, a maioria destas peças foi escrita porque Mozart a isso era obrigado, o que não significa que não se esforçasse verdadeiramente. H.C. Robbins Landon, como tantas vezes, dá a Mozart o benefício da dúvida e afirma que a música sacra que Mozart compôs lhe permitiu chegar a um público mais vasto do que seria possível apenas com a música para a corte:

«Foi composta para, e executada, na enorme Catedral de Salzburgo, e teve, entre o público, homens e mulheres, de todos os estratos sociais. Escribas locais […] fizeram cópias […] que circularam por todo o lado […] ele parecia estar preocupado […] em escrever música sacra genuinamente popular, missas e litanias que elevassem os corações dos homens; no que a isso diz respeito, ele teve um enorme sucesso».

Esta situação não está de acordo com o facto de, quando Michael Haydn foi nomeado sucessor de Mozart como organista da corte, em 1782, lhe ter sido «estipulado, adicionalmente, que deve ser mais diligente, e compor frequentemente música sacra para a nossa catedral, tomando, nestes casos, o lugar de maestro em todas as ocasiões».

MOZART

MISSAS

Missa *brevis* em Sol K49
Missa *solemnis* em Dó Menor «Waisenhausmesse» K139
Missa *brevis* em Ré Menor K65
Missa em Dó «Dominicus» K66

Este grupo de missas foi dos primeiros a ser composto em Salzburgo, incluindo uma pequena Missa *brevis* do Outono de 1786. A maior, «Waisenhausmesse», de 7 de Dezembro de 1768, destinava-se à inauguração do orfanato da Igreja, em Viena, e implicou uma tarefa tão árdua, que os académicos costumavam duvidar que Mozart a tivesse composto numa idade tão precoce. Mas um registo dessa época indica que a missa era «uma composição totalmente nova, dedicada a esta cerimónia, da autoria de Wolfgang Mozart, de doze anos, muito conhecido pelo seu talento especial, filho de Leopold Mozart», indicando também que «foi executada com a maior precisão» na presença de Maria Teresa. Talvez Leopold, um experiente compositor de música sacra, tenha ajudado em alguns aspectos desta composição imponente, embora ligeiramente aborrecida.

Mas há uma outra pequena Missa *brevis* tradicional, escrita para Salzburgo, datada de 5 de Fevereiro de 1769, escrita para o início da vigília de quarenta horas, com o texto do *Credo* cantado, simultaneamente, por quatro vozes. A mais ambiciosa «Missa Dominical», de 15 de Outubro de 1769, destinada à Abadia de São Pedro, foi escrita para o filho dos amigos dos Mozart, a família Hagenauer: Cajetan tinha sido ordenado padre e celebrava a sua primeira missa. Trata-se de um trabalho festivo em forma de cantata, uma questão mais complexa, já que não foi executada na Catedral. (Pensa-se, agora, que algumas das Missas atribuídas a Mozart no catálogo Köchel, incluindo as K115 e K116, possam ter sido escritas ou copiadas pelo pai, Leopold, e a dúvida ainda paira sobre a Missa *brevis* K140, constante no *Neue Mozart Ausgabe*, embora muitos pensem tratar-se de uma adulteração.)

◯ *Primeiras Missas*
Solistas da Orquestra de Câmara de Colónia / Collegium Carthusianum /
/ Peter Neumann
Virgin 5 61769-2 (5 CD)

K66 e *Vésperas K321*
Solistas / Coro de Schoenberg / Concentus Musicus Wien / Nikolaus Harnoncourt

Teldec 2292 46469-2

Missa em Dó, «In honorem Ssmae Trinitatis» K167
Missa *brevis* em Fá K192
Missa *brevis* em Ré K194
Missa em Dó, «Spatzenmesse» K220
Missa Longa em Dó K262

Mozart deverá ter-se cruzado com composições litúrgicas italianas, quando da sua visita ao país; estas, combinadas com as novas restrições litúrgicas em Salzburgo, conferiam um novo carácter à música sacra. Neste grupo de missas, a K167 apresenta quatro trompetes, verificando-se que estaria, claramente, destinada a uma ocasião festiva e solene. A K192 inclui no seu *Credo* o famoso tema do final da Sinfonia «Júpiter», utilizando-o, não tanto como uma citação, mas mais como um tema tradicional. A «Missa da Trindade», de Junho de 1773, é extrovertida e instrumental no seu conceito; é extremamente declamativa e apresenta a tradicional fuga na «*Et vitam venturi saeculi*». A K192, de 24 de Junho de 1774, é uma missa compacta para certos requisitos litúrgicos, baseada num estilo sinfónico; caracteriza-se por um *Agnus Dei* com sopros em ré menor, que antecipa a música litúrgica posterior nesta tonalidade essencial.

A Missa *brevis* K194, de 8 de Agosto de 1774, é um trabalho lúcido e alegre, com uma declamação textual extremamente rápida, mas que acrescenta o elaborado coral «*Dona nobis pacem*». A K220 teve origem nos primeiros meses de 1775 ou 1776 e contém um *Credo* escrito em Munique, perto da época de *La finta giardiniera*; foi buscar o nome à figura do pardal chilreante no *Sanctus*. A Missa Longa K262 é, precisamente, isso: tem 824 compassos, e foi escrita em Salzburgo em Abril de 1775, mas duvida-se que possa ter sido executada na catedral, devido às suas longas fugas finais nas partes da *Gloria* e do *Credo*. A extensão nem sempre traz benefícios: há um Adágio bastante incaracterístico em «*Et exspecto resurrectionem mortuorum*» e, de seguida, uma fuga em dó maior em «*Et vitam venturi saeculi*», que aponta em direcção à última e maior Missa em Dó Menor.

MOZART

♫ *Three Salzburg Masses etc.: K192, K275, K220*
Solistas / Coro de Winchester College / Orquestra Amadi / Julian Smith
Proudsound CD 128

Missa em Dó, «Credo» K257
Missa *brevis* em Dó, «Spaur» K258
Missa *brevis* em Dó, «Solo de órgão» K259
Missa *brevis* em Si Bemol K275
Missa em Dó, «Coroação» K317*
Missa *Solemnis* em Dó K337

O primeiro grupo de três Missas, todas em dó maior, estão de acordo com os preceitos instituídos em Salzburgo, ao incluir trompetes em ré, com o órgão a soar no habitual registo eclesiástico agudo (foram encontradas algumas partes de sopros para estas três Missas, escritas em ré, as quais, devemos supor, equivaliam aos instrumentos da igreja em dó). O «Credo», escrito em Salzburgo em Novembro de 1776, utiliza o mesmo estribilho que a Sinfonia «Júpiter», tal como a K192, mas foi buscar o nome, possivelmente, à repetição constante dessa única palavra. A chamada Missa «Spaur» ou «Piccolominimesse», de Dezembro de 1775, em Salzburgo (apesar de, estranhamente, a data ter sido alterada mais tarde), é mais uma Missa *brevis*. A «Solo de órgão» contém um solo daquele instrumento, associando-a à tradição das Sonatas de Epístola, discutidas antes. A Missa em Si Bemol, datada de 21 de Dezembro de 1777, escrita para a Abadia de São Pedro, destina-se, de novo, a um pequeno *ensemble* sem trompetes.

A Missa «Coroação» foi, desde sempre, o mais popular dos trabalhos de Mozart, enquanto viveu, e sempre se assumiu, pelo nome, que tinha sido escrito para a coroação anual da Virgem na Igreja de Santa Maria am Plain, uma igreja de romarias localizada perto de Salzburgo. Mas H.C. Robbins Landon sugeriu que estaria destinada à Catedral de Salzburgo, para assinalar as celebrações da Páscoa de 1779; é, de facto, significativo que a missa siga a prática de Salzburgo de adicionar trombones para acelerar os registos agudo, grave e tenor, omitindo, também, as violas nas cordas. O nome, provavelmente, teve origem no facto de Salieri ter sido o maestro durante a celebração das coroações de Leopoldo II, em 1791, e Francisco I, em 1792, após a morte de Mozart. Percebe-se a influência, aqui, do mundo operístico de Mozart, especialmente, no *Agnus Dei* cantado pela soprano, um claro antecessor de «*Porgi amor*» da Condessa, em *Fígaro*. Mas a natureza da música é, totalmente, diferente: a agudeza psicológica individual da personagem operística de Mozart é substituída por uma emoção universalizada, uma paz espiritual, que atrai os devotos ao seu processo de regeneração.

⌒ *Missa de Coroação e Requiem*
Solistas / Coro da Rádio Leipzig / Dresden Staatskapelle / Peter Schreier
Philips 464 720-2

Missa em Dó Menor K427****

A mais bela das missas de Mozart, antes do *Requiem*, chegou aos nossos dias apenas como fragmento e a história da sua composição é muito incerta. Sabemos através de uma carta, tipicamente auto-justificativa, que Mozart escreveu ao pai a 4 de Janeiro de 1783, que ele tinha iniciado uma missa dedicada a Constanze. Mas a linguagem denota um tom suplicante – como sempre, quando Mozart tinha algo a esconder, começa por dizer que só pode escrever uma pequena carta, neste caso, porque tinha que ir mudar de roupa para um encontro que tinha mais tarde:

«É a minha obrigação moral e deixo, propositadamente, a palavra fluir da minha pena. Fiz uma promessa a mim próprio, do fundo do coração, e espero ser capaz de a manter. Quando a fiz, a minha esposa ainda estava solteira; no entanto, como eu já pretendia casar com ela, após a sua recuperação, foi uma promessa fácil de fazer. A partitura de metade de uma missa que ainda tenho aqui, à espera de ser terminada, é a melhor prova da promessa que fiz».

Não sabemos se Mozart pretendeu, alguma vez, terminar a missa (ver cronologia de 1783). Mas após o nascimento do filho Raimund Leopold, a 17 de Junho de 1783, o casal tomou a decisão, há muito adiada, de viajar até Salzburgo, tendo chegado a 29 de Julho, e levando a partitura da missa com eles. A 19 de Agosto August Raimond morre em Viena. Sabemos, através do diário de Nannerl, que a missa incompleta foi ensaiada a 23 de Outubro e interpretada no domingo, 26 de Outubro, com Constanze Mozart no papel de uma das sopranos solistas. Não é possível saber se as partes em falta foram preenchidas com trechos de outras missas, ou se o *Credo* incompleto fez parte da actuação. Mas um conjunto de trechos, deixados em testamento por

Nannerl, perdurou, tornando possível a Pater Matthaus Fisher, director do coro de Augsburg, compilar uma partitura em 1808: contém apenas as secções que Mozart completou.

Um dos mais interessantes eventos sobre Mozart, em 2005, foi a apresentação de uma nova conclusão da Missa em Dó Menor, por parte de Robert Levin, intérprete americano e estudioso de Mozart; o trabalho foi encomendado pelo Carnegie Hall de Nova Iorque e permitiu descobrir uma certa visão, sem dúvida mítica, mas extraordinariamente convincente, daquilo que a obra poderia ter sido. Levin inspirou-se em vários esboços que datam, aproximadamente, da época em que Mozart trabalhava na Missa em Dó Menor (alguns dos quais publicados no verso da edição da peça no *Neue Mozart Ausgabe*), incluindo um que continha o texto «*Dona nobis pacem*», encontrado no final do rascunho da sua ópera inacabada *L'oca del Cairo*. Levin trabalhou os esboços, com grande virtuosismo e conhecimento do estilo de Mozart, acrescentando-lhes duas árias, uma para «*Et in spiritum sanctum*» e a outra para a secção *Agnes Dei*. Recorreu, também, à cantata *Davidde penitente* K469, que Mozart reorganizou a partir do material da Missa em Dó Menor, para utilizar mais tarde, em Viena. O facto de Mozart ter pegado na música de uma obra inacabada e a reutilizar na cantata parece ser um forte indício de que não pretendia (pelos menos no seu íntimo) terminar a missa. Raramente reutilizava material de um modo tão grosseiro (embora para a geração anterior, de Bach e Handel, isso tivesse sido mais natural).

Os andamentos de Mozart, na estrutura habitualmente interpretada, começam com o *Kyrie*, um andamento sombrio e taciturno em dó menor, que dá lugar a uma radiante secção central em mi bemol para solo de soprano, «*Christe eleison*»; em seguida, eleva a música até à secção coral seguinte, da tonalidade menor à maior, antes de mergulhar, de novo, no dó menor final. A secção *Gloria*, num dó maior flamejante, contém uma animada ária de solo, «*Laudamus te*», interpretada por Constanze (para quem Mozart escreveu alguns exercícios de solfejo), um coro cromático, «*Gratias agimus*», um dueto, «*Domine Deus*», para duas sopranos igualmente sensuais, equiparáveis nos seus agudos e um imponente estribilho handeliano com coro duplo, «*Qui tollis*»; seguidamente, um «*Quoniam*» para trio, que começa num parcimonioso estilo imitativo, em mi menor, mas que se torna, cada vez mais, lírico e operístico. A explosão coral «*Jesu Christe*» guia-nos até à fuga «*Cum sancto spiritu*» que opera sobre um tema e contra-tema indiferentes, mas que Mozart torna friamente excitante ao subir, gradualmente, a tensão, e fornecer

MÚSICA SACRA E CORAL

um baixo virtuoso sob o tema; no final, um refrão da soprano é repetido, hip-
noticamente, enquanto a linha do baixo se eleva de um modo inexorável – um
grande momento, totalmente mozartiano (em vez de barroco). O *Credo*
incompleto é habitualmente interpretado como coro de abertura, e depois o
refinado «*Et incarnatus*», preservado com pormenor suficiente para ser interpretado. É uma das árias mais admiravelmente estilizadas que Mozart alguma
vez compôs, embora concentrada, e notavelmente difícil de interpretar. Per-
gunto-me se Mozart a teria iniciado para Constanze, tendo percebido depois
que ela não a conseguia interpretar?

Levin, acrescenta, depois, um refrão num ré menor sombrio, «*Crucifi-
xus*», um envolvente «*Et resurrexit*», a ária «*Et in spiritum sanctum*» para
tenor, «*Et unam sanctam*», e uma fuga «*Et vitam venturi*». O *Sanctus* e
Hosanna são devolvidos a uma textura de coro duplo, o *Agnus Dei* acrescentado e o final «*Dona Nobis pacem*» emerge jovial, desabrochado, quase num
apelo à paz haydnesco.

♩ *Missa em Dó Menor K427*
McNair, Montague, Rolfe Johnson, Hauptmann / Coro Monteverdi /
/ English Baroque Soloists / John Eliot Gardiner
Philips 420 210-2
♩ *Missa em Dó Menor K427*
Auger, von Stade, Lopardo, Hauptmann / Rádio Bávara SO e Coro / Leo-
nard Bernstein
DG 431 791
♩ *Missa em Dó Menor K427*
Oelze, Larmore, Weir, Kooy / Collegium Vocale Gent / Orchestre des
Champs-Elysées / Philippe Herreweghe
HM80 1393

Requiem em Ré Menor K626****

Há, por vezes, histórias míticas surpreendentes que acabam por se revelar verdadeiras. Quem diria que iriam surgir provas para corroborar a lenda,
tantas vezes contada, sobre o misterioso mensageiro que encomendou o
Requiem a Mozart? Mas foi o que aconteceu nos anos 60, quando se desco-
briu um documento, escrito pelo professor e director de coro Anton Herzog,
que desvendava a história de como o Conde Franz von Walsegg-Stuppach

que, geralmente, encomendava músicas que fazia passar por suas, encomendou o *Requiem* a Mozart, em memória da sua falecida esposa. A razão de tanto secretismo, contudo, revelava-se mais bizarra que sinistra: o Conde tinha por hábito dar pequenos concertos na sua residência, tentando que os presentes acreditassem que as obras seriam de sua autoria. Assim nasceu uma das mais enigmáticas histórias que poderiam envolver uma peça de música; a composição do *Requiem*, de Mozart, está envolta em misticismo e fantasia, provavelmente num grau mais elevado do que qualquer outra peça na história musical. Muito do que é fictício na história do *Requiem* pode ser rejeitado («escrevia o requiem para mim mesmo») mas, surpreendentemente, grande parte da história sobre a sua comissão foi confirmada. Por conseguinte, a saga da morte prematura do compositor, com a música ainda incompleta, e os problemas ligados à sua conclusão subsequente, asseguraram uma história única e complexa.

A encomenda do *Requiem* chegou em Julho de 1791, por parte de um representante de Walsegg-Stuppach, que pretendia fazê-lo passar por seu numa pequena actuação privada. Mozart estava ocupado com as suas óperas, e não é provável que tenha havido qualquer progresso substancial na peça antes da sua partida para Praga e antes das encenações finais de *Tito*. Grande parte do trabalho foi realizado nos últimos três meses da sua vida, e nada, na partitura manuscrita, foi escrito antes do seu regresso de Praga e da conclusão de *A Flauta Mágica*, em Setembro de 1791. Há histórias comoventes sobre Constanze tirar a partitura a Mozart, porque ele estava demasiado doente para trabalhar, mas os factos não são claros. Podemos, certamente, afastar a imagem apresentada no filme – embora não a da peça original, de longe mais exacta – *Amadeus* de Shaffer: que Salieri era, na verdade, cúmplice de Mozart na composição do *Requiem*, ainda que todos gostemos de ver Eric Fenby a escrever as partituras de Delius.

A verdade é que a obra, tal como chegou até nós, não foi apenas escrita por Mozart. Por exemplo, após a sua morte, o seu discípulo Franz Xaver Süssmayr grafou a assinatura de Mozart na primeira página, datando o trabalho de 1792: um acto estranho e ingénuo, já que ninguém poderia estar alheio à morte de Mozart nesse momento, a menos que esse fosse o único meio para Constanze alegar que a comissão tinha sido terminada e, assim, poder receber o pagamento final. Sem dúvida, Constanze Mozart dependia do *Requiem*, a um ponto perturbante, para assegurar o seu futuro e, nas décadas seguintes, seria acusada de falta de honestidade nas explicações acerca da sua origem.

MÚSICA SACRA E CORAL

A partitura do andamento inicial «*Requiem aeternam*» de Mozart está completa, mas o *Kyrie* teve outras mãos envolvidas, sobretudo nas partes instrumentais. Depois, a partir do «*Dies irae*» o esboço de Mozart permanece, mas a conclusão do material na partitura manuscrita foi feita pelo seu discípulo Joseph Eybler, que esteve com ele no seu final. É, pelo menos, possível que Mozart tenha verificado esta parte do trabalho, mas é mais provável que o preenchimento tenha acontecido após a sua morte, quando Constanze deu a Eybler a partitura do *Requiem* numa tentativa desesperada de a ver rapidamente concluída.

Sem surpresa, Eybler não se sentiu à altura da tarefa. Quando chegou à «*Lacrimosa*» incompleta de Mozart, da qual só havia oito compassos escritos, ele tentou acrescentar um par de compassos de melodia, mas depois desistiu da luta. Süssmayr estava menos preocupado e, a pedido de Constanze, continuou a sua conclusão até ao final desse andamento e do trabalho – até que ponto se baseou nos esboços de Mozart, é algo que nunca saberemos. O próprio Mozart já tinha ultrapassado essa secção para escrever na sua partitura os dois andamentos do Ofertório, «*Domine deus*» e «*Hostias*» – apenas partes vocais, com pequeníssimas pistas para a orquestra. Provavelmente, a última coisa que ele escreveu na partitura – ou será que também estas palavras foram escritas por outra pessoa? – terá sido a instrução «*Quam olim da capo*» no final do andamento «*Hostias*», indicando uma repetição da fuga para essas palavras. (Quando a partitura manuscrita do *Requiem* esteve em exibição na Feira Mundial de Bruxelas, em 1958, este pequeno pedaço da partitura estava rasgado. Será que alguém, em algum lado, tem na sua posse as últimas palavras de Mozart? Ou será o ladrão uma vítima do mito Mozart?).

A conclusão de Süssmayr da peça completa é a forma tradicional em que o *Requiem* chegou a nós e tem, pelo menos, tanta validade quanto a primeira versão publicada do Concerto para Clarinete, ou os arranjos anónimos publicados do concerto «Coroação» – nenhum dos quais sobrevive numa forma final de Mozart. Süssmayr pode, de facto, ter-se baseado em esboços para compor o *Sanctus*, o *Benedictus* e o *Agnus Dei*: possivelmente algumas partes corais foram resumidas, enquanto ele forneceu a orquestração. Outros estudiosos podem, com razão, querer apresentar soluções ao enigma *Requiem* que sejam mais puramente mozartianas, ou que tentem corrigir as deficiências de Süssmayr. A versão de Franz Beyer de 1971, a conclusão de Richard Maunder, mais extrema mas menos musical, gravada em 1983, incluindo uma versão da fuga Ámen no final de «*Dies irae*», e outros registos da partitura de

Duncan Druce e Robert Levin ofereceram várias interpretações do que resta, tendo-se debatido com o desafio de trabalhar a peça num todo coerente.

Mas as imperfeições da versão de Süssmayr, tal como são, representam, de uma forma gráfica e tocante, o que foi descrito por Christoph Wolff como a luta do círculo de amigos de Mozart, após a sua morte, em lidar com um legado impressionante, que eles não compreendiam totalmente, e com o qual tinham dificuldade em se relacionar. O «*Requiem* de Mozart» de Süssmayr leva-nos directamente ao reino daquilo que nós, seus sucessores, fizemos de Mozart; foi o início do futuro de «Mozart».

Como se pode ver pelas várias edições e versões das gravações em baixo, muitos fizeram muitas coisas com o *Requiem* de Mozart. Mas mesmo com todas as complexidades e complicações da história, a música do *Requiem* transmite uma força, reconhecida por Roger Fiske no seu ensaio, no simpósio da Penguin, *Choral Music*:

«A autoria diversificada confere ao trabalho um toque de desconforto, e não há nele Mozart suficiente que justifique o número de actuações que tem tido. No entanto, enquanto escrevo esta frase, recordo os primeiros compassos da orquestra, alguns dos mais comoventes em toda a música...».

♀ *Requiem (ed. Süssmayr), Kyrie K341*
Bonney, von Otter, Blochwitz, White / Coro Monteverdi / English Baroque Soloists / John Eliot Gardiner
Philips 420 197-2

♀ *Requiem (ed. Süssmayr), Britten in conversation*
Harper, Hodgson, Pears, Shirley-Quirk / Coro do Festival de Aldeburg / / English Chamber Orchestra / Benjamin Britten
BBC Legends 4119-2

♀ *Requiem (ed. Druce), Ave verum corpus etc.*
Argenta, Robbin, Ainsley, Miles / Coro Schütz / Roger Norrington
Virgin 5 61520-2

♀ *Requiem (ed. Robbins Landon)*
Ulewicz, Holzl, Hering, Van der Kamp / Tafelmusik / Bruno Weil
Sony SK 60764

♀ *Requiem (ed. Beyer), Exsultate jubilate, Litany K195, Missa de «Coroação»*
Cotrubas, Watts, Tear, Shirley-Quirk / Academy of St. Martin-in-the-Fields / Neville Marriner
Decca 443 009-2 (2 CD)

MÚSICA SACRA E CORAL

♩ *Requiem, Kyrie K341*
Rubens, Market, Bostridge, Muller-Bachmann / Collegium Vocale Gent /
Orchestre des Champs-Elysées / Philippe Herreweghe
Harmonia Mundi 901393
♩ *Missas Completas*
Solistas / várias orquestras / Kegel, Davis, Gardiner, Schreier, Harrer
Edição Completa de Mozart, Philips, Vol. 19 422 519-2 (9 CD)

OUTRAS OBRAS SACRAS

God is our Refuge K20

No final da sua estadia em Londres, em 1765, os Mozart visitaram o
Museu Britânico, na sua primeira localização em Montagu House, onde ainda
hoje se encontra. Nannerl observou a «biblioteca, as antiguidades, pássaros
de todos os tipos, peixes, insectos, frutos [...] uma cascavel». Ofereceram à
biblioteca as recentemente publicadas Sonatas Opus 1 e 2, de Mozart, uma
aguarela do famoso Carmontelle que retratava a família, e este motete, a sua
única peça completamente em inglês. Sem dúvida, Leopold tinha ajudado
Mozart na sua composição e anotação e a música talvez devesse algo ao texto
de Battishill, que Mozart pode ter conhecido durante a sua estadia em Inglaterra. O Museu agradeceu, a 19 de Julho de 1765, e o motete encontra-se
representado nos seus postais desde então; mais recentemente, foi reproduzido nas canecas da loja de recordações, embora seja uma peça musical raramente executada.

Kyrie **K33**
Veni sancte Spiritus **K47**
Benedictus sit Deus **K117**
Te deum laudamus **K141**
Ergo interest **K143**
Miserere **K85**
Quaerite primum regnum Dei **K86**
Regina coeli **K108**
Inter nateos mulierum **K72**
Regina coeli **K127***

Sub tuum praesidium **K198**
Misericordias Domini **K222****
Venite populi **K260****
Alma Dei creatoris **K277**
Sancta Maria, mater Dei **K273**

Trata-se de uma selecção das mais pequenas peças litúrgicas que Mozart compôs enquanto organista da corte em Salzburgo – embora saibamos que nunca foi feliz a exercer essa função e os seus superiores achassem que ele não empregava ali todo o seu talento. O K33 é um bom exemplo de um projecto conjunto entre Mozart e Leopold: o pai escreve as primeiras três páginas mas, a partir do compasso dezoito, Mozart fica encarregue da peça. O K47 é um grande trabalho associado à consagração do Orfanato de Viena no Outono de 1786, para o qual Mozart compôs uma enorme missa. A K85 foi escrita em colaboração com o seu professor em Bolonha, o padre Martini, em meados de 1770. Particularmente atraente é o ambiente de *Regina coeli*: a peça K108 é bastante elaborada e longa; a K127 foi escrita para a esposa do amigo compositor Haydn, e contém bastante *coloratura*. O K117 é o «grande ofertório» mencionado por Leopold nas suas cartas.

O ambiente de *Misericordia Domini* K222, como Ofertório, produz uma notável peça em Ré Menor que antecipa parte do *Requiem*, sobretudo nas frases vigorosas e contrastadas que irão surgir de novo em «*Confutatis maledictis*» e «*voce me cum pietatis*». *Venice populi* K260 é um moteto com coro duplo de 1776, que Brahms admirou e do qual foi maestro; aponta em direcção ao coro duplo da Missa em Dó Menor da década seguinte. (*Scande coeli limina* K34 e *Regina coeli* K276, embora na *Neue Mozart Ausgabe* nenhum refira quaisquer fontes autênticas; já os dois cenários de *Tantum ergo* K142 e K197 são de J. Zach e o Ofertório K177 é de Leopold Mozart.)

Exsultate jubilate **K165***

A 17 de Janeiro de 1773 Mozart escreveu desde Milão: «Estou prestes a compor um motete para o *primo uomo*, que irá ser interpretado na Igreja dos Teatinos amanhã». Era um motete para o *castrato* Rauzzini, e a peça viria a tornar-se, desde sempre, uma das mais populares de Mozart. Há dois *Allegros*, borbulhantes e extrovertidos, em fá maior, em volta de um recitativo central e de uma ária. O «Aleluia» final é uma das mais famosas canções de Mozart, e tem sido interpretada por todo o mundo, até mesmo num casamento real inglês: sem dúvida, o compositor ficaria impressionado.

∩ *Exsultate jubilate* K165
Cecilia Bartoli / Orquestra de Câmara de Viena / Georg Fischer
Decca 443 452-2
∩ *Exsultate jubilate* K165
Emma Kirkby / Academy of Ancient Music / Christopher Hogwood
Decca Oiseau-Lyre 411 832
∩ *Exsultate jubilate* K165
Felicity Lott / London Mozart Players / Jane Glover
ASV PLT8514

Litaniae Lauretanae em Si Bemol K109
Litaniae de venerabili altaris sacramento em Si Bemol K125
Litaniae Lauretanae BVM em Ré K195
Litaniae de venerabili altaris sacramento em Mi Bemol K243
Dixit e Magnificat em Dó K193
Vesperae de Dominica em Dó K321
Vesperae solennes de Confessore em Dó K339*
Kyrie em Ré Menor K341**
Ave verum corpus K618***

A composição de Vésperas e Litanias era uma parte importante do trabalho de Mozart, enquanto músico ao serviço da Igreja de Salzburgo. As primeiras Vésperas apresentam apenas um salmo e o *Magnificat*, mas os dois conjuntos seguintes contêm todos os salmos da liturgia Romana, além do *Magnificat*. O «*Laudate Dominum*», K339, tornou-se o andamento individual mais conhecido, sendo muitas vezes cantado isolado. As Litanias tiveram origem nas repetidas evocações à Virgem Maria e aos Santos, que faziam parte da liturgia da Semana Santa, e eram cantadas nas missas vespertinas, nos dias festivos; os textos incluem, também, o *Kyrie* e o *Agnus dei do Ordinário da Missa*; muitos músicos da igreja de Salzburgo adaptaram esses textos, incluindo o pai de Mozart, Leopold. A Litania de Loreto, K109, é uma composição com cinco andamentos, mas a Litania do Santíssimo Sacramento, K125, tem nove (e é baseada numa adaptação de Leopold); a Litania posterior, K243, apresenta dez andamentos, repletos de invocações frequentes aos Santos e à Virgem, o que deverá ter constituído um desafio para Mozart.

Não parece haver um consenso acerca das origens do magnífico *Kyrie* em ré menor K341, que parece um cruzamento entre *Idomeneo* e o *Requiem*. Será que se pretendia que fizesse parte de uma missa? Será um fragmento concluído por outra pessoa? Em qualquer dos casos toca uma veia da *opera seria* assim como uma de sonoridade opulenta; é uma jóia isolada.

Por fim, a comovente miniatura *Ave verum corpus*, escrita pelo amigo de Mozart Anton Stoll, maestro do coro Baden, onde a esposa de Mozart, Constanze, frequentou as termas nos seus últimos meses. Para a celebração do Corpo de Cristo em Julho de 1791, escreveu este perfeito e pequeno motete que se tornou, talvez, a sua mais famosa peça individual de música sacra. Mistura a simplicidade do seu estilo tardio com um cromatismo contido; não parece, de modo algum, piegas, embora seja, sem dúvida alguma, a base de muitas peças posteriores que o são.

◠ *Litanies, Vespers*
Solistas / Coro e Orquestra da Rádio Leipzig / Herbert Kegel e Orquestra Sinfónica de Londres / Colin Davis
Edição Completa de Mozart, Philips, Vol. 20 422 520 (5 CD)
◠ *Ave verum corpus K618, Requiem*
Les Arts Florissants / William Christie
Erato 0630 10697-2

CANTATAS E ORATÓRIOS

Die Schuldigkeit des ersten Gebots (Primeira Parte) K35
Grabmusik K42
La betulia liberata K118*

As duas primeiras peças, ambas escritas em 1767, são dois dos primeiros trabalhos de Mozart a ter interpretação pública, denotando o desejo de Leopold na evolução do filho, enquanto compositor, assim que voltassem da desgastante digressão pela Europa. *Die Schuldigkeit* foi escrita como uma contribuição para um drama alegórico em Salzburgo, conhecido como «*Singspiel sacro*». Adlgasser e Michael Haydn escreveram duas outras partes, mas a sua música não sobreviveu. A contribuição do pequeno Wolfgang foi cuidadosamente preservada por Leopold, que tinha participado na composição, certamente copiando todo o texto recitativo para a partitura, melhorando algumas características das árias e acrescentando alguma dinâmica. Talvez o grau de colaboração de Leopold na música do filho se tenha tornado conhecido, sendo objecto de suspeita, pois a história associada à *Grabmusik* K42 conta que o arcebispo, não acreditando que tais composições fossem da autoria de uma criança, fechou Wolfgang numa divisão durante uma semana, durante a qual não lhe foi permitido ver ninguém, tendo apenas à disposição papel pautado e as palavras de um oratório. Durante este curto espaço de tempo, Wolfgang compôs «um oratório magnífico, que todos aprovaram para ser interpretado».

A *Grabmusik* é um oratório da Paixão dramatizado, escrito para ser interpretado na Sexta-Feira Santa: um diálogo entre a alma e o anjo. O trabalho não foi esquecido porque uns anos mais tarde foi novamente apresentado, tendo-lhe sido acrescentado um novo recitativo final e coro.

A origem de *La betulia liberata*, da primeira viagem a Itália de Mozart, não é clara; pode ter sido encomendada para Pádua quando aí chegaram em Março de 1771, mas não foi terminada até que os Mozart regressaram a Salzburgo; onde e quando foi executada não é certo. O libreto, de Metastasio, tinha sido evitado até por Hasse, que adaptou muitos textos de grandes poetas italianos. Conta a história do apócrifo da santa viúva Judite que, quando a cidade de Betúlia estavas prestes a cair devido ao cerco dos Assírios, se dirigiu ao seu líder Holofernes – ofereceu-se a ele e depois cortou-lhe a cabeça. O oratório é, essencialmente, estático, já que as cenas centrais se relacionam apenas à distância e não são descritas. Mas esta prática é adequada ao teatro do «olho da mente» do estilo oratório. A cidade de Betúlia está cercada, o coro canta o seu desespero, mas o príncipe Ozia diz que nunca se irá render, embora os seus conselheiros o aconselhem a tal, e permanece na cidade mais cinco dias. Judite, saindo da sua clausura de quatro anos desde a morte do marido, incentiva os israelitas a lutar. Pede permissão para sair da cidade com a sua aia: «Irei desarmada e sem receio». O coro canta um louvor, intrigado: «Ela não prometeu nada, no entanto deu-nos esperança a todos». Na segunda parte, Achlor, que tinha sido expulso do acampamento de Holofernes, por glorificar demasiado a coragem dos israelitas, inicia uma discussão com Ozia sobre a existência de um verdadeiro Deus. Enquanto o perigo final ameaça a cidade, Judite regressa, contando a história da sua entrada no acampamento Assírio, o seu encontro com o tirano e a decapitação deste. Regressou trazendo a cabeça cortada de Holofernes com ela. Achlor

MOZART

aproveita esta oportunidade para se converter ao cristianismo. Os Assírios, desesperados após o assassinato de Holofernes, fogem e os betulianos agradecem a Deus a sua libertação.

O oratório revela as dificuldades de Mozart que tenta embutir uma força dramática na narrativa bíblica. Em vários andamentos, Gluck parece ser o modelo: a sequência da abertura a ecoar a abertura de *Alceste*, de Gluck, com o seu uso da tonalidade em ré menor que se viria a tornar tão importante para Mozart. A utilização do coro, também, sobretudo no final, é visivelmente gluckiano. (Aqui Mozart usa uma melodia de tom de salmo gregoriano que iria surgir, de novo, no final da sua vida no «*Te decet*» do seu *Requiem*, também em ré menor.) Não há *ensembles*: apenas os coros interrompem a sequência das árias que dão vigor à peça.

⌒ *Oratorios, Cantatas, Música Maçónica*
Solistas / várias orquestras / Leopold Hager, Neville Marriner, Peter Schreier
Edição Completa de Mozart, Philips, Vol. 22 422 522-2 (6 CD)

Davidde penitente **K469***

Mozart raramente reciclava a sua música. A sua inventividade era abundante, não sendo, talvez por isso, necessário, que reorganizasse velhas ideias: a prova de que ele era fértil em ideias, e não o contrário, é o abandono de muitos trabalhos apenas iniciados e vários fragmentos de peças. É por isso, de algum modo, surpreendente encontrá-lo a reescrever uma composição inteira. Mozart estava ansioso por tornar-se membro da Tonkünstler-Sozietät de Viena, uma sociedade de beneficiência para músicos, mas nunca chegou a enviar-lhes a sua certidão de nascimento. Se o tivesse feito, tendo-se, assim, tornado membro, Constanze teria recebido uma pensão pela sua morte. Em Janeiro de 1785 a sociedade pediu-lhe uma nova peça para o seu concerto de beneficência, na Quaresma. Não se sentiu tentado (ou incentivado com os honorários) a escrever a nova peça, mas ofereceu um arranjo de um fragmento incompleto da sua Missa em Dó Menor (que pode ter sido considerada irrelevante devido às alterações litúrgicas e às reformas de José II). Talvez Mozart visse esta música como um fragmento incompleto, que poderia ser útil numa nova forma; deste modo, realizou uma nova adaptação para este texto em latim que, por vezes, tem sido atribuído, erroneamente, a Lorenzo

MÚSICA SACRA E CORAL

Da Ponte. Ele reorganizou o texto para o *Kyrie* e o *Gloria*, omitiu os números do *Credo*, e acrescentou duas novas árias, uma para o tenor Johann Adamberger, e uma para a soprano Caterina Cavalieri, trabalhos que ele, claramente, considerava originais, porque os registou no seu catálogo temático. Parecem, no entanto, ter sido feitos à pressa, porque em algumas partes a adaptação das palavras parece um pouco confusa. As estreias, a 13 e a 15 de Maio de 1785, tiveram pouca audiência. Mas Mozart pode ter considerado esta obra como a conclusão mais apropriada para os seus fragmentos da Missa em Dó Menor, e essa foi a ideia que permaneceu, embora discutível, até que o académico mozartiano Robert Levin decidiu readaptar as árias para uma nova conclusão da Missa em Dó Menor em 2005.

⋂ *Davidde penitente K469*
Marshall Vermillion, Blochwitz / RSO e Coro de Estugarda / Neville Marriner
Philips 422 522-2

Dir Seele des Weltalls K429
Die Maurerfreude K471
Zerfliesset heut K483
Ihr unsre neuen Leiter K484
Die ihr des unermesslichen Weltalls K619
Laut verkünde unsre Freude K623

A Maçonaria era uma componente importante da sociedade vienense e, apesar de ter sido reprimida, várias vezes, sob a autoridade de Maria Teresa, José II achava as ideias iluministas dos maçons um apoio importante na realização das suas reformas sociais. Mozart juntou-se à loja maçónica «*Zur Wohltätgkeit*» (Beneficência), em Dezembro de 1784, mas foi na mais importante «*Zur wharen Eintracht*» (Verdadeira Concordância) que ele foi admitido a 7 de Janeiro de 1785. Em 1786 várias lojas foram amalgamadas para formar a loja «*Zur gekrönten Hoffnung*» (Nova Esperança Coroada). Mozart compôs várias peças especificamente maçónicas – e podemos assumir que várias outras, sobretudo *A Flauta Mágica*, fazem uso de algum simbolismo maçónico. A K429 é uma cantata incompleta na nota maçónica mi bemol, que Stadler completou. *Die Maurerfreude* foi escrita para uma cerimónia a que assistiram Wolfgang e o pai Leopold (que foi admitido quando visitava

265

Mozart em Viena) a 24 de Abril de 1785. O amigo de Mozart, Adamberger, era o solista.

Há, ainda, duas canções, K483 e K484, associadas à inauguração de uma nova loja em 1786, para tenores solistas e coro masculino, e um solo de cantata composta no último verão de Mozart, *Die ihr des unermesslichen Weltalls,* cuja sequência de números breves recorda o estilo abreviado das suas últimas músicas.

A cantata *Laut verkünde unsre Freude* é o último trabalho que Mozart registou no seu catálogo temático (para ele, o *Requiem* não chegou a estar concluído). Terminou-a a 15 de Novembro, tendo sido o maestro numa cerimónia três dias mais tarde, e morreu a 5 de Dezembro.

☊ *Música Maçónica*
Krenn, Krause / Coro do Festival de Edinburgo / Orquestra Sinfónica de Londres / István Kertész
Decca 425 722-2

ARRANJOS DE ORIGINAIS DE HANDEL

Acis und Galatea K566**
Messiah K572**
Alexander's Feast K591*
Ode para o dia de Santa Cecília K592*

Uma das tarefas mais fascinantes (para nós, mesmo que não para ele) que Mozart empreendeu, nos finais da década de 1780, foi a re-orquestração de obras de Handel. Foram realizadas a pedido do Barão van Swieten, para interpretar nas suas explorações da música barroca em Viena. A primeira foi *Acis und Galatea*, realizada em Novembro de 1788; seguiu-se o oratório *Messias* em Março de 1789, *Alexander's Feast* e, finalmente, *Ode para o dia de Santa Cecília* em Julho de 1790. (Foram precedidas de uma interpretação do oratório «A Ressurreição» de C.P.E. Bach, que Mozart dirigiu em Fevereiro de 1788, mas ele não produziu uma nova partitura desse trabalho, apenas acrescentou alguns instrumentos à ária «*Ich folge dir*».)

Christoph Wolff mostrou quão meticulosos foram van Swieten e os seus associados, a preparar o arranjo de *O Messias*, verificando o material para Mozart e a escrever pautas em branco para ele acrescentar as partes instru-

MÚSICA SACRA E CORAL

mentais. É claro que lhe foram dadas instruções sobre o que era pedido (um procedimento que van Swieten seguiu quando preparou «A Criação» e «As Estações» para Haydn). O que é difícil avaliar é o esforço criativo que Mozart poderá, de facto, ter colocado nestes arranjos. Estão repletos de toques cheios de significados, actualizando a música de Handel e adaptando-a às práticas do momento; acrescenta, por exemplo, pontuação instrumental onde o barroco apenas acrescentaria instrumentos contínuos; adiciona passagens harmoniosas que Handel deixara em uníssono («As pessoas que caminham na escuridão»), e deixa instruções claras sobre o que deve acontecer em vários pontos da cadência, quando nas partituras originais isso seria deixado ao critério dos intérpretes («Sei que o meu Redentor vive»). São legados maravilhosos que confirmam o desejo, da época de Mozart, de permitir que estas peças se exprimissem de novo. É discutível se estas partituras actualizadas ainda são relevantes para nós: os sons dos clarinetes no oratório *O Messias* tornaram-se, sem dúvida, familiares a gerações, através de novos arranjos da partitura da peça por parte de Prout (que adaptou algumas partituras de Mozart), Thomas Beecham, Eugene Goossens e outros. As versões de Mozart podem ser um auxílio na transformação dos oratórios de Handel para actuações em salas de espectáculo maiores que aquelas onde foram originalmente interpretadas (apesar de, ironicamente, os arranjos de Mozart parecerem ter sido interpretados num pequeno espaço em Viena). Em qualquer caso, estes arranjos são uma parte essencial no legado de Mozart, e ele levava-os muito a sério, já que os registou no seu catálogo temático.

⌒ *Acis und Galatea arr. Mozart*
Solistas / The English Concert / Trevor Pinnock
DG 447 700
⌒ *Ode para o Dia de Santa Cecília, Acis und Galatea arr. Mozart*
Solistas / Das Neue Orchester / Christoph Spering
Opus 111 OPS 45-9109/10 (2 CD)
⌒ *Messiah arr. Mozart*
Solistas / Sociedade Coral Huddersfield / Orquestra Filarmónica Real /
/ Charles Mackerras
ASV RPO 001R (2 CD)

Óperas

Acima de tudo, a ópera era a forma de arte a que Mozart aspirava. Era o género que lhe permitia exprimir o maior leque de emoções que ele já vivenciara, explorar a profundidade das relações humanas, algo que ele (podemos supor) achava bastante difícil na vida quotidiana, e metamorfoseá-las numa música subtil, extraordinária, complexa. Como intérprete, ele podia, e conseguia, transformar o concerto na sua própria ópera pessoal, mas ainda ansiava escrever o drama das personagens que interagiam, baseando-se em textos e estruturas musicais, de um modo que os anteriores compositores do século XVIII tinham conseguido apenas dentro de uma estrutura limitada. Longe de começar a compor ópera impensadamente, ou sem uma tradição de desafio, como Wagner sugeriu, os indícios mostram que Mozart pensava e planeava com todo o cuidado a forma, a direcção e o conteúdo das suas óperas compostas na idade adulta. E o talento de Mozart, como agora sabemos, revela-se no modo como capturava para a sua música a ambiguidade das relações humanas. Também outros grandes compositores expressaram os extremismos da vida: afirmação, desespero, prazer sensual, vazio sombrio, mas só com Mozart estas emoções coexistem no espaço de uma pequena frase, em alguns compassos de *Fígaro* ou um *ensemble* de *Così*. Este é, seguramente, um elemento na arte de Mozart que o une, sem dúvida, aos nossos dias.

No início do século XXI, as óperas que Mozart compôs, já adulto, são clássicos, nunca à margem do repertório. Mas nem sempre foi assim. Demorou algum tempo até que as óperas italianas conseguissem estabelecer-se, sobretudo quando *Così fan tutte* provocou alguma perplexidade, no século XIX. Mas as óperas alemãs tiveram melhor sorte: *O Rapto do Serralho* foi um sucesso internacional quase imediato e *A Flauta Mágica*, já do final da sua vida, em 1791, foi um sucesso repentino. Como resultado, diz-se, por vezes, que, se Mozart vivesse mais tempo, teria seguramente enriquecido e a história poderia guardar um desfecho diferente. Poderá ser, talvez, aquilo que nos apraz pensar (não é clara a percentagem de lucro a que ele teria direito ao abrigo do acordo que tinha com o astuto libretista e empresário Schikaneder), mas é certamente verdade que, pouco depois da sua morte, as suas últimas óperas foram interpretadas por toda a Europa. *A Clemência de Tito*, que os contemporâneos acharam aborrecida nas suas primeiras apresentações, a mais recente das últimas óperas a ser aceite no cânone moderno do repertório de Mozart, tornou-se o foco para a «classicização» de Mozart nos finais do século XVIII, e o foco da sua transformação, de compositor que trabalha, a tema do mito nobre e pureza pristina.

Mozart, talvez sobretudo na ópera, era um trabalhador incansável, planeava, revia e «re-trabalhava» o material para diferentes contextos de actuação; agia de acordo com as convenções do seu tempo, mas sempre atingindo os limites e desafiando-os, para atingir novos picos. Acima de tudo, estava atento às circunstâncias de interpretação porque essa era a tradição em que tinha crescido. Richard Strohm mostrou, definitivamente, como no início do mundo da *opera seria* do século XVIII era a interpretação, e não a obra, que era primordial. Os intérpretes estavam em primeiro lugar, os compositores adaptavam a sua escrita a quem estivesse disponível para cantar, e isso sobrepunha-se a qualquer ideia do «trabalho em si», conceito que quase não existia:

«Naqueles tempos, o que estava estabelecido e predeterminado acerca de qualquer produção, tinha tão pouco a ver com a partitura, e tanto a ver com a representação teatral de um único intérprete, que uma adaptação actual de uma *opera seria* não se iria focar no que Handel ou Hasse teriam escrito, mas sim no que Sesenino ou Farinelli fariam com o papel protagonista [...] não seria importante o facto de algumas árias serem da autoria de Harnoncourt e não de Handel. De facto, até podiam ser de Penderecki; uma conclusão que, só aparentemente, é absurda, já que as afirmações da história, no que se refere à interpretação musical, sempre se desmoronam nos casos em que o intérprete tem que se tornar criador».

Daniel Heartz (cuja soberba sequência de ensaios – *Mozart's Operas*, com Thomas Baumann – é o mais entusiasmante guia actual sobre a riqueza das inovações das óperas mais recentes) mostrou como as convenções das maiores óperas de Mozart nasceram dos que foram seus contemporâneos. Ao desenvolver a fusão de géneros, anteriormente separados, como *opera seria* e *opera buffa*, Mozart e os seus libretistas terão criado, com o tempo, uma forma operística que poderia abranger todos os limites da sociedade, agregando (em *Don Giovanni*) a personagem *seria* Anna, a personagem *buffa* Zerlina, e uma personagem mista séria/cómica Elvira. Por conseguinte, a personagem revolucionária em *As Bodas de Fígaro* não é a explicitamente política da peça de Beaumarchais; contudo, por mais que nos esforcemos por encontrar, em Mozart, um rebelde que luta contra o poder instituído, a evidência é que ele nunca se interessou muito por política, excepto se isso o afectasse na sua vida diária. Não, a verdadeira revolução de *Fígaro* é que, musicalmente, a aproximação de patrão e criado, condessa e aia, soldado e jardineiro – relações que Mozart compreendia muito bem – é mais subtilmente delineada do que alguma vez fora em música.

Como já foi inúmeras vezes enfatizado aqui, Mozart, de facto, esboçava e trabalhava a sua música ao pormenor. Até de *A Flauta Mágica*, essa obra--prima feita às pressas no seu último ano de vida, há esboços de uma parte do final do primeiro acto, o diálogo de Tamino com o narrador, um apanhado do final do segundo acto e mesmo um plano rejeitado para uma abertura da ópera. Além disso, as combinações contrapontísticas difíceis eram cuidadosamente planeadas antes: em *Così* o momento canónico do final do segundo acto; em *A Flauta Mágica* o coro dos Homens Armados. Também são testemunhas as extensas cartas que Mozart escreve ao pai Leopold sobre a composição de *Idomeneo*, e a prova das partituras manuscritas dos primeiros dois actos desse trabalho, onde Mozart altera e lima constantemente os seus pensamentos para aumentar a continuidade e poder de persuasão do drama. Passou muito tempo à procura de bons libretos, à procura de peças, não encontrando muitos que fossem ao encontro dos seus elevados padrões. Tinha um instinto perspicaz para o que pretendia e precisava, e um dos pontos altos no seu progresso operístico foi ter encontrado um libretista em Lorenzo Da Ponte com quem podia trabalhar produtivamente (o que daríamos para ser testemunhas oculares dessa colaboração em *Fígaro*, *Don Giovanni* ou *Così*, do mesmo modo que temos provas de Mozart em *O Rapto do Serralho* ou *Idomeneo*!). No entanto, no final da sua vida, Mozart não foi embaraçado na *Flauta Mágica* por um libreto que era bem menos que perfeito: ele apenas o transformou de acordo com os seus propósitos musicais, tornando-o algo próprio.

O trabalho académico sobre as óperas de Mozart tem avançado rapidamente nos últimos anos, passando da análise das suas estruturas internas e conteúdos musicais (que atingiu novas subtilezas nos estudos de James Webster) a uma maior preocupação com o contexto social, os processos de produção e uma exploração valiosa dos géneros circundantes da ópera, que identificam o quanto Mozart devia aos que estavam à sua volta e, desse modo, sublinhavam a sua individualidade. Dexter Edge escreveu sobre os copistas de Mozart; e uma valiosa conferência sobre *opera buffa* em Viena, durante a década de 80 século XVIII, deixou claro o contexto em que ele trabalhava, examinando o modo como Mozart se poderá ter envolvido em modas contemporâneas, convenções sobre a música de entretenimento, novos desenvolvimentos científicos e política.

Com isto chegou, talvez também, um declínio na ênfase da análise tradicional da organização tonal destas partituras, que tanto interessava a Hans Keller, H.C. Robbins Landon e a uma geração de académicos. Num importante artigo sobre Mozart, na obra *The New Grove Opera*, Julian Rushton chama a atenção, com razão, para os pontos de referência do desenvolvimento operístico de Mozart, comentando que a enorme evolução de *Fígaro* é impressionante: «O génio de Mozart é necessário para registar a natureza extrema da transição que houve a partir do desenvolvimento musical prolongado sem compromissos em *O Rapto do Serralho*; a partir daqui, a harmonia simbiótica entre música e teatro está completa». Mas, de seguida, Rushton desdenha do facto das óperas começarem e terminarem na mesma nota («relacionar outras chaves a esta tónica propõe um esquema demasiado vasto para ser entendido»). No entanto, para a maioria de nós, ouvintes ingénuos, argumentos simples da forma-sonata não são «entendidos» nesse conceito simplista; existem como um fundo subconsciente que é percebido como uma força organizadora; daí, a contínua importância das estruturas tonais nas óperas de Mozart, e, sobretudo, nos finais, que aqui são discutidos.

Sabemos, a partir de um registo de Salieri sobre uma composição operística, que a orquestração das teclas para cada número era um primeiro passo decisivo. Outra alegação surpreendente em *The New Grove Opera* é que, ao escrever em notas que se relacionam com a tonalidade umas das outras, Mozart teve de abandonar o carácter expressivo de notas diferentes que tantas vezes aqui foi notado nas suas sinfonias e concertos: «As alegações sobre estruturas de notas afectantes e arquitectura tonal são virtualmente irreconciliáveis». Claro que esse é o tipo de desafio que Mozart adorava, para que, dentro dos esquemas das suas óperas, o expressivo lá maior da cena de sedução de Ferrando/Fiordiligi em *Così*, ou o popular sol maior da contradança de *Fígaro* no final do terceiro acto, ou o flamejante dó maior em «*Viva la libertà*» em *Don Giovanni*, se ajustem perfeitamente dentro de um esquema tonal que unifique o trabalho como um todo.

Quaisquer que sejam as nossas dúvidas sobre as afirmações de Rushton acerca de tom e estrutura (e não podemos bem concordar com a ideia de *The New Grove Opera* de que Mozart «é o primeiro compositor operístico cujo trabalho, como um todo, nunca precisou de ser revitalizado», que só é verdade para muito poucas obras) é verdade que o resultado operístico de Mozart «é provável que permaneça a pedra-de-toque dos feitos operáticos».

Apollo et Hyacinthus K38

No final de Novembro de 1766, a família Mozart regressou a Salzburgo, após a longa digressão durante a qual Wolfgang encontrou a fama, pela primeira vez, como menino-prodígio. Menos de nove meses depois partiram de novo, desta vez para Viena, mas entretanto, Leopold usou ao máximo a fama que as actividades de Wolfgang lhe tinham granjeado. Estava em contacto permanente com a Universidade, pois os rapazes do coro que cantavam sob orientação de Leopold também frequentavam a escola da universidade, onde eram educados de modo semelhante àquele em que Leopold tinha sido, durante a sua infância em Augsburg. Por isso foi, sem dúvida, através da sua intervenção que Wolfgang recebeu a comissão para produzir música para um drama em latim, a ser interpretado em torno de uma peça latina, *Clementia Croesi*. Foi o terceiro ano da escola, chamado (de acordo com o modo jesuíta) «*Syntax*», que interpretou a peça de entretenimento, seguindo um texto do seu professor Rufinus Widl. Dois rapazes de doze anos interpretaram os papéis de Apolo e Jacinto e a interpretação foi verificada apenas pelo jovem Mozart: «à noite deu-nos provas das suas incríveis capacidades musicais ao teclado». A música não parece ter sido interpretada de novo, apesar de ter sido resgatado um dueto, por Mozart, na sua sinfonia K64. Leopold registou-a no seu catálogo das composições do filho, e parece ter sido a irmã de Mozart, Nannerl (pensa-se que terá estado presente durante a actuação) que lhe deu o título actual.

A música de Mozart conta a história de Apolo e Jacinto e de Zéfiro, o invejoso vento ocidental, que arremessa o disco de Apolo provocando a morte de Jacinto. Na sua versão original, a história apresenta, claramente, conotações homoeróticas, mas o libreto para as peças de Mozart fazem da irmã de Jacinto, Melia, a causa da rivalidade, evitando deste modo problemas. A música de Mozart, ainda que o pai o tenha ajudado, mostra verdadeira harmonia e beleza para uma criança de onze anos. Algumas das árias são estáticas, mas outras contêm ideias originais, e o mais impressionante é um par de recitativos acompanhados por acordes hesitantes e contundentes e passagens *staccato* vigorosas. O momento mais encantador é uma passagem serena para cordas e trompas quando Jacinto morre e flores brotam da sua campa.

O primeiro ensaio operístico de Mozart ficou esquecido durante mais de um século. Mas foi revitalizado em Rostock em 1922 e Munique em 1932; em Salzburgo, tornou-se popular uma versão em marionetas. Foi alvo de algumas interpretações em concertos no Reino Unido, sobretudo no *Fortune Theatre* em Londres, na celebração dos 199 anos do nascimento de Mozart, e nos ciclos da celebração do bicentenário Mozart Now, no South Bank em 1991.

◯ Coro Infatil de Tolz / Ensemble Barroco de Nice / Gerhard Schmidt-
-Gaden
Pavane ADW 7236/7 (2 CD)

La finta semplice **K51**

Após o sucesso da digressão europeia, Leopold estava ansioso por aproveitar ao máximo o talento do filho e, assim, decidiu levá-lo a Viena, em Setembro de 1767, com a ideia de persuadir o imperador a encomendar uma ópera, possivelmente para as celebrações do casamento da Arquiduquesa Maria Carolina com o Rei Fernando de Nápoles. No entanto, as crianças só chegaram a 10 de Janeiro de 1768, devido a uma epidemia de varíola, que os reteve em Olmutz.

Não é claro até que ponto o imperador estaria interessado, mas o empresário Giuseppe Afliggio, que dirigia os teatros da corte, pagou-lhes duzentos ducados e colocou os teatros à disposição. Wolfgang começou a trabalhar numa versão da peça da autoria de Carlo Goldoni – um dramaturgo do maior relevo, cujo desenvolvimento do libreto, com mistura de personagens sérias e cómicas, abriu caminho às realizações de Mozart nas suas últimas óperas. No entanto, de súbito, parece que tudo ficou em alvoroço, com as forças conservadoras em Viena (mesmo Gluck, que Leopold pensara ter intimidado) a conspirar contra Mozart. Leopold afirmou:

«Surgem sentimentos de inveja por todo o lado [...] incentivaram os intérpretes e a orquestra contra nós, fizeram tudo para impedir que as actuações desta ópera tivessem continuidade [...] entretanto, alguém disse que a música não vale nada, enquanto outros dizem que a música não se molda às palavras do compasso, já que o rapaz não conhece suficientemente bem a língua italiana».

A evidência de que Mozart reescreveu por completo duas árias para os intérpretes e alterou outras indicações sugere que as últimas críticas poderiam não estar totalmente incorrectas. Ainda assim, Leopold estava furioso e queixou-se directamente ao Imperador. Mas nada havia a fazer e, assim, regressaram a Salzburgo, onde, provavelmente, uma actuação (para a qual Mozart efectuou algumas revisões) teve lugar, em 1769. Mozart usou a sua sinfonia K45 como abertura, direccionando o final do segundo andamento ao cerne do drama – ironicamente um efeito bastante gluckiano.

A história situa-se em Cremona e narra os altos e baixos de dois irmãos, Polidoro e Cassandro, e das suas intrigas românticas. A heroína, Rosina, que no final consegue que cada um case com a pessoa acertada, assemelha-se a uma Susanna do *Fígaro* em gestação – tem duas árias notáveis, uma delas uma cena imponente num jardim, tal como o da ária de Susanna no 4.º acto. Como Erik Smith comentou, «metade das árias são velhos lugares-comuns sobre os prós e os contras do casamento, que não são calculados para trazer ao de cima o melhor de um compositor de doze anos». Mas a música mostra a forte influência dos compositores italianos, cujas óperas Mozart teria conhecido; começamos a sentir, na natureza tumultuosa dos finais, a firme estrutura dramática que Mozart iria criar nos anos vindouros.

Os primeiros trabalhos de Mozart não têm sido, suficientemente revitalizados, apesar de ter havido novas versões, na década de 20 do século XX, em Viena e Praga. A semana de Mozart em Salzburgo, em Janeiro de 1956, trouxe a peça ao *Landestheater* da cidade e depois ao Festival de Salzburgo em 1960. Entre outros revivalismos houve um, bastante animado, em Veneza em 2005.

∩ Hendricks, Lorenz, Murray, Lind, Blochwitz, Schmidt / Orquestra de Câmara de C.P.E. Bach / Peter Schreier

Edição Completa de Mozart, Philips, Vol. 28422 528-2 (2 CD)

MOZART

Bastien und Bastienne **K50***

Foi a mais popular das primeiras óperas de Mozart e revelou-se a mais
prática para uso actual, talvez por apresentar a forma de uma *Singspiel* de um
acto ou de uma ópera alemã com diálogo (como *O Rapto do Serralho* ou *A
Flauta Mágica*) em vez de uma *opera seria* em toda a sua extensão. A peça
foi escrita em 1768, mas o mistério envolve a afirmação do biógrafo de
Mozart, Nissen (o segundo marido de Constanze Mozart), que referiu que
estaria destinada ao teatro do jardim do médico vienense Anton Mesmer
(cujas experiências no magnetismo Mozart iria parodiar, de modo hilariante,
em *Così fan tutte*). O teatro ao ar livre não foi terminado antes de 1768, por
isso, talvez a peça tenha sido apresentada na sua residência, ou talvez uma
actuação posterior ao ar livre tenha ocorrido. A partitura foi, seguramente,
escrita em Viena, e não requer muitos recursos – três intérpretes, um coro em
surdina e uma pequena orquestra.

Foi de novo apresentada, à volta de 1891, durante as celebrações de
Mozart e encontrou receptividade na tradução alemã, em muitas casas de
ópera alemãs nas décadas seguintes. Após uma apresentação em Covent Garden – surpreendentemente cedo, em 1907 – desapareceu até que foi transmi-
tida numa versão inglesa de Eric Blom, em Março de 1933. Chegou ao Festival de Salzburgo em 1969.

A ópera baseia-se numa paródia da famosa ópera pastoril *Le devin du vil-
lage*, de Rosseau, que causou grande impacto em França em meados do
século XVIII. Os seus pastores Arcádios foram transformados, pela *Comédie
Italienne*, em camponeses franceses que cantam e dançam no seu ambiente
rústico. Esta peça, *Les amours de Bastien und Bastienne*, tinha sido interpretada em Viena e, mais tarde, traduzida para alemão. Um elo final, nesta
cadeia complexa, é que Johann Andreas Schachtner, o trompetista da corte de
Salzburgo, escreveu alguns recitativos para substituir o diálogo falado. (Isto
pode ter sido levado em consideração numa actuação, posterior, em Salzburgo, o que poderá ter transformado a peça mais numa ópera e menos num
Singspiel.)

O enredo simples narra as armações de um mágico, Colas, que pretende
reconciliar o infiel Bastien a Bastienne, que ainda o ama. Colas aconselha-a
a fingir que já não está interessada em Bastien. A situação piora antes de
melhorar mas, com o tempo, e uma pequena ajuda da magia de Colas, acabam por ficar juntos. A melhor música é suave e bucólica no tom, com
alguma música bombástica e mágica para Colas, e uma cena que, de facto,

ÓPERAS

aguarda ansiosamente o final dramático de Mozart: os dois amantes a discutir, a reconciliação e depois a celebração, numa esplêndida sequência (como Mozart iria conseguir fazer com dois casais, em simultâneo, no final do terceiro acto em *O Rapto do Serralho*).

☊ Gruberova, Cole, Polgar / Orquestra de Câmara de Liszt / Raymond Leppard
Sony SK 45 855
Solistas da Wiener Sängerknaben, Wiener Symphoniker / Uwe Christian Harrer
Philips 422 527-2

Mitridate, re di Ponto **K87***

Foi o primeiro grande sucesso operístico de Mozart e um grande passo em frente na carreira do compositor de catorze anos. Mais uma vez, Leopold vislumbrava uma oportunidade para seguir em frente, e o revés de Viena de *La finta semplice* fizera dele um homem ainda mais determinado. «Por que devo eu ficar quieto em Salzburgo, a suspirar e a esperar em vão por um golpe de sorte, a ver Wolfgang crescer [...] porque é que o primeiro passo do meu filho, graças à ópera de Viena, deve ser em vão, não tentando seguir o caminho que tão claramente lhe esta destinado?» Deste modo, Leopold conseguiu uma apresentação oficial, em Itália, com o compositor de ópera mais conhecido no momento, Johann Adolf Hasse, partindo a 13 de Dezembro de 1796: o arcebispo de Salzburgo até contribuiu para a viagem. Os concertos eram ainda um pouco exibicionistas e faziam uso de alguns truques de publicidade, mas agora uma nova aura de sobriedade fazia parte da apresentação do pequeno génio. Conheceram o historiador inglês Charles Burney, que ficou impressionado: «não há excelência musical que eu não espere da sua extraordinária astúcia e talento». Em Março, Mozart compôs algumas árias para o Conde Firmian (sobrinho do antigo arcebispo de Salzburgo, que também deve ter conseguido uma apresentação oficial); a situação terá tido alguma influência na comissão de uma ópera que obteve de Milão e que Leopold tanto desejara.

A 17 de Outubro de 1770 os Mozart chegaram a Milão, que então, tal como actualmente, abriga um dos maiores teatros de Itália. Wolfgang já tinha começado a escrever recitativos para a ópera, mas só agora, com a chegada dos intérpretes, podia trabalhar nas árias. As actividades frenéticas e burlescas, registadas na correspondência da família, dão-nos uma clara visão interior do ambiente de uma casa de ópera do século XVIII. Mozart escreveu e reescreveu para os intérpretes, chegando a reescrever três vezes a ária de abertura para o tenor, e dirigiu as apresentações iniciais no teclado ele mesmo. Em Dezembro, Leopold, por fim, escreveu à família: «Deus seja louvado [...] a primeira apresentação da ópera teve lugar no dia 26 e mereceu o aplauso de todos [...] quase no final das árias, houve uma extraordinária ovação e clamores de *"Evviva il Maestro! Evviva il Maestrino!"*»

De entre as primeiras obras de Mozart, *Mitridate* não seria a primeira escolha para um revivalismo, nos nossos dias, pois foi completamente esquecida nos séculos XVIII e XIX; E.J. Dent, na sua obra pioneira sobre as óperas de 1913, nem sequer a mencionou. Mas foi trazida ao Festival de Salzburgo em 1971 e, posteriormente, na semana Mozart em 1977, quando foi gravada. As primeiras actuações modernas, no Reino Unido, tiveram lugar em Londres, apenas em 1979 (em concerto) e 1989 em Wexford (em palco). Não passou despercebida em duas encenações convincentes, de Jean-Pierre Ponnelle em Zurique em 1985 e, depois, Graham Vick na Royal Opera House em 1991.

O libreto é do poeta italiano Vittorio Cigna-Santi e já tinha sido musicado três anos antes por Gasparini para uma actuação em Turim. Tem origem na peça de Racine, *Mitridate*, escrita em 1673, e narra a história de Mitrídates, adversário dos Romanos, que governaram o Ponto na Ásia Menor, durante o primeiro século a.C. Tentou conquistar novos territórios, tendo conseguido a área em redor do Bósforo até à Crimeia, mas foi expulso, por Pompeu e Sula, durante as guerras mitridáticas. A acção da ópera decorre durante os últimos dias da vida de Mitrídates, perto do *Nympheaum*. A governadora Arbate e Sifare, filho de Mitrídates, pensam, erroneamente, que ele morreu. Mitrídates regressa e diz ao filho Farnace que deverá casar com Ismene, princesa de Parta. Farnace engendra um plano contra o rei, que é avisado por Arbate. No segundo acto Mitrídates afasta Ismene e confia Aspasia ao cuidado de Sifare. Mas quando ela lhe confessa o seu amor, Sifare fica dividido entre a lealdade para com o seu pai e o amor que sente por Aspasia. Esta afirma que se irá suicidar e – no magnífico dueto final do segundo acto – Sifare implora que o deixe morrer com ela. O terceiro acto começa com Mitrídates conflituoso, indiferente a todas as súplicas. Os Romanos chegam a terra e ele parte para o combate. Mitrídates é fatalmente ferido, mas perdoa os dois filhos; Sifare fica com Aspasia, enquanto Farnace se apaixona de novo por Ismene.

ÓPERAS

A música de *Mitridate* surge num estilo convencional e requintado, mas o cunho pessoal de Mozart surge menos vincado do que nas primeiras peças. O biógrafo de Mozart Alfred Einstein pensou que Leopold poderia ter aconselhado o filho a não mexer na obra, já que estaria além das suas capacidades. As exigências dos intérpretes, no que se refere a material extrovertido e virtuoso, eram implacáveis e há apenas um (excelente) dueto e um *ensemble* final: tudo o resto é produzido a partir das árias *da capo*, havendo poucas oportunidades para Mozart expor a interioridade pela qual o seu estilo se tornaria notado. Ainda assim, podemos encontrá-lo a lutar com os problemas estruturais e expressivos dos textos que usou, destacando palavras e frases importantes para a estrutura dramática. Perto do início surge a impressionante ária em sol menor de Aspasia «*Nel sen mi palpita*»; um par de árias em tonalidade menor, uma com *obbligato* de trompas, poderosas, e o recitativo acompanhado para Aspasia «*Pallid'ombre*» que se revela impressionante. Mozart aprendeu muito durante o processo. Nunca foi convidado para compor para o novo teatro La Scala, que abriu (após um incêndio ter destruído o edifício anterior) em 1778.

🎧 Bartoli, Dessay, Sabbatini, Asawa / Les Talens Lyriques / Christoph Rousset

Decca 460 772-2 (3 CD)

Ascanio in Alba K111

Após o sucesso de *Mitridate*, Mozart foi encarregue de compor uma *festa teatrale* para celebrar o casamento do Arquiduque Ferdinand com a Princesa Maria Beatriz de Modena. Hasse deveria escrever a ópera e Mozart a serenata. Começou a trabalhar em Agosto de 1771 e parece ter acrescentado um ballet entre os actos; o *ballet* era parte integrante das festividades. Leopold contou à esposa que a comissão «não só a vai surpreender, como irá trazer ao nosso filho um respeito que irá perdurar». A serenata foi um sucesso e Leopold, com uma total falta de tacto, alegou que «tinha superado a ópera de um modo indescritível». Aparentemente, Hasse foi mais generoso e disse: «este rapaz fará com que todos nós sejamos olvidados». Como resultado, o jovem príncipe Ferdinand quis ter Mozart ao seu serviço, mas Maria Teresa alertou-o sobre a natureza intempestiva da família Mozart.

MOZART

O libreto era da autoria de Abbate Giuseppe Parini, orador na Universidade de Milão, e glorifica o casal recém-casado, além de prestar tributo è Imperatriz, mãe da princesa. Venere (que representa Maria Teresa) pretende que o filho case com Silvia, que antes deverá demonstrar a sua estabilidade no amor, o que consegue. O filho Ascanio e Fauno foram, ambos, interpretados por *castrati* brilhantes, como é evidente pela sua música emotiva. Para além disso, há pouco aqui que desenvolva o estilo dramático do jovem Mozart, apesar de se afirmar que o compositor considerou a peça aprazível e especial. A particularidade é, talvez, a influência do estilo francês, com todo o esplendor que lhe está associado. Foi alvo de revivalismo na semana Mozart em Salzburgo, em 1958 e levada ao Festival de Salzburgo em 1976. Alguma vez foi encenada na Grã-Bretanha?

♫ Chance, Windsor, Feldman, Milner, Mannion / Budapest Concerto Armonico / Jacques Grimbert Naxos 8.660040-2 (2 CD)

Il sogno di Scipione K126

Esta pequena peça, uma abertura e doze números, foi originalmente escrita para o quinquagésimo aniversário da ordenação do arcebispo de Salzburgo, em 10 de Janeiro de 1772. No entanto, ele veio a falecer um mês antes da data e o trabalho foi aproveitado para as celebrações da tomada de posse do seu sucessor, em 29 de Abril de 1772. O novo arcebispo seria Colloredo, que se revelaria muito menos compreensivo com as actividades de Mozart que o seu, de algum modo artístico, antecessor. Não há registos que provem que a peça tenha sido, de facto, executada em 1772. O libreto é da autoria de Metastasio: o general romano Scipione, conquistador da cidade de Cartago, tem que escolher, para sua protectora, entre as deusas Costanza e Fortuna. É levado ao céu para se aconselhar, recebe mensagens de Publio e Emílio na forma de uma ária e, finalmente, opta pela constância em vez da sorte. Como é de prever, Fortuna fica furiosa.

A estrutura tonal desta peça é mais sofisticada que antes: Fortuna apresenta alguma *coloratura* eficaz em dó, enquanto Costanza responde num lá maior delicado, com música igualmente virtuosa (estaria já a prever aqui as duas irmãs de *Così*?) Publio canta em si bemol, e depois em dó; Emílio canta em sol. Costanza mostra-se cada vez mais perturbada, o veredicto de Publio é formalizado em si bemol e, depois, Fortuna irrompe num recitativo acompanhado em ré maior, que mergulha através de mi bemol, antes de regressar a ré. A «Licenza», ou ária final de louvor, leva a um coro de quatro partes para aperfeiçoar as acções. A peça foi pouquíssimas vezes trazida aos palcos modernos, apesar de ter conseguido um lugar na semana Mozart em Salzburgo, em 1979.

🎧 Schreier, Popp, Gruberova, Ahnsjo, Moser, Mathis / Orquestra Mozarteum /
Leopold Hager
Edição Completa de Mozart, Philips, Vol. 31 422 531-2 (2 CD)
Solistas / Orquestra Barroca de Friburgo / Gottfried von der Goltz
Naïve E8813

Lucio Silla K135**

Esta é a mais arrebatadora e musicalmente estimulante das primeiras óperas de Mozart e mostra-nos o compositor a manipular, a passos largos, os seus recursos operáticos. A comissão foi um resultado directo do sucesso de *Mitridate*, destinando-se à época do Carnaval de 1772/3, e representou um grande passo em frente na carreira do jovem compositor de dezasseis anos. O libreto foi escrito por Giovanni de Gamerra, mas foi submetido à aprovação de Metastasio como poeta da corte, que fez algumas sugestões de correcção, depois de Mozart ter começado a compor os recitativos. (Uma versão do mesmo libreto foi, posteriormente, orquestrada por Johann Christian Bach em Manheim.) Simboliza a *opera seria* tradicional no auge da sua evolução e apresenta Mozart a fazer um esforço tremendo para criar um drama, o mais humano e envolvente possível, dentro desse enquadramento limitado. Em grande parte, isto é declarado nos recitativos acompanhados, que surgem com uma riqueza excepcional neste trabalho. Mozart esperou a chegada dos seus intérpretes antes de escrever as árias, havendo um interesse particular em Anna de Amicis como *prima donna* Giunia. «Com passagens tão novas e incrivelmente difíceis [...] o seu canto impressiona-me bastante», escreveu Leopold. Wolfgang escreveu à irmã Nannerl, a meio da composição, a dizer que ainda tinha catorze peças para escrever: «estou cheio de ideias para a minha ópera e corro o risco de te escrever uma ária completa em vez de palavras».

O relato de Leopold acerca da estreia é apaixonado: «Imagine, às cinco e meia o teatro já estava tão cheio que mais ninguém pôde entrar. Na primeira noite, os intérpretes estavam num verdadeiro estado de nervos por actuar para uma audiência tão imponente». O tenor, inexperiente, exagerou nas suas manifestações de fúria e causou algumas risadas, o que perturbou Anna de Amicis, que se sentia ainda mais desconcertada pelo facto de a arquiduquesa ter aplaudido assim que o *castrato* entrou em palco: «Tratava-se de um artifício do *castrato* que, previamente, tinha feito saber à arquiduquesa que se sentia demasiado intimidado para cantar, assegurando, assim, que a corte lhe demonstrava o seu apreço e incentivo». A peça foi um sucesso, tendo realizado um total de vinte e seis espectáculos; contudo, não levou à posição que Leopold almejara para o filho, e os Mozart regressaram a casa desapontados, no início de Março.

O enredo narra a história do ditador Lucio Silla, que banira o senador Cecilio; no entanto, Cecilio regressa e Cinna conta-lhe que a sua noiva Giunia foi levada por Silla para o seu palácio. Silla pede à sua irmã Celia para interceder por ele junto de Giunia e Celia aconselha-o a ser mais gentil, ao contrário de Aufidio, que o aconselha a fazer uso da força. Giunia não cede perante os avanços de Silla e só anseia pela morte para que se possa reunir a Cecilio. Silla fica furioso. Cecilio esconde-se num cemitério (fazendo antever *Don Giovanni*) onde Giunia vai lamentar o seu destino. Encontram-se e celebram o seu amor.

No segundo acto, Aufidio tenta convencer Silla a tornar Giunia sua noiva à força. Celia diz-lhe que os seus esforços para a conquistar foram em vão, por isso ele decide agir e diz a Celia que a vai entregar a Lucio Cinna. Este sugere a Giunia que aceite a proposta de casamento de Silla e, depois, o mate; ela recusa e Cinna pensa assassinar Silla ele mesmo. Silla confronta Giunia em público, no Capitólio, mas ela continua a recusá-lo. Cecilio surge de espada em punho e é preso. No trio final do acto, os dois amantes encontram paz na ideia de morrerem juntos, mas Silla, isolado, reconhece o amor dos dois. No terceiro acto Cinna visita Cecilio na prisão. Giunia sente-se atormentada, mas disposta a morrer. No Capitólio, a população e os senadores foram-se juntando e a situação atinge um ponto crítico. Os seguidores de Cecilio ultrapassam os de Silla em número e, assim, ele anuncia que abdica, para viver como um simples cidadão. No final é aclamado por todos.

A música de *Lucio Silla* é, ainda, dominada pela ária *da capo* e pela *coloratura* da *opera seria*, mas a caracterização está, agora, muito mais evoluída e a profundidade dos sentimentos é primordial. A música da heroína Giunia é a mais imponente e grandiosa, enquanto o papel mais delicado de Celia apresenta uma música ainda dentro da tradição *buffa*. Os desempenhos dos dois *castrato* são, também, visivelmente contraditórios (na primeira actuação, Cinna foi interpretado por uma mulher). Cinna é mais extrovertido e arrojado, enquanto Cecilio é a nobreza personificada, senhor de uma grande dignidade. Como exemplo da subtileza de Mozart, nesta ópera, podíamos destacar apenas uma sequência de andamentos do terceiro acto: um Adágio para Cecilio, «*Ah se a morir*», com oboés e trompas eloquentes, que se movem em direcção a uma secção central em dó menor, para depois retornar ao Adágio. Giunia e Célia entram, depois, e Célia revela-se numa ária arrebatadora, «*Quando sugl'arsi campi*», num lá maior tranquilo e cantarolante, com notas agudas numa *coloratura staccato*, aguardando a Rainha da Noite. Daí mergulhamos, de imediato, no recitativo acompanhado em ré menor de Giunia, que abre caminho por entre uma variedade de temperamentos dramáticos, antes da ária feroz «*Parto, m'affretto*», em dó maior. O coro surge em fá bemol e o acto termina com o *Terzetto* em si bemol, com Silla a cantar contra os amantes e a multidão. Esta sequência magnífica mostra Mozart com o controlo perfeito de uma estrutura em grande escala.

As opiniões sobre *Lucio Silla* têm sido muito diversificadas. A opinião de Einstein – «de modo geral é uma peça muito infeliz e desequilibrada» – tem definido as directrizes, e mesmo o esclarecido E.J. Dent descreveu-a como «um episódio na evolução de um grande homem». Nos últimos anos, as tendências têm sido alvo de revisão e Gottfried Kraus escreveu que «é um dos maiores exemplos do génio operístico de Mozart. Apesar do libreto convencional e das circunstâncias contemporâneas, devemos admitir que se trata de uma obra-prima». A sua reputação actual emana das gravações e actuações em Salzburgo, em 1975, durante a semana Mozart, que levaram Jean-Pierre Ponnelle (ópera de Zurique, 1981) e Patrice Chéreau (La Scala, 1984), nada menos, a encenar a obra. Uma gravação soberba de Harnoncourt (1989) tem dado razão às alegações da peça, tendo-a levado aos palcos do Festival de Viena, em 2005. No Reino Unido, foi interpretada em concertos, mas nunca foi encenada profissionalmente; em Amesterdão a peça estreou em Dezembro de 2004 e, em Santa Fé, em 2005.

♫ Schreier, Gruberova, Bartoli, Upshaw, Kenny / Concentus Musicus Wien / Nikolaus Harnoncourt
Teldec 2292-44928-2 (3 CD)
Solistas / Orquestra e Coro Mozarteum de Salzburgo / Leopold Hager
Philips 422 532 (3 CD)

MOZART

La finta giardiniera **K196****

Passaram-se dois anos até Mozart receber uma nova comissão para uma *opera buffa*, durante o Carnaval de Munique em 1775; a sua apresentação ocorreu pouco antes do seu décimo nono aniversário. Ele esperava que fosse encenada em Dezembro, mas houve as demoras habituais (como Leopold, discretamente, diria, «para que os intérpretes possam estudar as suas partes adequadamente, e assim que as tiverem memorizado, actuem confiantes, evitando que a ópera seja um fracasso por sua causa»). Só a 13 de Janeiro ocorreu a bem sucedida estreia. Pensava-se que o libreto seria da autoria de Calzabigi, revisto por Marco Coltellini, mas agora sabe-se que foi escrito por Giuseppe Petrosellini, tratando-se do mesmo libreto orquestrado por Anfossi, em Roma, dois anos antes. É descrita por Daniel Heartz como «um filhote trapalhão» do muito influente libreto de Goldoni, *La buona figliuola*, escrito em Parma em 1756. Na famosa adaptação de Piccinni deste libreto, as personagens mantêm-se à margem e os intérpretes sérios não participam, por exemplo, nos finais dos actos, que são dominados pelas personagens *buffas*. Foi a perícia de Mozart (e um reflexo da vontade dos tempos) que rompeu, cada vez mais, nas suas óperas, com os limites de classe e estilo musical.

A ópera viveu uma segunda vida na forma de uma *Singspiel*, em alemão, com diálogo, preparada com a ajuda de Mozart, em Augsburg em 1779/80. Foi encenada mais vezes nessa versão do que na original e teve nova apresentação em Frankfurt am Mainz em 1789. A versão alemã foi, possivelmente, realizada por Johann Andreas Schachtner ou pelo baixo Franz Joseph Stierle, e Mozart tê-la-á copiado na sua partitura. (A *Philips Complete Mozart Edition* editou as duas versões em pé de igualdade). Durante muitos anos, o primeiro acto do manuscrito (incluindo os recitativos em italiano) esteve desaparecido, por isso a versão italiana não tinha possibilidade de ser apresentada, mas uma cópia da Morávia, incluindo todos os recitativos, apareceu a tempo da ópera se restabelecer, seguindo-se, então, uma publicação na *Neue Mozart Ausgabe* em 1978. Houve encenações em Salzburgo e Aix-en-Provence, mas a produção que, de facto, colocou esta ópera na ribalta foi a de Hermann, sob a batuta de Silvain Cambreling, em Bruxelas em 1986, com um cenário evocativo – uma alameda de árvores e sons da natureza. Está a ser encenado para a celebração do aniversário de Mozart, em 2006, em Covent Garden, na *Royal Opera House*.

A ópera funde elementos sérios e cómicos num estilo que profetiza os grandes feitos das óperas mais recentes. Aqui surgem figuras tridimensionais que não cantam apenas segundo padrões pré-ordenados, mas que se relacionam umas com as outras, desenvolvendo as suas personalidades no decorrer da ópera. O enredo gira em volta do Podesta (presidente ou governador) de Lagonero, que tem ao seu serviço uma nova jardineira, Sandrina. Na verdade, trata-se de uma Marquesa disfarçada que, com a ajuda do seu criado Roberto, tenta fugir aos ataques do seu amante, o Conde Belfiore. Mas a sobrinha do Podesta, Arminda, afirma que vai casar-se com Belfiore, causando uma enorme confusão. Sandrina nega ser a Marquesa, até que Belfiore é acusado de ter causado a sua morte. Ela continua a negar, o que deixa o Conde ainda mais perplexo. Infeliz, Sandrina procura refúgio numa gruta, mas a situação torna-se ainda mais confusa quando todos se encontram, na escuridão, junto desse local. Sandrina e o Conde perdem a lucidez e começam a acreditar que são criaturas míticas. No curto terceiro acto, seguindo a tradição do género, a harmonia é restaurada, assim como as relações dos casais, excepto para o Podesta que, sabiamente, prefere manter-se solteiro, sem dúvida para encontrar uma outra Sandrina.

Os editores da *Neue Mozart Ausgabe* deram preferência ao cabeçalho do libreto *dramma giocoso* em detrimento da descrição tradicional *opera buffa*, e torna-se claro que estavam certos em o fazer, pois esta viria a ser a primeira de uma série de grandes obras de Mozart, dentro deste género. Este libreto, com as suas atribulações e misturas de classes, presta-se a servir, na perfeição, os objectivos de Mozart. Numa só personagem, Sandrina fundiu uma personalidade *seria*, a verdadeira Marquesa, com um estilo *buffo*, a pretensa jardineira. Os amantes sérios são Arminda e Ramiro, ambos sopranos, tendo Ramiro as passagens com mais *coloratura* na ópera. Daniel Heartz nota que «Arminda estabelece as suas credenciais como personagem séria, com uma ária, bastante longa, em sol menor, *allegro agitato*, no início do segundo acto. No entanto, participam nos finais e, a este respeito, estão menos postas de lado que as primeiras *parti serie*».

Esta é uma peça definitivamente bem conseguida que, também, parece adivinhar o estilo operístico final de Mozart. Gottfried Kraus referiu:

«Todas as personagens que nos são familiares das óperas de Mozart surgem, aqui, numa forma embrionária: Sandrina, a mulher apaixonada, dolorosamente traída pelo destino, que apesar da sua recusa e da dor consequente, aceita o sacrifício em prol do seu amor – ela segue a linha das figuras femininas de Mozart, de Bastienne a Pamina, passando por Constanze. O seu oposto é Serpetta, a simples camponesa, metade Zerlina, metade Despina, para quem o amor é apenas um jogo».

A flexibilidade com que Mozart dá vida a estas personagens diversificadas é extraordinária e os finais dos actos, em particular, são paradigmas da complexidade que aperfeiçoaria em *Fígaro*. As árias já não são *da capo*, mas antes forma-sonata. No final, será que o génio de Mozart ultrapassa as fraquezas do libreto? As produções modernas parecem sugerir que sim.

☊ Gruberova, Margiono, Bacelli, Upshaw, Moser, Heilmann, Scharinger /
Concentus Musicus Wien / Nikolaus Harnoncourt
Teldec DAW 9031 72309-2 (3 CD)

Il re pastore K208*

Esta ópera modesta, também denominada *serenata*, por alguns, foi escrita para a visita a Salzburgo do filho mais novo de Maria Teresa, o Arquiduque Maximiliano Francisco; para a mesma ocasião o compositor, mais sombrio, Domenico Fischietti também forneceu uma ópera. O texto tinha sido escrito por Metastasio em 1751 e adaptado à música várias vezes antes do tempo de Mozart, de forma notável, por Giuseppe Bonno, que se tornaria, mais tarde, *Kappellmeister* em Viena (e teria um pequeno papel no filme *Amadeus*). A escrita de Mozart é agora extremamente hábil, no que se refere a moldar uma forma distinta para cada ária; está claro, também, que o libreto de Metastasio foi modificado, de modo a fornecer a flexibilidade extra que Mozart precisava. Este trabalho foi, possivelmente, levado a cabo por Varesco, nomeado para a corte de Salzburgo, que mais tarde iria facultar o libreto de *Idomeneo*. Na partitura surge em destaque o solo de violino, notável na ária «*L'amero saro costante*», e há, sem dúvida, reminiscências do Concerto para Violino em Sol Maior, K216, na ária «*Aer tranquillo e di sereni*»; não é coincidência que date do curto período em que Mozart esteve ao serviço da corte de Salzburgo, ocupado a escrever solos de violino.

Il re pastore surge no final da aprendizagem operística de Mozart e, naturalmente, ele colocou todo o cuidado na composição da peça; não são conhecidas as circunstâncias da sua estreia, no palácio do arcebispo, em 23 de Abril de 1775, e pode até ter sido apenas um concerto; mas sabemos que Mozart regressou a este trabalho em 1778, para retirar música, que viria a ser interpretada por Aloysia Weber em Manheim e, depois, em Viena, em 1784. Estava frustrado por não conseguir desenvolver as suas capacidades como compositor de ópera em Salzburgo e ansiava poder escrever ópera em Viena.

O enredo de *Il re pastore* pode ter aliciado Mozart porque, tal como *La finta giardiniera*, envolve trocas de identidade e mistura de classes. O pastor Aminta é, na realidade, o herdeiro legítimo ao trono do Reino de Sidon. Alexandre, o Grande, Alessandro, libertou o reino de um soberano ditador, mas Aminta não quer governar no seu lugar. Prefere continuar como pastor e ter o amor de Elisa. Paralelamente, a filha do tirano, Tamiri, encontra-se disfarçada de pastora, e está apaixonada pelo amigo de Alessandro, Aegenore. Surgem conflitos entre o amor e o dever mas, com o tempo, Alessandro percebe que os apaixonados não podem separar-se e acaba por reunir os dois casais. Aminta aceita ficar no trono, desde que Elisa fique com ele. Alexandro deseja-lhes felicidades e é louvado pelo povo: «Boa sorte para o país com um Rei Pastor!»

Il re pastore só foi publicado em 1879, na velha *Mozart Edition*, e foi traduzida para inglês em 1917. A edição *Neue Mozart Ausgabe* surgiu em 1985 e, desde então, tem sido encenada na semana Mozart, em Salzburgo.

♫ Hadley, Blasi, McNair, Vermillion, Ahnsjo / Academy of St. Martin--in-the-Fields / Neville Marriner
Edição Completa de Mozart, Philips,Vol. 35 422 535-2
Solistas / Concentus Musicus de Viena / Nikolaus Harnoncourt
Teldec 4509 98419-2

Thamos, Rei do Egipto K345**

Mozart assistia frequentemente ao teatro e adorava visitar os grupos teatrais que chegavam a Salzburgo e, depois, Viena. O vigoroso conjunto de música incidental parece ter as suas origens no Barão von Gebler, dramaturgo, que terá pedido a Mozart que contribuísse com a sua música para a encenação da sua nova peça, em Viena, em Abril de 1774: a oportunidade de compor para Viena era algo que, há muito, Mozart desejava e, assim, aplicou todo o seu talento e um enorme esforço na música, apesar de não exercer qualquer controlo sobre a peça teatral. Mozart ainda não era maçon, mas sentia-se intrigado com o simbolismo que Gerber utilizava na peça e, de facto há, nesta música, antevisões significativas de *A Flauta Mágica*, para além de um uso simbólico, e ousado, dos trombones na orquestra.

Só foram escritas algumas partes da música para as actuações de 1774; foram acrescentados números instrumentais para um espectáculo posterior em Janeiro de 1776, quando a peça chegou a Salzburgo. Mais tarde, em 1779, a peça foi levada, de novo, aos palcos, pelo seu amigo Johann Heinrich Bohm, que acrescentou um novo final coral com um texto de Schachtner. Este conjunto formou uma impressionante colecção de música de que Mozart se orgulhava. Escreveu ao pai em 1783: «Lamento imenso não poder usar a música de *Thamos*, mas esta peça, que não caiu nas boas graças do público aqui, faz parte dos trabalhos rejeitados que já não são interpretados. Apenas pela música em si, é possível que se execute, mas não é muito provável. É mesmo uma pena!» Contudo, parte da música foi reciclada por Bohm, como música incidental, para uma peça denominada *Lanassa* e Mozart, efectivamente, ouviu esta versão quando esteve em Frankfurt em 1790. Deste modo, o seu trabalho não foi em vão e a música tornou-se estimada entre os entendidos de Mozart, pela sua força sombria e velada.

⌒ Alastair Miles / Coro Monteverdi / English Baroque Soloists / John Eliot Gardiner
DG Archiv 437 556-2

Zaide K344*

É um raro exemplo de uma peça que Mozart parece ter começado a compor sem a certeza de uma comissão, mas talvez na esperança de a obter. Foi iniciada em 1779/80; sem o incentivo de uma encenação, permaneceu inacabada. Mas os seus quinze números contêm alguma música notável e muitos intérpretes sentiram-se cativados por ela. Zaide foi uma das primeiras peças de Mozart a ser recuperada para os palcos no século XIX, na Alemanha e na Áustria, tendo, também, inspirado alguns compositores: Luciano Berio envolveu a música de Mozart em sons da sua autoria em *Before, During and After Zaide*. O texto baseou-se no libreto *Das Serail* de Franz Josef Sebastiani, numa versão *Singspiel* de Karl Joseph Weiss, em 1779; os Mozart terão adquirido este libreto e, percebendo que se tratava de uma boa oportunidade, pediram ao amigo de família Johann Andreas Schachtner para o transformar num *Singspiel* alemão. (O libreto original de Schachtner desapareceu e a peça foi, inicialmente, apenas denominada *Zaide,* por André, que publicou o trabalho em 1803.) Mozart aproveitou esta oportunidade para experimentar o novo estilo melodramático, no qual o texto falado era anunciado sobre a música. Tinha admirado os melodramas de Benda, tendo-se interessado em Manheim, durante o ano 1778 e assistiu a *Medea*, pela qual manteve a maior consideração: «Sabe, naturalmente, que não se canta nessa peça, apenas se recita, sendo a música uma espécie de acompanhamento *obbligato* para o recitativo. Aqui e ali surgem algumas palavras, ao som da música e isso produz o mais belo efeito [...] Penso que a maioria dos recitativos operáticos deveriam ter este tipo de tratamento, devendo ser cantados apenas ocasionalmente». Mozart começou o seu próprio melodrama, denominado *Semiramis*, ao qual faz referência nas suas cartas, mas que desapareceu por completo.

A música de *Zaide* combina uma nova complexidade aliada à simplicidade da melodia que se equipara ao estilo do *Singspiel* e surge de novo em *O Rapto do Serralho* e *Flauta Mágica*. Entre os momentos mais felizes encontra-se um *ensemble* que louva o nascer do sol: ao anunciar o tema, a orquestra insinua que a música começa num compasso ternário, em 9/8; mas quando entra a soprano torna-se claro que se trata de um alegre ritmo siciliano 6/8. Estará o *Fidélio* de Beethoven aqui escondido, também? Mozart parece ter percebido que as possibilidades de encenação não eram muitas, sobretudo quando em Dezembro de 1780 os teatros encerraram em sinal de luto pela morte de Maria Teresa a 29 de Novembro. Ou, mais importante, talvez neste momento, ele tivesse sido assolado por maiores ambições: naquela época Mozart encontrava-se em Munique a trabalhar numa nova comissão e *Idomeneo* apoderava-se da sua veia criativa.

O enredo é simples. Dois escravos da Europa a viverem no harém do sultão Solimão: Zaide, que Soliman ama e o nobre Gomatz, que se apaixona por Zaide. Gomatz e Zaide declaram o seu amor, um ao outro, e planeiam fugir com a ajuda de Allazim, o chefe da guarda de Solimão. São os três descobertos e condenados à morte. É revelado que Allazim tinha, certa vez, salvado a vida de Solimão, mas o facto parece não ser relevante. Contudo, Solimão mostra ser um governante sensato e ouve as preces dos condenados. É concedida a liberdade aos apaixonados.

𝌎 Dawson, Blochwitz, Lippert Bar / Academy of Ancient Music / Paul Goodwin
Harmonia Mundi HM90 7205

MOZART

Idomeneo, re di Creta **K366****

Neste momento da sua história operística, surge a primeira obra-prima de Mozart, verdadeiramente amadurecida: um trabalho de tal riqueza e força que se manifesta na nossa mente de um modo quase assustador; contém alguma da melhor música de Mozart, dentro de qualquer género. No libreto ainda somos confrontados com um passado distante – a ilha de Creta após a Guerra Troiana – e, assim, ainda nos encontramos a alguma distância da reforma mozartiana da ópera, que iria trazer a vida de todas as pessoas ao teatro operístico. Mas, neste caso, as personagens são de carne e osso, e os seus dilemas sobre o amor, o poder e o sacrifício, são conflitos muito claros. «O público deve acreditar que é verdade», escreveu Mozart acerca do oráculo. Também nós acreditamos que toda a peça é verdadeira. Para esta antiga, mas vigorosa história, Mozart criou alguma da sua música mais pungente e profundamente sentida, que só nos tempos modernos começou a ser verdadeiramente compreendida.

A comissão de Munique chegou na pessoa do Conde Joseph Anton Seeau, talvez por sugestão do amigo de Mozart em Manheim, Christian Cannabich e do intérprete Anton Raaff, que viria a ser o primeiro Idomeneo, apesar de já ter uma certa idade. A comissão dependia do favor do Eleitor Karl Theodor da Baviera, que tinha estado antes em Munique, em Janeiro de 1778, assegurando-se que a sua orquestra também se tinha mudado. A história da preparação do trabalho, desde a chegada de Mozart a Munique a 5 de Novembro até à chegada do seu pai a 26 de Janeiro de 1781, é descrita na correspondência da família; trata-se de uma documentação de valor incalculável, sobre um processo artístico em desenvolvimento, e mostra a precisão das especificidades com que o compositor era obrigado a trabalhar. É provável que o tema da ópera não estivesse nas mãos de Mozart, mas é possível que ele pudesse influenciar a escolha do libretista: seria Gianbattista Varesco de Salzburgo, com uma versão alemã, de novo, concebida por Schachtner. O elenco já estava acordado e foram feitas várias emendas ao libreto, o que veio alterar o trabalho de Mozart. Como conhecia vários dos intérpretes, incluindo Elisabeth Wendling (que iria interpretar Electra) e Raaff, é possível que tenha escrito as suas partes em primeiro lugar, em Salzburgo, podendo, também, ter composto recitativos e coros antecipadamente.

A composição e os ensaios prosseguiram, apressados e lado a lado, e a 10 de Janeiro tomou-se a decisão de adiar a estreia uma semana, de 22 para 29 de Janeiro. Como Leopold e Nannerl saíram de Salzburgo, o rasto de correspondência termina e eles chegam a tempo do ensaio geral, a 27 de Janeiro. Houve apenas três actuações: ao ler a correspondência apercebemo-nos da extraordinária quantidade de trabalho necessária a uma experiência artística vislumbrada por tão poucos. As várias mudanças e alterações reforçam, também, a ideia de que Mozart escrevia, essencialmente, para os intérpretes e para o espectáculo: não fazia qualquer sentido que um trabalho fosse concebido à margem das suas circunstâncias de actuação e a peça ia sendo, continuamente, adaptada para ir ao encontro das necessidades dos que faziam parte dela. O ballet era uma parte fundamental de *Idomeneo*, e como a partitura iria ser executada pelos colegas, que muito admirava, da orquestra de Manheim, Mozart parece ter dedicado inúmeras proezas aos números do *ballet* no final da ópera. Apesar de os números de *ballet* serem frequentemente omitidos nos revivalismos dos dias de hoje, eles fornecem uma forma decisiva e um propósito à partitura; a *chaconne* final é, aos quinze minutos, a composição contínua instrumental mais longa de Mozart (e uma das mais estimulantes), que pega na tradição francesa barroca da *chaconne* e a eleva a uma demonstração entusiasmada do *crescendo* de Manheim em todo o seu vigor.

Mozart adorou a obra – há uma conhecida história que conta que ele se desfez em lágrimas ao cantar o famoso quarteto com os amigos – e esperava encená-la de novo, mas só uma outra apresentação de amadores no Palácio Auerperg, em Viena, em 13 de Março de 1786, impediu que a obra ficasse na sombra. (No entanto, Mozart faz várias revisões para esta única actuação: foi acrescentada a ária «*Spiergarti non poss'io*» K489, assim como a ária «*Non temer, amato bene*» K490.) Se *Idomeneo* tem alguma falha, é a intensidade constante do argumento musical, cada número abundantemente elaborado, sem o alívio da simplicidade. Esta pode, justamente, ter sido a ópera acerca da qual José II afirmou «demasiadas notas».

O enredo de *Idomeneo* gira em volta da promessa de Idomeneo, como prova de gratidão por ter sobrevivido a um naufrágio, de sacrificar a primeira pessoa que encontrar. Assim que chega a terra, em Creta, a primeira pessoa que vê é, tragicamente, o seu filho Idamante. A abertura em ré maior inicia a ópera com uma força colossal, com uma vista marítima vertiginosa que acalma sobre linhas de sopro cromáticas e ênfases troantes nas cordas, antes de expirar por completo. Ilia, trazida como escrava para Creta após a queda de Tróia, lamenta o seu destino numa comovente ária em sol menor e Idamante declara-lhe o seu amor numa elaborada e extensa ária, em si bemol. O coro chega num alegre sol maior, libertado por Idamante, mas Arbace traz notícias terríveis que dizem que Idomeneo terá perecido num naufrágio. Neste momento da ópera, é visível a ira de Electra, devido ao afecto que Idamante demonstra por Ilia. A cena transforma-se numa praia assolada por uma tempestade, onde os marinheiros lamentam o seu destino num dó cromático menor, mas Neptuno acalma as ondas e Idomeneo aparece, dirigindo, de modo decisivo, a música para uma cadência em mi bemol. Ele regressa a dó menor para recordar a sua infeliz promessa e o encontro inevitável com o seu filho provoca um dos mais belos dramas recitativos acompanhados de Mozart; Idamante mostra-se mais intrigado que perturbado (a ária é, de novo, longa e elaborada, desta vez em fá maior). As pessoas chegam num *divertissement* de dança (com um longo coral de *chaconne* que equilibra a *Chaconne* dançada mesmo no final da ópera) a celebrar o regresso são e salvo do seu rei.

O segundo acto apresenta Idomeneo a planear com Arbace enviar o filho para o exílio. Mas o amor de Idamante (expresso numa ária em si bemol com um doloroso solo de violino) e Ilia (uma ária em si bemol, em surdina, com um belo *obbligati* independente para flauta, oboé, fagote e trompa) é demasiado forte. A orquestra – numa ideia muito mozartiana – ecoa a ária, mas de um modo mais sombrio, na tonalidade menor, a acompanhar a fúria de Idomeneo. A manifestação da sua ira, «*Fuor del mar*» foi, primeiro, escrita com bastante *coloratura*, passando, depois, a uma forma mais simples para o velho Raff. Mas a versão virtuosa é, geralmente, preferida pelos tenores. Electra não está descontente com a perspectiva do exílio com Idamante e canta, numa jocosidade contida, «*Idol mio*» em sol maior. À distância, o som de uma marcha torna-se cada vez mais perceptível (Mozart viria a repetir esta ideia em *Fígaro*) e o coro chega para louvar o mar sereno num siciliano requintado, «*Placido e il mar*», sobre o qual Electra esvoaça. Num trio, ela, Idamante e Idomeneo, despedem-se, mas Neptuno, desagradado, desperta uma tempestade, deixando o coro petrificado. Uma vez mais, Idomeneo dirige a música até à sua tonalidade, ré maior, e confronta o deus. Mas a tempestade não pára e o coro retira-se da cena sobre escalas disparadas em ré menor, que chamam pela abertura.

O terceiro acto vai encontrar Ilia no jardim do rei a cantar delicadamente ao vento. Ilia e Idamante confessam o amor que sentem, um pelo outro, num dueto (este foi o número substituído na actuação de Viena por «*Spiegarti non poss'io*»), mas entendem que devem separar-se e o grande quarteto «*Andro ramingo e solo*» começa. Esta é uma magnífica cena em mi bemol que se desdobra sobre uma sequência de acordes, serena e hesitante, que regressa para finalizar a cena e se eleva, no centro, atingindo picos de uma emoção intensa que acompanha o conflito da personagem. Aqui, as modulações arrojadas (a certa altura em dó bemol) e a nostalgia cromática das linhas expressam tanto a angústia colectiva dos participantes como as suas emoções individuais. É uma obra-prima que Mozart nunca ultrapassou.

Arbace pede a Idomeneo que não se atrase a pagar a sua promessa e, enquanto o coro se reúne, Idomeneo revela que o sacrificado é o próprio filho. «O voto tremendo» é cantado sobre tercinas ascendentes num lúgubre dó maior e, depois, uma marcha contrapontística etérea em fá (com partes interiores belíssimas) leva à oração de Idomeneo e à chegada da vítima. Numa melodia que denota a maior ternura, Idamante aceita o seu destino. Ilia pede que seja ela sacrificada em vez de Idamante e Neptuno mostra piedade. O oráculo fala, numa melodia que causou muitos problemas a Mozart, já que reescreveu várias versões. Idamante é poupado: ele e Ilia irão reinar em Creta. Idomeneo num outro acompanhamento recitativo em mi bemol declara o quão feliz se sente, e o coro impõe-se, levando à música do ballet, que conclui o processo com um entusiasmo majestoso. A música de Mozart gira de uma invenção para outra: num momento um *ballet* gluckiano num sombrio ré menor, depois uma sequência de acordes de sopros fervilhantes e uma linha de solo no oboé. Um *Largo* apresenta uma abertura francesa para um solo de bailarino, com grande solenidade, a partir do qual a música edifica um grande *crescendo* durante vários minutos, acumulando suspensão sobre suspensão, até que dois oboés, ululantes em terceiras, empurram a música até à sua tremenda conclusão.

Richard Strauss admirou a música e editou uma versão de *Idomeneo*; foi encenada em 1931, tendo sido alvo de diferentes produções durante essa década. Georg Solti foi o maestro em 1951 no Festival de Salzburgo, no mesmo ano em que Glyndebourne, triunfante, a coloca no repertório do Reino Unido, sob a batuta de Fritz Busch, numa curta versão, mais tarde dirigida por John Pritchard. Caspar Neher foi responsável por uma conhecida versão, gravada e dirigida por Karl Böhm, mas a mais influente nos nossos dias foi a versão de Jean-Pierre Ponnelle em Colónia, Zurique e Salzburgo, especialmente com Harnoncourt, em Zurique no ano de 1980, e na *Metropolitan Opera*, em Nova Iorque com Pavarotti, em 1982. Johannes Schaaf dirigiu-a em Viena e Londres, e houve interpretações posteriores da versão de Glyndebourne encenadas por Trevor Nunn e Peter Sellars (com o maestro Simon Rattle em 2003).

MOZART

◯ Hollweg, Schimdt, Yakar, Palmer, Equiluz, Tear, Estes /
Orquestra e Coro Mozart da Casa da Ópera de Zurique / Nikolaus Harnoncourt
Teldec 8.35547 (3 CD)
◯ Rolfe Johnson, McNair, von Otter, Martinpelto / English Baroque Soloists / John Eliot Gardiner
DG Arquivo 431 674-2 (3 CD)
◯ Pavarotti, Gruberova, Baltsa, Popp, Nucci / Coro da Filarmónica e da Ópera de Viena / John Pritchard
Decca 411 805-2 (3 CD)

O Rapto do Serralho **K384*****

Um dos objectivos de Mozart sempre fora o de compor uma ópera alemã para um público vienense. Após o seu rompimento com o arcebispo de Salzburgo e da sua mudança para Viena, teve oportunidade de escrever uma ópera para o Burgtheater, onde se tinha estabelecido uma companhia de ópera alemã. O dramaturgo Gottlieb Stephanie auxiliou Mozart em Viena e prometeu-lhe um novo libreto com o tema turco que ele já tinha sublinhado em *Zaide*. O libreto foi entregue em Julho de 1781 e Mozart esperava que a interpretação do trabalho coincidisse com a visita do Grão-duque da Rússia no Outono de 1781. Mas essa visita foi sucessivamente adiada e a obra só estreou em 16 de Julho de 1782: parece ter sido um sucesso e as várias actuações da peça tornaram-na um dos trabalhos operáticos mais lucrativos de Mozart.

O enredo é bastante simples: centra-se nas tentativas de Belmonte, e do seu criado Pedrillo, de salvar a amada do primeiro, Constanze, das garras do Paxá Selim e do seu rude criado Osmin. Este último papel, especialmente composto para o baixo Johann (Karl) Ludwig Fischer, dominou os pensamentos de Mozart enquanto escrevia a peça, acabando, assim, por criar uma nova personagem vocal, um *basso buffo*.

Mozart usou, desde o início, os efeitos turcos, em voga na época, para realçar a música: címbalos, percussão e uns rígidos ferrinhos ornamentam a abertura em dó maior, que tem a inventiva ideia de criar, como secção central, a ária com que a ópera começa. Reconhece-se de imediato a diferença entre a linguagem desta *Singspiel* e a *opera seria* de *Idomeneo*: há muito menos ornamentação e ondulação e as melodias bem formadas são o ingre-

ÓPERAS

diente principal, apesar de se pretender uma *coloratura* por parte de todos os intérpretes. Belmonte encontra Osmin e o seu primeiro dueto é já um enérgico número *buffo*. Osmin tem duas áreas seguidas, a segunda com *piccolo* e mais percussão turca. Belmonte descobre que Constanze está viva e canta com alegria numa doce ária em lá maior que se eleva a níveis de uma elaboração apaixonada. Entram os Janíçaros com o Paxá: o seu coro turco em dó maior é, surpreendentemente, alegre, sem dúvida, para espoletar o notável lamento trágico de Constanze em si bemol, sobre um oboé perfurante (semelhante à grande serenata de sopros em si bemol) que a eleva até um ré em várias ocasiões, cuidadosamente escritas para a amante de Salieri, Caterina Cavalieri. O Paxá decide empregar Belmonte como arquitecto, e Osmin, Pedrillo e Belmonte acabam o acto com um trio ridiculamente jocoso, «*Marsch, marsch, marsch*».

O segundo acto começa com a criada de Constanze, Blonde, numa ária equilibrada, cuja *coloratura* ultrapassa a da sua senhora, elevando-se a um mi agudo. Ela é uma rapariga inglesa não cedendo, por isso, a Osmin, apesar de discutirem violentamente num dueto, notável pela sua fusão das duas personagens vocais totalmente independentes. Constanze ainda está deprimida e o seu intenso lamento, desta vez, surge em sol menor, «*Traurigkeit*», lembrando a ária de Pamina na mesma tonalidade. Provocada pelas insinuações do Paxá, ela irrompe, sem tréguas, na «*Marten aller Arten*», em dó maior, uma enorme ária para cantar após os números anteriores, sendo essa, talvez, a razão pela qual Mozart lhe forneceu uma vasta introdução, uma sinfonia concertante total para flauta, oboé, violino e violoncelo. É a manifestação mais extraordinária, uma das árias mais sustenidas que Mozart escreveu (319 compassos), incrivelmente exigente e impressionante. (É usada em *Amadeus*, para mostrar, sem qualquer evidência, que Mozart e Cavalieri teriam um caso, provocando a ira de Salieri.) As escalas finais, iradas, em dó maior, sossegam repentinamente num lá bemol, elevado, para a palavra «*Tod*» (morte), antes de se apressar para o final.

As alegres árias de Blonde e Pedrillo trazem algum alívio, e depois o previsível dueto, ébrio, de Pedrillo e Osmin. Por fim, Belmonte consegue ver Constanze, reconhece-a e interpreta uma longa ária que, supomos, terá sido escrita para o amigo de Mozart, Johann Adamberger. Teria sido mais eficaz guardar o momento do reconhecimento para o início do acto final e, de facto, Mozart parece escrever este momento na música, com o choro arrebatador de Constanze «*Ach Belmonte*», fora da marcação quando menos esperamos. O quarteto final é uma obra-prima com *ensemble*: a história das relações dos dois casais encontra-se, aqui, concentrada. Primeiro surge um entusiasmo descuidado, em ré maior, depois surge a dúvida, em sol menor; a partir de um mi bemol emerge uma discussão feroz que leva a música até um mi maior; por fim, um bálsamo sanador de reconciliação, nuns compassos tranquilos em lá maior. Daqui regressa o entusiasmo, estimulante, no clímax final em ré maior. Esta cena extrovertida representa o oposto do quarteto tímido de *Idomeneo*, mas são ambos exemplos supremos do talento de Mozart a delinear e a combinar as diferentes personagens.

Como habitualmente, neste género, o acto final é curto. Os dois homens pegam em escadas para tentar resgatar as raparigas, Belmonte interpreta uma ária lírica e Pedrillo uma pequena balada interrompida por diálogo. Mas Osmin descobre-os e interpreta outra ária enlouquecida em ré maior, descendo a um profundo ré (o alcance vocal desta ópera deverá ser tão grande como o de qualquer outra), «*O wie will ich triumphieren*». Belmonte e Constanze expressam o seu amor antes de morrerem. Belmonte revela-se ao Paxá como o filho do seu velho inimigo, mas o Paxá não deseja comportar-se como o pai de Belmonte o tinha feito consigo e, assim, demonstra piedade. O feliz casal sai em liberdade. Num número final intitulado «*Vaudeville*», a natureza *Singspiel* da obra atinge a sua apoteose num pequeno e encantador número estrófico para todos os solistas, à vez, com um coro moralista. Mesmo aqui Osmin consegue perturbar o processo com o turbilhão de uma fúria turca e demora algum tempo até as personagens voltarem à conclusão *vaudeville*. Os Janíçaros prestam a sua homenagem em dó maior, numa conclusão final turbulenta.

O Rapto apresenta, a nível do drama, mais falhas, que outras óperas, cujo libreto pobre tem sido culpado pelo insucesso da música. O planeamento é lasso, a sequência das árias precisa de ser desafiada para que se possa interpretar e é surpreendente que Mozart não tenha exercido maior controlo na sequência dos eventos. No entanto, manteve-se, triunfante, em palco, devido à exuberância absoluta da música e à clareza do enredo. Provou ser de fácil adaptação às grandiosas encenações neoclássicas, populares em Munique e Berlim durante o século XIX e, igualmente, adequadas para as fantasias do rococó, apreciadas no início do século XX. As produções modernas têm-se desviado da ornamentação (Covent Garden, produzido por Timothy O'Brien em 1987) em direcção ao politicamente incorrecto (Johannes Schaaf, em Salzburgo em 1987 e frequentemente reproduzido); é um trabalho que pode ser alvo de uma miríade de interpretações, perversas ou peculiares.

ÓPERAS

♩ Organasova, Sieden, Olsen, Peper, Hauptman /
English Baroque Soloists / John Eliot Gardiner
DG 435 857-2 (2 CD)
♩ Schäfer, Petibon, Bostridge, Paton, Ewing /
Les Arts Florissants / William Christie
Erato 3984-25490-2 (2 CD)
♩ Gruberova, Battle, Winberg, Zednik, Talvela /
Orquestra Filarmónica de Viena / Georg Solti
Decca 417 402-2 (2 CD)

L'oca del Cairo **K422**

Mozart levou muito a sério esta ópera italiana que, segundo disse ao pai, em Dezembro de 1782, tinha sido pedida pelo Conde Franz Xaver Wolf von Orsini-Rosenberg – o nome despretensioso do supervisor do teatro da corte em Viena. «De qualquer forma, verifiquei cerca de cem libretos, talvez mais», disse ele a Leopold. Ele tinha esperança que Lorenzo Da Ponte, também, pudesse contribuir, mas estava muito ocupado na época e, segundo Mozart, «Se ele está associado a Salieri, também não vou conseguir nada dele enquanto viver». Assim, ele pensou em Varesco, que tinha escrito *Idomeneo* e, apesar de terem discutido por causa desse texto, Mozart pediu-lhe que escrevesse algo cómico. Numa outra carta ao pai, surge uma afirmação reveladora: «A música é, afinal, o elemento mais importante de uma ópera; assim, se pretendemos o reconhecimento, ele deve alterar as coisas e remodelá-las as vezes que eu quiser». Naquele instante, a supremacia do compositor é declarada de uma vez por todas e é, também, afirmada a confiança de Mozart nas suas próprias capacidades. Aparentemente, completou parte da partitura em Dezembro de 1783, mas depois interrompeu o trabalho e nada mais foi feito.

Alan Tyson acredita que o papel onde ele estava a escrever o final do primeiro acto não fora usado antes do início de 1784, por isso, talvez aquele fosse o último andamento a ser terminado. Sabemos que, posteriormente, Mozart se queixara a Varesco, em Fevereiro de 1784, dizendo que não podia compor demasiado depressa, porque estava a comprometer a qualidade. Talvez Mozart pretendesse, apenas, protelar o trabalho de Varesco, mas nada mais se sabe acerca do projecto.

A música que chegou aos nossos dias é bastante sólida: três árias, dois duetos, um quarteto e um longo e dramático final; os *ensembles* são particularmente agradáveis. (No verso de um pedaço do manuscrito há um esboço para «*Dona nobis pacem*», associada à Missa em Dó Menor.) Foram produzidas várias versões modernas, algumas incluindo música do projecto contemporâneo inacabado *Lo sposo deluso*; o compositor Stephen Oliver produziu uma versão, bem sucedida, para o Festival de Ópera de Batignano, em Itália. Erik Smith, que também editou os números para actuação, comentou que ofereceu a Mozart, poucas oportunidades, mas diz: «o que podia ele fazer? Pelo menos aprendeu a evitar libretos dos quais nada se podia esperar».

Ω (*em conjunto com Lo sposo deluso*) Fischer-Dieskau, Wiens, Schreier / Orquestra de Câmara de C.P.E. Bach / Peter Schreier
Edição Completa de Mozart, Philips, Vol. 39 422 539-2

Lo sposo deluso **K430**

O segundo projecto abandonado, nos inícios da década de 1780, apresentava um enredo mais prometedor, adaptado da famosa ópera de Cimarosa, *Le donne rivali*, de 1780. Não se sabe, ao certo, como Mozart terá adquirido este libreto, mas não terá sido, como por vezes se pensa, através de Lorenzo Da Ponte. Ele imaginou um elenco para a peça, incluindo Nancy Storace, e outros intérpretes que fariam parte de *Fígaro*, e Cavalieri (a primeira Constanze), e escreveu para esse elenco. Mas, nas suas cartas, não há qualquer referência a este projecto e, se o elenco imaginado teve alguma base real ou não, é um mistério que ainda hoje permanece. Só foram terminadas uma abertura, um quarteto, duas árias e um trio, sem dúvida porque Mozart não tinha em vista qualquer encenação. Constanze Mozart interpretou Eugénia nas últimas actuações do trio, tendo havido novas interpretações de alguns números isolados. Erik Smith orquestrou as secções eficazmente para a *Philips Complete Mozart Edition* e, na década de 1950, foram transformadas num espectáculo que combinou música de *L'oca del Cairo*, encenado num arranjo de John Cooms sob o título *The Deluded Bridegroom*. Alan Tyson crê que duas das árias tiveram origem em Viena, em 1784 sendo, assim, possível que tenha sido a última vez que Mozart trabalhou nesta partitura.

ÓPERAS

∩ (*em conjunto com L'oca del Cairo*) Grant, Palmer, Rolfe Johnson, Tear, Cotrubas / Orquestra Sinfónica de Londres / Colin Davis
   Edição Completa de Mozart, Philips, Vol. 39 422 539-2

O Empresário **K486****

Esta belíssima colecção de música incidental foi criada para uma parte de um espectáculo em Viena, na Orangery de Schönbrunn, a 7 de Fevereiro de 1786, em honra dos governadores-gerais dos Países Baixos e da aristocracia local. A maior peça do programa era uma ópera de Salieri, *Prima la musica poi le parole*, interpretada num palco, num dos extremos do salão; a colecção mais leviana das peças de Mozart foi inserida numa peça denominada *O Empresário*, interpretada no lado oposto; ele recebeu cinquenta florins, Salieri recebeu cem. Ainda assim, a oportunidade de zombar das convenções operáticas divertiam-no imenso e as duas prima-donas no espectáculo eram Caterina Cavalieri e o primeiro amor de Mozart, Aloysia Lange, nos papéis de Mme Silberklang e Mme. Herz. A peça, de algum modo entediante, centra-se na rivalidade de duas sopranos e as maquinações de um empresário teatral: seria impossível revitalizar este texto, mas Mozart coloca a questão na sua música de um modo muito mais conciso. As duas mulheres competem pela supremacia num par de árias e um trio elaborado e hilariante, onde o género de *coloratura* que Mozart escrevia frequentemente nas suas *operas serias* é jocosamente ampliado até à estratosfera superior. O libreto especifica instruções musicais literais: «*Adagio, Allegro, allegrissimo, pian'pianissimo…*» As duas intérpretes têm que conseguir registos máximos, muito além do sensato: ré agudo, mi bemol e, depois, fá, onde soam como duas Rainhas da Noite. No final moralista do número da *Singspiel* é restaurada a calma e a harmonia, excepto em Silberklang que, esquecida, irrompe de novo numa outra frase absurda com *coloratura*. A abertura é um excelente trabalho que ganhou popularidade por si só; tentou-se, várias vezes adaptar a peça, no seu todo, a interpretações modernas, mas com pouco proveito. Mozart precisava tornar-se o seu próprio dramaturgo e isso estava prestes a acontecer.

∩ (*em conjunto com árias de concerto seleccionadas*) Gruberova, Te Kanawa, Heilmann, Jungwirth / Filarmónica de Viena / John Pritchard
   Decca 430 207-2

MOZART

◯ (*em conjunto com Thamos, Rei do Egipto*) Nador, Laki, Hampson /
/ Orquestra Concertgebouw / Nikolaus Harnoncourt
Teldec 4509 95979-2

As Bodas de Fígaro K492****

Sabemos muito pouco sobre a génese de uma das mais populares óperas
do mundo. A sua natureza revolucionária é, agora, reconhecida, mas estamos longe de compreender como se tornou precursora de um novo género
de ópera e de como o próprio Mozart terá contribuído para a sua criação.
O que pensamos saber da história sobre a origem de *Fígaro* é, sobretudo,
criação de Lorenzo Da Ponte, através das suas memórias brilhantes, mas
interesseiras, escritas muito mais tarde. Da Ponte tende a simplificar, para
um efeito dramático, como qualquer libretista, sem dúvida, faria. Por exemplo, escreveu que «O imperador tinha, pouco antes, proibido a companhia do
teatro alemão de interpretar esta comédia, que ele disse ter sido escrita de
um modo muito liberal para um público respeitável». O que José II tinha, na
verdade, ordenado, era que «o censor irá rejeitar totalmente ou fará as alterações que achar necessárias, que lhe permitam assumir a responsabilidade
da actuação e da impressão que irá causar no público» – o que era um pouco
diferente.

Com efeito, as alterações necessárias foram as que o libreto de Da Ponte
efectuou, pois transferia os elementos provocadores da peça de Beaumarchais para um plano secundário, e as personagens (determinadas como nunca,
graças aos intérpretes disponíveis) criaram o drama pessoal. Leopold fornece
mais algumas pistas, quando escreve à irmã de Wolfgang, Nannerl, que «para
ter a manhã livre para compor, só aceita dar aulas da parte da tarde. Conheço
a obra; é uma peça muito enfadonha e a tradução do francês terá de ser muito
livre para ser eficiente enquanto ópera». Possivelmente pretendia-se levar a
peça aos palcos na época de Carnaval, no início de 1786, mas houve vários
problemas, com as habituais cabalas contra a actuação; os longos ensaios
obrigaram, por fim, a adiar a peça, passando de 28 de Abril para 1 de Maio.
O pagamento que Mozart recebeu não resolveu os seus problemas financeiros, e foi nesta época que ele pensou viajar para Itália, talvez com os seus dis-
cípulos Thomas Attwood e os seus companheiros Nancy e Stephen Storace,
tencionando deixar os seus dois filhos sob a protecção do seu pai – ideia que
não agradou nada a Leopold.

Óperas

A ópera teve uma boa recepção em Viena, mas havia uma forte oposição, na corte e não só, que não desejava que Mozart fosse bem sucedido. Foi em Praga, onde foi interpretado no final de 1786 e em 1987, que *Fígaro* se tornou um verdadeiro sucesso popular. Talvez nessa cidade, quase pela primeira vez, um público com menos pretensões pudesse reconhecer que esta ópera era, na verdade, sobre ele.

A abertura em ré começa calmamente («já está muito alto!» disse um famoso maestro enquanto baixava a batuta nas notas iniciais) e mergulha-nos no meio da acção calorosa, apesar da sua música não estar relacionada com o que se segue. (Mozart planeou uma secção central pouco contrastante na tonalidade menor, mas no final seguiu com uma contínua agitação de música rápida.) Quando o pano sobe, o criado e a aia, Fígaro e Susanna, estão a tirar medidas aos novos aposentos onde irão ficar quando se casarem. O seu quarto situa-se entre o quarto do Conde e o da Condessa, e num segundo dueto (si bemol e depois sol maior) Fígaro e Susanna imaginam as exigências do par: sendo as do Conde, relativamente a Susanna, particularmente problemáticas. A famosa «*Se vuol Ballare*» de Fígaro, pegando nas acentuações do minuete nobre e tornando-as suas, é uma ameaça ao seu amo e senhor. Entram, com grande pompa, o Doutor Bartolo e Marcellina. Numa magnífica ária exagerada em ré maior (seguramente uma paródia de algumas das primeiras tentativas de Mozart na *opera seria*), Bartolo ajuda Marcellina a vingar-se de Fígaro, obrigando-o a casar-se com ela. Num dueto em lá maior Susana e Marcellina trocam saudações elaboradas, mas insultuosas (terá Mozart alguma vez escrito um dueto mais perspicaz, seguramente baseado a observar a vida real?).

Depois entra o pajem, Cherubino, fervilhando em ardor juvenil. A sua primeira ária em mi bemol, impulsiva, «*Non so più*» ofegante com suspiros e quebrada no final, com pausas intermitentes, ajusta-se suavemente à acção que raramente merece aplauso – o final tem a marcação «*attaca subito Recitativo*» – mas é uma ária para a qual Mozart escreveu a sua própria versão com acompanhamento de teclado. Agora o Conde impõe-se durante o processo e Cherubino esconde-se – infelizmente num local muito semelhante àquele onde o Conde o tinha surpreendido, nos aposentos de Barbarina. Quando Basílio se aproxima, o Conde também se esconde, mas logo se revela para mostrar que Cherubino também estava escondido. Assim, revela Cherubino, para alegria de Basílio. A perícia com que esta acção dramática se enlaça num trio em si bemol vai muito além do que Mozart tinha conseguido fazer nas suas *operas buffas*, sobretudo quando a recapitulação do trio fornece uma ironia dramática perfeita para o sarcasmo de Basílio. O coro chega por convite de Fígaro para saudar o Conde; eles agradecem-lhe por ter abolido o *droit de seigneur* que ameaçava Susanna. O Conde, como qualquer astuto gestor, adia a decisão, desembaraça-se da estranha situação e manda o coro embora. Propõe a Cherubino que se aliste no seu regimento e no final do primeiro acto Fígaro evoca a vida que o jovem irá ter e as saudades que irá sentir da que tinha antes: «*Non più andrai*» é conhecida pela sua alegre melodia de contradança, mas os seus distantes arautos de guerra, nos acordes de sopros e metais, são verdadeiramente perturbantes, e o pano desce com uma súbita e brilhante fanfarra.

No início do segundo acto somos apresentados à pessoa que falta neste drama, a jovem Condessa, que numa breve ária anseia pelo amor de outrora; «*Porgi amor*» é uma ária encantadora mas totalmente económica em mi bemol, já que é compatível com a sua situação e vulnerabilidade. Fígaro chega para resumir o plano: para testar o Conde, Susanna irá encontrar-se com ele no jardim e a Condessa fingirá que tem um encontro também. O truque depende de Cherubino e o seu grau de atracção pela Condessa (dependendo da produção, esta cena pode ir desde interesse casual até uma paixão sexual) é um elemento chave no que segue. Primeiro Cherubino interpreta a sua ária, perfeitamente adequada à peça, «*Voi che sapete*», que trouxe com ele: alguma vez foi escrita uma ária mais aprumada e equilibrada, tão ordeira e contida quanto era impulsiva e desorganizada a primeira ária? De seguida Cherubino deve vestir-se de rapariga e Susanna ajuda-o numa ária em sol maior que é pura acção: «*Venite inginocchiatevi*». (É interessante, quando a mais estática Adriana Ferrarese del Bene interpretou este papel na apresentação, em Viena, em 1789, ela insistiu numa nova ária que não envolvesse tanta acção. Mozart disse, «seria um sucesso se ela fosse capaz de a interpretar de um modo natural, o que duvido muito»). Precisamente quando Cherubino não está muito apresentável, o Conde pede que o chamem. A Condessa fecha Cherubino no armário, mas o Conde desconfia. A Condessa diz que é Susanna que está lá dentro e o Conde diz-lhe para sair. Este trio em dó maior apresenta uma dimensão sinfónica à partitura, com as chamadas e respostas dos compassos de abertura lembrando vários andamentos instrumentais anteriores. Com o aumento da tensão, o Conde e a Condessa trocam ameaças em lá bemol enquanto Susanna comenta, escondida, mas afastada. A música eleva-se até um dó agudo: Susanna ou a Condessa parecem ter adoptado esta linha extrema em diferentes versões. O Conde leva a Condessa com ele e fecha a porta. Surge Susanna, que ajuda Cherubino a sair do armário; ele salta pela janela, para ficar em segurança, num outro dueto hábil e ofegante que, em algumas ocasiões foi substituído por um recitativo, provavelmente por ser tão difícil de manter. (Os diferentes pares de vozes femininas em dueto, primeiro Susanna e Marcellina e depois Susanna e Cherubino, depois Susanna e a Condessa, são uma característica impressionante da partitura.) Susanna corre para o armário e fecha-o.

Quando o Conde e a Condessa regressam ao quarto para abrir o armário, tudo parece igual. A Condessa, não sabendo o que se passou durante a sua ausência, decide confessar ao Conde que, de facto, é Cherubino que está no armário e o Conde fica furioso. O final do segundo acto que, então, se desvela é, geralmente, considerado como uma das maiores cenas dramáticas em toda a ópera, mais vigorosa ainda pela sua contenção, ritmo soberbo e lógica musical inexorável. Primeiro em mi bemol, o Conde e a Condessa trocam avisos e recriminações; depois, quando a porta do armário se abre e Susanna aparece inocentemente, segue-se um pequeno e elegante Minuete em si bemol (geralmente demasiado lento), levando ao espanto geral, com tercinas indistintas sobre um acorde tónico. Agora, quando a música se torna mais frenética em si bemol, é a vez de o Conde pedir desculpas, usando até o nome da Condessa, Rosina, que não voltamos a ouvir em nenhuma outra parte. Um glorioso momento de reconciliação, que será interrompido pela chegada de Fígaro com outra dança em sol maior; o Conde adia as questões testando-o com uma carta anónima mas, sobre um dos mais expressivos acordes tónicos, os protagonistas pedem perdão, enquanto o Conde espera impacientemente que Marcellina chegue. Mais uma vez, a situação é interrompida, agora pela chegada do jardineiro António (de novo, o desenvolvimento que Mozart faz dos motivos ternários nesta secção tem um alcance sinfónico). Queixa-se que alguém pisou as suas plantas ao saltar de uma janela, Fígaro diz que magoou a perna no salto, e a música muda para um tenso *staccato* 6/8 enquanto as ramificações da situação se expandem, com o Conde a testar Fígaro, mais uma vez: que documentos havia deixado cair? As senhoras percebem que são as credenciais de Cherubino e dizem-lhe mesmo a tempo. Outra pausa; outra interrupção: Bartolo, Basílio e Marcellina chegam para armar uma cilada a Fígaro, e a música volta a mi bemol para uma tumultuosa secção final que, de modo soberbo, contrapõe o recém-chegado trio e o Conde contra Fígaro, a Condessa e Susanna, com esta a liderar – Susanna e a Condessa elevam-se em escalas ascendentes de terceiras. Nos compassos finais um *Prestissimo* (o mais rápido de todos os *tempi* de Mozart, raramente usado) irrompe em fúria enquanto as fagulhas voam entre os dois grupos.

O terceiro acto começa com o Conde intrigado com a facilidade com que atraiu Susanna. O seu dueto formal em lá menor ajusta, perfeitamente, as palavras à música, o «sim» de Susanna a transformar-se em «não» no momento crucial. Susanna gaba-se da sua vitória a Fígaro um pouco alto demais e o Conde é deixado a deplorar o seu destino num recitativo e ária, num ré maior que usa escalas de estilo nobre e suspensões para invocar o seu forte mas magoado espírito. O pedido de Marcellina relativamente a Fígaro é, de algum modo, interrompido ao descobrir que é, afinal, a sua mãe, há muito desaparecida. A descoberta dá lugar a um regozijo sentimental no sexteto «*Riconosci in questo amplesso*», que Mozart declarou ser uma das suas peças favoritas. A sua combinação de planeamento temático detalhado, humor franco e lirismo expressivo fazem dela um dos mais hábeis e atractivos *ensembles* de qualquer uma das suas óperas. A única pessoa que não está impressionada é Susanna, que vê Fígaro a abraçar Marcellina e lhe dá um estalo; mas tudo é rapidamente esclarecido e todos se unem na sua decisão de enganar o Conde.

A Condessa, de novo só, espera que a constância lhe traga de volta o Conde; «Dove sono» é uma ária extensa, mas mais uma vez, bastante reservada, em dó, com um oboé predominante mas sem qualquer elaboração (comparado com, digamos, *Idomeneo*). A expressão concentra-se numa linha relativamente estreita, que se expande apenas na coda, com harpejos em dó maior que se elevam até um lá desconcertante, lá bemol, sol e daí ao fecho. (Quando a ópera foi, de novo, apresentada em Viena, em 1789 e Caterina Cavalieri interpretou a Condessa, Mozart forneceu uma versão mais elaborada desta ária, embora emocionalmente mais vazia.) Susanna surge, mais prática que nunca. Escrevem a carta ao Conde numa outra peça de «acção», um delicioso dueto em si bemol. Chegam os aldeões com flores: Cherubino ainda se encontra entre eles, mas é descoberto por António. Ao longe, a marcha nupcial vai-se aproximando num triunfante dó maior, e um dueto anuncia uma dança de casamento: um fandango de grande elegância, em lá menor, sobre o qual o Conde lê a carta e pica o dedo num alfinete.

O quarto acto, no jardim, encontra Barbarina à procura do seu alfinete, num pequeno fá menor siciliano. Marcellina queixa-se do tratamento dado às mulheres, numa ária que, muitas vezes, é cortada (só o poslúdio faria com que valesse a pena); e Basílio canta como é útil ser um asno (numa ária mais dispensável). Fígaro exercita-se sobre o seu destino na sua ária pungente em mi bemol com trompas, «*Aprite un po' quegl'occhi*». Esconde-se e Susanna entra, a cantarolar sobre as maravilhas do amor numa ária em fá que destaca os instrumentos de sopro mas, de novo, sem muita elaboração, apenas num equilíbrio perfeito (aqui recorda o andamento central do Concerto para Piano K459). Todos estão no seu lugar e a jocosidade começa: o final da ópera começa na tónica ré maior. Cherubino corre à procura de Susanna, mas há uma confusão total no jardim, quando o Conde é beijado, Fígaro leva um estalo e depois vê o Conde a cantar para a Condessa, e pensa que se trata de Susanna. Há um plácido intervalo iluminado pela lua, no mi bemol da serenata, que dura apenas um momento antes do caos regressar; Fígaro, reconhecendo Susanna, provoca-a, fingindo que se dirige à Condessa – é uma cena de exagero cómico musical mais do que uma paródia. O Conde pede a todos que se reúnam: irá revelar a enorme traição da sua esposa e do criado. A música muda de sol maior, quando a Condessa surge, para um misterioso e confuso sol menor. O Conde percebe que o jogo acabou e pede perdão num sol maior aberto, quase ritual. A Condessa perdoa-o, o coro concorda. Há um momento angustiante quando a música quase pára devido à incerteza do que vai acontecer a seguir – poderemos acreditar na reconciliação? – mas o coro sabe o que tem a fazer: irrompe uma alegria festiva, a dor revelada é varrida para debaixo do tapete e a vida volta ao normal.

Certamente, Mozart deve ter aprendido com *Fígaro* que quanto mais simples melhor. Ele conteve a sua capacidade de poder fazer qualquer coisa, tão em evidência em *Idomeneo* e *O Rapto*, e concentrou-se naquelas acções que eram, de facto, significativas para os intérpretes e para o público, com um sucesso triunfante.

Desde a sua estreia em Praga, *Fígaro* tem sido tão popular que as suas produções são cabeça de cartaz dos festivais de ópera. A ópera tem assumido a natureza de cada geração que a encenou: o rigor neoclássico dos primeiros esboços alemães e depois a grandeza do último século, transformado num rococó inocente no século XX. Tudo, desde abstracção wagneriana à boa vida contemporânea, tem sido impingido à ópera, até à encenação de Peter Sellars na Torre Trump em Nova Iorque. A melhor história de Fígaro deve ser a de Jonathan Miller: contou que lhe falaram de uma produção na Alemanha onde todas as personagens usavam calças de ganga vestidas ao contrário, porque o conceito do realizador era que a ópera é sobre «como se diz em inglês, *the seamy side of life* [o lado mau da vida]».

∩ Gens, Ciofi, Kirschlager, Regazzo, Keenlyside, McLaughlin / Concerto Köln / René Jacobs

Harmonia Mundi 901818.20 (3 CD)

♩ Salomaa, Bonney, Hagegard, Auger, Nafee, Jones, Feller, Gimenez /
/ Drottingholm Court Theatre / Arnold Ostman
Decca Oiseau-Lyre 421 333-2 (3 CD)
♩ Te Kanawa, Popp, Von Stade, Ramey, Allen, Moll, Tear /
Orquestra Filarmónica de Londres / Georg Solti
Decca 410 150-2 (3 CD)
♩ Schwarzkopf, Moffo, Taddei, Cossotto, Waechter / Philharmonia /
/ Carlo Maria Giulini
EMI CDM 7 63409 2 (destaques)
♩ Jurinac, Sciutti, Stevens, Sinclair, Cuenod, Bruscantini, Calabrese,
Wallace / Coro e Orquestra do Festival de Glyndebourne / Vittorio Gui
EMI CZS 5 73845-2 (2 CD)

Don Giovanni **K527******

Correctamente denominado *Il dissoluto punito, ossia Il Don Giovanni*
(apesar de ser inútil argumentar contra os hábitos das casas de ópera em todo
o mundo), esta segunda colaboração com Da Ponte foi, pela primeira vez,
encenada em Praga, onde Fígaro tinha tido um êxito estrondoso. Foi encomendada para celebrar o casamento da Arquiduquesa Maria Teresa, sobrinha
do imperador, com o Príncipe Clemens da Saxónia, que mais tarde se tornou
o Imperador Francisco II. Mesmo dada a natureza de última hora destes arranjos, parece extraordinário que os Mozart tenham chegado a Praga apenas duas
semanas antes da estreia agendada, a 4 de Outubro de 1787, com muita música
ainda por escrever. Como Mozart conhecia a maioria dos intérpretes de Viena,
pôde começar a partitura antes de partir, mas estava longe de terminá-la. A estreia acabou por ser adiada e substituída por uma nova apresentação de
Fígaro; Don Giovanni terá sido ouvida a 29 de Outubro (a abertura parece ter
sido escrita à pressa, de acordo com vários relatos, na véspera ou no dia antes
da véspera da estreia). Foi um enorme sucesso – «nada que se tenha ouvido
em Praga se pode comparar» – e isto levou a uma produção em Viena a 7 de
Maio de 1788, para a qual Mozart compôs música para intérpretes diferentes,
incluindo uma nova cena com Elvira, para a exigente Caterina Cavalieri.
Da Ponte alegou que ele sugeriu o tema a Mozart, mas quem pode garantir? Também se diz que Bondini, que dirigia a companhia em Praga, avançou
com a ideia: era um tema popular e uma pequena peça da autoria de Gazzaniga, a partir de um libreto de Bertati, que chegou a Veneza em Janeiro de

1787, está muito próxima do tratamento de Da Ponte. Muitos livros e artigos válidos foram escritos sobre a origem da história de Don Juan e a sua influência nesta ópera, mas devemos questionar quão ciente estava Mozart das questões filosóficas mais vastas levantadas pela lenda de Don Juan, (tal como estava ciente do fundo revolucionário de Beaumarchais), e como simplesmente ele foi levado pela oportunidade de uma ópera elementar com uma história tagarela, que ele podia preencher com uma música possuidora de uma força assombrosa. A revolução aqui não é política, mas da forma operística: o desenvolvimento das personagens em direcção ao estilo do *dramma giocoso* totalmente maduro que rodeia todos os estados humanos, foi agora concretizado – estão, sem dúvida, misturados aqui, na história do libertino cujas conquistas desconhecem barreiras sociais.

O início da abertura, com os seus apelos golpeantes em ré menor e linhas cromáticas em espiral, ecoam o que desconhecemos mas seguramente sentimos que será o clímax da ópera. Isto abre caminho a um enérgico ré maior que capta a inquietação da vida de Don Giovanni, mas que vai descansar sereno em dó, levando ao fá maior da cena de abertura. (A abertura foi mais tarde fornecida com um final de concerto). Nenhuma ópera nos mergulha tão de repente no meio dos eventos: Leporello queixa-se enquanto espera que o seu amo regresse de um encontro amoroso na casa do Comendador, «*Notte a giorno faticar*»; surgem Giovanni e Anna, irrompendo da casa, enquanto ela o acusa. O seu pai, o Comendador, aparece para defender a honra da filha; desafia Giovanni, há uma pausa, sem fôlego, e num duelo de escalas que disparam na orquestra, Giovanni fere o Comendador. Sobre tercinas tensas em dó menor, num maravilhoso trio *sotto voce*, o Comendador morre e Giovanni e Leporello escapam. Anna regressa com Ottavio e encontra o pai morto. Após um recitativo apaixonado, ela obriga Ottavio a jurar vingança num dueto em ré menor, «*Fuggi, crudele, fuggi*», e a tumultuosa cena de abertura (uma mini-ópera em si mesma) termina. Na rua, Leporello e Giovani encontram agora outra apaixonada abandonada, Elvira; ela tenta interpretar uma ária apaixonada, «*Ah chi mi dice mai*», mas é interrompida pela par. Giovanni por fim reconhece a mulher que ele abandonou e desaparece. Leporello explica-lhe a situação na famosa «ária do catálogo», «Madamina», na qual a abertura do recente Quinteto de Cordas em Dó Maior reaparece em ré; a segunda parte da ária apresenta Leporello a parodiar o minuete nobre para mostrar as traições amorosas de Giovanni.

Giovanni virou a sua atenção para o casamento dos camponeses Zerlina e Masetto (que o coro celebra num sol maior convencional, saltitante, parecido a uma jiga), em particular para Zerlina. Masetto é mandado embora e sai irado e sarcástico, «*Ho capito!*» Don Giovanni seduz a, temporariamente, relutante Zerlina num dueto supremo e subtil, de uma inocência quase pastoril em lá maior, «*La ci darem la mano*», na qual a sua incerteza e a clareza do seu propósito são maravilhosamente combinados. Contudo, ao saírem são confrontados por Elvira, que o denuncia numa ária neobarroca em ré maior, «*Ah fuggi il traditor*». Quando Anna e Ottavio chegam ela avisa-os sobre Giovanni noutro grande *ensemble*, o quarteto «*Non ti fidar, o misera*», mas Giovanni acusa-a de ser louca. Anna, no entanto, reconhece Giovanni como o seu atacante, e a orquestra grita de dor quando ela conta a Ottavio, com alguma auto-justificação, os horrores da noite, terminando com uma ária turbulenta, «*Or sai chi l'onore*». Neste momento, para a actuação de Viena, Mozart inseriu uma ária simples e eloquente para Ottavio, «*Dalla sua pace*», que habitualmente é hoje interpretada.

Don Giovanni mal pode esperar pela sua festa desenfreada numa ária maníaca em sol maior, «*Fin ch'han dal vino*» – que é, na ópera, o mais perto que ele vai estar de revelar o seu verdadeiro carácter. Zerlina e Masetto reconciliam-se na ária sensual em fá maior, interpretada por ela «*Batti, batti*» (que recorda algumas das piadas nas suas cartas à esposa ausente), com linhas de violoncelo executadas na segunda secção. Mas quando o final começa em dó maior, os problemas aproximam-se com o regresso de Giovanni. Vai para a festa com Zerlina e Masetto, mas Anna, Elvira e Ottavio chegam como um trio mascarado, numa secção com um sinistro ré menor. Quando um minuete começa a ouvir-se à distância, Giovanni e Leporello convidam o trio e eles fazem um juramento solene de vingança, dominado pelas escalas ascendentes de Anna. Lá dentro, as danças começam num honesto mi bemol, Giovanni canta vitória «*La libertà*» num marcial dó maior e, depois, segue-se uma das ideias mais originais de Mozart. Três orquestras em palco tocam danças distintas combinadas numa textura: um minuete em compasso ternário, uma contradança e uma dança alemã para os camponeses – um conceito musical simbólico brilhante para representar, tanto a mistura de classes, como a confusão disseminada. Giovanni leva Zerlina para trás das cenas, mas ela grita e o justo trio corre para salvá-la. Giovanni volta a entrar com Leporello, a quem culpa num decisivo fá maior por todo o incidente. O trio desmascara-se e denuncia Giovanni como o vilão. Em trocas cada vez mais frenéticas, a confusão reina em dó maior quando o pano cai. Giovanni consegue escapar.

O segundo acto começa com Leporello de novo a queixar-se, «*Eh via buffone*». Giovanni convence Leporello a fazer-se passar pelo seu amo para seduzir Elvira, que apareceu à varanda numa outra ária, desta vez num calmo lá maior, ao qual se juntam: «*Ah taci, ingiusto core*». Giovanni, vestido com a roupa de Leporello, está mais interessado na criada de Elvira e canta-lhe uma serenata na forma de uma *canzonetta* com acompanhamento de bandolim (Mozart escreveu um outro um par de exemplos deste tipo de canção), «*Deh vieni ala finestra*». Mas é de novo interrompido, desta vez por Masetto que procura Giovanni. É-lhe indicado um e outro caminho na ária de Giovanni «*Meta di voi qua vadano*», mas é então que Giovanni lhe dá uma sova e o deixa a ser tratado por Zerlina numa outra ária sensual, «*Vedrai carino*», em dó maior (com uma bela parte textual da sua própria autoria). Agora Elvira regressa com Leporello, ainda disfarçado de Giovanni e é confrontado por Anna, Ottavio, Zerlina e Masetto, num sexteto (que pode, originalmente, ter sido planeado como um acto final). Charles Rosen escreveu de modo magnífico sobre este *ensemble*, um dos mais belos de Mozart, que começa em mi bemol mas «depois, com um suave rufar de tambor, a música move-se luminosa até à remota nota ré» quando Ottavio canta. De facto, toda a construção deste *ensemble* de perplexidade é perfeita: quando Leporello se revela todos ficam pasmados e a música treme incerta; todos lamentam o «*mille turbidi pensieri*», os mil pensamentos que inundam as suas mentes. Como Abert diz: «a música com que eles expressam a sua mágoa, na segunda metade deste sexteto, toca o mais profundo dos sentimentos humanos, e eleva-se acima do mais alto nível teatral, até o pico mais radiante da arte». Na ária seguinte, num sol maior *buffo*, Leporello finalmente consegue escapar; Ottavio é deixado a elogiar Anna, «*Il mio tesoro*», numa ária virtuosa. Um dueto para Leporello e Zerlina, geralmente omisso, foi inserido aqui para a apresentação de Viena e, depois, a grande peça de Elvira «*Mi tradi*», inserida para Cavalieri cantar em Viena; é um grande desafio para a maioria das Elviras dos nossos dias mas, de facto, a sua grandiosidade foge um pouco ao seu carácter vocal.

Giovanni e Leporello encontram-se no cemitério dominado pela estátua do Comendador. Desafiada por Giovanni, fala e num tom oracular convida Giovanni para jantar. Num *ensemble* que eleva a tensão, deslizando para baixo através de notas moduladas que parecem reflectir o medo no âmago do estômago, Giovanni aceita. Agora, Anna tem uma grande cena, e o pedido e casamento de Ottavio, imediato, permite-lhe reverenciar adequadamente o seu pai, numa ária («*Non mi dir, bel idol mio*») que Berlioz e outros sentiram ter ido longe demais na sua busca pela *coloratura*, apesar de, à luz do nosso conhecimento das primeiras óperas de Mozart, podermos ver que aqui é comparativamente restringido e dramaticamente eficaz. Após a cena em fá maior estamos de volta à alegre serenata em ré maior para o final onde, como para criar um paralelismo entre as múltiplas danças do final do primeiro acto, a banda de sopros em palco toca extractos de óperas populares do momento, incluindo Fígaro. Elvira irrompe, Giovanni finalmente rejeita-a, mas quando ela sai ouvimo-la gritar, como Zerlina no primeiro acto, embora por razões diferentes – o Comendador chegou. Reconhecemos a sua música aterradora da abertura. Há agora um desenvolvimento soberbo numa cena de confronto sem igual na ópera, de uma só vez excitante, poderosa e elementarmente arrepiante. O Comendador confronta Giovanni, agarra-lhe na mão e arrasta-o até ao inferno. A música, que tem agredido os nossos sentidos em ré menor, curva de repente para ré maior – como Abert, e depois Heuss, descreveram: «um efeito incomparável, não no sentido de uma resolução feliz, mas como expressão de majestade fria e impiedosa». A última cena ofendeu muito as sensibilidades românticas com o seu patético regresso à normalidade, e era geralmente omitida (até pode ter sido omitida em algumas apresentações durante a vida de Mozart, talvez até mesmo em Viena em 1788, mas as provas são duvidosas). Mas a cena é, sem dúvida, vital, pois apresenta todas as personagens a reconciliarem-se com o desaparecimento de Giovanni. Ottavio e Anna juram o seu amor e, depois, todos louvam a moralidade num *ensemble* de confiança que se move rápido, num *presto* em ré maior: «*Questo il fin*»; «é assim que os malfeitores acabam». No fim, a música afasta-se a si própria em duas linhas de violino desacompanhadas, com a cor dos sopros a, baixar o pano cromaticamente, sobre a cena inimaginável. O que é a maior realidade: o drama épico que testemunhámos, que só aparece uma vez na vida, ou o mundo doméstico que resiste dia após dia?

O poder que *Don Giovanni* desencadeia é quase demasiado grande; se é um trabalho irregular então só é imperfeito no modo como O Rei Lear é imperfeito, devido a um excesso de sentimentalismo. Como Abert resumiu, apesar do final, «o objectivo da ópera não é proclamar uma moral universal, mas descrever a batalha decisiva entre duas forças tremendas. Sentimos a última conexão entre a existência, até a mais impaciente cheia de paixão, e todo o universo». Como *Fígaro*, Giovanni manteve-se no palco, desde a sua estreia até aos nossos dias; adequou-se aos desejos do século XIX de um Mozart poderoso e Romântico e aos do século XX de um Mozart crítico e politizado. Rudolph Angermüller regista apenas algumas ideias recentes de produção para o clímax da ópera: na produção de 1987, em Darmstadt, havia imagens projectadas de todas as mulheres que levaram Giovanni à levian-

ÓPERAS

dade; em Heidelberg, em 1978, e Estugarda em 1984 o herói morreu de ataque cardíaco; em Bona, em 1983, Masetto entra, disfarçado de Comendador; a produção de 1969, em Amesterdão, viu o Don como o partidário do imperialismo americano; enquanto Kassel em 1981 situa a peça dentro de um enorme cérebro humano estilizado. Mas nalgumas produções o herói sobreviveu: em Ludwigsburg, em 1977, por exemplo, ele entregou a música ao sexteto final». Podemos acrescentar o baseado em Harlem, vendedor de drogas, devorador de Mc Donalds, da encenação de Peter Sellars da trilogia de Da Ponte. De facto, Don Giovanni é um homem para a eternidade interpretativa.

♫ Brownlee, Souez, Helletsgruber, Baccaloni, Franklin, Mildmay, Henderson / Orquestra do Festival de Glyndebourne / Fritz Busch
EMI CHS 7 61030 2 (3 CD)
♫ Schmidt, Miles, Halgrimson, Dawson, Ainsley, Yurisich, Argenta, Finley / London Classical Players / Roger Norrington
EMI 7 54859 2 (3 CD)
♫ Keenlyside, Salminen, Remigio, Heilmann, Terfel, Isokowski, D'Arcangelo, Pace / Orquestra de Câmara da Europa / Claudio Abbado
DG457 601-2 (3 CD)
♫ Waechter, Sutherland, Schwarzkopf, Sciutti, Alva, Taddei / Philharmonia / Carlo Maria Giulini
EMI CD 5 56232-2 (3 CD)

Così fan tutte **K588******

Mozart ficou grato pelo sucesso de Don Giovanni em Praga, e no seu regresso a Viena ganhou uma nomeação como compositor da corte do imperador em 1787, após a morte de Gluck. Mas isto não lhe dava o suficiente para ganhar a vida, e apesar de conferir um certo estatuto, não lhe permitia, na verdade, fazer o que queria: continuar a compor ópera. Fígaro foi novamente apresentado com sucesso, no Verão de 1789, no *Burgtheater* de Viena e talvez isto o tenha deixado bem visto junto do imperador. Mas não é totalmente claro como, ou quando, surgiu a comissão de *Così fan tutte*, e Da Ponte não é muito esclarecedor nas suas memórias. A partitura foi escrita em condições difíceis nos finais de 1789 (o quinto filho dos Mozart, Anna Maria, nasceu e morreu no mesmo dia, a 17 de Novembro), e a estreia teve lugar no dia 26 de Janeiro de 1790, com o compositor a dirigir. Mas sabemos pouco sobre o processo de composição; Alan Tyson fez algum trabalho de detective na partitura, mostrando que os *ensembles* foram escritos antes das árias, e demonstrando a pressão sob a qual Mozart trabalhava, sendo obrigado a encurtar e simplificar a partitura após a estreia. Mas esta é, sobretudo, uma ópera de *ensembles* onde as árias parecem ser secundárias à interacção do grupo de seis intérpretes cujas relações instáveis tornam a história tão vívida. A história é relativamente simples e Da Ponte parece ter pedido emprestado um ou dois pormenores do dramaturgo espanhol Tirso de Molina, especialmente de *El amor medico*, que Molière transformou em *L'amour medecin*. Mas nós sentimos a mão de Mozart na paródia sobre o magnetismo de Mesmer, já que era um amigo dos tempos vividos em Salzburgo. Claramente, também havia mais do que uma pequena repercussão para Mozart na história de duas irmãs que foram levadas a trocar de apaixonados: mais cedo, na década de 1780 ele tinha-se apaixonado por Aloysia Weber e, com o tempo, acabou por casar com a irmã mais nova, Constanze, por isso ele, certamente, conhecia uma versão de um dos lados da história.

A ópera começa com uma abertura desanuviada – a sua abertura «chama--e-responde» (será uma dualidade homem-mulher mais directa que habitualmente?) que leva, ao longo de cinco acordes que Alfonso irá cantar ao som das palavras «*Così fan tutte*», a um prelúdio borbulhante de actividade frenética. Num café de Nápoles, dois oficiais, Ferrando e Guglielmo, gabam-se ao cínico Don Alfonso sobre a fidelidade das suas noivas, Dorabella e Fiordiligi (trio, «*La mia Dorabella*»). Alfonso aposta com eles cem moedas de ouro que as suas apaixonadas não são mais fiéis do que qualquer outra mulher. Os oficiais aceitam a aposta e aceitam seguir as ordens de Alfonso nesse dia. Outro trio («*Una bella serenata*») abre com uma frase maravilhosamente virada para Ferrando (o moldar rapsódico da melodia de Mozart atinge o seu auge nesta ópera). As duas irmãs, Fiordiligi e Dorabella, estão no seu jardim a contemplar imagens dos seus amados num gracioso, embora talvez aborrecido, lá maior. Alfonso entra com a notícia que os dois homens partem para a guerra nesse mesmo dia. Eles entram e o quarteto demasiado emotivo «*Sente oh Dio*» combina os seus sentimentos com um toque de paródia. A marcha distante do coro é ouvida, e um quinteto («*Di scrivermi ogni giorno*» em fá maior) aumenta a tensão, quando as raparigas lhes pedem para escrever todos os dias: em simples notas choronas sobre um acompanhamento mágico de orquestra para os quatro enamorados; Alfonso mal consegue esconder as suas gargalhadas no fundo da textura. Como tantas vezes acontece nesta ópera, não sabemos, ao certo, o que levar a sério (Stravinsky copiou este quinteto cuidadosamente em *A carreira do libertino*), mas assim que os homens saem, Alfonso aproxima-se das raparigas num trio da máxima seriedade e beleza celeste, «*Soave sia il vento*», em mi maior com tercinas ondulantes nas cordas em surdina e um acorde cromático no clímax que provoca uma reviravolta nos corações.

Entretanto, a criada das raparigas, Despina, lamenta o seu destino, mas Dorabella afasta-a, em desespero, entoando uma exagerada ária em mi bemol «*Smanie implacabili*», com tercinas de colcheia vertiginosas, como um coração doente. Despina tenta convencer as raparigas que o amor é fortuito em «*In uomini, in soldati*», sem resultado. Alfonso apresenta dois visitantes albanos (Ferrando e Guglielmo disfarçados), através de um *ensemble* faustoso em dó maior, «*Alla bella Despinetta*» (que poderia ser o final de um acto). As raparigas ficam furiosas por serem importunadas deste modo. Há um recitativo dramático (incluindo um momento de paixão em dó maior, onde algumas produções colocaram as raparigas a admirar o parceiro da outra) e Fiordiligi irrompe na sua famosa ária «*Come scoglio*» (cuja natureza estática foi atribuída, por Daniel Heartz, à incapacidade da intérprete original, Adriana Ferrarese, de representar). Esta magnífica ária em si bemol aproxima-se demasiado da caricatura, mas Mozart refreia-se e não a ridiculariza. Guglielmo oferece uma ária, relativamente frágil, «*Non siate ritrosi*», que Mozart, mais tarde, substituiu por «*Rivolgete a lui*». Os homens pensam ter ganho a aposta e celebram com Alfonso em «*E voi ridete*», embora este não admita a derrota. A ária de Ferrando, mais aprazível, «*Un aura amorosa*» é uma melodia sustenida, em estilo serenata, que parece complacente neste contexto. Alfonso e Despina planeiam o próximo passo. No final do primeiro acto – uma das sequências, que Mozart escreveu, mais impressionantes e complexas, e plenamente conseguida – o jogo letal atinge o seu clímax. Mozart empreende uma viagem abençoada; a começar, e a terminar, na tonalidade de ré maior move-se através de secções em sol, si bemol, sol e si bemol de novo, e daí, regressa a ré; continua a viagem através da presença disfarçada dos albanos, que tomaram veneno; através da farsa de Despina, disfarçada de médico, com o seu íman que tudo cura; até à ressurreição final dos apaixonados, que imploram um beijo, mas são rejeitados. Tudo isto é atingido, musicalmente, com o uso subtil de pequenos fragmentos e motivos que desenvolvem o argumento musical, edificando um clímax intenso na secção final: se as encenações não forem acanhadas, esta pode ser uma das mais engraçadas cenas de todas as óperas.

O terceiro acto começa com as irmãs, sentadas, estando Despina a tentar convencê-las para que dêem uma oportunidade aos albanos. Canta em sol maior, num compasso 6/8, «*Una donna a quindici anni*»: qualquer rapariga de quinze anos deveria «dar ouvidos a cem homens ao mesmo tempo, dar esperança a todos, saber guardar para si a verdade». A sua postura amoral começa a surtir efeito e as irmãs deliberam sobre qual deles escolher: «*Prenderò quel brunettino*», em si bemol, uma música que demarca o carácter mais atrevido de Dorabella das linhas mais serenas de Fiordiligi. Num jardim, junto ao mar, os albanos ostentam todo o aparato de uma serenata com coro em mi bemol, na tentativa de influenciar a situação. Alfonso e Despina encorajam os homens a continuar, num quarteto em ré maior, ligeiro, mas eles ficam sem saber o que dizer e limitam-se a falar do tempo e das plantas. Dorabella é a primeira a ceder e no dueto «*Il core vi dono*» – deliberadamente simples na textura e substância, comparado com a última cena de Ferrando/Fiordiligi – ela troca de medalhão com Guglielmo. Ferrando permanece fiel às suas convicções em «*Ah lo veggio*» (apesar desta longa ária ser, muitas vezes, omitida). Fiordiligi confessa o que sente numa noutra ária «*Per pietà*», em mi maior, com duas trompas – desta vez é pungente e totalmente austera, e a música aponta na direcção de Leonora de Beethoven. Ferrando sente-se inocentado por ela, mas depois Guglielmo gaba-se do seu sucesso com Dorabella e discursa sobre todas as mulheres «*Donne mie, la fate a tanti*». Ferrando expressa a sua ira em dó menor «*Tradito, schernito*» mas Alfonso aproveita a oportunidade para insistir na situação e força-o a uma última tentativa com Fiordiligi.

Dorabella pressiona, também, Fiordiligi, com a sua ária «*È Amore un ladroncello*», mas Fiordiligi decide vestir ela mesma um uniforme e dirigir-se ao campo de batalha. Despina crê que ela ficou louca. Fiordiligi veste o uniforme de Ferrando, e não o de Guglielmo, porque é o que lhe serve (uma referência simbólica que se perdeu na maioria das produções). Assim que ela se transforma em Ferrando, ele aparece. Numa das mais belas cenas de amor, em Mozart, e no clímax emocional da ópera, ele transforma a nobre declamação dela em lá maior (com correntes pulsantes na orquestra) em direcção a dó maior – «elevando, de súbito, o registo emocional através da sua audácia harmoniosa», como notou Andrew Steptoe, pois o dó maior nesta ópera recorda-nos o realismo e cinismo inicial dos homens. Mas no momento da sedução Ferrando retrai-se numa emoção genuína em lá maior com a frase «*Volgi a me*», assinalada «*tenerissamente*». (Steptoe, apropriadamente, aponta para a comparação com o «momento da verdade» de Pamina, «*Tamino mein*», embora a orquestração faça os dois momentos soarem muito diferentes.) «Olha para mim com compaixão, só em mim encontrarás um marido, amante e mais». Ele conquistou-a e fica a cargo do solo de oboé juntar as suas frases, pesarosamente, enquanto se abraçam, e o dueto termina em regozijo. «Só a música de Mozart poderia tornar credível este salto mortal psicológico, poderia transformar o jogo cínico em verdadeiros sentimentos humanos», comenta Alfred Beaujean. Agora é a vez de Guglielmo expressar a sua fúria. Mas Alfonso pretende levar o seu plano até ao fim e ordena-lhes que casem: em «*Tutti accusan le donne*» ele cita o lema da ópera: «*Così fan tutte*».

O final começa como uma entusiasmante festa de casamento, mas de súbito, Mozart aprofunda a emoção com um cânone lento, aprumado, para os quatro enamorados, cada um perdido no seu próprio mundo, três subtilmente felizes, mas Guglielmo ainda a lamentar-se amargamente. (Esta cena excepcional, mas musicalmente complexa, que Mozart tinha já antes escrito, foi mais tarde substituída, como Tyson mostrou, por outra mais fácil, mas inferior, que sobrevive com a marca original de Mozart.) Despina é agora a notária e quando eles estão prestes a assinar o coro anuncia o regresso dos soldados. Os albanos saem à pressa e regressam nas suas vestes originais para descobrirem o contrato nupcial. Segue-se o horror, mas depois o engano é revelado e todos são perdoados com uma rapidez impressionante, tendo em conta a seriedade do momento. (Há um facto estranho: em cada recordação da música que cantaram enquanto estavam disfarçados, Ferrando canta um pouco de uma ária que parece ter desaparecido da partitura.) Mas será que eles acabam com os namorados iniciais? «Dêem as mãos, estão noivos» diz Don Alfonso, mas de quem? Esperaríamos, naturalmente, que Fiordiligi, a soprano aguda e Ferrando o tenor formassem par, sobretudo porque os seus uniformes são do mesmo tamanho; enquanto Dorabella, a mais *mezzo* das duas sopranos e Guglielmo, barítono, são um par natural. Este é um dos muitos enigmas que as produções da mais sublime comédia amorosa têm de abordar. A música insiste num dó maior festivo, como se para encobrir a turbulência e profundidade emocional que foi exposta.

A desaprovação de *Così fan tutte* pode, certamente, ter começado em casa. A precoce biografia de Mozart, de Franz Niemetschek, deu o tom ao dizer: «por todo o lado, as pessoas questionam como aquela mente genial pode rebaixar-se a desperdiçar aquelas melodias divinais numa preparação tão débil de um texto. Mas não dependia dele a recusa das comissões e foi intimado com o libreto». Niemetschek reflecte, muitas vezes, a visão de Constanze sobre a vida de Mozart e foi, provavelmente, ela que expressou o desconforto geral do tema; disse à família Novello que tinha uma fraca opinião sobre o libreto. Esta ideia arrancou no século XIX e a ópera foi difamada e, muito raramente, encenada – e quando o era, o texto era alvo de uma revisão da censura – ou a música era utilizada noutras situações: tornou-se um dos arranjos musicais para as missas de Mozart, por exemplo! Mas no século XX ficou reconhecida como uma das criações mais profundas e honestas de Mozart, de uma subtileza musical sem igual, tendo já sido alvo de inúmeras produções.

♩ Schwarzkopf, Ludwig, Steffek, Kraus, Taddei, Berry / Philharmonia /
/ Karl Böhm
EMI 5 67382-2 (3 CD)
♩ Mattila, von Otter, Szmytka, Araiza, Allen, van Dam / Academy of
St. Martin-in-the-Fields / Neville Marriner
Philips 422 381-2 (3 CD)
♩ Roocroft, Mannion, Gilfry, Trost, James, Felle / Coro Monteverdi /
/ English Baroque Soloists / John Eliot Gardiner
DG 437 829-2 (3 CD)

La Clemenza di Tito K621**

Foi a última ópera comissionada a Mozart, em 1791, embora não tenha sido a última a ser terminada ou encenada. Destinava-se à celebração da coroação, em Praga, de Leopoldo II como Imperador da Boémia. Mozart tinha tido pouco sucesso quando, no ano anterior, viajara para assistir à coroação de Leopoldo em Frankfurt, tendo dado alguns concertos na cidade. Mas agora era diferente: em Praga, onde era celebrado, o empresário Domenico Guardasconi pediu-lhe que compusesse uma ópera para as celebrações oficiais. Contudo, ao contrário do que estava habituado, em Viena com Da Ponte, a comissão foi-lhe entregue apenas quando o tema e o libreto da ópera foram estabelecidos: seria, em deferência ao imperador, *La Clemenza di Tito*, de Metastasio, um texto de *opera seria*, já antes tentado e testado. A comissão foi pedida a 8 de Julho e Mozart, a meio da composição de *A Flauta Mágica*, teve de dedicar a sua atenção imediata ao texto, tão diferente, de *Tito*. O libreto tinha sido adaptado, inúmeras vezes, por compositores como Hasse, Jommelli e Traetta, mas Mozart tinha ideias sólidas acerca do ritmo e conteúdo e deu instruções específicas a Caterino Mazzola, poeta da corte da Saxónia, acerca das alterações que pretendia. Mazzola acedeu e Mozart teve possibilidade de descrever o resultado no seu catálogo temático como «uma *opera seria*, transformada numa verdadeira ópera, pelo senhor Mazzola». Isto reconhece o trabalho de Mazzola e sugere que, nesta época, Mozart não considerava a *opera seria* como um trabalho legítimo, apesar de ser um género que florescente na altura.

O contrato com Guardasconi chegou aos nossos dias e é um documento fascinante que revela as prioridades dos que comissionaram a ópera: em primeiro lugar, os intérpretes, em segundo, o libreto adequado, em terceiro, o espectáculo e, num pobre quarto lugar, o compositor. Ainda assim, Mozart aproveitou a ocasião para transformar as convenções da *opera seria* em algo que pode ter assegurado a sua sobrevivência: há uma estrutura fina e organizada sem *ritornelli* super alongados ou árias *da capo*, e uma redução no número de árias em favor dos duetos e ensembles. Neste período tardio da sua vida, é uma peça profundamente avançada. Conta-se que Mozart esteve doente enquanto compôs a peça e isso parece ter afectado a sua recepção. Mas também não foi exactamente a peça festiva e optimista que todos pretendiam. Pode parecer apócrifo que Maria Luísa a tenha chamado «chiqueiro alemão», mas a sua verdadeira opinião, no seu diário, não é muito diferente: «À noite a ida ao teatro. A grande casa da ópera não é assim tão grande, e a música é muito má, tanto que quase nos deixámos dormir. A coroação foi um sucesso». A população de Praga, que tanto apoiara Mozart no passado, ao ver que a peça não caíra nas boas graças da corte, afastou-se também. Guardasconi teve que pedir dinheiro para cobrir os prejuízos de bilheteira.

A Clemência de Tito é inaugurada com uma bela abertura marcial, mas expressiva, em dó. Vitellia, filha do destituído Imperador Vitellio, quer casar com o novo Imperador Tito, mas este pretende casar com Berenice. Vitellia seduz Sexto, que está apaixonado por ela, e convence-o a conspirar contra Tito, *«Come ti piacce imponi»*. Vitellia fica com esperanças quando sabe que Berenice foi enviada de volta para sua casa: ela promete-se a Sexto na ária em sol maior *«Deh se piacermi vuoi»*. Sexto e Annio (que deseja casar com Servilia) juram amizade num dueto saltitante em dó maior. O povo Romano reúne-se para prestar homenagem a Tito. Ele distribui alguma ajuda às vítimas da erupção do Vesúvio. Decide casar com Servilia, em vez de Berenice, e canta a sua própria sabedoria. Annio não se opõe e, num dueto com Servilia, renova as juras de amor. Este dueto gentil, perfeitamente fundido, em lá maior, foi visto como o paradigma da beleza pura, nos inícios do século XIX, e Grillparzer escreveu um poema sobre o mesmo. Tito está prestes a denunciar os conspiradores que se lhe opõem, quando Servilia suplica que ama Annio. Tito admira a sua honestidade, mas Vitellia fica furiosa e incita Sexto a incendiar o Capitólio e a assassinar Tito de imediato. Relutante, ele acede, numa magnífica ária concertante «*Parto, parto*» com uma parte de solo de clarinete que Anton Stadler interpretaria. Agora, é Vitellia a escolhida para imperatriz e, vaidosa, tenta chamar Sexto de volta, no *Terzetto* com Annio e Publio, «*Vengo, aspettate*». Sexto tenta agora continuar com o plano e, num recitativo acompanhado dramático, «*Oh Dei che smania è questa*», ele revela o seu dilema. Mas agora avista-se o Capitólio em chamas, e espalha-se o rumor de que Tito já está morto. Na magnífica sequência final do primeiro acto, Vitellia diz a Sexto para não contar nada acerca do plano e o povo Romano fica de luto pelo seu imperador.

No segundo acto Sexto descobre, através de Annio, que Tito está vivo. Annio incentiva-o a permanecer fiel ao imperador na ária «*Torno di Tito a lato*», mas é preso. Vitellia, Sexto e Publio expressam o que sentem no trio «*Se al volto mai ti senti*». O coro chega para agradecer a Tito a sua sobrevivência, num delicado número pastoril. Publio admite que custa mais, a um homem honesto, reconhecer a traição, mas Sexto confessa a sua culpa. Tito sente-se dilacerado pela dúvida, sobre se o deve castigar ou não, e anseia viver a vida de um simples camponês, no recitativo «*Che orror! Che traditmento!*» De seguida, num outro *Terzetto*, brilhantemente comprimido, Sexto, Tito e Publio confrontam-se. Num Rondó em grande escala, em lá maior, ecoando o seu dueto no primeiro acto, Sexto insiste na sua morte. Tito rasga o seu mandato de morte e prefere abdicar do trono: «*Se all'impero, amici Dei*». Vitellia fica cada vez mais preocupada, verificando que Sexto não a traiu e, numa ária e longo recitativo «*Non più di fiori*» (com um *obbligato* para clarinete agudo que também seria interpretado por Stadler), ele diz adeus às suas ambições ao trono. (Tem sido, desde sempre, um enigma, o facto desta ária parecer ter sido escrita antes de Mozart ter começado esta ópera, mesmo antes de ter recebido a comissão. Poderá ter sido uma ária separada, para um concerto, escrito talvez para Stadler, que depois teve utilidade?) A ária transforma-se, no seu final, numa marcha, e o coro surge numa das mais grandiosas entradas de Mozart. Quando Tito está prestes a perdoar Sexto, Vitellia confessa a sua culpa e pede perdão. Mais uma vez, a clemência de Tito sobrepõe-se a todas as emoções e, num sexteto final com coro, ele é louvado por todos como o Salvador de Roma.

A reputação de *A Clemência de Tito* é fascinante: na década após a morte de Mozart, tornou-se o símbolo do seu mais nobre trabalho e foi encenada

ÓPERAS

frequentemente. Sobretudo quando vemos as adaptações neoclássicas, sucessivas, em que a ópera foi encenada, é fácil entender que este foi o trabalho que mais facilmente fez a transição para o classicismo que se impôs no século XIX. Também se tornou a principal característica dos esforços de Constanze Mozart para consolidar a reputação do marido; conseguiu que a partitura fosse interpretada em vários concertos. Niemetschek, que geralmente reflecte os seus pontos de vista, fez o interessante comentário que «*A Clemência de Tito* é considerada, de um ponto de vista estético, e como uma bela obra de arte, o trabalho mais perfeito de Mozart». Talvez isto insinue que, de um ponto de vista puramente teatral, não é o trabalho mais perfeito, o que certamente é verdade. Mas o seu tempo não foi duradouro, e em breve foi ultrapassado por peças maiores e mais ousadas da ópera do século XIX. A tradição crítica que levou *A Clemência* a ser ignorada pela maioria dos estudiosos de Mozart é meticulosamente explorada por John Rice na sua obra *Cambridge Opera Guide*, onde também regista o seu novo despertar nas produções contemporâneas. No Reino Unido isto esteve particularmente associado à produção de Covent Garden, de Anthony Besch, vista pela primeira vez em 1974; no continente foi o ciclo de produções de Jean-Pierre Ponnelle desde 1969 até 1986, em Zurique, que recolocou o trabalho no cânone.

♁ Rolfe Johnson, von Otter, McNair, Varady, Robbin, Hauptmann / / Coro Monteverdi / English Baroque Soloists / John Eliot Gardiner
DG Arquivo 431 806-2 (2 CD)
♁ Baker, Minton, Borrows, von Stade, Popp, Lloyd / Orquestra e Coro da Royal Opera House / Colin Davis
Edição Completa de Mozart, Philips, Vol. 44 422 544-2 (2CD)

A Flauta Mágica K620****

As duas últimas óperas de Mozart foram escritas em períodos sobrepostos durante o seu último ano de vida. *A Flauta Mágica* foi a primeira a ser iniciada, mas a última a ser concluída, por isso, para ser consistente com os restantes trabalhos de Mozart que foram catalogados, esta deve ser considerada a sua última ópera. Mozart tinha o seu maior sucesso na ópera com o *Singspiel* alemão *O Rapto*, e ele sentiu que era uma forma em que queria voltar a escrever. A composição de óperas italianas durante a segunda metade da

MOZART

década de 80 século XVIII era, em grande parte, um reflexo do facto do repertório do *Burgtheater* ter regressado aos trabalhos italianos. A sucessão de Leopoldo II, após a morte de José II em 1790, não ajudou a Mozart; embora ele afirmasse gostar da ópera italiana, tal como a sua esposa, isso revelava-se improvável, devido às intrigas da corte que diziam que Mozart iria receber uma comissão de Viena (apesar de ele ter, de facto, recebido uma de Praga, *A Clemência*, após Salieri a ter recusado). Mozart continuava à espreita, à procura de uma oportunidade para compor uma peça alemã com diálogo, e a oportunidade bateu à porta através do seu contacto com o notável polímato – empresário, cantor, autor, produtor, *arranjista* – Emanuel Schikaneder, quem ele tinha conhecido em Salzburgo em 1780, quando a companhia de teatro de Schikaneder chegou à cidade. Agora dirigia o *Freyhaustheater*, o *Theater auf der Wieden*, que abrira nos subúrbios de Viena em 1789; nos inícios de 1791 Mozart compôs uma ária de concerto para o baixo da companhia e o virtuoso instrumentista de contrabaixo da orquestra (K612), assim como um conjunto de variações para teclado K613. O teatro de Schikaneder fazia parte de um incoerente complexo em Viena que incluía 225 apartamentos, pátios, estalagens, jardins e manufacturas, para além do teatro. Num dos jardins situava-se o pavilhão de madeira que (muito reconstruído) foi agora transferido para o jardim do Mozarteum em Salzburgo e reza a história que terá sido aí que Mozart compôs *A Flauta Mágica*.

O trabalho na peça começou na Primavera de 1791, embora seja possível que tivesse havido algum planeamento prévio. Há poucas provas da colaboração entre Mozart e Schikaneder, e levantaram-se algumas dúvidas sobre a autoria individual de Schikaneder, no libreto, apesar dele afirmar que considerou o assunto cuidadosamente com Mozart. Vai beber a uma grande variedade de fontes literárias, e as confusões e agitações do enredo absorveram muito esforço para as desembaraçar durante os dois últimos séculos. Muito claramente, também se baseia nalguns rituais da Maçonaria, apesar de alterados e dissimulados; são bastante modificados – em particular, no facto de incluírem mulheres como parte dos rituais de iniciação. O elenco incluía a cunhada de Mozart, Josepha Hofer, no papel de Rainha da Noite, Benedict Schack como Tamino (que também tocava flauta) e o próprio Schikaneder como Papageno, a interpretar as agradáveis baladas pelas quais era tão conhecido. A orquestra do *Freyhaustheater* era relativamente grande, com cerca de trinta e cinco instrumentistas, e a orquestração de *A Flauta Mágica* – uma das suas muitas surpresas – é extensa, com trompas, trompetes, trombones e timbales, mas usados com uma contenção e variedade impressionantes. Quase todos os números têm uma orquestração distinta e uma transparência sem igual na música (apesar de haver toques semelhantes na conclusão contemporânea do Concerto para Piano em Si Bemol K595). Charles Rosen escreveu que *A Flauta Mágica* «é o último estilo de Mozart, desenvolvido até onde ele quis: a pureza e o vazio são quase exóticos, de tão extremos que se tornaram e esta quase racionalidade deliberada só é enfatizada pela orquestração requintada». E Joseph Kerman em *Opera as Drama* concorda: «já que a concepção subjacente é tão pura, a variedade, quase louca, de estilos musicais que Mozart se atreveu a fundir podem harmonizar-se de um modo tão belo como os animais solenes do Reino Pacífico [...] Há uma nova serenidade, um novo sentido de controlo sobre os processos básicos, uma destilação de técnica nos mais puros princípios básicos da arte».

A abertura na tonalidade maçónica mi bemol começa com três chamadas de atenção, que rapidamente dão lugar a uma secção *fugato* brilhante, que se impele energeticamente a si própria, com a tónica no último tempo do compasso. Mais três grupos de acordes levam em direcção ao mesmo material *fugato*, desta vez, cromaticamente, desenvolvido na forma-sonata e que, de forma hilariante, é levado a uma conclusão. Esta abertura foi registada (com a marcha que abre o segundo acto) no catálogo temático de Mozart a 28 de Setembro de 1791, muito tempo depois da primeira entrada da ópera em Julho; apenas mais duas entradas se seguiram antes da morte de Mozart, mas não houve, certamente, nenhuma diminuição das suas capacidades neste momento. As instruções cénicas no libreto da ópera dão uma ideia, invulgarmente clara, das imagens que se pretendiam. O pano sobe com Tamino – «numa paisagem rochosa, com demasiadas árvores; há montanhas dos dois lados e um templo de pedra» – a ser perseguido por uma serpente, em dó menor. Grita «*Zu Hilfe!*» e três senhoras correm em seu auxílio; matam a serpente e revelam um interesse, mais que maternal, por ele. Papageno aparece, a cantar a sua canção de caçador de pássaros em sol maior, com flautas de Pã, «*Der Vogelfänger bin ich ja*» e alega ter morto a serpente ele mesmo. As três senhoras regressam e colocam um cadeado na sua boca pela mentira. Dão a Tamino uma fotografia de Pamina e ele fica impressionado com a sua beleza: «*Dies Bildnis ist bezaubernd schön*», em mi bemol com clarinetes, fagotes e trompas.

«As montanhas apartam-se e o teatro transforma-se numa câmara resplandecente». Surge a Rainha da Noite: de uma introdução em si bemol e uma lenta secção em sol menor a ária irrompe em si bemol maior, «*Du, Du, Du, wirst sie zu befreien gehen*», e ouvimos a sua *coloratura* em pleno voo, até ré e depois a tocar um fá agudo. Ela promete a mão da sua filha Pamina a Tamino, o se ele conseguir resgatá-la das mãos de Sarastro. Papageno regressa, ainda com o cadeado, mas consegue sussurrar e lançar um astuto quinteto em si bemol, durante o qual as senhoras retiram, primeiro, o cadeado e entregam, depois, a Tamino a flauta mágica e um carrilhão mágico a Papageno para a sua viagem. Um *Andante* etéreo e transparente, preparado para clarinetes e fagotes agudos sobre violinos *pizzicato*, sem linha do baixo; as senhoras dizem que três jovens rapazes os irão acompanhar na sua jornada. Despedem-se.

A cena muda, de novo, para «uma magnífica divisão egípcia» onde o Mouro Monostatos prendeu Pamina. Ele ameaça-a, mas Papageno aparece e ele e Monostatos assustam-se um ao outro de tal modo que, após um pequeno *ensemble*, cómico e irresistível, fogem os dois. Pamina e Papageno celebram as alegrias do amor num dueto perfeito em mi bemol (que foi, de acordo com histórias recentes, o tema de muitos problemas entre Mozart e Schikaneder, tendo o compositor que rever o trecho inúmeras vezes antes de corresponder às exigências do seu Papageno). Quem quer que tenha ficado com a razão foi astuto, pois aparte um momento de elaboração para Pamina no final, resultou numa construção totalmente simples. «O teatro é transformado num bosque [...] ao fundo do palco há um belo templo, cujas colunatas levam em direcção a outros dois templos [...]» O extenso final em dó maior começa com a presença dos três rapazes que guiam Tamino em direcção aos templos da Sabedoria, da Razão e da Natureza. É repelido de dois dos templos, mas no terceiro emerge o Orador e Tamino insiste em ver Sarastro. Tamino é informado, através do cântico do coro nos bastidores, que Pamina está viva e ele toca a sua flauta em dó maior numa ária que traz os pássaros e as bestas ao palco: «*Wie stark ist nicht dein Zauberton*». Ele houve a flauta de Pã de Papageno e corre para encontrar Pamina. Pamina e Papageno entram, mas Monostatos impede-os; Papageno lembra-se do seu carrilhão e começa a tocar. Como por magia, transforma Monostatos e os seus escravos em bailarinos inocentes e eles vão embora a saltitar. (Este é o momento na ópera durante o qual Mozart recorda ter causado confusão ao ser ele próprio a tocar o carrilhão, nos bastidores.) Mais uma vez, Pamina e Papageno enaltecem a moral da harmonia genuína, mas assim que a música termina em sol, fanfarras em dó maior e uma marcha anunciam a chegada de Sarastro. «Que devemos dizer?», pergunta Papageno. Pamina responde: «A verdade», numa cadência ressoante em dó maior, totalmente confiante. Ela pede perdão a Sarastro, mas Monostatos arrasta Tamino num fá maior agitado e turbulento. Pamina e Tamino reconhecem-se; Sarastro manda açoitar Monostatos e separa o feliz casal,

ÓPERAS

para que passem pelos testes. O coro elogia Sarastro – divinamente sábio, «do mesmo modo que recompensa, também castiga» – e, num opressivo dó maior, o acto termina.

O segundo acto começa com uma marcha solene, *sotto voce* em fá, que Mozart deve ter terminado em último lugar, a par da abertura, tendo registado a entrada no seu catálogo a 28 de Setembro. (Alan Tyson salienta que outros três números do segundo acto estão no mesmo papel pautado com as últimas datas, se bem que podem ter sido apenas revistos e não compostos mais tarde.) «O teatro é um palmeiral; as árvores são de prata, as folhas de ouro». Sarastro pede aos sacerdotes que permitam que Tamino passe pelos testes e diz que raptou Pamina apenas para a guardar para Tamino. Eles concordam e os acordes maçónicos do meio da abertura soam de novo. Sarastro canta «*O Isis und Osiris*», cuja sonoridade totalmente distinta surge da ausência dos violinos e do uso de violas com três trombones, dois clarinetes agudos e fagotes. Os Sacerdotes juntam-se ao coro solene. Dois sacerdotes levam Tamino e Papageno a embarcar nos testes e pedem silêncio, «*Bewahret euch*», mas, de imediato, chegam três senhoras e um quinteto num sol maior borbulhante testa a sua determinação. O final do quinteto é magistral: de súbito ouvem-se os padres atrás do cenário, a queixarem-se que o limiar fora ultrapassado. A música desliza até à tonalidade menor, as senhoras desaparecem, e Papageno colapsa num gemido a acompanhar a música.

«O teatro transforma-se num agradável jardim, com um caminho de árvores em forma de ferradura». Monostatos ainda persegue Pamina numa ária com outra nova sonoridade, a usar *piccolo* para a flauta tocar uma oitava abaixo. Surge a Rainha da Noite e numa ária tempestuosa em ré menor, «*Der Hölle Rache*», exige que Pamina se vingue de Sarastro matando-o. Monostatos ameaça denunciar Pamina, mas Sarastro chega e dispensa-o. Promete não se vingar da Rainha: «*In diesen heil'gen Hallen*» – nestas fronteiras sagradas, desconhece-se a vingança. Esta ária em mi maior usa um par de flautas, oboés e trompas, de novo, com grande simplicidade. «A cena transforma-se num salão [...] adornado com botões de rosas e flores onde, mais tarde, uma porta se abre». Papageno e Tamino são deixados sós; Papageno é visitado por uma anciã que traz água e diz ter um admirador que se chama Papageno. Preocupado, este decide não dizer nada.

Os três rapazes regressam; desta vez, num trio em lá maior construído sobre pequenos fios de figuras ascendentes nos violinos, que são respondidos por garganteios descendentes. Mais uma vez nos maravilhamos com a linguagem musical de Mozart, pungente e directa, de onde foi retirada toda a ornamentação. Encorajam Tamino a manter-se em silêncio, mas Pamina está inconsolável por não obter resposta. Na sua ária em sol menor «*Ach ich fühl's*», ela lamenta a sua sorte. Este trecho, apoteose de uma longa linha de intensas árias, de Mozart, em sol menor, atinge a intensidade através da simplicidade, com o seu ritmo saltitante, em compasso ternário e sempre constante; enquanto isso, o intérprete edifica uma teia cromática na sua linha, com o tempo, ecoada no pequeno poslúdio orquestral, pelo solo de flauta, oboé e fagote.

Papageno continua a tagarelar. «O cenário transforma-se no interior das pirâmides». Os sacerdotes entram, como coro num digno ré maior, cantando que Tamino será em breve aceite na irmandade: «em breve, será merecedor de ser um de nós». Pamina e Tamino são guiados para dentro e, num trio com Sarastro, ponderam sobre o seu destino. Este *Terzetto* em si bemol assume um forte eco da composição para clarinete de Mozart, com uma frase que surge directamente do Quinteto de clarinete, embora a orquestração use pares de oboés e fagotes lado a lado com as cordas. É dito a Papageno que nunca será um iniciado, o que para ele está bem, e ele agradece antes o copo de vinho que, por magia, aparece. Canta, em fá «*Ein Mädchen oder Weibchen*»: ele apreciaria mais a vida se tivesse uma esposa, e faz o seu próprio acompanhamento, tornando-se mais virtuoso em cada um dos três versos. A anciã regressa, oferece-se a Papageno e, com relutância, ele aceita-a, momento em que aquela se transforma numa jovem rapariga que, de imediato, sai de cena.

«O cenário transforma-se num jardim superficial». A tónica si bemol, clarinetes, trompas e fagotes, a lembrar o estilo de serenata de Mozart, trazem de volta os três rapazes. Chegam mesmo a tempo de evitar a tentativa de suicídio de Pamina, onde a música alterna para um obscuro dó menor enquanto ela persiste no seu desespero, em linhas cromáticas expressivas. Uma sétima profunda e uma linha ascendente – o fim parece próximo, mas os rapazes interrompem-na, trazendo a música de volta a si bemol. Asseguram-lhe que tudo acabará bem e que o amor triunfará. A música desliza de volta a dó menor quando «o cenário se transforma na imagem de duas montanhas onde, numa, se avista uma catarata; a outra é um vulcão». Dois sacerdotes, envergando armaduras, trazem Tamino e cantam um hino, a melodia luterana «*Ach Gott vom Himmel sieh darein*», mas adaptada a sentimentos maçónicos: «aquele que segue o seu caminho com os seus fardos, será purificado pelo fogo, pela água, pelo ar e pela terra». Aqui, Mozart escreve um hino completo, como prelúdio, sobre um acompanhamento do baixo, com contra-temas cromáticos, trabalhados com grande perícia, que mostra o seu fascínio com a música do barroco. (Busoni admirou tanto esta passagem que realizou uma transcrição admirável para piano.)

Pamina chama de longe, e os sacerdotes permitem, agora, que ela acompanhe Pamino: do alegre trio dos homens, em lá bemol, a música, de súbito esmorece para fá maior, e Pamina entra. Há uma pausa total. O casal troca frases de uma beleza pura e de uma clareza radiante: «*Tamino mein! O welch ein Glück*»; «*Pamina Mein! O welch ein Glück*». Tudo pára de novo, excepto uma única nota de trompa. Como não se atrevendo a continuar, as cordas entram, hesitantes, e Tamino e Pamina juntam forças para o que se segue; Pamina diz que irão vencer devido ao poder da flauta mágica que o seu pai talhou a partir da madeira de um carvalho com mil anos. Caminharão «pelo poder da sua música através da noite escura da morte». Pamina e Tamino passam nos testes. O libreto diz «ouve-se o crepitar do fogo e o uivo do vento e, por vezes, também o som dos trovões distantes e a correnteza da água. Tamino toca a sua flauta acompanhado por tambores abafados». É uma sonoridade singular: a única flauta é balançada contra acordes isolados de trompas, trompetes, trombones e timbales. Surgem no primeiro teste e entram, depois, no segundo. Assim que termina o segundo teste, o coro (uma vez mais incluindo vozes femininas) celebram o seu triunfo em dó maior.

A cena regressa ao jardim, onde Papageno, já farto, tenta suicidar-se. Num sol maior trocista e honesto, prepara-se para a contagem decrescente mas, de novo, irrompem os três rapazes que lhe lembram que ele tem o carrilhão. Ele toca-o e a jovem rapariga surge de novo, desta vez como Papagena. Cantam num dueto em sol maior, exuberante e divertido, e anseiam ter muitos pequenos Papagenos e Papagenas. A Rainha da Noite aproxima-se com as suas senhoras e Monostatos, mas a sua tentativa, em dó menor, de lançar uma tempestade sobre o castelo de Sarastro, é gorada de imediato pelos raios e trovões que os atingem por todo o lado. «O teatro transforma-se num grande sol», que emerge num esplendor glorioso em cadeias de suspensões, revelando Sarastro elevado, com Tamino e Pamina em roupas sacerdotais e o coro. Ele louva o poder dos raios de sol que «expulsam a noite e destroem o poder maléfico dos hipócritas». A música eleva-se de si bemol para um triunfante mi bemol maçónico: finalmente, e com o maior esplendor, todos os instrumentos tocam em comunhão. O coro final é uma borbulhante celebração da conquista da virtude; é uma sublimação dançante do estilo popular que Mozart transformou, ao longo desta ópera, na maior expressão de sentimento humano.

A Flauta Mágica foi um sucesso final, muito necessário a Mozart. Claramente, ele enveredou por um caminho de sentimento e humor populares que lhe asseguraram que o público ficaria satisfeito; e continuou a sua tarefa com uma sofisticação inacreditável. Houve vinte e quatro actuações em Outubro, todas esgotadas, e foram publicados, de imediato, números populares para piano, incluindo o dueto de Pamina/Papageno e as árias de Sarastro. Salieri e a sua amante Caterina Cavalieri assistiram a um espectáculo, a convite de Mozart, e conta Mozart que: «desde a abertura até ao coro final não houve um número que não suscitasse nele um *bravo* ou *bello*». Schikaneder afirmou que, ao chegar a Novembro de 1792, já tinha havido cem espectáculos e, em Outubro de 1795, duzentos. Apesar da falta de entusiasmo por parte do director de Teatro Nacional de Berlim significar que a obra só foi vista lá em 1794, tornou-se extremamente popular na Alemanha no prazo de dois anos após a morte de Mozart. Os enormes e impressionantes cenários de Karl Friedrich Schinkel para Berlim, em 1816, simbolizam a extravagância da resposta dos inícios do século XIX, a esta ópera. Grandes artistas foram, várias vezes, atraídos a esta ópera: Óscar Kokoschka, que foi o cenógrafo em Salzburgo, Chagall em Nova Iorque e David Hockney em Glyndebourne. Ingmar Bergman realizou um filme inesquecível que se passava numa réplica do teatro da Corte de Drottningholm. Nunca o legado de Mozart foi tão universal como nesta ópera, expandindo-se das circunstâncias muito específicas da sua interpretação num teatro nos subúrbios de Viena durante as suas últimas semanas, para se tornar uma obra que passou por inúmeras e variadas interpretações e significados ao longo de dois séculos da nossa cultura.

�️ Oelze, Schade, Sieden, Finley, Peters, Backs / Coro Monteverdi / English Baroque Soloists / John Eliot Gardiner
DG Archiv 449 166-2 (2 CD)

♫ Ziesak, Jo, Heilmann, Kraus, Moll, Schmidt / Orquestra Filarmónica de Viena / Georg Solti
Decca 433 210-2 (2 CD)

♫ Gedda, Janowitz, Berry, Popp, Frick, Crass, Schwarzkopf, Ludwig, Hoffgen, Putz, Giebel, Reynolds, Veasy / Philharmonia / Otto Klemperer
EMI CMS 567388-2 (2 CD)

ÁRIAS E ENSEMBLES

Desde muito novo, Mozart compôs árias para concertos ou para inserir em óperas de outros compositores; embora muitas sejam poucas vezes interpretadas, algumas fazem partes dos seus mais belos e refinados trabalhos. Sabemos que o improviso de tais árias é algo para que ele fora treinado desde muito cedo. Quando os Mozart estiveram em Londres, uma das capacidades musicais que demonstrou para Daines Barrington foi a composição de uma ária:

«Considerando que ele estava com a disposição e inspiração necessárias, pedi-lhe que compusesse uma *Song of Rage*, adequada à encenação de uma ópera. O rapaz olhou para trás, de novo, travesso, e começou cinco ou seis linhas de um recitativo que deveria preceder uma *Song of Anger* [...] no meio, ele tinha trabalhado com tal registo, que tocava no cravo como alguém possuído, levantando-se por vezes da cadeira. A palavra que escolheu para esta segunda composição improvisada foi "pérfido"».

Isto é comprovado pelo registo de Leopold Mozart em que conta que, muitas vezes, permitia que as pessoas oferecessem a Wolfgang um texto, aleatório, de qualquer ária de Metastasio, para que ele compusesse um contexto «com a mais incrível rapidez».

Em todas estas árias de concerto, Mozart tinha especial orgulho em adaptá-las aos intérpretes propostos, com grande cuidado. Isto é um resumo das árias independentes e *ensembles* importantes (as árias que Mozart acrescentou às suas próprias óperas são mencionadas na entrada dessa mesma ópera, e estão, de modo geral, omitidas aqui). Excepto onde mencionado, foram compostas para sopranos.

«Va, dal furor portata» **K21 (tenor)**
«Conservati fedele» **K23**
«Per pieta, bell'idol mio» **K78**
«O temerario Arbace» **K79**
«Or che il dover» **K36 (tenor)**
«A Berenice...sol nascente» **K70**
«Cara se le mie pene» **(sem n.º K)**

As primeiras árias de concerto de Mozart são adaptadas de textos de Metastasio: a K21 foi escrita em Londres em 1765 para um texto que fala de

MOZART

fúria consequente de uma traição; K23 e K78 a 9 na digressão em Haia, árias de *Artaserse*. A K79 contém um elaborado recitativo acompanhado e uma ária virtuosa em compasso ternário. Aqui, o tema de um conflito entre pai e filho, que viria a ser tão importante em *Idomeneo*, surge pela primeira vez. As K36 e K70, escritas após o regresso a Salzburg, eram ambas extensos recitativos acompanhados e árias conhecidas como «*Licenza*»: uma homenagem, interpretada no final de uma ópera, para dar os parabéns, nestes casos o aniversário da consagração do príncipe arcebispo. A primeira foi escrita em Dezembro de 1766 e a segunda em 1769, com textos indiferentes cheios de louvores. «*Cara se le mie pene*», recentemente descoberta, é uma atractiva ária *da capo* em dó maior, talvez a mencionada por Leopold como tendo sido escrita em Olmutz em 1767: «Se me quer fazer esquecer todos os meus problemas, nunca me separe do seu coração».

«*Fra cento affanni*» **K88**
«*Misero me...Misero pargoletto*» **K77**
«*Se ardire e speranza*» **K82**
«*Se tutti i mali miei*» **K83**
?«*Non curo l'affetto*» **K74b**
«*Si mostra la sorte*» **K209** (tenor)
«*Con ossequio, con rispetto*» **K210** (tenor)
«*Voi avete un cor fedele*» **K217***
«*Ombra felice...Io ti lascio*» **K255** (contralto)*
«*Clarice cara mi sposa*» **K256** (tenor)

A K88, outro cenário de *Artaserse* de Metastasio, foi escrita em Milão em 1770; tem escalas disparadas e dós máximos repetidos: «sobre centenas e centenas de agonias estremeço, tremo e sinto o meu sangue correr frio». Depois há cinco árias baseadas em *Demofoonte*, do mesmo dramaturgo, um texto que tinha sido adaptado por Caldara, Gluck, Hasse e Jommelli. «*Misero me*», K77, inclui outro recitativo acompanhado antes da sua ária inflamante; foi interpretada em Milão e o seu sucesso, possivelmente, contribuiu para a comissão de *Mitridate*: «Trácio infeliz, aqui está o teu Édipo, em mim verás as fúrias de Argos e Tebas renovadas».

As K82, K83 e K84 também usaram este libreto e Mozart encontrou nele uma fonte fértil de paixão: a K82 é uma ária de desespero, escrita para o *castrato* Giovanni Manzuoli, que tinha dado aulas a Mozart em Londres. A K83

ÓPERAS

é igualmente sombria: «nesta amarga situação, mesmo que fosses uma rocha, derramarias lágrimas». A K74b foi escrita um pouco mais tarde para o teatro em Pavia, no seguimento do sucesso de *Mitridate*, mas o manuscrito não sobreviveu. As restantes árias deste grupo foram escritas após os Mozart regressarem a Salzburgo, e estão associadas a uma visita de uma companhia teatral de ópera italiano à cidade, onde interpretaram uma ópera de Baldassare Galuppi em Maio de 1775. A assombrosa é a «*Voi avete un cor fedele*», datada de 26 de Outubro de 1775, de um texto de Goldoni para *Le nozze di Dorinda*. Assinala uma evolução nítida no estilo da *opera buffa* de Mozart. Secções graciosamente lentas alternam com outras intensamente rápidas, originando uma explosão final: «Tens um coração fiel, como um amante apaixonado, mas meu futuro noivo, que irás fazer? [...] de momento não confio em ti». A música de Mozart soa francamente irónica relativamente ao enamorado.

«*Ombra felice*» é o único exemplo de uma ária de concerto para um contralto, datada de Setembro de 1776, para o *castrato* Francesco Fortini, com um recitativo e uma *Aria en Rondeau*: «Deixo-vos, e não sei se este adeus será o último [...] apenas deuses, quem quer que tenha passado tão cruel tormento». A razão por que Fortini terá vindo a Salzburgo com a companhia teatral da *opera buffa* não é clara, mas trata-se de uma peça séria. De modo invulgar, após a pirotecnia, acaba calmamente. A K256 foi, possivelmente, uma inserção numa ópera de Piccinni para o tenor Antonio Palmini e revela-se uma ária *buffa* ostentosa – com interrupções de outra personagem – em tercinas (um pouco como seria Bartolo em *Fígaro*). Marcada com precisão «*In tempo comodo d'un gran ciarlone*», podia ser o antecessor de uma canção gilbertiana de sapateado. O texto é bastante *nonsense*, mas há uma bela secção de paródia musical: «*Se in questa musica / Non sian unisoni / Tritoni e dissoni / Vuo' fulminar*» (se nesta música não há uníssonos, trítonos ou dissonâncias, então deixarei a raiva vir ao de cima).

♁ K217, etc.
Felicity Lott / London Mozart Players / Jane Glover
ASV CDDCA683

«Ah lo previdi…Ah t'invola» **K272****
«Alcandro lo confesso…Non so d'onde viene» **K294****
«Se al labbro mio mon credi» **K295 (tenor)**
«Basta vincesti…Ah non lasciarmi, no» **K295a***

329

MOZART

«Popoli di Tessaglia…Io non chiedo, eterni Dei» K316**
«Ma che vi fece o stelle…Sperai vicino il lido» K368
«Misera dove son…Ah non son io che parlo» K369*

«*Ah lo previdi*» é a primeiras das verdadeiramente grandes árias de concerto, escrita para Josepha Duschek, em Agosto 1777. O texto é de *Andromeda*, que tinha sido adaptado por Paisiello; o texto é de Vittorio Cigna-Santi. Esta peça multi-seccionada, repleta de uma intensa paixão, está relacionada com a travessia de Perseu para a outra margem do Letes. Começa com um recitativo, e o intérprete entra numa dissonância feroz – «*Ah eu previ*» – e começa, também, a primeira ária de dissonância: «Ah, afasta-te da minha vista». Esta secção está, totalmente, desenvolvida, levando a outro recitativo e adágio e, depois, a uma cavatina marcada *Andantino*, com violinos em surdina e violas, segundos violinos *pizzicato* e violoncelos, e um proeminente solo de oboé: «Ah, não atravesses essas águas, alma da minha alma». A colocação de surdina é elevada na breve secção final, que é maravilhosamente contida: «Desejo ir contigo».

«*Alcandro lo confesso* […] *Non so d'onde viene*» é a primeira de uma sequência de árias para uma intérprete por quem Mozart esteve completamente apaixonado, Aloysia Weber. Terão sido perfeitamente adequadas para a sua voz argentada, elevando-se a um ré agudo e depois tocando mi bemol. É um texto de Metastasio com orquestração de J.C. Bach, de *Olimpiade*: «Não sei de onde vem esta terna emoção, este sentimento que cresce no meu peito, este arrepio que percorre as minhas veias». Este é, talvez, o primeiro vislumbre da reacção de Mozart às emoções conflituosas e incertas. Esta ária tem um conjunto valioso de elaborações manuscritas de Mozart para a parte vocal, indicando o que, noutras ocasiões, ele esperava que fosse fornecido pelo intérprete. «*Basta vincesti*» K486a destinava-se a Dorothea Wendling, a primeira Ilia em *Idomeneo*, e é o apelo de Dido a Eneias, para não a deixar, como escrito por Metastasio («A minha vida acaba se tiver que dizer adeus»), uma ária eloquente num lento compasso ternário. Mozart contou que Wendling escolheu o texto e que, tanto ela, como a filha adoraram a cenografia.

«*Popoli di Tessaglia* […] *Ion non chiedo*» é, de novo, para Aloysia Weber, com data de 8 de Janeiro de 1779, em Munique, adaptada do libreto de Calzabigi, para *Alceste* de Gluck. Mozart tratou-a com o habitual brilhantismo, elevando até sol sobre dó agudo. A primeira secção da ária está assinalada «*sotto voce, sostenuto e cantabile*»: «Deuses eternos, não peço que todos os meus céus não tenham nuvens, mas pelo menos deixai que alguns raios de piedade consolem a minha mágoa». Posteriormente, segue-se um tumultuoso *Allegro assai*: «Ninguém pode entender o meu infortúnio ou o terror que pesa no meu peito». Esta ária tem sido criticada pela sua extravagância e é, certamente, a música para alguém que sentia que demasiado não era suficiente, mas reflecte o compromisso apaixonado de Mozart para com Aloysia.

A próxima ária deste grupo, «*Ma che vi fece*», K368, é mais contida no compasso, mas não menos vocalmente exigente; poderá ter sido destinada para Elisabeth Wendling, a primeira Electra em *Idomeneo*, e irmã do marido de Dorothea Wendling. Por fim, temos «*Misera, dove son!*» de Março de 1781 em Munique, para uma outra intérprete, a Condessa Josepha von Paumgarten. Era uma amadora exímia, mas a adaptação de Mozart é admiravelmente contida na sua exigência vocal, apesar do texto intenso: «A dor cruel que rasga o meu coração enfurece-me». A orquestração destaca a flauta na textura, sem dúvida para os amigos de Manheim.

♮ *K272 etc.*
Kiri Te Kanawa / Vienna Chamber Orchestra / Georg Fischer
Decca 455 241-2
♮ *K272 etc.*
Lena Lootens / La Petite Bande / Sigiswald Kuijken
Virgin Classics 561573

«*A questo seno deh vieni…Or che il cielo*» K374
«*Nehmt meinen Dank*» K383****
«*Mia speranza adorata! Ah non sai qual pena sia!*»K416**
«*Vorrei spiegarvi*» K418****
«*No, che non sei capace*» K419***
«*Per pieta, non ricercate*» K420 (tenor)

Estas árias datam do período entre Abril de 1781 e Junho de 1783 e mostram Mozart, em Viena, no auge máximo das suas capacidades. «*A questo seno deh vieni*», para o *castrato* Francesco Ceccarelli, não é especialmente interessante, sem dúvida, porque foi escrito para uma visita do arcebispo de Salzburgo. Em contraste, «*Nehmt meinen Dank*», concluída a 10 de Abril de 1782, é requintada: uma peça de despedida para Aloysia, possivelmente, escrita para o seu concerto em Abril de 1782 («Aceitem os meus agradecimentos […] nunca, na vida, hei-de esquecer a vossa generosidade»). É com-

MOZART

pletamente distinta das outras árias: uma orquestração estrófica simples, reminiscência do final de *O Rapto*, pela sua frontalidade e emoções simples. Mozart, como sempre, lança a sua magia: aqui, os harpejos do solo de flauta, oboé e fagote que se elevam, levados pela corrente, criam uma textura arrebatadora para a melodia simples. Aloysia voltou a Viena para «*Mia speranza adorata*», encenada duas vezes em 1783, uma das mais belas árias que Mozart compôs. Generosamente, não a leva além do mi bemol num texto de *Zemira* de Anfossi (mais uma vez, ele tenta o destino já que esta ópera já tinha subido aos palcos em Viena): «Ah, não sabeis a dor que sinto ao deixar-vos [...] que destino cruel me haveis destinado, deuses hostis».

As três árias seguintes foram escritas por Mozart para serem inseridas numa outra ópera de Anfossi, *Il curioso indiscreto*. Esta ópera fora encenada pela primeira vez em Roma, mas Anfossi não era membro do círculo de Viena. O episódio foi rodeado de intrigas que Mozart, alegremente, repetiu: para acalmar os receios daqueles que pensavam que ele queria subir à custa de uma ópera de Anfossi (o que deve ter sido o seu objectivo) mandou imprimir no libreto a indicação, falsa, de que ele só tinha escrito as árias «porque as originais não eram adequadas à voz da Sr.ª Lange e, assim, o nome do mais famoso napolitano não sofrerá de modo algum». Das três árias, apenas as duas primeiras foram interpretadas; Adamberger, insensatamente, disse que não interpretaria uma substituta, conduzindo, assim, ao fracasso. A segunda das árias de Aloysia foi um enorme sucesso (de acordo com Mozart, foi «uma *bravura*...[e] teve que ser repetida»). Mas é a primeira ária que é impressionante e única: um Adágio em lá maior para solo de oboé e vozes que competem umas com as outras expressivamente, usando o alcance único de Aloysia para se elevar, delicadamente, a um mi agudo e descer, depois, em circunstâncias vocalmente arriscadas. No *Allegro* tem de saltar mais de duas oitavas, de um si grave a um ré agudo. É uma imagem soberba de emoção reprimida: «Gostaria de lhe explicar a minha angústia, mas o destino condena-me a chorar em silêncio». Está aqui, seguramente, toda a dor de Mozart por ter perdido Aloysia. A ária *bravura* companheira K419, no temperamento de «*Marter allen arten*», interpretada por Constanze, é uma peça exibicionista. Adamberger foi, de facto, tolo, por recusar esta ária de inserção, um número atraente, escrito no estilo da parte de Belmonte em *O Rapto*.

K383 etc.
Lucia Popp / Orquestra Mozarteum de Salzburgo / Leopold Hager
Philips 464 880-2

ÓPERAS

K383 etc.
Elisabeth Schwarzkopf / Orquestra Sinfónica de Londres / George Szell
EMI 574803-2

«Così dunque tradisci» **K432 (baixo)**
«Misero! O sogno...Aura che introno spiri» **K431 (tenor)**
«Dite almeno in che mancai» **K479 (soprano, tenor dois baixos)****
«Mandina ambile» **K480 (soprano, tenor e baixo)**
«Ch'io mi scordi di te» **K505*** (soprano, piano)**

As primeiras duas árias, para baixo e tenor, não apresentam certeza quanto
à data, que possivelmente será 1783, em Viena. Mozart encontrava-se, agora,
extremamente ocupado a compor e a ensinar, e tinha pouco tempo para este
tipo de composição. Mas em Novembro de 1785 foi-lhe pedido que escrevesse dois *ensembles* para a ópera de Bianchi, *La villanella rapita*, a que ele
acedeu – um quarteto e um trio, ambos animados e a beneficiar da experiência
dos *ensembles* que esboçou para as suas peças incompletas *L'oca del Cairo* e
Lo sposo deluso. O *Terzetto* é um andamento descontraído em compasso ternário em lá maior, que ganha em intensidade mas termina calmamente; o Quarteto é um acto soberbo que nos faz recordar os grandes *ensembles* das óperas
de Da Ponte, com os seus pontos de vista conflituosos e crescente entusiasmo.

«Ch'io mi scordi di te» é uma das árias de concerto de Mozart mais populares e conhecidas, por duas razões: primeiro, a parte da soprano, escrita para
Nancy Storace no seu concerto de despedida, em Dezembro de 1786, não faz
exigências que não sejam razoáveis em termos de alcance e agilidade; segundo,
o facto de a ária conter um *obbligato* encantador de piano, que Mozart escreveu para si próprio, e que se recomenda a si mesmo a gerações de pianistas
de concerto. O alcance vocal é, de facto, restringido, mas a composição é
muito expressiva e maravilhosamente entrelaçada com o piano. Tem a forma
de um Recitativo com Rondó, e o texto é adaptado de um outro que foi acrescentado a *Idomeneo* em 1786: «Não temais, meu amor, o meu coração per-
tencer-vos-á para sempre, não consigo suportar tal dor, já não tenho alento».

🎧 *K505 etc.*
Cecilia Bartoli, András Schiff / Orquestra de Câmara de Viena / Georg
Fischer
Decca 430 513

MOZART

⌒ *K505 etc*
Christine Schäfer, Maria João Pires / Orquestra Filarmónica de Berlim /
Claudio Abbado
DG 457 582-2
⌒ *K505, K272, K528, opera arias*
Soile Isokowski / Tapiola Sinfonietta / Peter Schreier
Ondine 1043

«Alcandro lo confesso...Non so d'onde viene» K512 (baixo)
«Mentre ti lascio, oh figlia» K513 (baixo)
«Bella mia fiamma, addio...Resta oh cara» K528***
«Ah se in ciel, benigne stele» K538**
«Ich mochte wohl der Kaiser sein» K539 (baixo)
«Un bacio di mano» K541 (baixo)

Duas árias para baixo, «*Alcandro lo confesso*» K512 (não confundir
com a orquestração anterior para soprano do mesmo texto) e «*Mentre ti las-cio*» K513, uma para Johann (Karl) Ludwig Fischer (o primeiro Osmin) e
uma para Gottfried von Jacquin (um amigo próximo), foram ambas escritas
em 1787. «*Bella mia fiamma*» K528 é uma cena soberba escrita para a
amiga de Mozart, em Praga, Josepha Duschek. Aqui, o estilo é significati-vamente mais concentrado que nas árias anteriores – estamos agora num
mundo musical pós-*Fígaro* – embora não menos apaixonado. O texto apre-senta uma intensa cena de suicídio de uma ópera de Jommelli: «O céu não
gostou da nossa felicidade [...] a minha morte absolver-te-á da fé que
juraste [...] Meu querido, adeus para sempre!» «*Ah se in ciel*» foi especial-mente revisto para Aloysia, possivelmente para o intervalo no oratório de
C.P.E. Bach que Mozart dirigiu em Março de 1788. De início parece um
regresso a um estilo anterior, mas Tyson acredita que foi iniciada já em
1778 e concluída apenas em 1788. Em alcance não é estratosférica, mas
exige grande agilidade e aprumo. A jovial ária K539 é uma raridade, uma
ária de guerra estrófica para baixo, preparada para versos burlescos: «Gos-tava de ser o imperador». Foi escrita para um concerto a 7 de Fevereiro de
1788 para Friedrich Baumann.

Mais tarde nesse ano escreveu para outra ópera de Anfossi «*Un bacio di
mano*», para baixo, para ser interpretada pelo seu Don Giovanni de Viena,

334

Francesco Albertarelli; um dos temas da ária foi, directamente, copiado do primeiro andamento da Sinfonia «Júpiter», mais tarde nesse ano.

⌒ *K528 etc.*
Barbara Frittoli / Orquestra de Câmara Escocesa / Charles Mackerras
Erato 8573 86207-2

«Alma grande e nobil core» K578*
«Chi sa qual sia» K582*
«Vado ma dove? Oh Dei» K583**
«Per questa bella mano» K612 (baixo com contrabaixo) *

«Alma grande e nobil core» K578 foi uma inserção numa ópera popular de Cimarosa, *due baroni*, que foi encenada no *Burgtheater* em Viena, em Setembro em 1789. A intérprete era Louise Villeneuve, a primeira Dorabella em *Così*, mas esta peça é, de longe, mais grandiosa que qualquer outra que ele tenha escrito para ela naquela ópera. Ela também canta na ópera de Martín y Soler *Il burbero di buon core*, em Novembro de 1789, para a qual Mozart forneceu a animada ária *«Chi sa qual sia»*, e a lírica *«Vado ma dove? Oh Dei»*. A primeira é uma área de perplexidade: «O que é que atormenta o meu amado?» – na realidade, é o facto de ele estar, irremediavelmente, endividado, uma situação que não seria desconhecida para Mozart naquela época. A segunda é uma ária de partida: «Amor, guia os meus passos, dissipa os temores que me fazem duvidar». A ária de concerto final de Mozart é uma peça invulgar de 1791, ligada ao teatro de Schikaneder, para onde escrevia *A Flauta Mágica*: a peça foi escrita para o principal baixo do teatro, Franz Gerl (que iria interpretar Sarastro) e para o instrumentista de contrabaixo, Friedrich Pischelberger. Mozart consegue, com uma surpreendente facilidade, num ritmo delicado e saltitante, invocar uma leveza inesperada na textura do baixo e contrabaixo, quando o texto anónimo diz «a brisa, as plantas e os ventos dizem-te como é constante a minha fidelidade». (Por fim, houve mais uma contribuição para outra ópera, *Le gelosie villane,* de Sarti, para a qual Mozart compôs um coro final a 20 de Abril de 1791, que anotou no seu catálogo temático – no entanto desapareceu.)

MOZART

⌒ *Concerto de árias completo*
Te Kanawa, Gruberova, Berganza, Laki, Hobarth, Winbergh / Orquestra de Câmara de Viena / Georg Fischer e Orquestra Sinfónica de Londres / John Pritchard
Decca 455 241-2
⌒ *Cinquenta anos de Mozart em Disco (árias operáticas e concerto de árias)*
EMI mono 7 63750-2 (4 CD)

Canções

As canções de Mozart foram um aspecto totalmente doméstico do seu trabalho, possivelmente sem intenção de serem usadas em concerto. Algumas foram deliberadamente destinadas à publicação, mas também ao uso doméstico, um par de cada vez, talvez destinadas a uma noite específica, para um encontro musical privado. São todas, no entanto, escritas com o mesmo cuidado escrupuloso que colocou em todas as peças do seu trabalho. Apesar de ter desejado que as suas óperas e sinfonias sobrevivessem, provavelmente ficaria assombrado com a ideia destas pequenas miniaturas ainda serem executadas e estudadas. Paul Nettl apelida-as «um subproduto da sua musa».

«An die Freude» **K53**
«Wie unglücklich bin ich nit» **K147**
«An die Freundschaft» **K148**

Estas primeiras canções são para voz e baixo contínuo, em vez de serem totalmente partes escritas para teclado. A primeira tem sido associada a *Bastien und Bastienne*, de Viena em 1768; as outras duas tiveram origem em Salzburgo e a segunda, K148, é o exemplo mais precoce, no trabalho de Mozart, de um texto inspirado nos ideais maçónicos.

MOZART

«Oiseaux si tous les ans» **K307***
«Dans un bois solitaire» **K308***

Duas canções escritas em francês para a filha dos amigos de Mozart em Manheim, a família Wendling, compostas para ela interpretar nos finais de 1777 ou inícios de 1778. Têm partes escritas para piano com muito charme.

«Die Zufriedenheit» **K349**
«Komm liebe Zither» **K351**
«Ich würd auf meinem Pfad» **K390**
«Sei du mein Trots» **K391**
«Verdankt sei es dem Glanz» **K392**
«Lied zur Gesellenreise» **K468**

As K349 e K351 foram escritas, antecipando a serenata de Don Giovanni, com acompanhamento de bamdolim. As K390-2 são adaptações de Johann Timotheus Hermes, do seu romance *Sophiens Reise*. É difícil dizer porque é que Mozart as orquestrou, e cada uma tem uma especificidade distinta: «indiferente, mas feliz», «triste, mas calma», «agitada com contenção».

«Der Zauberer» **K472***
«Die Zufriedenheit» **K473**
«Die betrogene Welt» **K474**
«Das Veilchen» **K476****
«Lied der Freiheit» **K506**
«Die Alte» **K517**
«Die Verschweigung» **K518**
«Das Lied der Trennung» **K519**

As K472 a 4 são três orquestrações do conhecido poeta C.F. Weisse, sendo *«Der Zauberer»* a mais dramática e as restantes mais, convencionalmente, bucólicas. *«Das Veilchen»* (A violeta), a única orquestração de Mozart de Goethe, é excepcionalmente livre no seu tratamento e expressiva no resultado. As outras peças são mais tradicionais no estilo.

CANÇÕES

☊ *K476 etc.*
Dawn Upshaw, Richard Goode
Nonesuch 7559 79317-2

«Als Luise die Briefe» K520**
«Abendempfindung an Laura» K523**
«An Chloe» K524**
«Des kleinen Freidrich Geburtstag» K529
«Das Traumbild» K530
«Die kleine spinnerin» K531

As primeiras três estão entre as mais belas canções de Mozart, todas escritas em Maio ou Junho de 1787. A primeira foi uma das peças associadas ao círculo familiar de Gottfried von Jacquin e pensou-se, mesmo, que tinha sido composta por ele, tal como o foi a K530. As duas seguintes foram publicadas pela editora Artaria, em Viena, em 1789; «Abendempfindung» tece uma longa linha num solo vocal sob sextas ondulantes na parte do piano, perfeitamente adequadas à sonoridade do instrumento e parece uma afirmação pessoal, genuína, por parte do compositor. As duas restantes são canções estróficas, relativamente convencionais.

☊ *K523 etc.*
Juliane Banse, András Schiff
ECM 461 899-2

«Sehnsuch nach dem Frühling» K596*
«Im Frühlingsanfang» K597
«Das Kinderspiel» K598

«Ansiando pela Primavera» tornou-se uma das melodias mais conhecidas de Mozart, porque uma versão da mesma surge, também, como último andamento no Concerto para Piano K595. As três canções foram escritas no início do último ano de Mozart e foram publicadas como parte de uma colecção de canções para crianças. Os textos são da autoria de Overbeck e Sturm. O seu temperamento despreocupado desmente a ideia de Mozart, na época, viver atormentado com pensamentos sobre a morte.

MOZART

♁ *Canções*
Anne Sophie von Otter, Melvyn Tan
DG 447 106-2
♁ *Canções Completas*
Elly Ameling, Dalton Baldwin
Edição Completa de Mozart, Philips, Vol. 24 422 524-2

«*Liebes Mandel, wo is's Bandel*» K441
?Nocturnos K436-9, K346
Canzonetta **K549**

Um dos melhores amigos da família Mozart era Gottfried von Jacquin, cuja irmã era uma das discípulas de Mozart ao piano (para quem ele compôs o trio, erradamente chamado, «*Kegelstatt*») e cujo irmão Josef Franz é tema de uma comovente entrada no álbum manuscrito de Mozart num inglês imperfeito (ver K228 em baixo). O Trio Bandel com as suas partes assinaladas para Constanze, Mozart e Jacquin, dramatiza um pequeno incidente doméstico, a perda de uma fita, trabalhada num pequeno drama. Alan Tyson sugere a data de 1786/7 para esta peça, em vez da usual 1783, que parece mais adequada às que se seguem.

Os Nocturnos também foram escritos para Jacquin e, talvez sejam, parcialmente, da sua autoria; são instrumentalizações simples para um trio de intérpretes e clarinetes agudos ou clarinetes clássicos, talvez para mostrar que os irmãos de Stadler também faziam parte deste círculo doméstico. Foram, possivelmente, compostos em Viena, durante o ano 1787, mas a *Canzonetta* data, mais precisamente, de 16 de Julho de 1788, apesar do acompanhamento poder ter sido concebido pelo intérprete Michael Kelly. Neal Zaslaw sugere que, nestas peças, Mozart desempenhou o papel do ombro amigo de Jacquin e Kelly, que encoraja, edita, colabora, tal como o pai tinha feito com ele.

♁ *Notturni completas etc.*
Edição Completa de Mozart, Philips, Vol. 24 422 524-2 (2 CD)

CANÇÕES

CÂNONES

Por fim, alguma diversão! Há muitos trabalhos destes, informais, alguns escritos como exercícios de contraponto, alguns escritos para serem interpretados em reuniões sociais, outros inscritos nos álbuns dos amigos: estes cânones eram, para Mozart e o seu círculo, como tinham sido para J.S. Bach, um meio de comunicação natural, mas inventivo. Mas onde Bach tinha aspirado a algo espiritual, no significado dos seus cânones, Mozart reflectiu a alcovitice terra-a-terra, contida em alguns das suas cartas. Peças deste género parecem ter sido uma parte integrante da vida de Salzburgo, onde Michael Haydn também compôs vários exemplos, e alguns podem ser da autoria de amigos de Mozart e não dele. Também nos recordam como toda a composição técnica da época estava enraizada no estudo do contraponto tradicional e da «re-inventividade» do estilo de Palestrina preservado através do trabalho de Fux; assim, não é surpresa que os primeiros exemplos cheguem da época em que Mozart estudava com o Padre Martini em Bolonha. Muito mais divertidos são, no entanto, os últimos exemplos, com textos bem-humorados. Actualmente, não é provável que os escutemos muito. Sobretudo porque muitos deles foram publicados apenas com os seus textos censurados.

?«*Leck mich im Arsch*» K231 («*Lasst froh uns sein*»)
Cânone em Ré K347
«*V'amo di core*» K348*

«*Leck mich im Arsch*» é um exemplo de um cânone preservado sob o seu título original, mas com o texto castrado: os editores substituíram-no por linhas inocentes «*Lasst froh uns sein*». É interpretado desta forma, mesmo na rigorosa *Philips Complete Mozart Edition*, mas a versão original subjacente total do texto apareceu, mesmo a tempo das celebrações de Mozart de 1991. Se Mozart foi o autor da música é menos certo: K231 baseia-se numa citação antiga, reminiscente do tema final da «Júpiter» e ganha a sua força através dos contra-temas mais céleres. (Os seus companheiros na *Neue Mozart Ausgabe*, K233 e K234, são agora atribuídos a um compositor chamado Trnka.) O cânone em ré maior K347 recebeu um texto sobre bebida, «*Wo, der perlende Wein*». «*V'amo di core*» é um inventivo cânone quádruplo com doze vozes para quatro coros: possivelmente teve origem na época em que Mozart estudava os cânones do Padre Martini, mas é possível que Stadler os tenha realizado ou concluído.

Cânone em Fá K507
Dois cânones K508 e K508a
Cânone em Fá K228
«Lieber Freistadler, liebe Gaulimauli» K232

Todos estes cânones foram escritos entre 3 de Junho e Agosto de 1786; a alguns foi atribuído texto. Alguns tiveram origem no manual de aprendizagem de Thomas Attwood, discípulo inglês de Mozart. O segundo dos cânones a quatro vozes foi copiado para o caderno do seu amigo Josef Franz von Jacquin a 24 de Abril de 1787 com a tocante frase em inglês: «*Don't never* [sic] *forget your true and faithfull* [sic] *friend Wolfgang Amadé Mozart*» [«Nunca te esqueças do teu verdadeiro e fiel amigo, Wolfgang Amadé Mozart»]. Possivelmente tinha estudado algum inglês com Attwood e discutia com aos amigos uma possível visita a Londres. Mais tarde foi atribuído um texto ao cânone. Há, depois, um cânone divertido, que troça de Josef Freistadler, um dos pupilos de Mozart em Viena, bastante determinado comparado com os outros.

Aleluia K553*
Ave Maria K554*
«*Lacrimoso son'io*» K555*
«*Nascoso e mio sol*» K557
«*Gretchtelt's enk*» K556
«*Gehn wir im Prater*» K558
«*Difficile lectu mihi mars*» K559
«*O du eselhafter Peierl / Martin*» K560
«*Bona nox! Bist a rechta Ox*» K561
«*Caro bell'idol mio*» K562

Estes dez cânones, todos com textos de Mozart, foram registados no seu catálogo precisamente a 2 de Setembro de 1788. Os K553 e K554 têm textos sacros, um deles com o que parece ser um tema cantochão, as Aleluias a usarem belas suspensões através da barra de compasso, e a «Avé Maria» a usar extensões de frases subtis e variadas para criar uma névoa de entradas imitativas. Os cânones italianos são mais elaborados e demonstrativos: devem ter sido um desafio (sobretudo o cromatismo do K557) mas aprazíveis de interpretar. Os K556 e K558 encontram-se no dialecto vienense, falando sobre se devem analisar a nova atracção do Parque Prater. O Latim *nonsense* do K559 e as piadas à custa do tenor Johann Peyerl (também arranjado como um insulto a alguém chamado Martin em vez de Peyerl) são bastante divertidos, sobretudo quando o latim é interpretado com um sotaque propositado para o transformar num dúbio alemão. Os nomes podem ser alterados à vontade: tal como disse um estudioso de Mozart, quem sabe quando podemos, de repente, precisamos de insultar alguém e necessitamos de um cânone já pronto para o propósito.

O K561 deseja-nos boa noite em cinco línguas, recomendando-nos (como Mozart fez até à sua mãe) enfiar o traseiro na boca enquanto dormimos, criando o que foi descrito como «uma extravagância escatológica». O K562 é, geralmente, mais sério, um cânone lírico em lá maior que relembra o cânone, de tirar o fôlego, no acto final em *Così fan tutte*. É mais um exemplo da genialidade de Mozart que «*Caro bell'idol mio*» possa coexistir com a vulgaridade alegre de «*Bona nox!*» e seja, de modo convincente, parte do espírito criativo do mesmo compositor.

⌒ *Wolfgang Amadeus Mozart: Soirée chez les Jacquin. Notturni Canons K439, K580b, K346, K484b, K410, K411, K549, K428, K437, K441, K561, K498*
   Piau, Gabail, Caton, Thome, Moreno / Ensemble 415
   Zig Zag Records 990701
⌒ *Canons*
   Coro Vienense etc.
   Edição Completa de Mozart, Philips, vol. 23, 422 523-2

Leitura adicional

Há centenas de livros escritos sobre Mozart e milhares de artigos significativos; escolhi aqueles que mencionam investigação recente e relevante, com o mínimo possível de jargão e que forneceram informação para este livro. Todas as recomendações são de livros em inglês, mas os leitores que saibam alemão poderão dedicar a sua atenção às abrangentes introduções e comentários críticos dos volumes da *Neue Mozart Ausgabe* (NMA); à edição mais fidedigna das cartas da família Mozart, de Wilhem Bauer, Otto Erich Deutsch e Joseph Eibl (*Mozart: Brief und Aufzeichnungen: Gesamtausgabe*, sete volumes, de 1962-75); e à pesquisa dos intérpretes de Mozart, de Rudolph Angermüller, *Vom Kaiser zum Sklaven, Personen in Mozarts Opern* (Salzburgo, 1898). O novo catálogo Köchel sobre as obras de Mozart, editado por Neal Zaslaw, deverá ser publicado em breve, assim como uma nova «edição de bolso» de Köchel, da autoria de Cliff Eisen e Ulrich Konrad.

GUIAS

The Mozart Compendium, ed. H.C. Robbins Landon (Thames and Hudson).
O melhor guia, num só volume, de todas as obras de Mozart e antecedentes culturais; não há uma narrativa biográfica, mas antes uma vasta quantidade de informação de diferentes escritores sobre vários tópicos relevantes.

MOZART

The New Grove Mozart, Stanley Sadie e Cliff Eisen (2.ª edição, Macmillan, 2001).

A lista de obras mais actualizada e pormenorizada, com uma visão geral académica, tanto da biografia como da música, bem elaborada, com análises e descrições fidedignas. Deverá ser utilizada a segunda edição.

Mozart: A Documentary Biography, Otto Erich Deutsch, trad. Eric Blom, Peter Branscombe, Jeremy Noble (A. & C. Black, 1965).

A colectânea indispensável de todos os documentos sobre Mozart, conhecidos nos anos 60; um feito impressionante que influenciou tudo o que se escreveu posteriormente sobre o compositor. Numa recensão crítica corrosiva, mas divertida, W. H. Auden classificou esta colectânea de factos directos como «um não-livro não-escrito por um louco».

New Mozart Documents, Cliff Eisen (Macmillan, 1991).

Factos novos e descobertas recentes, desde os anos 60, para acrescentar à obra de Deutsch, alguns de importância menor, mas todos fascinantes.

The Complete Mozart: A Guide to the Musical Works of Wolfgang Amadeus Mozart, ed. Neal Zaslaw e William Cowdery (Norton, 1990).

Notas fidedignas de programas, de várias e diversificadas fontes, sobre todo o trabalho de Mozart, mas sem biografia ou contexto; planeado para apoiar o Festival Mozart, em 1991, no Centro Lincoln, Nova Iorque, quando todos os seus trabalhos foram interpretados.

The Cambridge Companion to Mozart, ed. Simon Keefe (Cambridge, 2003).

A publicação mais recente de maior relevo: um guia estimulante sobre os novos estudos e contextos: inclui alguns belos ensaios de Cliff Eisen sobre Salzburgo e Dorothea Link, em Viena, e análises significativas das obras, da sua recepção e interpretação. A bibliografia, de modo provocante, lista todas as bibliografias como «Reception».

CARTAS

The Letters of Mozart and his Family, ed. Emily Anderson (3.ª edição, Macmillan, 1985).

A tradução inglesa pioneira, ainda a mais abrangente disponível, e agora bem comentada, embora cada vez mais criticada pela sua falta de reflexão

LEITURA ADICIONAL

precisa sobre o estilo singular da escrita de Mozart; faltam pormenores musicais e culturais e apresenta alguma censura tácita de alguns trechos escatológicos e explícitos (embora estes tenham ido muito além do que antes havia disponível). A primeira edição, de 1938, também incluiu as últimas cartas de Constanze ao editor André.

Mozart's Letters, Mozart's Life, Robert Spaethling (Norton / Faber, 2000).
Uma tradução mais vigorosa e idiomática do que a de Anderson, mas inclui muito menos cartas.

Mozart Speaks: Views of Music, Musicians and the World, Robert Marshall (Schirmer, 1991).
Uma compilação das opiniões de Mozart, sobretudo sobre outros compositores.

BIOGRAFIA
Mozart, Wolfgang Hildesheimer (Dent, 1983).
Uma reinterpretação estimulante sobre a vida do compositor, baseada numa atitude adequadamente céptica, sobretudo no que se refere às cartas de Mozart, que criaram uma grande controvérsia, especialmente na Alemanha.

Mozart in Vienna 1781-1791, Volkmar Braunbehrens (Grove / André Deutsch, 1990).
Uma imagem cativante dos anos que o compositor passou em Viena, baseada num intenso conhecimento da vida cultural da cidade.

Mozart: A Life, Maynard Solomon (Harper Collins, 1995).
Uma biografia da autoria do académico mais entusiasta de Mozart dos últimos anos.

Mozart's Death: A Corrective Survey of the Legends, William Stafford (Macmillan, 1991).
Um olhar rigoroso sobre os mitos que rodeiam a morte de Mozart.

Mozart in Person: His Character and Health, Peter J. Davies (Greenwood, 1989).
Uma análise espantosamente fascinante, mas só parcialmente convincente, sobre a personalidade e as doenças de Mozart.

The Mozart Family: Four Lives in a Social Context, Ruth Halliwell (Oxford University Press, 1998).

Considerações muito criteriosas, justas e escrupulosas sobre a família Mozart, à luz da mais recente investigação.

Mozart and his Circle: A Biographical Dictionary, Peter Clive (Dent, 1993).

Registos fascinantes e fiáveis sobre contemporâneos, intérpretes, amigos, patronos e alguns biógrafos de Mozart; faltam os compositores que o influenciaram.

ESTUDOS ACADÉMICOS

Mozart: Studies of the Autograph Scores, Alan Tyson (Harvard University Press, 1987).

Uma compilação seminal de ensaios, juntando um selecção de artigos de Tyson que mudou, por completo, a nossa visão sobre o processo de composição de Mozart.

Mozart Studies, ed. Cliff Eisen (Oxford University Press, 1991).

Inclui o importante artigo de Maynard Solomon sobre as anedotas de Rochlitz e Christoph Woff sobre o *Requiem*, assim como uma lista essencial sobre novas datações de Alan Tyson e outras análises académicas.

Conceptions of Mozart in German Criticism and Biography 1791-1828, William Robinson (Yale University, dissertação académica, 1974).

Uma tese fascinante que, infelizmente, nunca foi publicada em livro; aborda muitos pontos de vista interessantes sobre Mozart, nos anos após a sua morte.

Mozart and Posterity, Gernot Gruber (Quartet, 1991).

Um tema da maior relevância mas, infelizmente, superficial e mal traduzido.

Performing Mozart's Music: A Conference at Lincoln Center, ed. Neal Zaslaw, in *Early Music* (OUP), números sobre Mozart, Novembro de 1991, Fevereiro de 1992 e Maio de 1992.

Seminários dados na conferência do bicentenário de Mozart, em Nova Iorque, compilados em três volumes da principal revista sobre música antiga.

LEITURA ADICIONAL

Wolfgang Amadeus Mozart: Essays on His Life and on His Music, ed. Stanley Sadie (Oxford University Press, 1996).

Trabalhos abordados numa grande conferência sobre o bicentenário de Mozart, em Londres, publicados cinco anos mais tarde.

On Mozart, ed. James M. Morris (Woodrow Wilson Center / Cambridge University Press, 1994).

Um importante simpósio que contém o artigo de Neal Zaslaw, «Mozart as a working stiff», e o de Christoph Wolff, «The Challenge of blank paper».

MÚSICA

Haydn, Mozart and the Viennese School 1740-1780, Daniel Heartz (Norton, 1995).

A melhor pesquisa de toda a música de Mozart até 1780 e o contexto no qual trabalhava.

The Classical Style: Haydn, Mozart, Beethoven, Charles Rosen (2.ª edição, Norton / Faber, 1997).

O estudo mais original e provocador sobre a música de Mozart, publicado nos nossos dias; este livro oferece percepções sobre vários aspectos musicais do seu trabalho.

1791: Mozart's Last Year, H. C. Robbins Landon (Thames and Hudson, 1988).

Um clássico de erudição emocionante e popular, muito bem sucedido, com uso de fontes originais; a profunda empatia de Landon pelos seus temas brilha através da estrutura, por vezes, «retalhada». Nenhum estudioso fez mais para tornar o conhecimento acessível aos amantes da música.

Mozart's Symphonies: Context, Performance Practice, Reception, Neal Zaslaw (Oxford University Press, 1989).

A autoridade nas sinfonias, intimamente associada às gravações completas do ciclo na Decca Oiseau-Lyre, e uma obra indispensável sobre informação interpretativa de todos os tipos.

ÓPERA

Mozart's Operas, Daniel Heartz, ed. Thomas Baumann (California University Press, 1990).

MOZART

A mais relevante colectânea de ensaios publicada, recentemente, sobre as óperas de Mozart, com capítulos valiosos do co-editor de Heartz, Thomas Baumann. Define o nosso entendimento actual, em constante expansão, acerca das circunstâncias e contexto cultural no qual se inseria Mozart quando da composição das suas obras-primas, sublinhando as suas inovações.

Cambridge Opera Handbooks (todos publicados pela Cambridge University Press):
Die Entführung aus dem Serail, Thomas Baumann (1987)
Le nozze di Figaro, Tim Carter (1987)
Don Giovanni, Julian Rushton (1981)
Così fan tutte, Bruce Alan Brown (1995)
Die Zauberflöte, Peter Branscombe (1991)
La clemenza di Tito, John A. Rice (1991)
Os registos mais actualizados das óperas de Mozart; cada um inclui análise, contexto e uma secção final significativa sobre a história da receptividade da cada ópera e suas produções.

E DEVEMOS, AINDA, LER…
Amadeus, Peter Shaffer (Penguin Plays, com novas adendas, 1993).
O texto da versão nova-iorquina da peça, com um comentário sobre o filme. Independentemente do que possamos achar da sua visão sobre Mozart é, indiscutivelmente, um trabalho soberbo de encenação, que moldou a abordagem da nossa geração aos problemas da genialidade de Mozart.

NA INTERNET
Cada vez mais, a Internet fornece uma riqueza de material significativo. Não é possível garantir que estes endereços estejam ainda operacionais, e os sítios mudam constantemente, mas no momento da publicação, as fontes mais úteis sobre material mozartiano são:

www.nma.at
www.mozart.at
www.mozartproject.org
www.mozartforum.com
www.mozart2006.at

Índice das obras de Mozart

«*A Berenice... sol nascente*» K70, **327**
«*A questo seno deh vieni... Or che il cielo*» K374, **331**
«*Abendempfindung an Laura*» K523, **339**
Acis und Galatea K566 (Handel), **266**
Adagio e Allegro em Fá Menor para Órgão Mecânico K594, **246**
Adágio e Fuga em Dó Menor K546, **200**
Adágio em Dó para Harmónica de Vidro K356, **212**
Adágio em Dó Menor e Rondó em Dó Maior para Quinteto com Harmónica de Vidro K617, **212**
Adágio em Fá K410, **211**
Adágio em Mi para Violino K261, **187**
Adágio em Si Bemol K411, **211**
Adágio em Si Menor K540, **240**
«*Ah lo prevedi... Ah t'invola*» K272, **329**
«*Ah se in ciel, benigne stele*» K538, **334**
«*Alcandro lo confesso... Non so d'onde viene*» K294, **329**
    K512, **334**
Aleluia K553, **342**
Alexander's Feast K591 (Handel), **266**
Allegro em Dó K1b, **239**
Allegro em Fá K1c, **239**
Allegro em Si Bemol K3, **239**
Alma Dei creatoris K277, **260**
«*Alma grande e nobil core*» K578, **335**

MOZART

«Als Luise die Briefe» K520, **339**

«An Chloe» K524, **339**

«An die Freude» K53, **337**

«An die Freundschaft» K148, **337**

Andante em Dó K1a, **239**

Andante em Dó para Flauta K315, **189**

Andante em Fá para Órgão Mecânico K616, **246**

Apollo et Hyacinthus K38, **273**

Ascanio in Alba K111, **279**

Ave Maria K554, **342**

Ave verum corpus K618, **261**

«Basta vincesti... Ah non lasciarmi, no» K295a, **329**

Bastien und Bastienne K50, **276**

«Bella mia fiamma, addio... Resta oh cara» K528, **334**

Benedictus sit Deus K117, **259**

Bodas de Fígaro (As) K492, **300**

«Bona nox! Bist a rechta Ox» K561, **342**

Cânone em Fá K228, **342**

Cânone em Fá K507, **342**

Cânone em Ré K347, **341**

Canzonetta K549, **340**

«Cara se le mie pene» (sem n.° K), **327**

«Caro bell'idol mio» K562, **342**

Cassações

    em Ré K100 e Marcha em Ré K62, **196**

    em Si Bemol K99, **196**

    em Sol K63, **196**

«Chi sa qual sia» K582, **335**

«Ch'io mi scordi di te» K505, **333**

«Clarice cara mi sposa» K256, **328**

Clemência de Tito (A) K621, **316**

«Con ossequio, con rispetto» K210, **328**

Concerto em Dó para Flauta e Harpa K299, **189**

Concerto para Clarinete em Lá K622, **193**

Concerto para Fagote em Si Bemol K191, **189**

Concerto para Flauta n.° 1 em Sol K313, **189**

Concerto para Oboé em Dó K271 / Concerto para Flauta n.° 2 em Ré K314, **189**

Concertone em Dó para Dois Violinos K190, **187**

Concertos para Piano

ÍNDICE DAS OBRAS DE MOZART

em Ré K107/1, **170**

em Mi Bemol K107/3, **170**

em Sol K107/2, **170**

n.º 1 em Fá K37, **170**

n.º 2 em Si Bemol K39, **170**

n.º 3 em Ré K40, **170**

n.º 4 em Sol K41, **170**

n.º 5 em Ré K175 / Rondó em Ré K382, **171**

n.º 6 em Si Bemol K238, **171**

n.º 7 em Fá para Três Pianos K242, **171**

n.º 8 em Dó K246, **171**

n.º 9 em Mi Bemol K271, **172**

n.º 10 para Dois Pianos em Mi Bemol K365, **172**

n.º 11 em Fá K413, **173**

n.º 12 em Lá K414, **173**

n.º 13 em Dó K415, **173**

n.º 14 em Mi Bemol K449, **175**

n.º 15 em Si Bemol K450, **175**

n.º 16 em Ré K451, **175**

n.º 17 em Sol K453, **175**

n.º 18 em Si Bemol K456, **175**

n.º 19 em Fá K459, **177**

n.º 20 em Ré Menor K466, **178**

n.º 21 em Dó K467, **179**

n.º 22 em Mi Bemol K482, **180**

n.º 23 em Lá K488, **181**

n.º 24 em Dó Menor K491, **182**

n.º 25 em Dó K503, **182**

n.º 26 em Ré «Coroação» K537, **183**

n.º 27 em Si Bemol K595, **184**

Concertos para Trompa

n.º 1 em Ré K412 (compl. Süssmayr), **191**

n.º 2 em Mi Bemol K417, **191**

n.º 3 em Mi Bemol K447, **191**

n.º 4 em Mi Bemol K495, **191**

Concertos para Violino

n.º 1 em Si Bemol K207, **185**

n.º 2 em Ré K211, **185**

n.º 3 em Sol K216, **185**

n.º 4 em Ré K218, **185**

n.º 5 em Lá K219, **185**

MOZART

«Conservati fedele» K23, **327**

Contradanças
    Duas Contradanças K603, **204**
    Três Contradanças K106, **204**
    Quatro Contradanças K101, **202**
        K267, **202**
    Seis Contradanças K462, **203**
    Contradanças K 610, **204**
    Minuetes e Contradanças K463, **203**
«Così dunque tradisici» K432, **333**
Così fan tutte K588, **311**

Danças Alemãs
    Doze Danças Alemãs K586, **204**
    Quatro Danças Alemãs K 602, **204**
    Seis Danças Alemãs K509, **204**
        K536, **204**
        K567, **204**
        K571, **204**
        K600, **204**
        K606, **204**
    Três Danças Alemãs K605, **204**
«Dans un bois solitaire» K308, **338**
«Das Kinderspiel» K598, **339**
«Das Lied der Trennung» K519, **338**
«Das Traumbild» K530, **339**
«Das Veilchen» K476, **338**
Davidde penitente K469, **264**
«Der Zauberer» K472, **338**
«Des kleinen Friedrich Geburtstag» K529, **339**
«Die Alte» K517, **338**
«Die betrogene Welt» K474, **338**
«Die kleine spinnerin» K531, **339**
Die Maurerfreude K471, **265**
Die Schuldigkeit des ersten Gebots (Primeira Parte) K35, **262**
«Die Verschwiegnung» K518, **338**
«Die Zufriedenheit» K349, **338**
    K473, **338**
«Difficile lectu mihi mars» K559, **342**
Dir Seele des Weltalls K429, **265**
«Dite almeno in che mancai» K479, **333**

ÍNDICE DAS OBRAS DE MOZART

Divertimentos
    Cinco divertimentos K439b, **211**
    em Dó K188, **207**
    em Fá K138, **196**
    em Fá K213, **208**
    em Fá K253, **208**
    em Fá, «Lodron n.º 1» K247 e Marcha K248, **198**
    em Mi Bemol K113, **196**
    em Mi Bemol K166, **207**
    em Mi Bemol K252, **208**
    em Mi Bemol para Trio de Cordas K563, **223**
    em Ré K131, **196**
    em Ré K136, **196**
    em Ré K205, **198**
    em Ré K251, **198**
    em Ré K334 com Marcha K445, **198**
    em Si Bemol (Trio para Piano n.º 1) K254, **225**
    em Si Bemol K137, **196**
    em Si Bemol K186, **207**
    em Si Bemol K240, **208**
    em Si Bemol K270, **208**
    em Si Bemol, «Lodron n.º 2» K287, **198**
Dixit e *Magnificat* em Dó K193, **261**
Dois cânones K508 e K508a, **242**
Don Giovanni K527, **306**
Duo em Si Bemol para Violino e Viola K424, **223**
Duo em Sol para Violino e Viola K423, **223**
Duo para Fagote e Violoncelo K292, **211**
Duos para Duas Trompas K487, **211**

Ein musikalisches Spass K522, **200**
Eine kleine Nachtmusik K525, **200**
Empresário (O) K486, **299**
Ergo interest K143, **259**
Exsultate jubilate K165, **260**

Fantasia em Dó Menor K396 (completado por Stadler), **239**
Fantasia em Dó Menor K475, **239**
Fantasia em Fá Menor para Órgão Mecânico K608, **246**
Fantasia em Ré Menor K397, **239**
Flauta Mágica (A) K620, **319**

«Fra cento affanni» K88, **328**
Fuga em Dó Menor para Dois Pianos K426, **242**

Galimathias musicum K32, **196**
«Gehn wir im Prater» K558, **342**
God is our refuge K20, **259**
Grabmusik K42, **262**
«Gretchtelt's enk» K556, **342**

«Ich mochte wohl dr Kaiser sein» K539, **334**
«Ich würd auf meinem Pfad» K390, **226**
Idomeneo, re di Creta, K366, **290**
Ihr des unermesslichen Weltalls K619, **265**
Ihr unsre neuen Leiter K484, **265**
Il re pastore K208, **286**
Il sogno di Scipione K126, **280**
«Im Frühlingsanfang» K597, **339**
Inter nateos mulierum K72, **259**

Jiga em Sol K574, **240**

«Komm liebe Zither» K351, **338**
Kyrie K33, **259**
Kyrie em Ré Menor K341, **261**

L'oca del Cairo K422, **297**
La betulia liberata K118, **262**
La finta giardiniera K196, **284**
La finta semplice K51, **274**
«Lacrimoso son'io» K555, **342**
Larghetto e *Allegro* em Mi Bemol para Dois Pianos, **242**
Laut verkünde unsre Freude K623, **265**
«Leck mich im Arsch» K231, **341**
Les petits riens K299b, **203**
«Lieber Freistadler, liebe Gaulimauli» K232, **342**
«Liebes Mandel, wo is's Bandel» K441, **340**
«Lied der Freiheit» K506, **338**
«Lied der Trennung» K519, **338**
«Lied zur Gesellenreise» K468, **338**
Litaniae de venerabili altaris sacramento em Si Bemol K125, **261**
    em Mi Bemol K243, **261**
Litaniae Lauretanae BVM em Ré K195, **261**

ÍNDICE DAS OBRAS DE MOZART

Litaniae Lauretanae em Si Bemol K109, **261**
Lo sposo deluso K430, **298**
Lucio Silla K135, **281**

«*Ma che vi fece o stelle...Sperai vicino il lido*» K368, **330**
«*Mandina ambile*» K480, **333**
Marche funèbre de sigr maestro Contrapuncto em Dó Menor K453a, **239**
«*Mentre ti lascio, oh figlia*» K513, **334**
Messias (O) K572 (Handel), **266**
«*Mia speranza adorata! Ah non sai qual pena sia!*» K416, **331**
Minuetes
    Dois minuetes K604, **204**
    Quatro minuetes K601, **204**
    Seis minuetes K164, **202**
        K461, **203**
        K599, **204**
    Sete minuetes K65a, **202**
    Doze minuetes K568, **204**
        K585, **204**
    Dezasseis minuetes K176, **202**
    Dezanove minuetes K103, **202**
    em Ré K355, **240**
    em Fá K1d, **239**
    em Fá K2, **239**
    em Fá K4, **239**
    em Fá K5, **239**
    em Sol e Dó K1, **239**
    Minuetes e Contradanças K463, **203**
«*Misera dove son... Ah non son io che parlo*» K369, **330**
Miserere K85, **259**
Misericordias Domini K222, **260**
«*Misero me... Misero pargoletto*» K77, **328**
«*Misero! O sogno... Aura che introno spiri*» K431, **333**
Missa *brevis*
    em Dó «solo de órgão » K259, **252**
    em Dó «Spaur» K258, **252**
    em Fá K192, **251**
    em Ré K194, **251**
    em Ré Menor K65, **250**
    em Si Bemol K275, **252**
    em Sol K49, **250**

Missa Longa em Dó K262, **251**
Missa *Solemnis*
   em Dó K337, **252**
   em Dó Menor «Waisenhausmesse» K139, **250**
Missas – ver também Missa *brevis*
   em Dó «Coroação» K317, **252**
   em Dó «Credo» K257, **252**
   em Dó *«Dominicus»* K66, **250**
   em Dó *«in honorem Ssmae Trinitatis»* K167, **251**
   em Dó *«Spatzenmesse»* K220, **251**
   em Dó Menor K427, **253**
Mitridate, re di Ponto K87, **277**
Música Fúnebre Maçónica K477, **200**

«Nascoso e mio sol» K557, **342**
«Nehmt meinen Dank» K383, **331**
«No, che non sei capace» K419, **331**
«Non curo l'affetto» K74b, **328**
Nocturno em Ré para Quatro Orquestras K286, **198**
Nocturnos K436-9, K346, **340**

«O du eselhafter Peierl / Martin» K560, **342**
«O temerario Arbace» K79, **327**
Ode para o dia de Santa Cecília K592 (Handel), **266**
«Oiseaux su tous les ans» K307, **338**
«Ombra felice... Io ti lascio» K255, **328**
«Or che il dover» K36, **327**

«Per pieta, bell'idol mio» K78, **327**
«Per pieta, non ricercate» K420, **331**
«Per questa bella mano» K612, **335**
«Popoli di Tessaglia...lo non chiedo, eterni Dei» K316, **330**
Prelúdio e Fuga em Dó K394, **239**
Prelúdios para Trio de Cordas K404a, **223**

Quaerite primum regnum Dei K86, **259**
Quartetos de Cordas
   n.° 1 em Sol K80, **214**
   n.° 2 em Ré K155, **214**
   n.° 3 em Sol K156, **214**
   n.° 4 em Dó K157, **214**

n.º 5 em Fá K158, **214**
n.º 6 em Si Bemol K159, **214**
n.º 7 em Mi Bemol K160, **214**
n.º 8 em Fá K168, **214**
n.º 9 em Lá K169, **214**
n.º 10 em Dó K170, **214**
n.º 11 em Mi Bemol K171, **214**
n.º 12 em Si Bemol K172, **214**
n.º 13 em Ré Menor K173, **214**
n.º 14 em Sol K387, **215**
n.º 15 em Ré Menor K421, **215**
n.º 16 em Mi Bemol K428, **215**
n.º 17 em Si Bemol K458, **215**
n.º 18 em Lá K464, **215**
n.º 19 em Dó «Dissonâncias» K465, **215**
n.º 20 em Ré «Hoffmeister» K499, **217**
n.º 21 em Ré K575, **217**
n.º 22 em Si Bemol K589, **217**
n.º 23 em Fá K590, **217**
Quartetos com Flauta
n.º 1 em Ré K285, **221**
n.º 2 em Sol K285a, **221**
n.º 3 em Dó K285b, **221**
n.º 4 em Lá K298, **221**
Quarteto com Oboé em Fá K370, **221**
Quartetos para Piano
em Mi Bemol K493, **225**
em Sol Menor K478, **225**
Quinteto com Clarinete em Lá K581, **221**
Quintetos de Cordas
n.º 1 em Si Bemol K174, **219**
n.º 2 em Dó K515, **219**
n.º 3 em Sol Menor K516, **219**
n.º 4 em Dó Menor K406, **219**
n.º 5 em Ré K593, **219**
n.º 6 em Mi Bemol K614, **219**
Quinteto com Trompa em Mi Bemol K407, **221**
Quinteto para Piano e Sopros em Mi Bemol K452, **225**

Rapto do Serralho (O) K384, **294**
Regina coeli K108, **259**

MOZART

Regina coeli K127, **259**
Requiem em Ré Menor K626, **255**
Rondó em Dó para Violino K373, **187**
Rondó em Lá Maior K386, **173**
Rondó em Lá Menor K511, **239**
Rondó em Mi Bemol para Trompa K371, **191**
Rondó em Si Bemol para Violino K269, **187**

«*Se al labbro mio non credi*» K295, **329**
«*Se ardire e speranza*» K82, **328**
«*Se tutti i mali miei*» K83, **328**
«*Sehnsucht nach dem Frühling*» K596, **339**
«*Sei du mein Trots*» K391, **338**
Serenata em Dó Menor K388, **209**
Serenata em Mi Bemol K375, **209**
Serenata em Ré K185 e Marcha em Ré K189, **197**
Serenata em Ré K203 e Marcha em Ré K237, **197**
Serenata em Ré K204 e Marcha em Ré K215, **197**
Serenata em Ré «Haffner» K250 e Marcha em Ré K249, **199**
Serenata em Ré «Posthorn» K320 e Marchas em Ré K335, **199**
Serenata em Ré «Serenata notturna» K239, **197**
Serenata em Si Bemol K361, **209**
«*Si mostra la sorte*» K209, **328**
Sinfonias
    em Dó K96, **148**
    em Fá K19a, **146**
    em Fá K75, **148**
    em Fá K76, **146**
    em Ré K111a, **151**
    em Ré K161 e K163, **151**
    em Ré K196 e K121, **156**
    em Ré K208 e K102, **156**
    em Ré K81, **148**
    em Ré K95, **148**
    em Ré K97, **148**
    em Si Bemol K45b, **148**
    n.° 1 em Mi Bemol K16, **146**
    n.° 4 em Ré K19, **146**
    n.° 5 em Si Bemol K22, **146**
    n.° 6 em Fá K43, **146**
    n.° 7 em Ré K45, **146**

ÍNDICE DAS OBRAS DE MOZART

n.º 7a em Sol K45a, **148**
n.º 8 em Ré K48, **148**
n.º 9 em Dó K73, **148**
n.º 10 em Sol K74, **148**
n.º 11 em Ré K84, **148**
n.º 12 em Sol K110, **149**
n.º 13 em Fá K112, **149**
n.º 14 em Lá K114, **149**
n.º 15 em Sol K124, **149**
n.º 16 em Dó K128, **149**
n.º 17 em Sol K129, **149**
n.º 18 em Fá K130, **149**
n.º 19 em Mi Bemol K132, **149**
n.º 20 em Ré K133, **151**
n.º 21 em Lá K134, **151**
n.º 22 em Dó K162, **151**
n.º 23 em Ré K181, **151**
n.º 24 em Si Bemol K182, **151**
n.º 25 em Sol Menor K183, **153**
n.º 26 em Mi Bemol K184, **151**
n.º 27 em Sol K199, **151**
n.º 28 em Dó K200, **154**
n.º 29 em Lá K201, **155**
n.º 30 em Ré K202, **156**
n.º 31 em Ré «Paris» K297, **156**
n.º 32 em Sol K318, **157**
n.º 33 em Si Bemol K319, **158**
n.º 34 em Dó K338, **158**
n.º 35 em Ré «Haffner» K385, **159**
n.º 36 em Dó «Linz» K425, **160**
n.º 38 em Ré «Praga» K504, **161**
n.º 39 em Mi Bemol K543, **163**
n.º 40 em Sol Menor K550, **164**
n.º 41 em Dó «Júpiter» K551, **166**
Sinfonia Concertante em Mi Bemol para Violino e Viola K364, **188**
Sinfonia Concertante em Si Bemol para Flauta, Oboé, Fagote e Trompa K297b/A9, **189**
Sonatas
em Dó K19d, **242**
em Dó K28, **229**
em Dó K296, **230**
em Dó K303, **229**

361

MOZART

em Dó K6, **228**

em Dó Maior K521, **242**

em Fá K30, **229**

em Fá K376, **230**

em Fá K377, **230**

em Fá K497, **242**

em Fá K547, **231**

em Lá K305, **229**

em Lá K526, **231**

em Mi Bemol K26, **229**

em Mi Bemol K302, **229**

em Mi Bemol K380, **230**

em Mi Bemol K481, **230**

em Mi Menor K304, **229**

em Ré K29, **229**

em Ré K306, **230**

em Ré K381, **242**

em Ré K7, **228**

em Ré para Dois Pianos K448, **242**

em Si Bemol K31, **229**

em Si Bemol K358, **242**

em Si Bemol K378, **230**

em Si Bemol K454, **230**

em Si Bemol K8, **228**

em Sol K27, **229**

em Sol K301, **229**

em Sol K379, **230**

em Sol K9, **228**

Sonatas para Piano

n.º 1 em Dó K279, **234**

n.º 2 em Fá K280, **234**

n.º 3 em Si Bemol K282, **234**

n.º 4 em Mi Bemol K282, **234**

n.º 5 em Sol K283, **234**

n.º 6 em Ré K284, **234**

n.º 7 em Dó K309, **235**

n.º 8 em Lá Menor K310, **235**

n.º 9 em Ré K311, **235**

n.º 10 em Dó K330, **236**

n.º 11 em Lá K331, **236**

n.º 12 em Fá K332, **236**

ÍNDICE DAS OBRAS DE MOZART

n.º 13 em Si Bemol K33, **236**
n.º 14 em Dó Menor K457, **237**
n.º 15 em Dó K545, **237**
n.º 16 em Si Bemol K570, **237**
n.º 17 em Ré K576, **237**
n.º 18 em Fá K533/K494, **237**
Sonatas para Órgão e Órgão Mecânico
em Dó K263, **245**
em Sol K241, **245**
n.º 1 em Mi Bemol K67, **244**
n.º 2 em Si Bemol K68, **244**
n.º 3 em Ré K69, **244**
n.º 4 em Ré K144, **244**
n.º 5 em Fá K145, **244**
n.º 6 em Si Bemol K212, **244**
n.º 7 em Fá K224, **245**
n.º 8 em Lá K225, **245**
n.º 9 em Fá K244, **245**
n.º 10 em Ré K245, **245**
n.º 11 em Sol K274, **245**
n.º 12 em Dó K278, **245**
n.º 13 em Dó K328, **245**
n.º 14 em Dó K329, **245**
n.º 15 em Dó K336, **245**
Sub tuum praesidium K198, **260**
Suite em Dó K399, **239**

Te deum laudamus K141, **259**
Thamos, Rei do Egipto K345, **287**
Trio «Kegelstatt» em Mi Bemol para Clarinete, Viola e Piano K498, **221**
Trios para Piano
n.º 2 em Sol K496, **227**
n.º 3 em Si Bemol K502, **227**
n.º 4 em Mi K542, **227**
n.º 5 em Dó K548, **227**
n.º 6 em Sol K564, **227**

«Un bacio di mano» K541, **334**

«V'amo di core» K348, **341**
«Va, dal furor portata» K21, **327**

«Vado ma dove? Oh Dei» K583, **335**
Variações sobre um tema original em Sol K501, **242**
Veni sancte Spiritus K47, **259**
Venite populi K260, **260**
«Verdankt sei es dem Glanz» K392, **338**
Vesperae de Dominica em Dó K321, **261**
Vesperae solennes de Confessore em Dó K339, **261**
«Voi avete un cor fedele» K217, **328**
«Vorrei spiegarvi» K418, **331**

«Wie unglücklich bin ich nit» K147, **337**

Zaide K344, **288**
Zerfliesset heut K483, **265**

Índice

Introdução	9
Os «Dez Mais» de Mozart	17
O nosso Mozart de quatro estrelas	19
Citações sobre Mozart	21
Mozart 2006	29
Mozart na poesia	49

A VIDA DE MOZART

Cronologia	57
Os intérpretes de Mozart	113
Os patronos de Mozart	123
Compositores contemporâneos de Mozart	127
Interpretar Mozart nos dias de hoje	137

A MÚSICA DE MOZART

Sinfonias	145
Concertos	169
Concertos para piano	169
Concertos para cordas	185
Concertos para instrumentos de sopro	189
Outras peças instrumentais	195
Divertimentos, cassações, serenatas, etc.	196
Danças	202
Ensemble para instrumentos de sopro	207
Música de Câmara	213
Quartetos de cordas	213
Quintetos de cordas	219
Ensemble de instrumentos de sopro	221
Peças variadas para cordas	223
Ensemble de piano	225
Sonatas para violino	228
Música para teclado	233
Sonatas para piano	233
Variações para piano	238
Peças variadas para piano	239
Duetos de piano	242
Peças para órgão e órgão mecânico	244
Música sacra e coral	249
Missas	250
Outras obras sacras	259
Cantatas e oratórios	262
Arranjos de originais de Handel	266
Óperas	269
Árias e *Ensembles*	327
Canções	337
Cânones	341
Leitura adicional	345
Índice das obras de Mozart	351